撰稿人（以撰写章节先后为序）
赵秉志　袁　彬　詹奇玮
张伟珂　商浩文　张馨文
徐永伟　储　琪　郑　洋

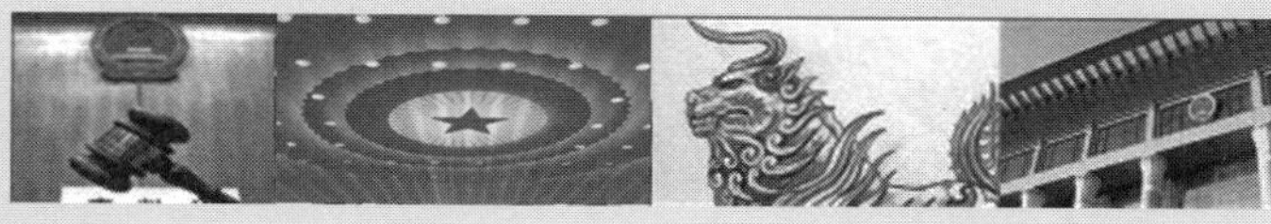

《刑法修正案（十一）》理解与适用

主　编　赵秉志
副主编　袁　彬

中国人民大学出版社
·北京·

前 言

2020 年 12 月 26 日，第十三届全国人民代表大会常务委员会第二十四会议表决通过了《中华人民共和国刑法修正案（十一）》（以下简称《刑法修正案（十一）》）。这是我国继 2015 年《刑法修正案（九）》大幅修改刑法后的又一次重大刑法修正。该修正案总计 48 条，内容丰富，涉及多个方面，不仅包括刑法分则多种具体犯罪的增设与修改，也包括刑法总则刑事责任年龄的降低；不仅规定了大量从严处罚的内容，也规定了一定的从宽处罚的内容。同时，该修正案紧密结合实践，积极回应当前我国社会的重大关切，增设了妨害安全驾驶犯罪、高空抛物犯罪，侵害英雄烈士名誉、荣誉犯罪，冒名顶替犯罪、催收非法债务犯罪、非法植入基因编辑犯罪等各界关注度高、社会反响强烈的新型犯罪。

综合而言，《刑法修正案（十一）》的内容主要包括九个方面：一是完善未成年人刑法，将未成年人承担刑事责任的最低年龄由原来的年满 14 周岁下调为年满 12 周岁，同时完善强奸罪加重处罚的情节，增设特殊职责人员性侵犯罪，加大了对猥亵儿童罪的刑罚处罚力度。二是完善安全刑法，增设妨害安全驾驶罪，将暴力殴打驾驶人员、抢夺驾驶操纵装置以及驾驶人员与之互殴的行为规定为犯罪，增设冒险组织作业犯罪和危险生产、作业犯罪。三是完善民生刑法，修改假药劣药认定，加强刑行衔接，扩张药品犯罪范围，增设了妨害药品管理罪，密织刑事法网；同时，调整药品犯罪的法定刑，优化了对药品犯罪的刑罚处罚。四是完善金融刑法，增设催收非法债务罪，完善欺诈发行证券罪的入罪范围，明确将自洗钱行为入罪，同时提高部分金融犯罪的法定刑，加大了对金融犯罪的刑罚处罚力度。五是完善产权刑法，提高非国家工作人员受贿罪、职务侵占罪、挪用资金罪的法定刑，提高骗取贷款、票据承兑、金融票证罪的入罪门槛，加大了对提供虚假证明文件行为的刑法惩治，加强民营企业产权的刑法保护。六是完善知识产权刑法，增设为境外窃取、刺探、收买、非法提供商业秘密犯罪，完善知识产权犯罪的处罚范围，调整知识产权犯罪的入罪门槛，提高对销售侵权复制品等知识产权犯罪的刑罚处罚，加强了知识产权的刑法保护。七是完善公共秩序刑法，增设袭警罪、冒名顶替罪，侵害英雄烈士名誉、荣誉罪，高空抛物罪，完善赌博犯罪的调整范围和法定刑，加大惩治扰乱公共秩序犯罪。八是完善卫生刑法，修改妨害传染病防治罪，进一步明确新冠肺炎等依法确定的采取甲类传染病管理措施的传染病属于该罪的调整范围，补充完善构成犯罪的情形，同时基于维护国家安全和生物安全，防范生物威胁，与生物安全法衔接的考虑，增加规定非法从事人体基因编辑、克隆胚胎犯罪、严重危害国家人类遗传资源安全犯罪等，加大惩治危害公共卫生犯罪。九是完善环境刑法，修改污染环境罪，为其增加一档法定刑情形，增设在国家公园、国家级自然保护区非法开垦、开发或者修建建筑物等严重破坏自然保护区生态环境资源的犯罪以及非法引进、释放、丢弃外来入侵物种的犯罪，加强惩治破坏环境资源保护犯罪。此外，《刑法修正案（十一）》还增设了妨害兴奋剂管理犯罪，完善了军人违反职责罪的主体和为境外窃取、刺探、收买、非法提供军事秘密罪的法定刑。《刑法修正案（十一）》的通过与施行，必将极大地促进我国刑事法治建设。一定时期内，正确理解与适用《刑法修正案（十一）》的修法规范将成为我国刑事法实务工作的一个重点；《刑法修正案（十一）》的修法规范及其理论问题也将成为我国刑法学界关注的一个重要的领域。

为了充分阐释《刑法修正案（十一）》的修法内容，促进《刑法修正案（十一）》的司法适用，我们专门组织力量编写了本书。本书在内容上包括十一章，具体又可以分为两个方面：一是《刑法修正案（十一）》的宏观问题，包括《刑法修正案（十一）》的修法背景、修法过程、修法内容、修法特点，力求从横向和纵向两个层面全面展示的《刑法修正案（十一）》的整体过程和内容，并从发展的角度展望了我国刑法立法的未来走向。二是《刑法修正案（十一）》的具体问题，将《刑法修正案（十一）》的修法内容分为十个方面进行了专门的阐释和研讨。

本书在写作上具有两个方面的显著特点：一是立法资料较为翔实。本书十分注重收集立法过程中的各项资料，较为详尽地收集和运用了立法过程中的各种草案文本、调研资料、会议研讨资料等，保证了本书对相关问题的阐释具有较为充分的立法资料基础，进而能够较好地把握整个修法过程和相关条文的立法原意。

二是写作注重实践应用。虽然《刑法修正案（十一）》刚刚出台，但其注重回应社会热点，且不少立法内容是对原有刑法条文的修改，具有相当的实践基础。在此基础上，本书的写作注重理论与实践相结合，强调司法适用。这在一定程度上增加本书的可读性和实际应用价值。

本书由赵秉志（北京师范大学刑事法律科学研究院教授、博士生导师，国际刑法学协会中国分会主席，中国刑法学研究会会长，曾多次应邀参与国家立法工作机构主持的研讨《刑法修正案（十一）（草案）》的活动）担任主编，袁彬（北京师范大学刑事法律科学研究院教授、博士生导师，中国刑法学研究会理事暨副秘书长）担任副主编，写作人员包括北京师范大学刑事法律科学研究院、中国政法大学刑事司法学院、中国人民公安大学法学院、北京理工大学法学院的部分教师、博士后研究人员和博士研究生。本书大纲由主编、副主编拟定初稿后全体写作人员共同商讨确定，各写作人员分工写作，最后由主编、副主编统改定稿。全书具体写作分工如下（以撰写章节的先后为序）：

赵秉志（北京师范大学刑事法律科学研究院教授、博士生导师，国际刑法学协会中国分会主席，中国刑法学研究会会长）：第一章（合写），第三章（合写）；

袁彬（北京师范大学刑事法律科学研究院教授、博士生导师，中国刑法学研究会理事暨副秘书长）：第一章（合写），第二章；

詹奇玮（中国政法大学刑事司法学院师资博士后研究人员、法学博士）：第三章（合写），第八章第一节至第四节、第六节；

张伟珂（中国人民公安大学法学院副教授、硕士生导师，法学博士）：第四章；

商浩文（北京师范大学刑事法律科学研究院副教授、硕士生导师，博士后）：第五章第一节至第七节；

张馨文（北京师范大学刑事法律科学研究院博士研究生）：第五章第八节，第八章第五节，第十一章；

徐永伟（北京师范大学刑事法律科学研究院博士研究生）：第六章，附录；

储琪（北京师范大学刑事法律科学研究院博士研究生）：第七章；

郑洋（北京理工大学法学院博士后研究人员，法学博士）：第九章，第十章。

本书力图准确反映《刑法修正案（十一）》的立法过程和立法原意，并对司法适用中可能遇到的一些问题进行理论联系实际的分析，力求有助于深化人们对《刑法修正案（十一）》的理解并促进《刑法修正案（十一）》的司法适用，也希冀为相关的刑法学理论研究提供一些参考。当然，《刑法修正案（十一）》刚刚问世，学界和实务界对其的认识和研究都还刚刚开始，受研究写作时间和研究写作水平等方面的限制，本书肯定也存在一些不足，在此恳请读者朋友批评指正。

本书出版单位中国人民大学出版社是我国人文社科领域的出版重镇。在我国确立依法治国、建设社会主义法治国家之基本国策的背景下，中国人民大学出版社认识到法学繁荣对促进依法治国的重要意义，一向鼎力支持法学研究事业，并以敏锐的目光关注我国法治新进展给法学研究提出的新课题。我们的刑事法学学术团队曾长期得到中国人民大学出版社的扶持，这次也是如此。我们对这种事业的支持心存感激。在本书付梓并即将出版之际，我们衷心感谢中国人民大学出版社刘志书记、李永强社长对本书选题的认可和鼎力支持，感谢策划编辑方明老师为本书编著事宜与我们的多次沟通和所提宝贵意见，感谢本书责任编辑认真而卓有成效的编辑工作。我们珍视这种诚挚的学术友谊。

赵秉志

2021年初春

目　录

第一章

《刑法修正案（十一）》的宏观问题

一、《刑法修正案（十一）》的修法背景

1997 年全面修订刑法以来的二十余年间，我国已十二次进行了刑法的局部修正，先后出台了一部单行刑法和十一个刑法修正案，平均每不到两年就出台一部/个。2020 年 12 月 26 日，第十三届全国人大常委会第二十四次会议表决通过了《中华人民共和国刑法修正案（十一）》（以下简称《刑法修正案（十一）》，为表述简便，正文涉及其他刑法修正案或者刑法修正案草案的，也不再加缀“中华人民共和国”字样）。该刑法修正案的通过，距离 2017 年通过的《刑法修正案（十）》三年有余，距离 2015 年 8 月通过的对刑法进行较大幅度修改的《刑法修正案（九）》则五年有余。此次刑法修正的主要背景表现在以下四个方面。

（一）社会背景：回应重大社会关切

刑法立法需要顺应社会和时代的发展需要。从时间过程上看，《刑法修正案（十一）》修法的社会背景主要是 2015 年《刑法修正案（九）》通过后我国社会发生的一些重大变化（2017 年通过的《刑法修正案（十）》仅是为了加强与《国歌法》的衔接而进行的立法，且只有一个条文）。具体而言，《刑法修正案（十一）》修法有以下国内社会背景。

第一，新冠疫情引发的重大社会问题。2020 年以来肆虐全球的新型冠状病毒性肺炎（Corona Virus Disease 2019，简称“新冠肺炎”），是当前人类社会面

临的一次重大灾难事件，迄今已造成全球累计超过 1.1 亿人被确诊，累计 260 余万人死亡。[①] 与抗疫、防疫相并存的是妨害疫情防控的犯罪频发。据统计，2020 年 1 月至 6 月，全国检察机关受理审查逮捕妨害新冠肺炎疫情防控犯罪6 624 人，经审查，批准和决定逮捕 5 370 人，逮捕人数占审结的 84.7%，较总体刑事犯罪高 5.6 个百分点；受理审查起诉 8 991 人，经审查，决定起诉 5 565 人，起诉人数占审结的 94.1%，较总体刑事犯罪高 6.6 个百分点。随着疫情形势好转，这类犯罪案件也呈现下降趋势，第二季度逮捕 2 250 人、起诉 3 321 人，环比分别下降 27.9%、上升 48%。[②] 为惩治妨害新冠肺炎疫情防控的犯罪行为，我国快速采取措施，有效稳定了社会秩序。早在 2020 年 2 月 3 日，中共中央政治局召开的常务委员会会议上，即提出要依法严厉打击利用疫情哄抬物价、囤积居奇、趁火打劫等扰乱社会秩序的违法犯罪行为，严厉打击制售假劣药品、医疗器械、医用卫生材料等违法犯罪行为，坚决依法打击各类违法犯罪，维护社会稳定和国家安全。2020 年 2 月 5 日，中央全面依法治国委员会通过《关于依法防控新型冠状病毒感染肺炎疫情、切实保障人民群众生命健康安全的意见》，提出要依法严厉打击抗拒疫情防控、暴力伤医、制假售假、造谣传谣等破坏疫情防控的违法犯罪行为，保障社会安定有序。2020 年 2 月 6 日，最高人民法院、最高人民检察院、公安部、司法部联合发布《关于依法惩治妨害新型冠状病毒感染肺炎疫情防控违法犯罪的意见》，提出要准确适用法律，依法严惩妨害疫情防控的各类违法犯罪。2020 年 3 月 10 日至 4 月 25 日，最高人民法院发布了三批依法惩处妨害疫情防控犯罪典型案例。2020 年 2 月 11 日至 4 月 17 日，最高人民检察院发布了十批依法惩处妨害疫情防控犯罪典型案例。在此基础上，许多地方也发布了依法惩治妨害新冠肺炎疫情防控违法犯罪的意见和典型案例。这一系列政治和法治政策举措，对于维护新冠肺炎疫情防控、稳定社会秩序和保障人民群众生命财产安全，起到了积极作用。[③] 但我国实践表明，刑事司法应对新冠疫情仍存在不足，其中不少问题需要上升至立法层面，通过修改刑法才能有效解决。《刑法修正案（十一）》

---

① 截至 2021 年 3 月 9 日，国外确诊 24 974 130 人，累计确诊 117 700 981，累计治愈 90 118 245，累计死亡 2 608 606。参见百度“新型冠状病毒肺炎疫情实时大数据报告”。

② 2020 年 1 至 6 月全国检察机关主要办案数据．“中华人民共和国最高人民检察院”网站．访问日期：2020－12－20.

③ 赵秉志，袁彬．中国重大公共卫生事件防控刑事政策研究——以中国新冠疫情防控刑事政策为中心．江海学刊，2020（6）.

修改妨害传染病防治罪暨增设非法猎捕、收购、运输、出售珍贵、濒危野生动物以外的陆生野生动物犯罪等，就是为了更好地应对新冠肺炎的诱发因素，防控新冠肺炎的传播和流行。

第二，社会热点问题引发的社会重大关切。近几年来，我国社会领域发生许多重大热点问题，引发了人们对社会治理（包括刑法治理）问题的重大关切。这包括：一是犯罪低龄化问题引发的社会关切。例如，以校园霸凌为代表的未成年人违法犯罪问题频发，经媒体报道后引发了社会的广泛关注；同时，个别低龄未成年人实施的恶性犯罪，如故意杀人、故意伤害、强奸等，在一些地方时有发生。这些未成年人常常未达到负刑事责任的最低年龄，且社会监管措施存在明显缺陷，导致一些违法犯罪的未成年人缺乏有效监管，有的甚至再次实施严重的恶性犯罪，引发了社会的普遍担忧。二是未成年人被性侵案件多发引发的社会关切。其中比较典型的是猥亵儿童案件，如上海发生王某某猥亵儿童案，引发社会对未成年人（特别是未成年女性）人身安全的高度关注。三是新型危害社会安全事件引发的社会关切。例如，乘客因纠纷在公共交通工具上抢夺方向盘或者殴打驾驶人员的案件在一些地方时有发生并且造成了严重的危害后果，引发民众对公共交通安全的担忧；高空抛物行为严重危害公共安全，但因为查证难、存在司法立法漏洞，行为人往往难以受到有效追究，引发了民众对居住、通行安全的高度担忧。四是危害金融安全犯罪高发引发的社会关切。一些地方频频发生 P2P 暴雷事件，很多 P2P 平台垮塌，导致很多投资者血本无归，引发了众多社会问题甚至群体事件，加强对非法集资等危害金融安全犯罪的刑法惩治势在必行。[①] 五是非法基因编辑事件引发的社会关切。基因编辑关乎人类的基因安全和人类的未来，必须受到严格控制。个别地方发生的将经非法编辑的基因植入人体进行培育引发了社会对人类基因安全的高度关注。这些热点问题，不仅需要通过行政、民事等方式进行解决，也需要刑法适时、适当地介入。《刑法修正案（十一）》因应这些社会热点进行了多方面的立法。

（二）国际背景：促进国际刑法合作

随着我国国际化水平的不断提升，我国与外国、国际组织之间的跨国合作不断增强。这对包括刑法在内的国内法律体系提出了新的要求。在刑法层面，我国

① 王新．适时调整刑罚 防范化解金融风险．检察日报，2021-01-06.

刑法立法与国外、国际组织的合作要求还存在一定差异。《刑法修正案（十一）》的部分立法正是顺应了这一国际要求。

第一，反洗钱的国际合作要求。反洗钱是国际合作的重要部分，也是我国追逃追赃的重要措施。在反洗钱立法方面，我国刑法面临的压力之一是自洗钱入刑问题。我国签署的联合国《禁毒公约》第1条、《打击跨国有组织犯罪公约》第6条以及《反腐败公约》第23条均规定自洗钱行为构成犯罪，并要求各缔约国在不违反本国法律制度基本原则的前提下将自洗钱行为规定为独立的犯罪。也正是基于此，FATF（反洗钱金融行动特别工作组，Financial Action Task Force on Money Laundering）在2019年4月发布的第四轮互评估报告中，对中国履行FATF40条建议中的第3条关于洗钱犯罪的法律制度评估为部分合规，其重要缺陷之一就是缺乏对自洗钱行为独立成罪的规定，不符合国际公约和FATF的建议要求。[①]《刑法修正案（十一）》将自洗钱行为入罪正是考虑到国际社会对反洗钱工作的这一要求。

第二，知识产权保护的国际合作要求。在全球化背景下，知识产权保护制度已成为国与国之间利益分歧的争议焦点之一。中国自从加入世界贸易组织以来，对所承诺TRIPs协定中知识产权的刑法保护义务已通过国内法逐步得到落实。然而随着国际知识经济的加速发展，TRIPs协定所代表的国际标准被西方发达国家不断提高，这无疑对中国经济发展产生重大影响，也同时对中国刑法的相关规定带来了挑战。[②] 同时，知识产权保护也被上升到了国家战略的高度。2020年11月30日习近平总书记在中央政治局第二十五次集体学习时强调："知识产权保护工作关系国家治理体系和治理能力现代化，关系高质量发展，关系人民生活幸福，关系国家对外开放大局，关系国家安全。全面建设社会主义现代化国家，必须从国家战略高度和进入新发展阶段要求出发，全面加强知识产权保护工作，促进建设现代化经济体系，激发全社会创新活力，推动构建新发展格局。"[③] 在此背景下，《刑法修正案（十一）》对原有的知识产权犯罪规范进行了全面调整，加大了对知识产权的刑法保护力度。

---

① 贾济东，赵学敏．"自洗钱行为"应当独立成罪．检察日报，2019-08-07.

② 康均心，邹江江．知识产权刑法保护的国际标准．重庆大学学报（社会科学版），2012（4）.

③ 习近平在中央政治局第二十五次集体学习时强调全面加强知识产权保护工作 激发创新活力推动构建新发展格局．"新华网"，2020-12-01.

（三）法治背景：加强刑法与民法暨行政法的衔接

《刑法修正案（十一）》的立法内容，除了少数条文（主要是涉及未成年人刑法）属于自然刑法的范畴，其他绝大多数刑法规范都属于法定犯的范畴。基于法秩序保护的统一性，加强刑法与民法、刑法与行政法之间的协调是《刑法修正案（十一）》的重要立法因素。“这次刑法修改的多数内容是为了与其他部门法相衔接，属于前置法修改之后的‘不得已而为之’。”[①] 具体而言，这种衔接的需要主要体现在两个方面。

第一，加强刑法与民法之间的衔接。2020 年《民法典》的颁行是我国民事法领域的重大立法，其在过去民事法律规范的基础上进一步完善了民法的调整范围。《刑法修正案（十一）》的不少内容都与民法典的调整有关。例如，《民法典》第 185 条规定：“侵害英雄烈士等的姓名、肖像、名誉、荣誉，损害社会公共利益的，应当承担民事责任。”《民法典》第 1009 条规定：“从事与人体基因、人体胚胎等有关的医学和科研活动，应当遵守法律、行政法规和国家有关规定，不得危害人体健康，不得违背伦理道德，不得损害公共利益。”《民法典》第 1254 条规定：“禁止从建筑物中抛掷物品。从建筑物中抛掷物品或者从建筑物上坠落的物品造成他人损害的，由侵权人依法承担侵权责任；经调查难以确定具体侵权人的，除能够证明自己不是侵权人的外，由可能加害的建筑物使用人给予补偿。可能加害的建筑物使用人补偿后，有权向侵权人追偿。物业服务企业等建筑物管理人应当采取必要的安全保障措施防止前款规定情形的发生；未采取必要的安全保障措施的，应当依法承担未履行安全保障义务的侵权责任。发生本条第一款规定的情形的，公安等机关应当依法及时调查，查清责任人。”对于这些问题，我国刑法上原本并没有对应的刑事责任规定，《刑法修正案（十一）》基于与《民法典》协调的立场，增设了侵害英雄烈士名誉、荣誉罪，高空抛物罪及非法植入基因编辑、克隆胚胎罪等多种犯罪。

第二，加强刑法与行政法之间的衔接。行政处罚与刑事处罚是国家治理社会的两种重要公权力，两者的协调一致有助于提高我国的社会治理水平。随着社会管理的需要，我国对不少行政法进行了调整。作为行政法的保障法，刑法也需要作出相应的调整。例如，我国《药品管理法》对假药、劣药的认定和管理进行了

① 周光权．刑事立法进展与司法展望——《刑法修正案（十一）》总置评．法学，2021（1）.

重大调整，需要我国刑法调整危害药品安全犯罪的刑法规范；我国新修订的《证券法》对证券发行等进行了调整，要求我国刑法调整证券发行方面的犯罪规定；我国新出台的《生物安全法》要求加强对人类遗传资源、生物安全保护，需要我国刑法作出相应的回应。正是在此背景下，《刑法修正案（十一）》通过增设新的犯罪或者调整相关犯罪的入罪范围、法定刑，进行了积极的刑法立法回应，使得刑法与行政法之间的衔接得到了加强。

（四）政策背景：贯彻中央相关政策要求

“坚决贯彻落实党中央决策部署，将党中央决策转化为法律制度，”是国家立法机关此次修正刑法的重要思路。[①] 其目的是要保障党和国家重大战略目标实现、保障改革开放成果和建设法治中国、平安中国的要求，统筹发挥好刑法对经济社会生活的规范保障、引领推动作用。实际上，对于当前我国社会领域突出的安全生产、食品药品、环境、公共卫生、企业产权保护、知识产权保护等方面，中央都作了多方面的部署和要求。这其中比较突出的是加强企业产权的刑法保护和安全生产的刑法维护。

第一，加强民营企业产权刑法保护的政策要求。当前，产权保护已被上升到国家战略的高度。2016 年 11 月 4 日中共中央、国务院《关于完善产权保护制度依法保护产权的意见》明确提出：“产权制度是社会主义市场经济的基石，保护产权是坚持社会主义基本经济制度的必然要求。”“坚持权利平等、机会平等、规则平等，废除对非公有制经济各种形式的不合理规定，消除各种隐性壁垒，保证各种所有制经济依法平等使用生产要素、公开公平公正参与市场竞争、同等受到法律保护、共同履行社会责任。”“加大对非公有财产的刑法保护力度。”之后，中央进一步出台了系列保护民营企业产权的政策规定，如 2017 年中共中央、国务院《关于营造企业家健康成长环境弘扬优秀企业家精神更好发挥企业家作用的意见》，2019 年中共中央、国务院《关于营造更好发展环境支持民营企业改革发展的意见》等。加强企业产权（特别是民营企业产权）的刑法保护也成为我国刑法立法和刑事司法工作的重要方面。《刑法修正案（十一）》对职务侵占罪、非国家工作人员受贿罪、挪用资金罪，骗取贷款、票据承兑、金融票证罪等的修改，

---

① 全国人大常委会法制工作委员会副主任李宁．关于《中华人民共和国刑法修正案（十一）（草案）》的说明（2020 年 6 月 28 日在第十三届全国人民代表大会常务委员会第二十次会议上）.

就是为了更好地贯彻中央关于加强民营企业产权保护的政策要求。

第二，加强安全生产刑法维护的政策要求。安全生产是关系人民群众生命财产安全的大事。但近年来，我国一些地方安全生产事故频发，引发社会的广泛关注。中央对安全生产问题十分重视。2016 年中共中央、国务院《关于推进安全生产领域改革发展的意见》明确提出要“坚持安全发展，坚守发展决不能以牺牲安全为代价这条不可逾越的红线，以防范遏制重特大生产安全事故为重点，坚持安全第一、预防为主、综合治理的方针，加强领导、改革创新，协调联动、齐抓共管，着力强化企业安全生产主体责任，着力堵塞监督管理漏洞，着力解决不遵守法律法规的问题”，并进一步提出要“研究修改刑法有关条款，将生产经营过程中极易导致重大生产安全事故的违法行为列入刑法调整范围”。之后，习近平总书记对安全生产问题多次作出重要批示，2020 年国务院安全生产委员会办公室会同有关部门研究制定了《全国安全生产专项整治三年行动计划》。《刑法修正案（十一）》对强令违章冒险作业罪的调整和危险生产、作业罪的增设等，就是对中央关于维护安全生产政策要求的具体贯彻。

二、《刑法修正案（十一）》的修法过程

由于我国现阶段处于社会变革时期，司法实践中的新情况新问题不断涌现，因而在相当的时期内不断完善刑法规范，乃是国家立法机关的持续性工作。2015 年《刑法修正案（九）》通过后，社会的发展和司法实践又给刑法立法提出了若干需要完善的课题，而 2017 年通过的《刑法修正案（十）》由于集中于解决设立侮辱国歌罪的问题而无暇他顾，因而继续修改完善刑法的任务就交付给了《刑法修正案（十一）》。《刑法修正案（十一）》自 2018 年开始准备和纳入全国人大常委会立法规划，2019 年 7 月全国人大常委会法制工作委员会（以下简称“法工委”）提出修改刑法的提纲并开始研讨和听取有关方面的意见，2020 年 6 月提交第十三届全国人大常委会第二十次会议进行第一次立法审议，2020 年 10 月提交第十三届全国人大常委会第二十二次会议进行第二次立法审议，至 2020 年 12 月在第十三届全国人大常委会第二十四次会议上获得通过，前后历时三年，其修法进程大体经历了立法审议前的准备和研拟以及三次立法审议等四个阶段。

（一）立法审议前的准备和研拟阶段

《刑法修正案（十一）》立法审议前的准备和研拟阶段，大体上自 2018 年上半年开始，到 2020 年 6 月下旬全国人大常委会首次审议《刑法修正案（十一）（草案）》前。

2018 年上半年，根据刑法修改完善的实际需要，全国人大常委会法工委及其刑法室即已在内部开始了修改刑法的准备工作。在全国人大常委会 2018 年 9 月 7 日发布的《十三届全国人大常委会立法规划》（共 116 件）中，刑法修正案被列入“第一类项目：条件比较成熟、任期内拟提请审议的法律草案（69 件）”之中，明确由全国人大常委会委员长会议作为提请审议机关或牵头起草单位。[①]

《刑法修正案（十一）》的创制纳入第十三届全国人大常委会立法规划后，在此阶段，为了科学地进行准备和开展修法草案的研拟工作，国家立法工作机关即全国人大常委会法工委进行了必要的调研，并召开了多次座谈会。

例如，2019 年 7 月 16 日，全国人大常委会法工委副主任李宁带领全国人大常委会刑法修改专题调研组赴山西省运城市，围绕《刑法》修改工作开展调研，旨在实地了解《刑法》在基层司法实践中存在的新情况、新问题，特别是在防范化解风险、维护发展稳定方面的具体情况，以在此基础上做好《刑法》的修改工作。山西省运城市人大常委会主任安雅文主持座谈会。山西省和运城市人大常委会的有关负责人，运城市法院、检察院、公安机关的负责人，以及政府相关管理机关和若干企业的代表等出席此次修改刑法的座谈会，并主要围绕在经济社会快速发展背景下，环境保护、食品药品安全、生产安全等方面对刑事立法提出的新挑战和新要求进行了座谈。

在全国人大常委会法工委刑法室就《刑法修正案（十一）》起草了修法提纲后，全国人大常委会法工委于 2019 年 7 月 30 日在京召开了专家学者座谈会。座谈会由全国人大常委会法工委副主任李宁主持，法工委刑法室主任王爱立及副主任雷建斌、黄永等出席，北京法学界的十余位刑法学者应邀参会。[②] 李宁副主任

① 十三届全国人大常委会立法规划（共 116 件）. 全国人民代表大会常务委员会公报，2018（5）：679～680.

② 应邀参加此次座谈会的 11 位刑法学者为：北京师范大学赵秉志、刘志伟、张远煌教授，清华大学张明楷、周光权教授，北京大学梁根林教授，中国人民大学黄京平、时延安教授，中国政法大学阮齐林、曲新久教授，北京理工大学曾粤兴教授。

在讲话中指出《刑法修正案（十一）》的立法已纳入第十三届全国人大常委会立法规划，刑法室王爱立主任介绍说《刑法修正案（十一）》已基于立法规划在起草中，这次座谈会讨论的修法提纲是初步考虑的《刑法修正案（十一）》的修法框架，尚未形成条文。该修法提纲包含了六个方面：（1）安全生产的刑法问题；（2）非公有制经济的刑法保护问题；（3）金融乱象的刑法治理问题；（4）死刑规范的完善问题；（5）关于自洗钱行为的刑事责任追究问题；（6）其他方面修改完善刑法的问题。与会的学者们主要围绕修法提纲提出了一系列修法意见和建议，有些学者还在发言后提交了书面建议稿。[①]

2019 年 11 月 7 日，全国人大常委会法工委在京召开"刑法修改座谈会"，邀请法学界和中央政法机关的代表参会，研讨《刑法修正案（十一）》的修法方案。座谈会由全国人大常委会法工委副主任李宁主持，刑法室王爱立主任、黄永副主任及许永安处长出席；来自法学界的 3 位刑法学者[②]，以及来自中央政法委、最高人民法院、最高人民检察院、公安部、司法部、国家安全部的 12 位专家应邀参加了此次会议。法工委刑法室研拟并提交此次会议讨论的《刑法修改初步方案》（2019 年 11 月 7 日会议稿），包含了安全生产犯罪的修改完善、加大对非公有财产的刑法保护力度、惩治金融乱象、修改完善食品药品犯罪和其他五个方面[③]，并初步形成了 18 个条文的雏形。法工委刑法室王爱立主任作了该修法方案起草背景情况的介绍及方案内容的说明，许永安处长作了修法方案内容的补充说明。在此基础上，与会的中央政法各机关的代表和学者们主要针对该修法方案的修法主张进行了研讨发言，有些还提交了书面意见。[④]

自 2020 年 1 月起，新冠肺炎疫情开始在中国肆虐，严重影响了正常的社会生活和工作秩序。在党和国家的坚强领导下，中国迅速遏制了新冠肺炎疫情的蔓

① 如赵秉志教授提交了题为《关于我国修改刑法的若干建言》（2019 年 7 月 30 日）的书面建议稿，北师大刑事法律科学研究院提交了题为《关于刑法修改若干问题的建议》（2019 年 7 月 26 日）的研究报告，均围绕立法工作机构的修法提纲所涉及的几个方面，提出了相关的修法主张并进行了论证。

② 这 3 位刑法学者是北京师范大学赵秉志教授、中国政法大学曲新久教授和中国社科院法学所刘仁文研究员。

③ 值得注意的是，这次的《刑法修改初步方案》所涉及的修法的几个方面中，没有包含此前已有的死刑制度改革的内容。

④ 如赵秉志教授提交了题为《关于〈刑法修改初步方案〉的完善建言》（2019 年 11 月 7 日）的建议稿，内容涉及关于安全生产的违法违规重大隐患行为入刑、关于增加妨害公共交通工具安全驾驶罪、关于提高非国家工作人员受贿罪刑罚、关于增加对他人使用暴力的犯罪、关于侮辱诽谤英烈人罪和关于死刑制度的改革等。

延，生产和工作秩序在调整中有序运行。为在疫情防控背景下继续推进《刑法修正案（十一）》的立法起草工作，法工委在之前修法方案的基础上，修改拟成了《刑法修改初步方案》（2020 年 2 月 26 日征求意见稿），发送给中央政法机关等征求书面意见。该方案包含七个方面、26 条，依次为：第一，安全生产犯罪的修改完善：（1）违法违规重大隐患行为入刑；（2）加大对重大责任事故犯罪的惩处力度；（3）增加妨害公共交通工具安全驾驶罪；（4）规定高空抛物犯罪。第二，加大对非公有财产的刑法保护力度：（1）提高非国家工作人员受贿罪的刑罚并增加情节；（2）提高职务侵占罪的刑罚；（3）提高挪用资金罪的刑罚。第三，惩治金融乱象：（1）修改欺诈发行股票、债券罪；（2）修改违规披露、不披露重要信息罪；（3）修改提供虚假证明文件罪；（4）修改骗取贷款、票据承兑、金融票证罪；（5）增加采取暴力等非法手段讨债为业的犯罪；（6）修改非法吸收公众存款罪。第四，修改完善危害食品药品安全的犯罪：（1）修改生产、销售假药罪；（2）修改生产、销售劣药罪；（3）增加妨害药品管理秩序的犯罪；（4）修改食品药品渎职犯罪。第五，有关疫情防控的犯罪：（1）完善妨害野生动物管理的犯罪；（2）修改妨害传染病防治罪。第六，关于进一步减少死刑：（1）修改总则第 48 条第 1 款关于死刑适用标准的规定；（2）删除分则第 125 条第 1 款非法制造、买卖、运输、邮寄、储存枪支、弹药、爆炸物罪的死刑；（3）删除分则第 127 条第 1 款盗窃、抢夺枪支、弹药、爆炸物、危险物质罪的死刑；（4）取消分则第 347 条运输毒品罪的死刑。[①] 第七，其他：（1）增加非法从事人体基因编辑的犯罪；（2）修改侵犯商业秘密罪的规定；（3）增加侮辱英雄烈士的规定。中央有关机关都非常重视和认真对待《刑法修正案（十一）（草案）》的修法意见，并结合本单位职责和实务工作情况认真研究，及时向法工委反馈了修法意见和建议。例如，最高人民法院经过认真调查研究，于 2020 年 7 月整理出了系统的《关于刑法修改完善的研究意见》提交给全国人大常委会法工委参考。这份修改刑法的《研究意见》内容翔实、观点鲜明，不仅有针对性地涉及法工委前述修法方案所关注的关于安全生产的刑法问题、关于非公有制经济的刑法保护问题、关于金融乱象治理的问题、关于死刑规定的完善问题和关于洗钱罪的修改问题等，而且还包括了司法机关所关注的修改完善刑法的其他意见和建议（涉及刑法总则的 11 个方面和刑法分则的 5 个方面）。

① 值得注意的是，死刑制度的改革问题又纳入了《刑法修正案（十一）》的修法方案。

另一方面，在书面征求中央有关机关的修法意见的基础上，当新冠疫情得到有效遏制，社会生活和生产、工作秩序基本恢复正常的情况下，全国人大常委会法工委也及时于2020年5月7日再次召开了学者方面的座谈会，会议由全国人大常委会法工委副主任李宁主持，法工委刑法室负责人等出席，北京法学界的7位刑法学者应邀参会。[①] 这次座谈会讨论的《刑法修改初步方案》(2020年5月7日会议讨论稿)，是立法工作机关在前述的向中央有关机关征求意见的《刑法修改初步方案》(2020年2月26日征求意见稿）的基础上修改形成的，两相比较，5月方案维持了2月方案的大部分内容，但也有所增加和修改、调整。具体而言，《刑法修改初步方案》(2020年5月7日会议讨论稿）的框架和条文概况表现为以下六个方面：第一，安全生产犯罪的修改完善：(1）违法违规重大隐患行为入刑；(2）加大对重大责任事故类犯罪的惩处力度；(3）增加妨害公共交通工具安全驾驶的犯罪；(4）规定高空抛物犯罪。第二，加强民营企业财产和营商环境保护：(1）提高非国家工作人员受贿罪的刑罚并增加情节；(2）提高职务侵占罪的刑罚；(3）提高挪用资金罪的刑罚；(4）修改骗取贷款、票据承兑、金融票证罪。第三，惩治金融乱象：(1）修改欺诈发行股票、债券罪；(2）修改违规披露、不披露重要信息罪；(3）修改提供虚假证明文件罪；(4）增加采取暴力等非法手段讨债为业的犯罪；(5）修改非法吸收公众存款罪。第四，修改完善危害食品药品安全的犯罪：(1）修改生产、销售假药罪；(2）修改生产、销售劣药罪；(3）增加妨害药品管理秩序的犯罪；(4）修改食品药品渎职犯罪。第五，修改完善有关疫情防控的犯罪：(1）修改妨害传染病防治罪；(2）完善妨害野生动物管理的犯罪；(3）增加有关危害生物安全的犯罪，包括增加非法从事基因编辑、克隆胚胎的犯罪，增加危害国家人类遗传资源的犯罪，增加非法处置外来入侵物种的犯罪。第六，其他：(1）增加侮辱英雄烈士犯罪的规定；(2）增加破坏国家自然保护区的犯罪；(3）侵犯知识产权犯罪的修改完善（尚无条文）；(4）完善死刑的法律规定（尚无条文）。与会学者对修法方案总体予以肯定，并发表了见仁见智的具体意见和建议。

---

① 应邀参加这次座谈会的7位刑法学者为：北京大学陈兴良教授，清华大学张明楷、周光权教授，中国政法大学曲新久教授，中国社科院法学所刘仁文研究员，北京师范大学刘志伟教授，中国人民大学时延安教授。

（二）第一次立法审议

2020 年 6 月 28 日至 30 日，第十三届全国人大常委会第二十次会议在北京举行。根据全国人大常委会委员长会议提出的关于提请审议《刑法修正案（十一）（草案）》的议案，这次会议安排对《刑法修正案（十一）（草案）》进行了首次审议。受全国人大常委会委员长会议的委托，全国人大常委会法工委副主任李宁在这次会议上作了《关于〈中华人民共和国刑法修正案（十一）（草案）〉的说明》。李宁在说明中指出，这次修改刑法的总体思路有四条：一是坚决贯彻党中央关于国家和社会发展的决策部署，将党中央的决策转化为法律制度；二是坚持以人民为中心，加强保护人民群众生命财产安全，特别是有关安全生产、食品药品、环境、公共卫生等涉及公共、民生领域的基本安全、重大安全；三是进一步贯彻宽严相济刑事政策，在对社会危害严重的犯罪保持高压态势的同时，避免不必要的刑罚扩张；四是坚持问题导向，坚持"立得住、行得通、真管用"，避免偏离实践导向的修法，维护法律的权威和严肃有效执行。①《刑法修正案（十一）（草案一审稿）》共计 31 条，除去第 31 条是关于修正案施行时间的规定外，其余修改补充刑法的 30 条大体涉及六个方面：一是加大对安全生产和其他涉及公共安全犯罪的防治；二是完善对食品药品犯罪的惩治；三是完善对破坏金融犯罪的惩治；四是加强对企业产权的刑法保护；五是强化对公共卫生的刑事法治保障；六是其他方面的修法完善。2020 年 6 月 29 日，十三届全国人大常委会第二十次会议对《刑法修正案（十一）（草案）》进行了初次审议。常委会组成人员和列席人员普遍认为，《刑法修正案（十一）（草案）》贯彻落实党中央决策部署，按照全面推进依法治国、推进国家治理体系和治理能力现代化的要求，坚持以人民为中心的发展理念，坚持宽严相济刑事政策，很好地发挥了刑法对经济社会发展的规范保障和引领作用，并且聚焦重点领域，积极响应民众关切，针对性强，因而总体上予以赞成。同时，立法审议中也对草案涉及的诸方面提出了需要进一步完善或推敲的意见和建议。②

第十三届全国人大常委会第二十次会议之后，全国人大常委会法工委将《刑

---

① 全国人大常委会法制工作委员会副主任李宁．关于《中华人民共和国刑法修正案（十一）（草案）》的说明（2020 年 6 月 28 日在第十三届全国人民代表大会常务委员会第二十次会议上）．

② 全国人大常委会法工委办公室．十三届全国人大常委会第二十次会议审议刑法修正案（十一）草案的意见．第十三届全国人大常委会第二十二次会议（2020 年 10 月 13—17 日）参阅资料．

法修正案（十一）（草案）》印发各省（自治区、直辖市）和一些较大城市的人大常委会、中央有关部门、有关社会团体和部分高等院校、科研机构、基层立法联系点、部分全国人大代表等征求意见；并于 2020 年 7 月 3 日在中国人大网全文公布草案征求社会公众的意见（截止日期为 2020 年 8 月 16 日）。法工委还到广西、浙江进行了调研，并通过视频方式听取了湖南、湖北、吉林等地有关方面的意见，在此基础上对草案进行了完善。在对草案的反馈意见中，中央各有关部门、地方和有关单位等普遍从总体上肯定草案的修法方案，并提出了 80 余项具体的修法意见和建议。[①] 中央政法机关和一些法律院校、科研单位向立法机关提交了较为系统的修法意见和建议，一些学术团体和单位还专门召开了针对《刑法修正案（十一）（草案）》的研讨会。如最高人民法院就向全国人大常委会法工委提交了修法建议，该建议不仅对《草案》已有的条文提出了 13 条意见，而且对《草案》未涉及的条文也提出了多条修法建议，包括继续考虑削减死刑罪名问题。[②] 2020 年 7 月 12 日，中国刑法学研究会联合中国法学会案例法学研究会和北师大刑事法律科学研究院，在线上召开了"《刑法修正案（十一）（草案）》专题研讨会"，法学界和法律界的 40 余位专家学者参会并发表了见仁见智的修法意见；中国刑法学研究会会长赵秉志教授作了题为《完善我国刑事法治的重大立法举措》的致辞。[③] 在对社会公开征求意见方面，法工委共收到 65 080 位公众对《刑法修正案（十一）（草案一审稿）》提出的 137 544 条意见，社会公众意见涉及七个方面，主要集中在未成年人权益保护、集资诈骗行为惩治以及食品药品监管渎职犯罪规范的完善等方面。[④]

在对地方调研方面，例如，2020 年 8 月 18 日，全国人大常委会法工委副主任李宁率全国人大常委会调研组赴广西壮族自治区，就《刑法修正案（十一）（草案）》修改完善问题召开专题调研座谈会。该自治区人大常委会副主任卢献匾出席并主持会议。广西壮族自治区高级法院、检察院、公安厅、司法厅、科技

---

① 全国人大常委会法工委刑法室．地方人大和中央有关部门、单位对刑法修正案（十一）草案的意见．第十三届全国人大常委会第二十二次会议（2020 年 10 月 13—17 日）参阅资料．

② 最高人民法院．关于《刑法修正案（十一）（草案）》的修改完善建议（2020 年 8 月）．

③ 该致辞包含四点关于修法的宏观意见：一是关于《刑法修正案（十一）（草案）》的总体看法；二是关于完善我国刑法之立法模式的基本主张；三是关于加强我国刑法科学立法问题研究的建言；四是关于死刑制度改革问题的建议。该致辞书面稿在会后提交给法工委参阅。

④ 全国人大常委会法工委刑法室．刑法修正案（十一）草案向公众征求意见的情况．第十三届全国人大常委会第二十二次会议（2020 年 10 月 13—17 日）参阅资料．

厅、生态环境厅、卫健委、应急管理厅、市场监管局等单位负责人和律师代表参加座谈会，与会者根据本单位职责和相关工作经验，就该草案的修改完善问题提出了修改意见和建议。

在这一时期，全国人大常委会法工委根据刑法规制的实际需要，就此次修改刑法的一些重要问题与中央有关部门反复沟通研究，在取得初步共识的基础上，又引人注目地增加了一些新的犯罪规定。2020 年 9 月 3 日，全国人大常委会法工委在京召开了《拟新增相关犯罪的初步方案》的研讨会。会议由全国人大常委会法工委副主任李宁主持，法工委刑法室王爱立主任、黄永副主任、许永安处长、王宁处长出席，来自中央和全国人大的 9 个有关机关和部门①的 20 位专家，以及北京法学界的 3 位刑法学者②应邀参加了此次会议。这是《刑法修正案（十一）》创制过程中极其重要的一次会议。因为这次会议所研讨的《拟新增相关犯罪的初步方案》，是在 2020 年 6 月 28 日已提交全国人大常委会进行了初次审议的《刑法修正案（十一）（草案一审稿）》的 31 个条文的基础上，又新增的 11 个条文，这些新增条文涉及之前多种社会关切或争议较大的罪名的重大修改或新增罪名增设。该《拟新增相关犯罪的初步方案》的框架和所涉条文概况为：第一，关于金融犯罪：（1）关于洗钱犯罪（主要是拟将自洗钱行为犯罪化）；（2）关于操纵证券、期货犯罪；（3）关于集资诈骗的单位犯罪（主要是删去集资诈骗罪之单位犯罪的规定）。第二，涉未成年人犯罪：（1）关于奸淫幼女的犯罪（主要是加强惩处）；（2）增设特殊职责人员奸淫未成年女性的犯罪；（3）关于猥亵儿童的犯罪（主要是加强惩罚）；（4）关于刑事责任年龄（主要是降低刑事责任年龄，对已满 12 岁不满 14 岁的未成年人规定严格条件限制下要追究刑事责任）。第三，其他犯罪：（1）增设关于兴奋剂的犯罪；（2）增设袭击警察、检察官、法官的犯罪；（3）增设关于冒名顶替的犯罪；（4）增设关于境外开设赌场并组织、招揽中国公民赴境外赌博的犯罪。此外，该方案还提出，关于侵犯知识产权的犯罪修改涉及刑法多个条文，法工委将与有关方面研究后再提出修改刑法的方案。在李宁副主任作主持致辞后，法工委刑法室许永安处长作了对该《拟新增相关犯罪的初步方案》的说明。遂后，与会的中央各有关机关和部门的代表及学者进行了发言讨

① 这 9 个机关和部门是：最高人民法院，最高人民检察院，公安部，教育部，中国人民银行，国家体育总局，共青团中央，全国妇联，全国人大社会委。

② 这 3 位刑法学者是：北京师范大学赵秉志教授，中国社科院法学所陈泽宪教授，清华大学黎宏教授。

论，并在降低刑事责任年龄、自洗钱行为入罪和袭击警察、检察官、法官罪等问题上的争议较大。

在此基础上，全国人大宪法和法律委员会于2020年9月16日召开会议，根据第十三届全国人大常委会第二十次会议上常委会组成人员的审议意见和其他各方面的意见，对新增11个条文后（此时总计42条）的《刑法修正案（十一）（草案）》进行了逐条审议，中央政法委、司法部有关负责同志列席了此次会议。2020年9月29日，全国人大宪法和法律委员会又召开会议，再次对草案进行了审议。通过上述相关活动，国家立法机关为《刑法修正案（十一）（草案）》进行第二次立法审议做好了准备。

（三）第二次立法审议

第十三届全国人大常委会第二十二次会议于2020年10月13日至17日在北京举行。根据全国人大常委会委员长会议的建议，《刑法修正案（十一）》的审议被纳入此次会议议程，进行《刑法修正案（十一）（草案）》的第二次立法审议。提交此次会议审议的《刑法修正案（十一）（草案二次审议稿）》在一审稿31个条文的基础上又增加了11个条文，共计42个条文。根据立法机关的说明，与草案一审稿相比，草案二审稿的主要修法情况是：第一，针对实践中低龄未成年人犯罪、性侵未成年人犯罪等涉未成年人犯罪案件较为突出、社会关切的情况，降低有关法定最低刑事责任年龄和修改收容教养的规定；并加重对奸淫幼女犯罪、猥亵儿童罪的处罚，增设特殊职责人员性侵未成年人的犯罪，加强对未成年人的刑法保护。第二，加大对金融犯罪的惩治力度，包括：补充、完善操纵证券、期货市场罪的罪状；修改洗钱罪，将实施一些严重犯罪后的“自洗钱”明确规定为犯罪，同时将地下钱庄通过“支付”结算纳入洗钱行为方式；加大对单位犯集资诈骗罪的处罚力度。第三，增设独立的袭警罪。第四，将盗用、冒用他人身份，顶替他人取得的高等学历教育入学资格、公务员录用资格、就业安置待遇的行为规定为犯罪，同时规定组织、指使他人实施的，从重处罚。第五，增设侮辱、诽谤英烈罪。第六，增设境外赌场人员组织、招揽我国国民出境赌博的犯罪。第七，完善草案有关非法植入基因编辑、克隆的胚胎罪的规定。第八，拟将组织、强迫运动员使用兴奋剂等行为入罪。[①] 2020年10月14日下午，十三届全国

① 全国人民代表大会宪法和法律委员会．关于《中华人民共和国刑法修正案（十一）（草案）》修改情况的汇报（在第十三届全国人大常委会第二十二次会议上，2020年10月13日）.

人大常委会第二十二次会议对《刑法修正案（十一）（草案二次审议稿）》进行了审议。常委会组成人员和列席人员普遍认为，《刑法修正案（十一）（草案二次审议稿）》贯彻落实党中央决策部署，积极回应人民群众关心、社会关注的问题，充分吸收采纳常委会组成人员的审议意见和各方面的意见与建议，对草案一审稿作了一些很重要的修改和完善，更好地发挥了刑法对经济社会发展的规范、保障和引领作用，体现了民主立法原则，坚持了问题导向，具有与时俱进的精神，总体已趋成熟。同时，立法审议中也对草案提出了一些修改意见，主要包括：一是关于完善涉未成年人的刑法规定，包括应否下调刑事责任年龄、对已满 12 周岁不满 14 周岁者追究刑事责任的范围，关于负有特定职责身份人员性侵犯罪的调整等；二是关于安全生产方面的犯罪，涉及妨害公共交通工具安全驾驶的犯罪、危险作业犯罪、高空抛物犯罪的修改；三是关于妨害药品管理秩序的犯罪，涉及关于假药、劣药犯罪和妨害药品管理秩序的犯罪；四是破坏金融管理秩序的犯罪，涉及证券犯罪、非法集资犯罪、洗钱犯罪、暴力讨债犯罪等的修改；五是关于加强企业产权的刑法保护，涉及加强非公有制经济的刑法保护和骗取贷款、票据承兑、金融票证的犯罪；六是妨害社会管理秩序方面的犯罪，涉及袭警犯罪、冒名顶替犯罪、侮辱诽谤英烈犯罪、赌博犯罪、基因编辑犯罪、兴奋剂犯罪等的修改；七是其他问题，涉及刑事政策避免重刑化、刑罚执行制度和多种罪名的修改完善。[①]

这次会议后，国家立法机关于 2020 年 10 月 21 日在中国人大网公布了《刑法修正案（十一）（草案二次审议稿）》向社会公众征求意见，截止日期为 2020 年 11 月 19 日。国家立法机关继续进行了相关的调研和研讨活动。

2020 年 10 月 30 日，由全国人大宪法和法律委员会副主任委员周光权、全国人大常委会法工委副主任李宁率领的全国人大立法调研组赴四川，就《刑法修正案（十一）（草案二次审议稿）》的修改完善开展调研。四川省人大常委会副主任刘作明出席并主持座谈会。会上，四川省法院、省检察院、省公安厅、省教育厅、省生态环境厅等省级有关部门，成都市相关部门，以及部分全国人大代表、专家、律师、企业代表等，结合各自职责和相关工作经验，对该草案提出了修改意见和建议。

---

① 参见全国人大常委会法工委办公室．十三届全国人大常委会第二十二次会议审议刑法修正案（十一）草案二次审议稿的意见．第十三届全国人大常委会第二十四次会议（2020 年 12 月 22—26 日）参阅资料．

2020 年 11 月 2 日，全国人大宪法和法律委员会与全国人大常委会法工委在京联合召开“《刑法修正案（十一）（草案）》座谈会”，针对已提交全国人大常委会进行再次审议的《刑法修正案（十一）（草案二次审议稿）》，听取中央有关部门、部分全国人大代表和专家学者的意见。此次会议由全国人大宪法和法律委员会副主任委员周光权和全国人大常委会法工委副主任李宁主持，法工委刑法室主任王爱立、副主任黄永、处长许永安和王宁出席，应邀参会者包括两位全国人大代表、三位刑法专家[①]，以及来自中央 15 个有关机关的 32 位代表。与会者围绕《刑法修正案（十一）（草案二次审议稿）》进行了认真的研讨，认为草案二审稿在草案一审稿的基础上进行了修改完善，吸收采纳了各方面的意见，内容更丰富、体系更合理、结构更科学，较好地贯彻落实了党中央的决策部署，坚持以人民为中心的发展理念，更好地发挥了刑法对经济社会发展的规范保障和引领推动作用，因而总体予以赞同；同时，与会者也提出了见仁见智的意见和建议，涉及草案二审稿的多个方面。[②] 有些单位或专家还同时提交了书面意见。如最高人民法院就提交了书面修法建议，对《草案（二次审议稿）》中的 13 个条文提出了意见和建议[③]；赵秉志教授也同时提交了书面修法建议，对《草案（二次审议稿）》提出了四点完善建言，包括要慎重对待降低未成年人刑事责任年龄问题，关于完善民营企业产权刑法保护的思路，应当持续推动死刑制度的立法改革问题，以及关于适当增设新罪名（如故意传播艾滋病罪，恐怖活动罪）的问题。[④] 值得指出的是，收到法工委就《刑法修正案（十一）（草案二次审议稿）》的征求意见专函后，因病住院的中国刑法学研究会名誉会长、“人民教育家”国家荣誉称号获得者高铭暄教授认真研读了《刑法修正案（十一）（草案二次审议稿）》，并委托赵秉志教授代为向法工委提交了书面意见，对草案二审稿予以总体肯定，并就降低未成年人刑事责任年龄等问题发表了修法意见。[⑤]

关于《刑法修正案（十一）（草案二次审议稿）》于 2020 年 10 月 20 日至 11

---

① 两位全国人大代表为深圳证券交易所理事长王建军，陕西省律师协会副会长方燕律师；三位刑法学专家为中国刑法学研究会会长、北京师范大学教授赵秉志，中国政法大学教授阮齐林，中国刑法学研究会副会长、北京大学教授梁根林。

② 全国人大常委会法工委刑法室．宪法法律委、法工委座谈会对刑法修正案（十一）草案二次审议稿的意见．第十三届全国人大常委会第二十四次会议（2020 年 12 月 22—26 日）参阅资料．

③ 最高人民法院．关于《刑法修正案（十一）（草案二次审议稿）》的修改完善建议（2020 年 11 月 2 日）．

④ 赵秉志．关于《刑法修正案（十一）（草案二审稿）》的完善建言（2020 年 11 月 2 日）．

⑤ 高铭暄教授关于《刑法修正案（十一）（草案二审稿）》的意见（2020 年 10 月 26 日）．

月 19 日在中国人大网向社会公开征求意见，据立法工作机关统计归纳，期间共收到 2 530 位公众提出的 8 491 条意见。公众意见主要集中在完善涉未成年人犯罪的刑法规定、对人工驯养动物与野生动物区别规制、完善冒名顶替及集资诈骗行为惩治等方面。[①]

经 2015 年修正的《立法法》第 39 条规定："拟提请常务委员会会议审议通过的法律案，在法律委员会提出审议结果报告前，常务委员会工作机构可以对法律草案中主要制度规范的可行性、法律出台时机、法律实施的社会效果和可能出现的问题等进行评估。评估情况由法律委员会在审议结果报告中予以说明。"根据《立法法》这一规定，全国人大常委会法工委曾于 2015 年 8 月 10 日在京召开了《刑法修正案（九）》通过前的立法评估会，在刑法修正方面开启了立法评估会的先河。[②] 同样，根据《立法法》这一规定，全国人大常委会法工委于 2020 年 12 月 11 日在京召开了"刑法修正案（十一）草案通过前评估会"。这次评估会由全国人大常委会法工委副主任李宁主持，邀请了两位全国人大代表、三位专家[③]和法院、检察院、公安机关的六位司法、执法人员参加，法工委刑法室的几位负责人亦出席了会议。提交这次评估会议讨论与评估的《刑法修正案（十一）（草案）》（2020 年 12 月 11 日稿），与之前提交第十三届全国人大常委会第二十二次会议进行第二次审议的《刑法修正案（十一）（草案二次审议稿）》相比，有两个方面的修改或补充：一是增加了 5 个条文，使条文总数由 42 个增加到 47 个，这样就使得条文总数接近《刑法修正案（八）》（50 条）和《刑法修正案（九）》（52 条）。新增的 5 个条文即评估稿的第 17 条（修改刑法第 213 条假冒注册商标罪），第 18 条（修改刑法第 214 条销售假冒注册商标的商品罪），第 19 条（修改刑法第 217 条侵犯著作权罪），第 20 条（修改刑法第 218 条销售侵权复制品罪），第 23 条（修改刑法第 220 条单位犯罪的处罚），均为有关侵犯知识产权的犯罪，系立法机构会同中央有关机关共同研究而拟定，在此过程中立法工作机关曾专门到北京市海淀区人民法院和腾讯公司进行了涉知识产权违法犯罪方面的调研。[④] 二

① 参见全国人大常委会法工委刑法室．刑法修正案（十一）草案二次审议稿向社会公众征求意见的情况．第十三届全国人大常委会第二十四次会议（2020 年 12 月 22—26 日）参阅资料．

② 赵秉志．《中华人民共和国刑法修正案（九）》理解与适用．北京：中国法制出版社，2016：18～19.

③ 两位全国人大代表为九三学社中央委员阎建国律师、中国科学院大学马一德教授；三位刑法学专家为中国刑法学研究会常务副会长陈泽宪研究员、副会长曲新久教授、秘书长刘志伟教授。

④ 参见全国人大常委会法工委刑法室．知识产权犯罪有关问题调研简报．第十三届全国人大常委会第二十四次会议（2020 年 12 月 22—26 日）参阅资料．

是对草案二审稿的部分条文又进行了修改，包括：（1）修改了降低刑事责任年龄的规定，将二审稿第 1 条第 3 款“已满十二周岁不满十四周岁的人，犯故意杀人、故意伤害罪，致人死亡，情节恶劣的，经最高人民检察院核准，应当负刑事责任”的规定，修改为“已满十二周岁不满十四周岁的人，犯故意杀人、故意伤害罪，致人死亡或者以特别残忍手段致人重伤造成严重残疾，情节恶劣的，经最高人民检察院核准追诉的，应当负刑事责任。”即增加了“以特别残忍手段致人重伤造成严重残疾”的危害情况和经最高人民检察院核准“追诉”的程序规定。（2）将草案二审稿第 2 条危害公交工具行驶安全犯罪第 3 款“有前两款行为，致人伤亡或者造成其他严重后果，同时构成其他犯罪的，依照处罚较重的规定定罪处罚”，修改为“有前两款行为，同时构成其他犯罪的，依照处罚较重的规定定罪处罚。”即删去了“致人伤亡或者造成其他严重后果”的规定。（3）对一些条文作了个别文字的修正。在法工委刑法室王爱立主任对草案评估稿和评估要求介绍后，与会者对草案评估稿作了总体的肯定评价，认为草案适应社会发展和犯罪情况变化背景下完善刑事法治的实际需要，具备科学性和可操作性，及时通过实施会取得较好的法治效果和社会效果，同时也提出了一些具体的修改意见。

（四）第三次立法审议暨通过

第十三届全国人大常委会第二十四次会议于 2020 年 12 月 22 日至 26 日在北京举行。根据全国人大常委会委员长会议的建议，《刑法修正案（十一）》的审议被纳入此次会议议程进行第三次立法审议。提交此次会议审议的《刑法修正案（十一）（草案三次审议稿）》在二审稿 42 个条文的基础上又增加了 6 个条文，共计 48 个条文。根据立法机关的说明，与草案的评估稿（2020 年 12 月 11 日《刑法修正案（十一）（草案）》）相比，草案三审稿主要是作了两处修改：一是增加了一个条文，即草案三审稿的第 19 条，规定：“将刑法第二百一十五条修改为：‘伪造、擅自制造他人注册商标标识或者销售伪造、擅自制造的注册商标标识，情节严重的，处三年以下有期徒刑，并处或者单处罚金；情节特别严重的，处三年以上十年以下有期徒刑，并处罚金。’”二是对草案评估稿的一些文字作了修改。之后，《刑法修正案（十一）（草案）（表决稿）》与草案三审稿的内容没有变化。

2020 年 12 月 26 日，第十三届全国人大常委会第二十四次会议表决通过了《刑法修正案（十一）》。同日，国家主席习近平发布《中华人民共和国主席令》

（第 66 号），公布了《刑法修正案（十一）》，《刑法修正案（十一）》自 2021 年 3 月 1 日起施行。

三、《刑法修正案（十一）》的修法内容

《刑法修正案（十一）》共计 48 条，除去第 48 条关于施行时间的规定，共有 47 个条文属于对刑法进行了实质的修改补充。其内容主要包括九个方面。

（一）完善未成年人刑法，加强未成年人权利保护

基于未成年人刑法的权益保障和权利保护的双面立场，《刑法修正案（十一）》重点从四个方面完善了我国未成年人的刑法立法：（1）附条件降低最低刑事责任年龄，将未成年人承担刑事责任的最低年龄由原来的年满 14 周岁下降为年满 12 周岁，规定："已满十二周岁不满十四周岁的人，犯故意杀人、故意伤害罪，致人死亡或者以特别残忍手段致人重伤造成严重残疾，情节恶劣，经最高人民检察院核准追诉的，应当负刑事责任。"（2）完善强奸罪加重处罚的情节，对强奸罪适用"十年以上有期徒刑、无期徒刑或者死刑"增加规定了两种情形，即"在公共场所当众奸淫幼女"的，以及"奸淫不满十周岁的幼女或者造成幼女伤害的"。（3）增设特殊职责人员性侵罪，规定："对已满十四周岁不满十六周岁的未成年女性负有监护、收养、看护、教育、医疗等特殊职责的人员，与该未成年女性发生性关系的，处三年以下有期徒刑；情节恶劣的，处三年以上十年以下有期徒刑。"（4）完善猥亵儿童罪的刑罚规范，规定："猥亵儿童的，处五年以下有期徒刑；有下列情形之一的，处五年以上有期徒刑：（一）猥亵儿童多人或者多次的；（二）聚众猥亵儿童的，或者在公共场所当众猥亵儿童，情节恶劣的；（三）造成儿童伤害或者其他严重后果的；（四）猥亵手段恶劣或者有其他恶劣情节的。"该规定既调整了猥亵儿童罪的基本法定刑，即将原来的"五年以下有期徒刑或者拘役"调整为"五年以下有期徒刑"，也调整了猥亵儿童罪加重处罚的情节，即将适用"五年以上有期徒刑"的情节由原来的"聚众""在公共场所当众""其他恶劣情节"三种扩大为四种（其中第二种又包含了两种更具体的情节）。

（二）完善安全刑法，加强惩治危害安全生产的犯罪

着眼于加强对道路交通安全和生产安全的保护，《刑法修正案（十一）》加大了对危害安全生产犯罪的惩治力度。这方面包括：（1）增设妨害安全驾驶罪。《刑法修正案（十一）》第2条在刑法中增设第133条之二，将使用暴力、抢控驾驶操纵装置，以及驾驶人员与他人互殴，危及公共安全的行为规定为犯罪。（2）增加冒险组织作业犯罪。《刑法修正案（十一）》第3条将“明知存在重大事故隐患而不排除，仍冒险组织作业，因而发生重大伤亡事故或者造成其他严重后果的”情形纳入刑法第134条第2款，提升对此类行为的处罚力度。（3）增设危险生产、作业罪。《刑法修正案（十一）》第4条在刑法中增设第134条之一，将违反规定实施具有导致重大事故等严重后果现实危险的三种违规生产行为纳入刑法的规制范围。

（三）完善民生刑法，加强惩治危害药品安全的犯罪

为加强对药品安全的刑法保护，《刑法修正案（十一）》重点加强了药品安全保护的刑法与行政法衔接、密织药品安全保护的刑事法网和完善对危害药品安全犯罪的刑罚处罚等三个方面的立法。这个领域包括：（1）完善假药、劣药认定，加强行刑衔接。鉴于药品违法犯罪形势在过去一段时间内发生了明显变化，我国调整了对药品的行政管理法律。2019年8月26日修订的《药品管理法》对假药、劣药的认定作了重大调整，其中重要的一点是取消了“按假药论处”和“按劣药论处”的情形，只规定“假药”“劣药”的具体情形。在此基础上，我国刑法必然要对假药、劣药的认定进行调整，以加强刑法与药品管理法的衔接。《刑法修正案（十一）》删除了刑法第141条原第2款、第142条原第2款。（2）扩张药品犯罪范围，密织刑事法网。《刑法修正案（十一）》主要从两个方面扩大了危害药品安全犯罪的行为范围，密织了惩治危害药品安全犯罪的刑事法网：一是扩大了假药、劣药犯罪的行为范围。生产、销售假药罪和生产、销售劣药罪是我国刑法为惩治危害药品安全犯罪设置的主要罪名。但从实践的角度看，生产、销售行为的范围有限，难以涵盖涉及假药、劣药的全部犯罪行为。为此，《刑法修正案（十一）》扩大了生产、销售假药、劣药的行为范围，其第5条明确将“药品使用单位的人员明知是假药而提供给他人使用的”行为纳入生产、销售假药罪的范围，第6条明确将“药品使用单位的人员明知是劣药而提供给他人使用的”行为

纳入生产、销售劣药罪的范围，严密了我国刑法惩治生产、销售假药、劣药的法网。二是增加规定部分妨害药品管理行为为犯罪。药品安全融合了人身、财产安全法益和药品管理秩序法益。我国传统危害药品安全犯罪的刑法立法侧重对人身、财产安全的保护。《刑法修正案（十一）》则在此基础上加强了对药品管理秩序的刑法保护，专门将足以严重危害人体健康的妨害药品管理行为单独入罪并设置了专门的法定刑，其具体行为类型包括“生产、销售国务院药品监督管理部门禁止使用的药品”“未取得药品相关批准证明文件生产、进口药品或者明知是上述药品而销售”“药品申请注册中提供虚假的证明、数据、资料、样品或者采取其他欺骗手段”和“编造生产、检验记录”。这进一步严密了我国刑法惩治危害药品安全犯罪的刑事法网。（3）调整药品犯罪法定刑，优化刑罚处罚。在密织惩治危害药品安全犯罪刑事法网的同时，《刑法修正案（十一）》也完善了部分危害药品安全犯罪的法定刑。这主要体现在以下两个方面：一是完善了生产、销售劣药罪的罚金刑。对经济利益的追求是危害药品安全犯罪的主要动机，对危害药品安全犯罪适用财产刑能够较好地实现刑法的罚当其罪。此前我国刑法对生产、销售劣药罪规定的罚金是比例制罚金，即并处“销售金额百分之五十以上二倍以下罚金”。该规定存在的问题是部分情形下难以罚当其罪，如在有的情形（如被告人完全没有经济能力）下并处销售金额百分之五十的罚金可能处罚过重，难以执行，但在有的情形（如被告人实际被查实的金额不大）下并处销售金额二倍罚金可能处罚过轻，难以罚当其罪。针对生产、销售劣药罪罚金立法的不足，《刑法修正案（十一）》取消了生产、销售劣药罪的比例制罚金，改为抽象罚金，即仅规定“并处罚金”，对于具体的罚金数额，交由司法机关综合案件情况判定，有利于更好地发挥罚金的功能。二是加强了对药品安全监管渎职行为的刑罚处罚。此前我国刑法对药品安全监督管理部门人员的渎职行为，主要适用的是我国刑法第397条规定的滥用职权罪、玩忽职守罪，其对应的法定刑是3年以下有期徒刑或者拘役；情节特别严重的，处3年以上7年以下有期徒刑，只有在徇私舞弊的情况下才处5年以下有期徒刑或者拘役；情节特别严重的，处5年以上10年以下有期徒刑。《刑法修正案（十一）》扩大了刑法第408条之一的主体范围，将负有药品安全监督管理职责的国家机关工作人员纳入原食品监管渎职罪的范围，这使得刑法对所有药品安全监管渎职行为的刑罚处罚都上升为5年以下有期徒刑或者拘役；造成特别严重后果或者有其他特别严重情节的，处5年以上10年以下有期徒刑，提高了刑罚处罚的力度，有助于更好地发挥刑罚的预防犯罪功能。①

（四）完善金融刑法，加强惩治破坏金融秩序犯罪

为了加强金融安全的刑法保护，《刑法修正案（十一）》从多个方面完善了金融刑法立法。这一领域包括：（1）增设违法催收非法债务犯罪。针对当前我国多发的非法借贷及其衍生的违法催收非法债务行为，《刑法修正案（十一）》增设了专门的催收非法债务罪，其第34条规定："在刑法第二百九十三条后增加一条，作为第二百九十三条之一：'有下列情形之一，催收高利放贷等产生的非法债务，情节严重的，处三年以下有期徒刑、拘役或者管制，并处或者单处罚金：（一）使用暴力、胁迫方法的；（二）限制他人人身自由或者侵入他人住宅的；（三）恐吓、跟踪、骚扰他人的。'"（2）完善金融刑法的调整范围。《刑法修正案（十一）》结合我国惩治金融犯罪的实践需要，完善了欺诈发行证券罪，违规披露、不披露重要信息罪，操纵证券、期货交易罪的行为范围，使其能够更好地惩治相关的危害金融犯罪行为。同时，这方面特别引人注目和非常重要的一项修法，是《刑法修正案（十一）》根据我国当前惩治洗钱犯罪的实践需要和国际社会惩治洗钱犯罪的合作要求，修改了我国刑法中的洗钱罪，明确将自洗钱行为单独入罪。（3）加大对部分金融犯罪的刑罚处罚力度。针对我国实践中高发、多发的非法集资犯罪，为了提升惩治力度，《刑法修正案（十一）》大幅提高了非法吸收公众存款罪、集资诈骗罪的法定刑，将非法吸收公众存款罪的法定最高刑由之前的10年有期徒刑提高至15年有期徒刑，将集资诈骗罪的法定最低刑直接提高至3年有期徒刑。

（五）完善产权刑法，加强民营企业产权刑法保护

加强企业产权的刑法保护是《刑法修正案（十一）》贯彻中央关于加强民营企业产权法律保护政策的重要体现，并主要体现在以下两个方面：（1）加强惩治危害企业产权的职务犯罪。针对企业内部侵犯企业产权行为，《刑法修正案（十一）》重点调整了非国家工作人员受贿罪、职务侵占罪和挪用资金罪的法定刑，包括完善其法定刑幅度（如将非国家工作人员受贿罪、职务侵占罪、挪用资金罪的法定刑由过去的两档调整为三档）和提高其法定刑（如将非国家工作人员受贿

① 袁彬．密织药品安全保护的刑事法网．检察日报，2021-01-06.

罪、职务侵占罪的法定最高刑由 15 年有期徒刑提高至无期徒刑，将挪用资金罪的法定最高刑由 10 年有期徒刑提高至 15 年有期徒刑）。（2）严格企业常见犯罪的入罪门槛。这集中体现为对骗取贷款、票据承兑、金融票证罪的入罪门槛进行了调整，将其入罪门槛由“给银行或者其他金融机构造成重大损失或者有其他严重情节”修改为“给银行或者其他金融机构造成重大损失”，使其由过去宽泛的情节犯改为结果犯。同时，加大了对提供虚假证明文件行为的刑法惩治。

（六）完善知识产权刑法，加强知识产权刑法保护

基于强化知识产权刑法保护立场，《刑法修正案（十一）》从四个方面加强了对知识产权的刑法保护：（1）增设为境外窃取、刺探、收买、非法提供商业秘密罪。《刑法修正案（十一）》第 23 条规定：“在刑法第二百一十九条后增加一条，作为第二百一十九条之一：‘为境外的机构、组织、人员窃取、刺探、收买、非法提供商业秘密的，处五年以下有期徒刑，并处或者单处罚金；情节严重的，处五年以上有期徒刑，并处罚金。’”（2）完善了知识产权犯罪的处罚范围。例如，将刑法第 213 条假冒注册商标罪的范围由“商品”商标扩大至“商品、服务”商标；将刑法第 217 条侵犯著作权罪的范围扩大至包括“通过信息网络向公众传播”“未经表演者许可，复制发行录有其表演的录音录像制品，或者通过信息网络向公众传播其表演”“未经著作权人或者与著作权有关的权利人许可，故意避开或者破坏权利人为其作品、录音录像制品等采取的保护著作权或者与著作权有关的权利的技术措施”等范围。（3）调整了知识产权犯罪的入罪门槛。例如，将刑法第 214 条销售假冒注册商标的商品罪的入罪门槛由“销售金额数额较大”修改为“违法所得数额较大或者有其他严重情节”，将刑法第 218 条销售侵权复制品罪的入罪门槛由“违法所得数额巨大”改为“违法所得数额巨大或者有其他严重情节”。（4）提高对知识产权犯罪的刑罚处罚。例如，将刑法第 215 条非法制作、销售非法制造的注册商标标识罪的法定最低刑由“管制”提高至“有期徒刑”，将刑法第 218 条销售侵权复制品罪的法定最高刑由“三年有期徒刑”提高至“五年有期徒刑”。

（七）完善公共秩序刑法，加大惩治扰乱公共秩序犯罪

为加强对社会公共秩序的维护，《刑法修正案（十一）》对刑法作出了如下修改和补充：（1）《刑法修正案（十一）》第 31 条修改了刑法第 277 条第 5 款，将

原本作为妨害公务罪从重情形的“暴力袭击正在依法执行职务的人民警察的行为”，修改成为一种独立犯罪；（2）《刑法修正案（十一）》第 32 条在刑法中增设第 280 条之二，将冒名顶替他人取得 3 种资格或待遇等行为纳入刑法的规制范围；（3）《刑法修正案（十一）》第 33 条在刑法中增设第 291 条之二，将在建筑物或者其他高空抛掷物品，情节严重的行为纳入刑法的规制范围；（4）《刑法修正案（十一）》第 35 条在刑法中增设第 299 条之一，将侵害英雄烈士的名誉、荣誉，损害社会公共利益，情节严重的行为纳入刑法的规制范围；（5）《刑法修正案（十一）》第 36 条调整了刑法第 303 条第 2 款开设赌场罪的法定刑配置，将基本档的“三年以下有期徒刑、拘役或者管制，并处罚金”修改为“五年以下有期徒刑、拘役或者管制，并处罚金”，同时增设第 3 款，将组织我国公民参与国（境）外赌博，数额巨大或者有其他严重情节的行为纳入刑法的规制范围。

（八）完善卫生刑法，加大惩治危害公共卫生犯罪

为保护公共卫生安全，总结新冠肺炎疫情防控经验和需要，与《野生动物保护法》《生物安全法》《传染病防治法》等法律的修改制定相衔接，在强化公共卫生刑事法治保障方面，《刑法修正案（十一）》作了三个方面的调整：（1）修改妨害传染病防治罪，进一步明确新冠肺炎等依法确定的采取甲类传染病管理措施的传染病，属于本罪调整范围，补充完善构成犯罪的情形，增加规定了拒绝执行人民政府依法提出的预防控制措施，非法出售、运输疫区被污染物品等犯罪行为。（2）基于维护国家安全和生物安全，防范生物威胁，与生物安全法衔接的考虑，增加规定了三类犯罪行为：非法从事人体基因编辑、克隆胚胎的犯罪；严重危害国家人类遗传资源安全的犯罪；非法处置外来入侵物种的犯罪等。（3）将以食用为目的非法猎捕、收购、运输、出售除珍贵、濒危野生动物以外的在野外环境自然生长繁殖的陆生野生动物，情节严重的行为增加规定为犯罪，从源头上防范和控制重大公共卫生安全风险。

（九）完善环境刑法，加强惩治破坏环境资源保护犯罪

为了与《野生动物保护法》《生物安全法》等法律的修改制定相衔接，基于维护国家生态安全和生物安全、防范生物威胁、加大对污染环境罪的惩处力度的考虑，《刑法修正案（十一）》主要作了以下立法修改：（1）修改污染环境罪，增加一档法定刑（七年以上有期徒刑，并处罚金），并明确其具体适用情形，包括在饮用水水源保护区、自然保护地核心保护区等依法确定的重点保护区域排放、

倾倒、处置有放射性的废物、含传染病病原体的废物、有毒物质，情节特别严重的；向国家确定的重要江河、湖泊水域排放、倾倒、处置有放射性的废物、含传染病病原体的废物、有毒物质，情节特别严重的；致使大量永久基本农田基本功能丧失或者遭受永久性破坏的；致使多人重伤、严重疾病，或者致人严重残疾、死亡的。(2) 增设了多个新的犯罪，包括增加规定在国家公园、国家级自然保护区非法开垦、开发或者修建建筑物等严重破坏自然保护区生态环境资源的犯罪，以及非法引进、释放或者丢弃外来入侵物种的犯罪。

此外，《刑法修正案（十一）》还增加了妨害兴奋剂管理犯罪、为境外窃取、刺探、收买、非法提供军事秘密犯罪，并完善了军人违反职责罪的主体。

四、《刑法修正案（十一）》的修法特点

综观《刑法修正案（十一）》的立法过程和立法内容可以发现，此次刑法修正具有以下四个方面的显著特点。

（一）立法的统一性

立法的统一性要求立法在形式上和内容上保持统一，以防止立法出现矛盾和冲突。《刑法修正案（十一）》在立法上也力求统一，并主要体现在：

第一，坚守刑法法典化，保持立法形式的统一。1997 年刑法颁行至今，我国已对刑法进行过 12 次修正（包括《刑法修正案（十一）》），其中刑法修正案是刑法修法的主要模式（11 次）。《刑法修正案（十一）》采取刑法修正案的方式进行修法，延续了我国刑法修正的主要模式。这种刑法修正案能充分维护刑法立法的统一性：一方面，有助于维护刑法的结构统一。从内容上看，刑法修正案属于刑法，刑法修正案颁布以后要将其内容纳入刑法并与刑法的相关内容进行重新编纂，整个立法内容都必须纳入刑法的统一结构和体例。这样就明确了新的修法内容与刑法的关系，有效地避免了新的修法与刑法原有内容关系的不协调、不明确问题，既促进了刑法立法的协调完善，又便于司法中对刑法立法的正确理解与适用，从而兼顾了维护刑法的统一性与完善性的需要。[①] 另一方面，有助于维护刑法的形式统一。附属刑法因附属于非刑事法律，定罪量刑引用的法律是非刑事法

---

① 赵秉志．论刑法自身完善的方式．法学杂志，1990 (4)；赵秉志，蒋熙辉．试论刑法修正案//张艾清，李理主编．贵州法学论坛．贵阳：贵州人民出版社，2000：7.

律，这在法律形式上相当不协调，容易造成人们认识上的错觉，即依据民事、行政法律定罪量刑似乎名不正言不顺。相反，刑法修正案并不独立于刑法而存在，司法实务中在定罪量刑时引用的是刑法的条文而非刑法修正案的条文，这种情形与附属刑法存在根本的区别。[①] 同时，受国家立法工作机关分工的影响，我国刑法的立法工作是由全国人大常委会法工委刑法室负责，但非刑事法律则是由其他部门负责。由于专业工作的局限，非刑事法律工作部门在对刑法进行立法时往往很难兼顾不同的刑法规范，因此难以保证不同刑法规范之间的协调与统一。相反，刑法修正案的立法工作则不存在这个问题。从这个角度看，刑法修正案在立法形式和立法内容上均能较好地维持刑法的体例和结构，进而能充分地保证刑法的统一性。

第二，坚持刑法体系化，保持立法内容的统一。刑法立法在内容上不仅要做到瞻前顾后（考虑刑法的立法传统和未来发展），也要左顾右盼（考虑刑法内部不同章节的统一）。《刑法修正案（十一）》在立法内容上较好地做到了立法的统一。这包括：一是较好地实现了刑法与行政法、民法之间的统一。如前所述，加强刑法与行政法、民法之间的协调是此次刑法修正案的重要背景和立法依据。在此基础上，刑法修正案通过增设高空抛物罪、危害国家人类遗传资源安全罪、妨害安全驾驶罪，侵犯英雄烈士名誉、荣誉罪，冒名顶替罪等犯罪，并通过调整相关犯罪的入罪范围，促进了刑法与行政法、民法之间的统一。二是较好地实现了刑法内部的统一。例如，《刑法修正案（十一）》在增设妨害安全驾驶罪的同时，兼顾了该罪与交通肇事罪、以危险方法危害公共安全罪之间的协调关系，不仅明确规定有妨害安全驾驶行为，同时构成其他犯罪的，依照处罚较重的规定定罪处罚，而且在法定刑的设置上只规定了一档轻刑“处一年以下有期徒刑、拘役或者管制，并处或者单处罚金”，保证了该罪与交通肇事罪、以危险方法危害公共安全罪之间的处罚统一性。同样，《刑法修正案（十一）》关于高空抛物罪、冒名顶替罪等犯罪的设置都充分考虑了其与相关犯罪之间的协调关系，力求保证刑法立法的统一。

（二）立法的实用性

立法的实用性反映了立法对社会现实回应的及时性和程度，体现的是立法注

---

① 张明楷，陈兴良，车浩．立法、司法与学术——中国刑法二十年回顾与展望．中国法律评论，2017(5)．

重其实践性。《刑法修正案（十一）》的一大显著特点是及时回应社会重大关切，务实地处理当前我国社会面临的突出问题。其立法的实用性主要体现在以下三个方面：

第一，积极回应社会的现实需求。如前所述，近年来我国社会领域发生了系列具有重大影响的案件，引发了人们对刑法立法不足的关注。其中，已满 12 周岁不满 14 周岁的人实施恶性犯罪问题，猥亵、性侵儿童（未成年女性）问题，高考招生中的冒名顶替问题，抢控公交车方向盘和殴打公交车驾驶员问题，基因编辑问题等，都触碰了刑法的立法痛点和盲点。刑法立法不足以应对社会重大问题的缺陷被暴露在公众眼前。针对这些重大社会热点问题，《刑法修正案（十一）》都一一进行了回应，不仅调整了相关犯罪的入罪标准，提高了相关犯罪的法定刑，而且通过设置一系列新的犯罪，完善了刑法的调控范围。至此，当前这些备受社会关注的热点问题和民众要求对相关热点问题完善刑法立法的诉求，都得到了解决和满足。

第二，注重立法的实践操作性。刑法立法要注重结构合理和体系统一，但也要注重实践操作性。这里面存在较大争议的是《刑法修正案（十一）》关于自洗钱行为入刑问题。从刑法体系性的角度看，自洗钱行为与我国传统刑法的事后不可罚行为的理论和实践不完全相匹配。但从反洗钱国际合作和我国反洗钱的现实需要角度看，自洗钱行为入刑具有其现实意义，而且也具有可操作性。《刑法修正案（十一）》实际上是在争议之中将自洗钱行为入刑，强化刑法立法的实践操作取向。同样，《刑法修正案（十一）》将集资诈骗罪的法定最低刑直接提高至 3 年有期徒刑，其基本法定刑被设定为“三年以上七年以下有期徒刑”，这与我国刑法关于诈骗犯罪的法定刑设置总体不相匹配，明显偏高，在立法研拟过程中也备受争议，但最终《刑法修正案（十一）》仍然采用，强调了该立法对惩治集资诈骗犯罪的实用性。

（三）立法的创新性

立法的创新性是立法的生命力不断延续、提升的体现。为了提升刑法立法的生命力，《刑法修正案（十一）》也进行了一些立法上的创新。

第一，第一次使用“现实危险”的表述，将具体危险犯予以立法化认可。刑法上的危险犯有抽象危险与具体危险犯，抽象危险犯与行为犯无异，不需要对危险进行程度上的判定。但具体危险犯则要求对危险进行程度上的判定，只有危险程度较高的情形才能构成犯罪。在我国已有刑法立法条文中，虽然也规定了不少具体危险犯，但都使用的是“足以发生……危险”（如刑法第 116 条的“足以使火车、汽车、电车、船只、航空器发生倾覆、毁坏危险”），只对行为与结果发生之间的危险程度高低进行表述，没有对行为与结果之间的危险实现早晚进行限定。《刑法修正案（十一）》第 4 条针对危险生产、作业罪规定的入罪门槛是“具有发生重大伤亡事故或者其他严重后果的现实危险的”。从表述的内涵上看，这种危险较之于“足以发生……危险”，具有更强的紧迫性。这也表明“我国刑法中的公共安全罪逐渐向着公共危险罪的立法方向演进”[①]。

第二，第一次将事后不可罚行为入罪，突破了吸收犯处罚原则。吸收犯是数个犯罪行为，其中一个犯罪行为吸收其他的犯罪行为，仅成立吸收的犯罪行为一个罪名的犯罪形态。事后不可罚行为被认为是吸收犯的一种情形（前后行为有轻有重时，轻行为应为重行为所吸收）。[②] 不过，《刑法修正案（十一）》第 14 条将毒品犯罪、黑社会性质的组织犯罪、恐怖活动犯罪、走私犯罪、贪污贿赂犯罪、破坏金融管理秩序犯罪、金融诈骗犯罪的自洗钱行为入罪，我国刑法将第一次面临对吸收犯进行数罪并罚的局面，并将突破传统吸收犯的处罚原则。

（四）立法的审慎性

《刑法修正案（十一）》因应社会发展的需要进行了大量现实性立法，并通过增设新的犯罪、扩张犯罪的入罪范围等方式，加大了对许多犯罪的处罚力度。不过，在扩大犯罪圈的同时，《刑法修正案（十一）》也注重合理限制，反映了刑法立法的审慎性。这在《刑法修正案（十一）》中有诸多体现。其中比较典型的立法包括：

第一，在降低刑事责任年龄的同时，严格限制已满 12 周岁不满 14 周岁的人承担刑事责任的范围。对于降低刑事责任年龄，《刑法修正案（十一）》第 1 条第 2 款规定：“已满十二周岁不满十四周岁的人，犯故意杀人、故意伤害罪，致人死亡或者以特别残忍手段致人重伤造成严重残疾，情节恶劣，经最高人民检察院核准追诉的，应当负刑事责任。”该款在降低刑事责任年龄的同时，对已满 12 周岁不满 14 周岁的人承担刑事责任的范围进行了严格限制，包括必须“犯故意杀

---

① 陈兴良．公共安全犯罪的立法思路嬗变：以《刑法修正案（十一）》为视角．法学，2021（1）.

② 高铭暄，马克昌．刑法学．9 版．北京：北京大学出版社、高等教育出版社，2019：192～193.

人、故意伤害罪”（罪行条件），“致人死亡或者以特别残忍手段致人重伤造成严重残疾”（结果条件），“情节恶劣”（情节条件），以及“经最高人民检察院核准追诉”（程序条件）。这也反映出《刑法修正案（十一）》立法的审慎性。

第二，在增设新罪的同时，严格限定行为的入罪条件。这包括：一是《刑法修正案（十一）》增设了十余种新罪，但同时对相关犯罪的入罪条件进行了严格限制。例如，《刑法修正案（十一）》对新增设的新罪（如高空抛物犯罪、非法讨债犯罪，侵犯英雄烈士名誉、荣誉犯罪等），都规定了“情节严重”等限制，为司法限制相关行为入刑提供了立法依据。二是《刑法修正案（十一）》对部分犯罪法定刑的提升也十分审慎。在《刑法修正案（十一）》立法研拟过程中，其草案一次审议稿曾主张将食品、药品监管渎职罪的处罚大幅提升，规定只要具有“瞒报、谎报、漏报食品药品安全事件，情节严重的”“对发现的严重食品药品安全违法行为未及时查处的”“未及时发现监督管理区域内重大食品药品安全隐患的”“不符合条件的申请准予许可，情节严重的”“依法应当移交司法机关追究刑事责任不移交的”情形之一的，就“处五年以下有期徒刑或者拘役”，处罚相当严厉。后经讨论、修改，《刑法修正案（十一）》第 45 条将食品、药品监管渎职行为入罪的门槛提升为“造成严重后果或者有其他严重情节”，反映出《刑法修正案（十一）》立法的审慎性。

第二章

未成年人刑法修法的理解与适用

一、未成年人刑法的修法概述

未成年人刑法是关于未成年人的刑法规范。它包括两个方面：一是以未成年人为犯罪主体的刑法规范，这主要涉及刑法关于刑事责任年龄和犯罪从宽的规定，同时也涉及刑法关于未成年犯罪人的管理教育规定；二是以未成年人为被害主体的刑法规范，这主要涉及刑法关于侵犯未成年人合法权益犯罪的特别规范。从功能上看，前者注重的是刑法的人权保障功能，强调刑法对未成年人的慎用刑罚和多用教育矫治；后者注重的是刑法的权利保护功能，强调刑法对未成年人合法权益的保护。《刑法修正案（十一）》关于未成年人的刑法立法既涉及对未成年犯罪人的人权保障规范完善，也涉及对未成年被害人的权利保护规范完善。这些立法主要是基于以下两个方面的考虑：

第一，未成年人恶性犯罪的低龄化和管教缺位。一方面，我国未成年人犯罪面临的最为突出的问题是未成年人犯罪特别未成年人恶性犯罪的低龄化。根据统计数据显示，1990 年到 1995 年全国未成年人的刑事犯罪率为 5.8%，比 1989 年以前高 0.5%；1996 年到 2000 年上升为 8.64%，比 1996 年以前高 3.21 %；2001 年到 2008 年再度上升为 10.7%，比 2001 年以前高 2.1 %。自 2008 年起，我国把未成年人犯罪纳入党和国家社会治安综合治理领域进行专项整治，近十年来，未成年人刑事犯罪率显著下降。[①] 但与此同时，未成年人实施的严重暴力犯

① 黄煜秦．对未成年人犯罪低龄化的思考．上海法学研究，2019（18）：179.

罪呈现出了低龄化的趋势，越来越多不满 14 周岁的人实施了严重暴力犯罪并引发了社会的极大关注，如 2012 年湖南衡阳肖某杀害姑母案、2013 年重庆电梯摔婴案、2015 年湖南邵阳三少年弑师案、2018 年沅江持刀杀母案、2019 年四川雅安三少年杀害小卖部老板案……。从新闻媒体的报道来看，要求加强惩治低龄未成年犯罪人的声音越来越强烈，他们认为"我们保护的是未成年人，但从来不是罪犯"。另一方面，我国对未成年犯罪人的管教呈现出明显的缺位现象。虽然我国刑法明确规定了"因不满十六周岁不予刑事处罚的，责令他的家长或者监护人加以管教；在必要的时候，也可以由政府收容教养"，但从实践的角度看，对未达刑事责任年龄的违法犯罪人，我国存在明显的管教缺位，不仅家长或者监护人不能有效承担管教职责，而且政府的收容教养因程序、时间、教育内容、容易标签化等原因而备受质疑。[①] 由此常常出现的局面是：一边是不满 14 周岁的未成年人实施了严重暴力犯罪（如强奸、杀人等），一边是不满 14 周岁的未成年人在经过短期的教育后又回到社会，甚至再次实施严重犯罪。如何加强对未成年犯罪人的管控和教育，既是摆在我国政府管理面前的重大问题，也是我国刑法需要考虑的重大问题。

第二，未成年人性侵被害现象增多且呈恶性化趋势。北京市第一中级人民法院发布了《未成年人权益保护创新发展白皮书（2009—2019）》显示，刑事案件中未成年遭受性侵类犯罪的人数占全部未成年被害人总人数的 52.3%。其中，年龄最小的受害人仅为 4 岁，主要被害年龄段集中在 6 岁至 10 岁，占近半数；10 年来，北京市一中院共审理此类案件 167 件。其中 60%以上的伤害事故发生于在校学生之间，50%以上的伤害发生在学校操场、体育场馆；37.2%的案件中，学校因未尽到教育、管理职责而被判决承担主要责任或全部责任。儿童受性侵案件呈现低龄化的特点。[②] 上海市公安局、上海市高级人民法院、上海市人民检察院、上海市司法局、上海市妇女联合会共同发布的《上海市妇女儿童权益司法保护工作白皮书（2019 年度）》显示，2019 年上海检察机关共受理审查逮捕性侵害未成

① 《预防未成年人犯罪法》第 35 条规定："对有本法规定严重不良行为的未成年人，其父母或者其他监护人和学校应当相互配合，采取措施严加管教，也可以送工读学校进行矫治和接受教育。对未成年人送工读学校进行矫治和接受教育，应当由其父母或者其他监护人，或者原所在学校提出申请，经教育行政部门批准。"根据该规定，未成年犯罪人要进工读学校需要监护人或者原所在学校提出申请，而且工读学校本身作为违法犯罪未成年人的专门教育机构，被不少人认为具有标签化的负面效果。

② 北京市第一中级人民法院．未成年人权益保护创新发展白皮书（2009—2019）．"搜狐网"，2019－08－12.

年人犯罪 220 件 246 人，审查起诉 191 件 211 人。在上海法院系统审判的性侵犯罪中，罪名主要涉及猥亵儿童罪、强奸罪和强制猥亵罪，其中猥亵儿童罪占比达 58.8%，强奸罪和强制猥亵罪分别占 31.1%和 8.1%。性侵案件中以熟人犯罪居多，邻居、网友、其他熟人和课外辅导老师分别占 24.3%、13.5%、10.2%和 8.8%。① 特别是近年来一些性侵未成年人的违法犯罪案件，如上海王振华猥亵儿童案、山东烟台鲍毓明案，引发了社会对未成年人性权益保护的极大关注。2019 年 5 月，针对对儿童负有特殊职责人员性侵儿童问题较为突出的状况，上海市委政法委、上海市检察院和上海市妇联等 16 家相关单位会签《关于建立涉性侵害违法犯罪人员从业限制制度的意见》，规定上海市教育、医疗、训练、救助等与未成年人密切接触行业的用人单位对拟录用人员是否存在性侵害违法犯罪记录进行审查，对有相关记录者不予录用。截至 2019 年底，上海有关部门对近 27 万名与未成年人密切接触行业从业人员进行筛查，对 26 名具有性侵犯违法犯罪记录的人员不予录用或予以清退。②

正是基于未成年人刑法的权益保障和权利保护的双面立场，《刑法修正案（十一）》重点从四个方面完善了我国未成年人的刑法立法：一是降低最低刑事责任年龄，将未成年人承担刑事责任的最低年龄由原来的年满 14 周岁降低为年满 12 周岁，规定："已满十二周岁不满十四周岁的人，犯故意杀人、故意伤害罪，致人死亡或者以特别残忍手段致人重伤造成严重残疾，情节恶劣，经最高人民检察院核准追诉的，应当负刑事责任。"二是完善了强奸罪加重处罚的情节，对强奸罪适用"十年以上有期徒刑、无期徒刑或者死刑"增加规定了两种情形，即"在公共场所当众奸淫幼女"和"奸淫不满十周岁的幼女或者造成幼女伤害"。三是增设了特殊职责人员性侵罪，规定："对已满十四周岁不满十六周岁的未成年女性负有监护、收养、看护、教育、医疗等特殊职责的人员，与该未成年女性发生性关系的，处三年以下有期徒刑；情节恶劣的，处三年以上十年以下有期徒刑。"四是完善猥亵儿童罪的刑罚适用，规定："猥亵儿童的，处五年以下有期徒刑；有下列情形之一的，处五年以上有期徒刑：（一）猥亵儿童多人或者多次的；（二）聚众猥亵儿童的，或者在公共场所当众猥亵儿童，情节恶劣的；（三）造成儿童伤害或者其他严重后果的；（四）猥亵手段恶劣或者有其他恶劣情节的。"该

---

① 上海市妇女儿童权益司法保护工作白皮书（2019 年度）. 人民网，2020-04-08.

② 上海市妇女儿童权益司法保护工作白皮书（2019 年度）. 人民网，2020-04-08.

规定既调整了猥亵儿童罪的基本法定刑，即将原来的“五年以下有期徒刑或者拘役”调整为“五年以下有期徒刑”，也调整了猥亵儿童罪加重处罚的情节，即将适用“五年以上有期徒刑”的情节由原来的“聚众”“在公共场所当众”“其他恶劣情节”三种扩大为四种（其中第二种又包含了两种更具体的情节）。

二、降低刑事责任年龄修法的理解与适用（修正案第1条）

（一）修法过程

未成年人犯罪的低龄化特别是未成年人严重暴力犯罪的低龄化，加上我国对未成年人管教措施的不足，引发了社会公众对未成年人犯罪的极大焦虑。降低刑事责任年龄问题一度受到了社会各方面的广泛关注并引发了热烈讨论。《刑法修正案（十一）》最终采取了肯定论的立场，将最低刑事责任年龄由原来的年满14周岁降低为年满12周岁。但从立法过程来看，《刑法修正案（十一）》也经历了一个从无到有、由严到宽的过程。

《刑法修正案（十一）》的立法工作启动于2019年初（立法调研工作则启动得更早）。2019年7月30日立法工作机关召开的刑法修改座谈会列了六个方面的提纲，其中没有涉及降低刑事责任年龄问题。之后，立法工作机关出台了多个《刑法修正案（十一）》的稿本（如2019年11月7日的《初步方案》、2020年2月26日的《征求意见方案》），包括2020年6月28日提交全国人大常委会进行第一次审议的《中华人民共和国刑法修正案（十一）（草案）》也没有涉及刑事责任年龄降低问题。可见，在《刑法修正案（十一）》的立法工作初期，降低刑事责任年龄问题一直都没有正式纳入立法工作机关的工作范围，且没有对该问题进行正式的调研和征求意见。

降低刑事责任年龄最早出现在《刑法修正案（十一）》的公开稿本中是2020年10月13日提交全国人大常委会审议的《中华人民共和国刑法修正案（十一）（二次审议稿）》。其第1条第3款规定：“已满十二周岁不满十四周岁的人，犯故意杀人、故意伤害罪，致人死亡，情节恶劣的，经最高人民检察院核准，应当负刑事责任。”该规定为刑事责任年龄的降低设置了四个条件：一是罪行条件，即必须是实施了故意杀人罪、故意伤害罪；二是结果条件，即必须是致人死亡；三是情节条件，即必须属于情节恶劣；四是程序条件，即必须经最高人民检察院核准。客观地说，该稿对刑事责任年龄降低设置的条件十分严苛，在实践中能够被追究刑事责任的已满 12 周岁不满 14 周岁的人肯定是少之又少。

不过，上述关于刑事责任年龄下降的限制条件在之后的稿本中有所放宽。2020 年 12 月 11 日国家立法工作机关拟定的《刑法修正案（十一）（草案）》专家评估稿，对刑事责任年龄下降的结果条件进行了扩张，将“致人死亡”扩大为“致人死亡或者以特别残忍手段致人重伤造成严重残疾”，同时对程序条件的表述进行了调整，将“经最高人民检察院核准”改为“经最高人民检察院核准追诉的”。之后，《刑法修正案（十一）（草案）》的第三次审议稿、提交表决稿和通过稿未再作变化。

可见，《刑法修正案（十一）》对刑事责任年龄的下降经历了一个由不下降到同意下降但严格限制下降条件，再到适当放宽下降条件的过程，反映了我国立法机关对刑事责任年龄下降的一个态度转变。这期间，社会公众意见以及国家相关部委、专家学者和全国人大常委会委员等参与立法研拟、立法研讨人员的意见都对该立法产生了直接或者间接的影响。

（二）内涵解读

关于刑事责任年龄的修改，《刑法修正案（十一）》第 1 条规定：“将刑法第十七条修改为：‘已满十六周岁的人犯罪，应当负刑事责任。’‘已满十四周岁不满十六周岁的人，犯故意杀人、故意伤害致人重伤或者死亡、强奸、抢劫、贩卖毒品、放火、爆炸、投放危险物质罪的，应当负刑事责任。’‘已满十二周岁不满十四周岁的人，犯故意杀人、故意伤害罪，致人死亡或者以特别残忍手段致人重伤造成严重残疾，情节恶劣，经最高人民检察院核准追诉的，应当负刑事责任。’‘对依照前三款规定追究刑事责任的不满十八周岁的人，应当从轻或者减轻处罚。’‘因不满十六周岁不予刑事处罚的，责令其父母或者其他监护人加以管教；在必要的时候，依法进行专门矫治教育。’”与我国刑法原有规定相比，该条主要进行了两个方面的修订：一是增加一款作为修订后该条的第 3 款，规定“已满十二周岁不满十四周岁的人，犯故意杀人、故意伤害罪，致人死亡或者以特别残忍手段致人重伤造成严重残疾，情节恶劣，经最高人民检察院核准追诉的，应当负刑事责任。”二是对个别文字表述进行了修改，包括将原第 1 款的“投毒”修改为“投放危险物质”，将原第 3 款中的“已满十四周岁不满十八周岁的人犯罪”修改为“对依照前三款规定追究刑事责任的不满十八周岁的人”，将原第 4 款中的“也可以由政府收容教养”修改为“依法进行专门矫治教育”。

从内容上看，《刑法修正案（十一）》第1条修法的核心是降低刑事责任年龄，即将未成年人承担刑事责任的最低年龄由已满14周岁下降至已满12周岁，明确规定“已满十二周岁不满十四周岁的人，犯故意杀人、故意伤害罪，致人死亡或者以特别残忍手段致人重伤造成严重残疾，情节恶劣，经最高人民检察院核准追诉的，应当负刑事责任”。该规定包括以下两个方面的基本内涵：

1. 明确将负刑事责任的最低年龄由年满14周岁下降至年满12周岁

关于应否降低刑事责任年龄，我国刑法理论上和实践中一直都存在巨大争议。该争议不仅反映在理论研究和司法实践中，也反映在《刑法修正案（十一）》的立法研拟、审议过程中，并形成了降低刑事责任的否定说、肯定说和折中说三种明显不同的立场。

第一，肯定说。肯定说主张降低未成年人负刑事责任的最低年龄（有的主张下降至13周岁，也有的主张下降至12周岁）。具体理由包括：一是犯罪的低龄化。其依据包括“2013年，据中国预防青少年犯罪研究会发布的数据显示，青少年出现不良行为的平均年龄为12.2岁。青少年犯罪总数占全国刑事犯罪总数的70%以上，其中14岁至18岁的未成年人犯罪占青少年犯罪总数的70%以上。”① 二是低龄犯罪的恶性化。其依据是当前我国不满14周岁未成年人实施严重暴力犯罪并造成严重后果的情形明显增多。“相当部分未成年人的罪行是严重侵犯人身权利的恶性犯罪，不满14周岁的人实施故意杀人、故意伤害致人死亡、强奸、抢劫等犯罪，与已满14周岁的人实施同种犯罪基本没有区别。这些不是极端个案，而是具有相当普遍性的。”② 三是心智发展的提前化。其依据是认为伴随着未成年人身心发育的提前，其心智年龄也会有所改变，对犯罪的认识能力也随之增强。③ 四是社会文化的促进。其依据是认为社会的发展，使未成年人接触到了巨量的信息，教育水平的提高与普及，使其法制与道德观念发展到了一定的高度；同时，在社会文化程度上，认为其已具备承担相应社会责任的伦理基础。④

---

① 党小学．少年暴力案件频发：是否降低刑事责任年龄引争议．http：//www.spp.gov.cn/zdgz/201507/t20150701-100505.shtml．2015．

② 王登峰．降低未成年人刑事责任年龄的基本问题研究．西南政法大学学报，2020（4）．

③ 林玉凤．从比较法学角度浅谈主要国家未成年人刑事责任年龄的异同．天津政法管理干部学院学报，2009年增刊．

④ 张远煌．中国未成年人犯罪的犯罪学研究．北京：北京师范大学出版社，2012：41～42．

五是非刑罚措施的低效化。其依据是认为传统的未成年人矫正措施缺乏有效性，尤其是执行效力方面，根本无法实现刑法预期目标与价值追求。[①] 未达刑事责任年龄的人在犯罪后因得不到有效的约束和管教，刑法无法对这部分行为人进行充分有效的教育和挽救，某种程度上说甚至是予以放纵。六是民事责任年龄的刑法借鉴。其依据是认为我国民法将未成年人承担民事责任的最低年龄由原来的年满10周岁下降至年满8周岁，而显然未成年人对恶性犯罪的认知可能性及其程度要明显高于对民事行为法律后果的认知可能性及其程度，未成年人负刑事责任的最低年龄应当下降。七是不少国外刑法规定的未成年人负刑事责任的最低年龄要明显低于我国刑法规定的年满14周岁，其中以10周岁为起点的国家和地区不在少数。

第二，否定说。否定说反对降低未成年人负刑事责任的最低年龄，主张维持甚至提高未成年人负刑事责任的最低年龄。其理由主要包括：一是犯罪低龄化缺乏科学依据。其认为未成年人犯罪案件增加不能等同于犯罪低龄化。近年来我国未成年人犯罪已经得到了一定的控制，不管是未成年罪犯的数量还是未成年罪犯占青少年罪犯中的比例都呈现下降趋势，特别是低龄未成年人犯罪已经得到重视并加以控制。[②] 二是个别极端恶性犯罪不能成为刑事责任年龄下降的理由。其认为任何年龄段的人都可能实施某些恶性犯罪，已满12周岁不满14周岁的人可能实施，不满12周岁的人也可能实施。刑法关于刑事责任年龄的规定需要考虑的是社会普遍现象，极个别案例不能成为我国降低未成年人刑事责任年龄的理由。[③] 三是国外极低的刑事责任年龄具有个别性。其认为以10周岁为起点的国家和地区虽然也不在少数，但该类型国家和地区集中于大洋洲地区，很多国家经济、政治、文化与法律制度比较落后，刑事立法偏重于惩罚犯罪，但刑罚规定得较为宽松。[④] 四是降低刑事责任年龄不能有效缓解遏制低龄暴力化的未成年人犯罪。其认为运用刑罚的威慑力而适用刑罚并不一定能预防犯罪和再犯罪，短期内虽可能

---

① 杨理浩．降低刑事责任年龄的情节化思考——以校园欺凌为切入．青少年学刊，2018（4）．

② 徐伟．我国青少年犯罪的统计分析及其预防对策——基于1997—2013年的统计数据．青年探索，2015（6）．

③ 类似的观念已为我国最高司法机关所认可。最高人民法院刑法修改小组1989年3月在《关于刑法总则修改的若干问题》一文中提出："16－25岁这个年龄阶段的青少年犯罪仍占据最大比重，14岁以下的少年犯罪尤其是严重犯罪案件虽然存在，但这只是极个别现象；随着社会的进步，青少年出现早熟现象，成熟程度也有所提高，但对于占全国面积80%以上的广大农村来说并非如此。"

④ 周泉．关于降低刑事责任年龄争议的反思．西部学刊，2020（19）．

会一定程度上减少犯罪，从长远来看则势必无助于青少年犯罪的最终治理，如此降低刑事责任年龄并不具有现实意义。五是降低刑事责任年龄违背刑罚轻缓化的理念趋势。其认为无论是国际条约还是现行少年司法理念，对未成年人都期望秉持教育、感化、挽救的方针政策，应当作出努力尽量减少对实施危害行为的未成年人追究刑事责任，而追究刑事责任时也应当尽量适用宽缓的刑罚。降低刑事责任年龄有违该理念和做法。①

第三，折中说。折中说主张降低未成年人负刑事责任的最低年龄，但同时主张对承担刑事责任的范围进行严格限制。从基本立场上看，折中说属于肯定说的范畴，在具体限制刑事责任范围方面，折中说主要有两种不同的主张：一是在借鉴美国的恶意补足年龄制度基础上同时限制行为范围，认为可以参照相对刑事责任年龄的范围但不应包括贩卖毒品，在降低的年龄段内行为人对诸如故意杀人、故意伤害、抢劫、强奸、放火、爆炸、投放危险物质等应当已有所认知和控制，加之这些犯罪行为是未成年人易发的行为并且具有严重社会危害性，当未成年人实施了这些犯罪行为并且具有明显恶意的情况下理应发挥刑法的保障作用。② 二是设置刑事责任年龄的弹性区，即适当降低刑事责任的年龄起点，同时划定一个负刑事责任年龄的弹性区，允许对这一年龄段的未成年人，结合其身心状态，依照“一事一议”的原则，允许控辩双方对未成年人的责任能力问题进行争辩，根据在案证据综合认定行为人是否具备责任能力、能否承担刑事责任。③

从立法上看，《刑法修正案（十一）》采取的是折中说立场，即在将未成年人负刑事责任的最低年龄下降至年满 12 周岁，同时对年满 12 周岁不满 14 周岁的未成年人承担刑事责任的范围进行严格限制。本书整体上对此持否定论的立场，认为刑事责任年龄下降问题不是单一问题，而应当综合考虑各方面的因素。在此基础上，我国目前不应降低未成年人负刑事责任的最低年龄。主要理由包括：

第一，下降刑事责任年龄的合理性存疑。这包括：(1) 下降刑事责任年龄缺乏现实支撑。刑事责任年龄的设定在现实基础上需要考虑犯罪治理需要、责任能力状态（未成年人的认识能力和控制能力现状）等诸多因素。其中重点是要合理平衡未成年人的犯罪状况和责任能力状况。目前，我国缺乏年满 12 周岁不满 14

① 林清红．未成年人刑事责任年龄不宜降低．青少年犯罪问题，2016 (1).

② 杨统旭．现行刑事责任年龄规定的困境及出路．青少年犯罪问题，2018 (6).

③ 韩康，蔡栩．刑事责任年龄制度弹性立法模式之提倡——以法律推定准确性为标准展开的论证．犯罪研究，2020 (5).

周岁的人犯罪状况和责任能力状况的大数据，不清楚处于该年龄段的人真实犯罪数量、犯罪轻重程度，也不清楚该年龄段的人的责任能力状况（包括是否具有责任能力、具有责任能力的人占比等）。在此情况下，我国下降刑事责任年龄缺乏现实支撑，值得商榷。（2）下降刑事责任年龄缺乏人道支撑。“矜老恤幼”是中华民族的古老传统和美德，也是现代社会的人道要求。我国刑法在“矜老”方面已作出多项调整（包括限制死刑适用、老年人犯罪从宽等）的情况下，《刑法修正案（十一）》却在“恤幼”方面作出松动，走下坡路，下降刑事责任年龄，与现代刑法的人道要求不相吻合。（3）下降刑事责任年龄有违国际要求。一方面，当前绝大多数法治发达国家都将刑事责任年龄的下限设定为 14 周岁，甚至一些国家还出现了上调刑事责任年龄的呼声和趋势。另一方面，联合国儿童权利委员会建议将最低刑事责任年龄设定为 14 周岁甚至更高。联合国儿童权利委员会《关于落实青春期儿童权利的第 20（2016）号一般性意见》鼓励缔约国将最低年龄提高到至少年满 14 岁，同时赞扬最低年龄较高（例如 15 岁或 16 岁）的缔约国，并敦促缔约国在任何情况下都不应降低最低刑事责任年龄。联合国儿童权利委员会《关于少年司法系统中的儿童权利问题的第 24（2019）号一般性意见》称：儿童发育和神经科学领域的文献证据表明，12 岁到 13 岁儿童的成熟度和抽象推理能力仍在发展中，因为他们的额叶皮质仍在发育。因此，他们不太可能理解自己行为的影响，或理解刑事诉讼。他们还受到进入青春期的影响。

第二，下降刑事责任年龄的必要性存疑。《刑法修正案（十一）》对年满 12 周岁不满 14 周岁的人犯罪，规定了严格的承担刑事责任条件，包括罪行限制，即必须是犯故意杀人罪、故意伤害罪；结果限制，即必须是致人死亡或者以特别残忍手段致人重伤并造成严重残疾；情节限制，即必须是情节恶劣；程序限制，即必须经最高人民检察院核准追诉。这些条件同时具备，才能追究年满 12 周岁不满 14 周岁的人犯罪的刑事责任。在现实层面，按照这些条件真正会受到刑事追究的年满 12 周岁不满 14 周岁的人只能是极个别的人，为了追究极个别已满 12 周岁不满 14 周岁未成年人的刑事责任而下降刑事责任年龄，不符合我国刑事责任年龄制度设置的普遍价值，完全不具有必要性。

2. 对刑事责任年龄下降设置了严格的限制条件

基于刑事责任年龄下降的折中立场，《刑法修正案（十一）》对已满 12 周岁不满 14 周岁的人犯罪承担刑事责任规定了严格的限制条件，即四个基本条件：一是罪行条件，即必须是实施了故意杀人罪、故意伤害罪；二是结果条件，即必须是致人死亡或者致人重伤并造成严重残疾；三是情节条件，即必须属于情节恶劣；四是程序条件，即必须经最高人民检察院核准追诉。这是对我国相对负刑事责任年龄制度的进一步补充。至此，我国相对负刑事责任年龄制度包括两类：一类是传统的相对负刑事责任年龄制度，即已满 14 周岁不满 16 周岁的人犯罪，其只对我国《刑法》第 17 条第 2 款规定的八种犯罪行为承担刑事责任；另一类是严格的相对负刑事责任年龄制度，即已满 12 周岁不满 14 周岁的人犯罪，其只对《刑法修正案（十一）》规定的两种犯罪行为（即故意杀人、故意伤害）承担刑事责任，并且有严格的条件限制。对于严格的相对负刑事责任年龄制度，其适用的关键在于要正确把握其设置的限制条件。这具体包括：

第一，罪行条件：故意杀人、故意伤害罪。这里的“故意杀人、故意伤害罪”，其基本含义包括两个方面：一是属于两种犯罪，即故意杀人罪和故意伤害罪；二是符合两种犯罪的构成要件，即符合故意杀人罪或者故意伤害罪的构成要件。对此，刑法理论上和实践中对类似问题存在的争议是这里的“罪”是指“罪行”还是“罪名”？对该问题，目前通行的观念是“罪行说”。2002 年 7 月 24 日全国人大常委会法制工作委员会《关于已满十四周岁不满十六周岁的人承担刑事责任范围问题的答复意见》曾作过解释称：“刑法第十七条第二款规定的八种犯罪，是指具体犯罪行为而不是具体罪名。对于刑法第十七条中规定的‘犯故意杀人、故意伤害致人重伤或者死亡’，是指只要故意实施了杀人、伤害行为并且造成了致人重伤、死亡后果的，都应负刑事责任。而不是指只有犯故意杀人罪、故意伤害罪的，才负刑事责任，绑架撕票的，不负刑事责任。对司法实践中出现的已满十四周岁不满十六周岁的人绑架人质后杀害被绑架人、拐卖妇女、儿童而故意造成被拐卖妇女、儿童重伤或死亡的行为，依据刑法是应当追究其刑事责任的。”在此基础上，2006 年最高人民法院《关于审理未成年人刑事案件具体应用法律若干问题的解释》第 5 条规定：“已满十四周岁不满十六周岁的人实施刑法第十七条第二款规定以外的行为，如果同时触犯了刑法第十七条第二款规定的，应当依照刑法第十七条第二款的规定确定罪名，定罪处罚。”

第二，结果条件：致人死亡或者以特别残忍手段致人重伤造成严重残疾。对此，应从两个方面把握该结果条件：一是结果与行为的对应关系。其中，对于“致人死亡”而言，由于它既包括故意致人死亡的情形也包括过失致人死亡的情形，因而这里的“致人死亡”既可以是故意杀人“致人死亡”，也可以是故意伤害“致人死亡”。在结果与行为的对应关系上，“致人死亡”既可以对应“故意杀人罪”也可以对应“故意伤害罪”。但对于“以特别残忍手段致人重伤造成严重残疾”而言，该结果显然可以对应故意伤害罪，因为我国《刑法》第 234 条针对故意伤害罪专门规定了一档法定刑，即故意伤害“致人死亡或者以特别残忍手段致人重伤造成严重残疾的，处十年以上有期徒刑、无期徒刑或者死刑”，其中明确包含了“以特别残忍手段致人重伤造成严重残疾”。但该结果能否对应故意杀人罪，则是一个实践问题。对此，如从结果发生的场合看，“以特别残忍手段致人重伤造成严重残疾”也可以发生在故意杀人罪的场合，即行为人以特别残忍手段实施杀人行为，但因意志以外的原因或者意志以内的原因未致被害人死亡，而是导致被害人重伤造成严重残疾。因此，在结果条件上，“以特别残忍手段致人重伤造成严重残疾”可以是故意杀人罪的结果。当然，综合故意杀人未致人死亡的未遂或者中止形态，其是否具备严格的相对刑事责任年龄制度的其他条件，则需要另加考虑。二是“以特别残忍手段致人重伤造成严重残疾”的结果范围。从内涵上看，“以特别残忍手段致人重伤造成严重残疾”包含了三个基本内容，即“以特别残忍手段”“致人重伤”和“造成严重残疾”。其中，对于“以特别残忍手段”，我国没有明确规定，司法实践中主要从行为工具、行为方式、行为持续时间、行为次数等方面进行判断。一般而言，将那些采用锐器、剧烈腐蚀物等毁人容貌、挖人眼睛、割人耳鼻、砍人手足等残损他人身体的行为，认定为“手段特别残忍”应当是合乎立法本意的。[①] 对于“致人重伤”，根据 2014 年最高人民法院、最高人民检察院、公安部、国家安全部、司法部《人体损伤程度鉴定标准》，重伤是“使人肢体残废、毁人容貌、丧失听觉、丧失视觉、丧失其他器官功能或者其他对于人身健康有重大伤害的损伤，包括重伤一级和重伤二级”。值得指出的是，重伤不仅包括器官功能的丧失，也包括免疫力的损害（如致人感染艾滋病病毒）。对于“造成严重残疾”，1999 年最高人民法院发布的《全国法院维护农村稳定刑事审判工作座谈会纪要》规定，要准确把握故意伤害致人重伤造成“严重残疾”的标准。参照 1996 年国家技术监督局颁布的《职工工伤与职业病致残程度鉴定标准》，《刑法》第 234 条第 2 款规定的“严重残疾”是指下列情形之一：被害人身体器官大部缺损、器官明显畸形、身体器官有中等功能障碍、造成严重并发症等。残疾程序可以分为一般残疾（十级至七级）、严重残疾（六

① 最高人民法院刑事审判第一庭、第二庭．刑事审判参考．2004 年第 1 集（总第 36 集，案例第 279 号）．北京：法律出版社，2004：22～26.

级至三级）、特别严重残疾（二级至一级），六级以上视为“严重残疾”。在有关司法解释出台前，可统一参照“工伤标准”确定残疾等级。2017 年最高人民法院《关于常见犯罪的量刑指导意见》规定：“以特别残忍手段故意伤害致一人重伤，造成六级严重残疾的，可以在十年至十三年有期徒刑幅度内确定量刑起点。依法应当判处无期徒刑以上刑罚的除外。”据此，“造成严重残疾”是指造成“六级严重残疾”以上的残疾（包括六级至一级）。

第三，情节条件：情节恶劣。刑法上的“情节恶劣”是一个综合性的情节判断。一般认为，“情节恶劣”中的“情节”包括了所有的情节，如罪前情节（如是否存在违法犯罪的前科）、罪中情节（如犯罪动机、犯罪手段、犯罪行为方式、犯罪时间、犯罪地点、犯罪对象）和罪后情节（如是否存在毁尸灭迹行为，是否存在自首、坦白、立功等从宽情节，影响是否恶劣）。据此，“情节恶劣”是综合考虑犯罪人的罪前、罪中、罪后情节后，认为已满 12 周岁不满 14 周岁的人实施的犯罪属于情节恶劣（包括主客观各个方面的情况）。

第四，程序条件：经最高人民检察院核准追诉。《刑法修正案（十一）》对已满 12 周岁不满 14 周岁的人犯罪，在追诉程序上要求经最高人民法院核准追诉。检察机关是对犯罪的追诉机关，《刑法修正案（十一）》要求该追诉必须经最高人民检察院核准，该规定主要有两个方面的考虑：一是严格已满 12 周岁不满 14 周岁的人犯罪的追诉标准。如前所述，对于已满 12 周岁不满 14 周岁的人要求具备罪行、结果和情节条件，其中情节条件之“情节恶劣”是一个综合标准，具有很强的主观性，进而使得对已满 12 周岁不满 14 周岁的人犯罪的追诉具有标准的不确定性。《刑法修正案（十一）》将对该年龄段人犯罪的追诉增加由最高人民检察院核准，必将严格下级检察机关对“情节恶劣”的理解，因为追诉核准程序的增设会产生过滤作用，一些不是很恶劣的情形，下级检察机关不会上报至最高人民检察院核准，同时最高人民检察院也可以根据全国形势严格把握情节恶劣等标准。二是统一已满 12 周岁不满 14 周岁的人犯罪的追诉标准。司法统一是司法公平的重要体现。情节恶劣的不确定性增加了已满 12 周岁不满 14 周岁的人负刑事责任的标准不统一性，该标准（即便是最高人民检察院出台的细化标准）一旦下降至各级检察机关自由掌握，必定会出现同罪不同罚的情形，将追诉核准权统一赋予最高人民检察院这一个机关行使，有助于实现标准的统一。

（三）司法适用

对已满 12 周岁不满 14 周岁的人犯罪，其司法适用还涉及罪名的适用。这主要涉及的是对已满 12 周岁不满 14 周岁的人犯罪，究竟是只能适用故意杀人罪、故意伤害罪，还是也可以根据其故意杀人、故意伤害行为发生的场合适用其他罪名。例如，已满 12 周岁不满 14 周岁的人在绑架的过程中杀害了被绑架人或者在强奸的过程中杀害了被强奸人，对行为人是定故意杀人罪还是定绑架罪、强奸罪？对此，我国刑法理论上和实践中曾有不同的认识。

2003 年最高人民检察院法律政策研究室《关于相对刑事责任年龄的人承担刑事责任范围有关问题的答复》第 1 条规定："相对刑事责任年龄的人实施了刑法第十七条第二款规定的行为，应当追究刑事责任的，其罪名应当根据所触犯的刑法分则具体条文认定。对于绑架后杀害被绑架人的，其罪名应认定为绑架罪。"但 2006 年最高人民法院《关于审理未成年人刑事案件具体应用法律若干问题的解释》第 5 条规定："已满十四周岁不满十六周岁的人实施刑法第十七条第二款规定以外的行为，如果同时触犯了刑法第十七条第二款规定的，应当依照刑法第十七条第二款的规定确定罪名，定罪处罚。"可见，"两高"对该问题的认识不一。对此，应当从以下两个方面进行认识：

第一，罪名适用的基础：行为与构成要件的关系。罪行说强调的是犯罪行为，即是否存在故意杀人或者故意伤害行为；罪名说强调的是罪名，即是否构成故意杀人罪或者故意伤害罪。但故意杀人罪、故意伤害罪属于一般自然人实施的侵害生命权、健康权犯罪，因此只要存在故意杀人、故意伤害行为，其行为也就符合故意杀人罪、故意伤害罪的构成要件，构成故意杀人罪、故意伤害罪。不同罪名之间的争议在于故意杀人罪、故意伤害罪与其他犯罪的竞合处理问题。从法益的角度看，故意杀人罪、故意伤害罪侵犯的是生命权、健康权，即个人的人身权利，属于个人法益的范畴。除此之外，我国刑法上还存在社会法益、国家法益。这些法益也可能包含个人的生命权、健康权，如作为社会法益的公共安全是不特定多数人的生命、健康和财产权利，其中必然包含了个人的生命权、健康权；同样，作为国家法益的国家安全是国家政权、主权、统一和领土完整、人民福祉、经济社会可持续发展和国家其他重大利益相对处于没有危险和不受内外威胁的状态，以及保障持续安全状态的能力，其中也必然包含个人的生命权、健康权。甚至，同样是侵犯个人法益的犯罪，如绑架罪、抢劫罪、强奸罪，也可能在侵犯其他法益的同时侵犯公民的生命权、健康权。在此情况下，故意杀人罪、故意伤害罪与其他犯罪之间就会形成竞合关系，且主要是交叉竞合关系，即既构成故意杀人罪、故意伤害罪又构成其他犯罪。对于这种竞合关系，我国刑法上一般是按照从一重罪处断的原则进行定罪处罚。但从故意杀人行为、故意伤害行为与故意杀人罪、故意伤害罪的关系来看，两者是一致的，即只要存在故意杀人行为、故意伤害行为就构成故意杀人罪、故意伤害罪。

第二，罪名适用的原则：行为与构成要件的限定。行为与犯罪构成要件的一致性决定了《刑法修正案（十一）》针对已满 12 周岁不满 14 周岁的人承担刑事责任的范围是故意杀人罪、故意伤害罪（行为范围是故意杀人行为、故意伤害行为）。对于超出故意杀人罪、故意伤害罪的行为类型，如绑架行为（主要是非法控制行为）、抢劫行为、强奸行为、故意毁坏财物行为等，已满 12 周岁不满 14 周岁的人无须承担刑事责任。这一行为范围实际上也限定了已满 12 周岁不满 14 周岁的人犯罪的适用罪名，即不能定故意杀人罪、故意伤害罪之外的罪名，否则其行为范围将超出《刑法修正案（十一）》的限定。在此基础上，对于已满 12 周岁不满 14 周岁的人绑架杀人的，只能定故意杀人罪，而不能定绑架罪，否则意味着既要评价其故意杀人行为也要评价其绑架行为（要求已满 12 周岁不满 14 周岁的人对绑架行为承担刑事责任违反了《刑法修正案（十一）》的规定，也有违罪刑法定原则）。因此，对于已满 12 周岁不满 14 周岁的人，无论其故意杀人、故意伤害行为发生在何种场合，是否符合绑架罪、抢劫罪、强奸罪等其他犯罪的客观方面要求，都只能对行为人定故意杀人罪、故意伤害罪，而不能定其他罪名。

三、强奸罪修法的理解与适用（修正案第 26 条）

（一）修法过程

近年来，奸淫幼女案件在我国一些地方时有发生并经常引发社会的极大关注。例如，2009 年贵州习水嫖宿幼女案引发了全国的普遍关注，嫖宿幼女对幼女的污名化问题引发了社会的热烈讨论。为了强化对幼女性权利的刑法保护，2015 年《刑法修正案（九）》删除了刑法第 360 条第 2 款“嫖宿不满十四周岁的幼女的，处五年以上有期徒刑，并处罚金”，将所有的嫖宿幼女行为都纳入强奸罪进行惩治。

与降低刑事责任年龄的修改类似，在《刑法修正案（十一）》的修法之初，强奸罪的修改并未受到关注。2019 年 7 月 30 日立法工作机关召开的刑法修改座谈会提纲、2019 年 11 月 7 日的《初步方案》、2020 年 2 月 26 日的《征求意见方案》，2020 年 6 月 28 日提交全国人大常委会进行第一次审议的《刑法修正案（十一）（草案）》都没有涉及强奸罪的修改。强奸罪的修改最早出现在《刑法修正案（十一）》的公开稿本中是 2020 年 10 月 13 日提交全国人大常委会审议的《刑法修正案（十一）（草案二次审议稿）》，其第 20 条规定："将刑法第二百三十六条修改为：'以暴力、胁迫或者其他手段强奸妇女的，处三年以上十年以下有期徒刑。''奸淫不满十四周岁的幼女的，以强奸论，从重处罚。''强奸妇女、奸淫幼女，有下列情形之一的，处十年以上有期徒刑、无期徒刑或者死刑：（一）强奸妇女、奸淫幼女情节恶劣的；（二）强奸妇女、奸淫幼女多人的；（三）在公共场所当众强奸妇女、奸淫幼女的；（四）二人以上轮奸的；（五）奸淫不满十周岁的幼女或者造成幼女伤害的；（六）致使被害人重伤、死亡或者造成其他严重后果的。'"其对我国刑法关于强奸罪的修改重点是完善了强奸罪加重处罚的情节，对强奸罪适用"十年以上有期徒刑、无期徒刑或者死刑"增加规定了两种情形，即"在公共场所当众奸淫幼女"和"奸淫不满十周岁的幼女或者造成幼女伤害"。

之后，立法机关没有对该规定再作调整，最终通过的《刑法修正案（十一）》沿用了草案二次审议稿的表述。其第 26 条规定："将刑法第二百三十六条修改为：'以暴力、胁迫或者其他手段强奸妇女的，处三年以上十年以下有期徒刑。''奸淫不满十四周岁的幼女的，以强奸论，从重处罚。''强奸妇女、奸淫幼女，有下列情形之一的，处十年以上有期徒刑、无期徒刑或者死刑：（一）强奸妇女、奸淫幼女情节恶劣的；（二）强奸妇女、奸淫幼女多人的；（三）在公共场所当众强奸妇女、奸淫幼女的；（四）二人以上轮奸的；（五）奸淫不满十周岁的幼女或者造成幼女伤害的；（六）致使被害人重伤、死亡或者造成其他严重后果的。'"

（二）内涵解读

要准确把握《刑法修正案（十一）》第 26 条对强奸罪的修改，可以从以下两个方面进行解读其内涵：

1. 女性的性自主决定权

强奸罪是一类严重侵犯公民个人性权利的犯罪，其保护法益是公民个人的性自主决定权。由于性自主决定权以公民个人具有性自主决定能力为前提，因而并不是女性未反抗的性行为都是合法的性行为。从刑法的角度看，以下两种性行为被认为是违反女性意愿的性行为：一是违背女性真实意愿的性行为，包括女性在不能反抗（如被制服、下药、灌醉）、不敢反抗（如被暴力殴打、暴力威胁、恐吓）和不知反抗（如被催眠、自己醉酒、认识错误）的情形下实施的性行为；二是不违背女性真实意愿但法律认为女性没有性自主决定能力的性行为，包括女性因精神状态（如精神病）、年龄（如年龄低于法定年龄）而被法律认为没有性自主决定能力。

对于女性的性自主决定能力，我国刑法规定在一定年龄之下的女性不具有性自主决定能力，与该年龄之下的女性发生性关系都以强奸罪论处。根据我国刑法第 236 条第 2 款的规定，这一年龄被确定为 14 周岁，即只要女性年龄不满 14 周岁就推定其没有性自主决定能力，与其发生的性行为被认为是犯罪行为，可以构成我国《刑法》第 236 条规定的强奸罪。据此，对于与不满 14 周岁幼女发生的性行为，即便女性是自愿的，也可以构成强奸罪。

2. 两种加重处罚情节

《刑法修正案（十一）》针对强奸罪增加了两种加重处罚的情节，即对强奸罪适用“十年以上有期徒刑、无期徒刑或者死刑”增加规定了两种情形，包括“在公共场所当众奸淫幼女”和“奸淫不满十周岁的幼女或者造成幼女伤害”。

第一，关于“在公共场所当众奸淫幼女”。加重处罚是在基本犯罪的基础上做加法，即增加一定的情节然后对其规定更重的法定刑。“在公共场所当众奸淫幼女”实际上是在“奸淫幼女”这一强奸犯罪行为之上增加规定了两种从严情节，包括：一是发生场所（在公共场所）；二是行为方式（当众）。

对于“公共场所”，其含义是其他人可以出入的场所，通常是指车站、码头、机场、医院、商场、公园、影剧院、展览会、运动场、校园、游泳馆、儿童游乐场或者其他公共场所。参照我国最高司法机关关于寻衅滋事罪中“公共场所”的解释，这里的“公共场所”也包括两类：一类是物理空间的公共场所。2013 年最高人民法院、最高人民检察院《关于办理寻衅滋事刑事案件适用法律若干问题的解释》第 5 条规定：“在车站、码头、机场、医院、商场、公园、影剧院、展览会、运动场或者其他公共场所起哄闹事，应当根据公共场所的性质、公共活动的重要程度、公共场所的人数、起哄闹事的时间、公共场所受影响的范围与程度等因素，综合判断是否‘造成公共场所秩序严重混乱’。”另一类是网络空间的公共场所。2013 年最高人民法院、最高人民检察院《关于办理利用信息网络实施诽谤等刑事案件适用法律若干问题的解释》第 5 条第 2 款规定："编造虚假信息，或者明知是编造的虚假信息，在信息网络上散布，或者组织、指使人员在信息网络上散布，起哄闹事，造成公共秩序严重混乱的，依照刑法第二百九十三条第一款第（四）项的规定，以寻衅滋事罪定罪处罚。"由于我国《刑法》第 293 条第 1 款第 4 项规定的是"在公共场所起哄闹事，造成公共场所秩序严重混乱"情形，因而该款规定实际上是将信息网络也规定为"公共场所"。

对于"当众"，其含义是当着众人。根据我国最高司法机关的规定，这也包括两类情形：一类是当众被看到（当着众人的面），即行为人当着众人的面实施奸淫幼女行为。这类情形的"当众"没有场所的限制，既可以是发生在公共场所，也可以是发生隐蔽的场所，只要是当着三个以上人的面实施即可构成。另一类是当众没看到（公共场所当众），即行为人实施奸淫幼女行为发生时周围存在三个以上的人，无论在场人是否看到，都构成"当众"。这类情形的"当众"要求发生在公共场所。2013 年最高人民法院、最高人民检察院、公安部、司法部《关于依法惩治性侵害未成年人犯罪的意见》第 23 条规定："在校园、游泳馆、儿童游乐场等公共场所对未成年人实施强奸、猥亵犯罪，只要有其他多人在场，不论在场人员是否实际看到，均可以依照刑法第二百三十六条第三款、第二百三十七条的规定，认定为在公共场所'当众'强奸妇女，强制猥亵、侮辱妇女，猥亵儿童。"这除了考虑取证的问题，更主要的是因为这类情形下被众人看到的可能性很大，进而反映出行为人恶劣的主观恶性。

第二，关于"奸淫不满十周岁的幼女或者造成幼女伤害"。这是在奸淫幼女的基础行为上分别增加了对象情节、结果情节。从内涵上看，该规定包括两种情形：一是"奸淫不满十周岁的幼女"。这是因为，与 10 周岁到 14 周岁的幼女相比，不满十周岁的幼女无论是生理还是心理都更不成熟。奸淫不满十周岁的幼女不仅会对幼女的身心造成更大的伤害，而且也表明行为人更恶劣的主观恶性和更严重的人身危险性。二是"造成幼女伤害"。从表述上看，这里的"幼女"既可以是不满 10 周岁的幼女，也可以是所有不满 14 周岁的幼女，还可以是已满 10 周岁不满 14 周岁的幼女。但考虑到"奸淫不满十周岁的幼女"是强奸罪独立的加重处罚情节，"造成幼女伤害"的幼女应当是指已满 10 周岁不满 14 周岁的幼女。同时，"造成幼女伤害"中的"伤害"程度，《刑法修正案（十一）》没有明确规定，似乎可以包括任何程度的伤害，但考虑到这是作为强奸罪的加重处罚情节，适用的法定刑是“十年以上有期徒刑、无期徒刑或者死刑”，因此其伤害程度也不能过轻。当然，考虑到我国刑法已将强奸致人重伤、死亡作为强奸罪独立的加重处罚情节，该处“伤害”的程度也不能过重，将“伤害”限定为轻微伤以上程度的伤害较为合适。

四、负有照护职责人员性侵罪立法的理解与适用（修正案第27条）

（一）修法过程

对未成年人负有监护、收养、看护、教育、医疗等特殊职责的人员与未成年人女性之间的关系具有特殊性，能够对未成年人女性产生更大、更直接的心理影响。特别是对于心智发育不成熟的未成年女性而言，这种影响会导致女性产生依赖心理和错误认识。2020年4月，网络上关于鲍某某涉嫌性侵未成年“养女”事件的报道引发了社会的极大关注。虽然事件调查的结果表明，“养女”与鲍某某同居和发生性关系时已经成年，但该事件引发的特殊职责人员与未成年人特别是未成年女性之间关系的关注并未停止。

在《刑法修正案（十一）》的研拟过程中，负有照护职责人员利用其与未成年女性的特殊关系奸淫未成年女性的行为虽引发了社会关注，但2019年7月30日立法工作机关召开的刑法修改座谈会提纲、2019年11月7日的《初步方案》、2020年2月26日的《征求意见方案》、2020年6月28日提交全国人大常委会进行第一次审议的《刑法修正案（十一）（草案）》都没有涉及负有照护职责人员奸淫未成年女性的立法。负有照护职责人员奸淫未成年女性犯罪的立法最早出现在《刑法修正案（十一）》的公开稿本中是2020年10月13日提交全国人大常委会审议的《刑法修正案（十一）（草案二次审议稿）》，其第21条规定：“在刑法第二百三十六条后增加一条，作为第二百三十六条之一：‘对已满十四周岁不满十六周岁的未成年女性负有监护、收养、看护、教育、医疗等特殊职责的人员，与该未成年女性发生性关系的，处三年以下有期徒刑；情节恶劣的，处三年以上十年以下有期徒刑。’‘有前款行为，同时又构成本法第二百三十六条规定之罪的，依照该规定定罪处罚。’”2020年12月22日提交全国人大常委会审议的《刑法修正案（十一）（草案三次审议稿）》对该规定略作调整，将该条第2款的“有前款行为，同时又构成本法第二百三十六条规定之罪的，依照该规定定罪处罚”，改为“有前款行为，同时又构成本法第二百三十六条规定之罪的，依照处罚较重的规定定罪处罚”。

之后，提交全国人大常委会表决的《刑法修正案（十一）（草案）（表决稿）》未再作调整。最终通过的《刑法修正案（十一）》第 27 条规定：“在刑法第二百三十六条后增加一条，作为第二百三十六条之一：‘对已满十四周岁不满十六周岁的未成年女性负有监护、收养、看护、教育、医疗等特殊职责的人员，与该未成年女性发生性关系的，处三年以下有期徒刑；情节恶劣的，处三年以上十年以下有期徒刑。’‘有前款行为，同时又构成本法第二百三十六条规定之罪的，依照处罚较重的规定定罪处罚。’”

（二）内涵解读

《刑法修正案（十一）》关于负有照护职责人员性侵罪主要规定了两款：第 1 款规定的是负有照护职责人员性侵罪的罪状和法定刑，即“对已满十四周岁不满十六周岁的未成年女性负有监护、收养、看护、教育、医疗等特殊职责的人员，与该未成年女性发生性关系的，处三年以下有期徒刑；情节恶劣的，处三年以上十年以下有期徒刑。”第 2 款规定的是负有照护职责人员性侵罪与强奸罪竞合时的处理原则，即“有前款行为，同时又构成本法第二百三十六条规定之罪的，依照处罚较重的规定定罪处罚。”对于负有照护职责人员性侵罪，需要重点把握其概念和特征。

根据《刑法修正案（十一）》第 27 条的规定，负有照护职责人员性侵罪是对已满 14 周岁不满 16 周岁的未成年女性负有监护、收养、看护、教育、医疗等特殊职责的人员，与该未成年女性发生性关系的行为。该罪具有以下基本特征：

第一，客体特征。负有照护职责人员性侵罪侵犯的客体是已满 14 周岁不满 16 周岁的未成年女性的不完全性自决能力和性的社会风尚。这包括两个方面：一是已满 14 周岁不满 16 周岁的未成年女性的不完全性自决能力。按照我国过去刑法关于性犯罪的年龄规定，女性的性自决能力是以 14 周岁为界，不满 14 周岁的女性被认为没有性自决能力，已满 14 周岁的女性则被认为具有完全的性自决能力。但女性的性自决能力发展并不是一个简单的绝对有和绝对无的问题，也会有一个逐步成熟的过程，即完全可能存在一个中间过程。《刑法修正案（十一）》增设负有照护职责人员性侵罪并将其放在侵犯公民人身权利、民主权利罪一章，实际上相当于认为已满 14 周岁不满 16 周岁的女性不具有完全的性自决能力，负有照护职责人员利用其身份和已满 14 周岁不满 16 周岁女性的不完全性自决能力状况，与已满 14 周岁不满 16 周岁的女性发生性关系，侵害了该女性的不完全性自决能力。二是性的社会风尚。一般的性道德不是刑法保护的客体。但特定的性道德是刑法的保护客体。例如，我国刑法第 301 条第 1 款规定的聚众淫乱罪的保护客体是国家对社会风尚的管理秩序。[①] 这里的社会风尚是关于性的道德风尚，即性行为只限于两人之间的性道德风尚。同样，负有照护职责人员性侵罪涉及的性道德风尚是对已满 14 周岁不满 16 周岁的女性负有照护职责人员不能滥用其职责与该女性发生性关系的道德风尚。从条文位置上看，由于《刑法修正案（十一）》将负有照护职责人员性侵罪放在我国刑法分则第四章侵犯公民人身权利、民主权利罪之下的强奸罪之后，因而在立法者看来，负有照护职责人员性侵罪的主要保护客体是已满 14 周岁不满 16 周岁女性的不完全性决定能力，次要保护客体是性的社会风尚。

第二，客观方面特征。根据《刑法修正案（十一）》第 27 条的规定，负有照护职责人员性侵罪的客观方面表现为对已满 14 周岁不满 16 周岁的未成年女性负有监护、收养、看护、教育、医疗等特殊职责的人员，与该未成年女性发生性关系的行为。这包括三个具体方面：一是行为方式：行为人与已满 14 周岁不满 16 周岁的未成年女性发生了性关系。在刑法上，性关系仅限于性交，不包括不以性交为目的的猥亵行为。参照我国强奸罪对已满 14 周岁的女性进行强奸的既遂标准，负有照护职责人员性侵罪的性交是以男性生殖器插入女性生殖器为既遂标准。二是职责便利和影响：行为人必须与已满 14 周岁不满 16 周岁的未成年女性之间负有照护职责关系，包括监护、收养、看护、教育、医疗等特殊职责。《刑法修正案（十一）》第 27 条没有规定负有照护职责人员必须利用职责便利，意味着职责便利不是该罪的构成要件。但在实践中，负有照护职责人员性侵罪的成立应当考虑其职责对已满 14 周岁不满 16 周岁未成年女性的影响。三是行为对象：已满 14 周岁不满 16 周岁的未成年女性。按照该规定，与不满 14 周岁的未成年女性发生性关系，或者与已满 16 周岁的未成年女性发生性关系，都因对象的不符合不构成负有照护职责人员性侵罪。其中，与不满 14 周岁的未成年女性发生性关系的，可构成强奸罪（包括普通强奸罪和奸淫幼女型强奸罪）；与已满 16 周

① 高铭暄，马克昌．刑法学．5 版．北京：北京大学出版社、高等教育出版社，2011：549.

岁的未成年女性发生性关系，如果双方是自愿的，不属于犯罪。值得注意的是，《刑法修正案（十一）》第 27 条使用的是“发生性关系”表述，并没有对发生性关系的心态（女性是否自愿）进行限定，同时该条第 2 款规定“有前款行为，同时又构成本法第二百三十六条规定之罪的，依照处罚较重的规定定罪处罚”。这表明，该条第 1 款的行为（负有照护职责人员性侵罪）可同时构成强奸罪，意味着负有照护职责人员性侵罪包含了已满 14 周岁不满 16 周岁的未成年女性不自愿发生性关系的情形。

第三，主体特征。根据《刑法修正案（十一）》第 27 条的规定，负有照护职责人员性侵罪的主体仅限于对已满 14 周岁不满 16 周岁的人负有监护、收养、看护、教育、医疗等特殊职责的人员。其中，监护是对无民事行为能力人和限制民事行为能力人的人身、财产及其他合法民事权益，进行监督和保护的法律制度，双方的法律关系是监护人与被监护人的关系；收养是将他人子女收为自己子女的法律制度，双方的法律关系是收养人与被收养人的关系；看护是他人进行护理、照料，双方的法律关系是看护人与被看护人的关系；教育主要是指学校教育，包括国家实行的学前教育、初等教育、中等教育、高等教育的学校教育制度，双方的法律关系是教师与学生的关系；医疗是医治、治疗，双方的法律关系是医生与病人的关系。因此，负有照护职责人员主要包括监护人、收养人、看护人、教师、医生等。

值得指出的是，该罪的负有监护、收养、看护、教育、医疗等特殊职责的人员是实际担负了监护、收养、看护、教育、医疗等特殊职责的人员，并不以建立了正式的监护、收养、看护、教育、医疗等特殊关系为必要条件。例如，存在收养事实但因不符合收养的法律规定而未办理合法的收养手续，也属于该罪的收养；不是已满 14 周岁不满 16 周岁的人的监护人，但受监护人的委托临时承担监护职责（如临时寄养），也属于该罪的监护；教育也不限于正式的学校教育，校外的辅导班教师也属于该罪的主体。

第四，主观方面特征。负有照护职责人员性侵罪的主观方面必须是故意，且必须明知发生性关系的对象是已满 14 周岁不满 16 周岁的未成年女性。在实践中，行为人对未成年女性的年龄可能发生认识错误，特别是在一些非正式承担照护职责的场合，如家庭教师、课外辅导班教师、临时看护、医疗等，容易发生认识错误。如果未成年女性属于已满 14 周岁不满 16 周岁的未成年女性，但行为人产生了错误认识，误认为其已满 16 周岁或者误认为不满 14 周岁，不构成该罪，其中认为发生性关系的对象不满 14 周岁的，可构成强奸罪的未遂（对象不能犯）；如果未成年女性不属于已满 14 周岁不满 16 周岁的人（如实际不满 14 周岁或者已满 16 周岁），但行为人误认为未成年女性已满 14 周岁不满 16 周岁，行为人可构成该罪的未遂（对象不能犯）。从可罚的角度看，行为人误将低龄未成年女性认为高龄未成年女性，如误将不满 14 周岁的未成年女性误认为已满 14 周岁不满 16 周岁的女性，双方发生性关系的，可定负有照护职责人员性侵罪，而不定强奸罪；但行为人误将高龄未成年女性认为低龄未成年女性，如误将已满 14 周岁不满 16 周岁的未成年女性认为是不满 14 周岁的未成年女性，也可定负有照护职责人员性侵罪，而不定强奸罪。对于行为人误将已满 14 周岁不满 16 周岁的未成年女性认为已满 16 周岁的未成年女性，或者误将已满 16 周岁的未成年女性认为已满 14 周岁不满 16 周岁的人，因其可罚程度低，可不定负有照护职责人员性侵罪。

（三）司法适用

负有照护职责人员承担的特殊职责决定了行为人与未成年女性之间具有一定的从属性、依附性关系，该关系本身会对未成年女性产生一定的心理压迫，进而导致双方发生的性关系违背未成年女性的本意。我国刑法第 259 条第 2 款为保护现役军人的妻子规定："利用职权、从属关系，以胁迫手段奸淫现役军人的妻子的，依照本法第二百三十六条的规定定罪处罚。"该规定具有明显的提示性，但也反映出职权、从属关系本身具有的影响力。负有照护职责人员性侵罪的司法适用主要涉及该罪与强奸罪的竞合关系及其处理问题。

第一，负有照护职责人员性侵罪与强奸罪的竞合关系问题。这集中体现为两者究竟是一种排斥关系还是一种交叉关系。按照排斥关系的逻辑，负有照护职责人员性侵罪与强奸罪不存在交集，这要求负有照护职责人员性侵罪的成立在客观方面要求性关系必须是在已满 14 周岁不满 16 周岁的未成年女性自愿的情况下发生，否则负有照护职责人员性侵罪与强奸罪就会发生竞合；而按照交叉关系的逻辑，负有照护职责人员性侵罪的发生性关系可以是在已满 14 周岁不满 16 周岁的未成年女性自愿情况下发生，也可以是在已满 14 周岁不满 16 周岁的未成年女性非自愿情况下发生，前者就与强奸罪发生了部分重合。从条文表述上看，《刑法修正案（十一）（草案二次审议稿）》和《刑法修正案（十一）》虽然存在表述上的不同，但都采取的是交叉关系说，其都规定有"有前款行为，同时又构成本法

第二百三十六条规定之罪的”，即负有照护职责人员的性侵行为可同时构成强奸罪。按照该规定，负有照护职责人员性侵罪的发生性关系包括双方自愿发生也包括特殊职责人员强迫未成年女性发生性关系两种情形。

第二，负有照护职责人员性侵罪与强奸罪的竞合处理问题。负有照护职责人员性侵罪与强奸罪的竞合属于交叉竞合（部分重合），仅限于负有照护职责人员强迫已满 14 周岁不满 16 周岁的人与其发生性关系的行为部分。负有照护职责人员性侵罪的自愿发生性关系部分与强奸罪不具有重合关系，同时强奸罪的强奸不满 14 周岁和强奸已满 16 周岁的女性行为，与负有照护职责人员性侵罪也不具有重合关系。在刑法上，对于交叉型法条竞合关系，普遍适用的处理原则是从一重罪处断。也正因为如此，《刑法修正案（十一）》第 27 条第 2 款明确规定“有前款行为，同时又构成本法第二百三十六条规定之罪的，依照处罚较重的规定定罪处罚”。不过，由于我国刑法对强奸罪规定的法定刑总体上更重（强奸罪的两档法定刑分别是“三年以上十年以下有期徒刑”和“十年以上有期徒刑、无期徒刑或者死刑”），因而一般而言，当负有照护职责人员性侵罪与强奸罪发生竞合时，都是按照强奸罪定罪处罚。但在特定情况下，根据犯罪情节的不同，也可能出现适用负有照护职责人员性侵罪对行为人的处罚更重。例如，负有照护职责人员多次在已满 14 周岁不满 16 周岁的女性自愿的情况下发生性关系，但也有个别场合是在女性不自愿的情况下发生的，在此情形中，对行为人定负有照护职责人员性侵罪既可以充分评价其强奸行为又可充分评价其其他性侵行为，相反定强奸罪则不能进行充分评价（可能处罚更轻），则应当对行为人以负有照护职责人员性侵罪进行定罪处罚。

（四）刑罚处罚

根据《刑法修正案（十一）》第 27 条的规定，犯负有照护职责人员性侵罪的，处 3 年以下有期徒刑；情节恶劣的，处 3 年以上 10 年以下有期徒刑。其中，情节恶劣是一个综合性评判，包括行为手段恶劣（采取暴力、胁迫手段）、行为结果恶劣（造成了未成年女性的身体伤害或者精神损害）、行为次数很多、行为持续时间很长、行为对象为多人、社会影响恶劣等众多情节恶劣的情况。

五、猥亵儿童罪修法的理解与适用（修正案第28条）

（一）修改过程

猥亵儿童罪严重侵犯了儿童的性权利，损害儿童的身心健康，是我国刑法重点惩治的涉性犯罪。近年来，我国猥亵儿童犯罪呈现出高发趋势，个别案件还造成了恶劣的社会影响。例如，2020年上海发生的新城控股实际控制人王振华猥亵幼女案引发了社会的广泛关注，“上市公司”“富豪”“幼女”“拒不认罪”“态度恶劣”“毫无悔意”“坚决不道歉”“没有赔偿”等字眼冲击着人们的视听，让人们情感难平、义愤难抒，王振华最终因犯猥亵儿童罪被判处五年有期徒刑，但却被人们普遍认为量刑过轻。

在《刑法修正案（十一）》研拟过程中，猥亵儿童罪的立法修改最早出现在2020年10月13日提交全国人大常委会审议的《刑法修正案（十一）（草案）（二次审议稿）》中。该草案第22条规定：“将刑法第二百三十七条第三款修改为：‘猥亵儿童的，处五年以下有期徒刑；有下列情形之一的，处五年以上有期徒刑：（一）猥亵儿童多人或者多次的；（二）聚众或者在公共场所当众猥亵儿童的；（三）造成儿童伤害或者其他严重后果的；（四）猥亵手段恶劣或者有其他恶劣情节的。’”2020年12月22日提交全国人大常委会审议的《刑法修正案（十一）（草案）（三次审议稿）》对该规定略作调整，主要是把其中的第2项由“聚众或者在公共场所当众猥亵儿童的”，修改为“聚众猥亵儿童的，或者在公共场所当众猥亵儿童，情节恶劣的”，即对在公共场所当众猥亵儿童作为猥亵儿童罪加重处罚情节进行了限制，要求必须达到“情节恶劣”的程度。

之后，提交全国人大常委会表决的《刑法修正案（十一）（草案）（表决稿）》未再作调整。最终通过的《刑法修正案（十一）》第28条规定：“将刑法第二百三十七条第三款修改为：‘猥亵儿童的，处五年以下有期徒刑；有下列情形之一的，处五年以上有期徒刑：（一）猥亵儿童多人或者多次的；（二）聚众猥亵儿童的，或者在公共场所当众猥亵儿童，情节恶劣的；（三）造成儿童伤害或者其他严重后果的；（四）猥亵手段恶劣或者有其他恶劣情节的。’”

（二）内涵解读

在《刑法修正案（十一）》出台之前，我国刑法关于猥亵儿童罪的规定是刑法第 237 条第 3 款规定："猥亵儿童的，依照前两款的规定从重处罚。"其前两款分别是："以暴力、胁迫或者其他方法强制猥亵他人或者侮辱妇女的，处五年以下有期徒刑或者拘役。""聚众或者在公共场所当众犯前款罪的，或者有其他恶劣情节的，处五年以上有期徒刑。"相对于我国刑法关于猥亵儿童罪的原有规定，《刑法修正案（十一）》对猥亵儿童罪的修改主要包括四个方面：一是删除了对猥亵儿童罪依照强制猥亵罪、强制侮辱妇女罪从重处罚的规定；二是单独规定了猥亵儿童罪的法定刑；三是进一步细化了猥亵儿童罪加重处罚的情节，将加重处罚情节由原来的三项（聚众或者在公共场所当众犯前款罪的，或者有其他恶劣情节）细化为四项（猥亵儿童多人或者多次的；聚众猥亵儿童的，或者在公共场所当众猥亵儿童，情节恶劣的；造成儿童伤害或者其他严重后果的；猥亵手段恶劣或者有其他恶劣情节的）；四是在细化猥亵儿童罪加重处罚情节的同时，对原来个别加重处罚情节进行了完善，主要是将原来的"在公共场所当众"猥亵儿童修改为"在公共场所当众猥亵儿童，情节恶劣"。对《刑法修正案（十一）》第 28 条关于猥亵儿童罪的修改，需要重点对其列明的加重处罚情节进行解读。

第一，关于"猥亵儿童多人或者多次"。这又包括两种具体的情形：一是"猥亵儿童多人"。其中，"儿童"是不满 14 周岁的男性或者女性，已满 14 周岁的人不属于儿童，不能成为该罪的对象，更不能成为该罪加重处罚的对象；"多人"是三人以上，即猥亵三名以上不满 14 周岁的儿童。二是"猥亵儿童多次"。其中，"多次"是三次以上，既包括对同一名儿童猥亵了三次以上，也包括对不同儿童猥亵的总次数在三次以上。

第二，关于"聚众猥亵儿童的，或者在公共场所当众猥亵儿童，情节恶劣"。这也包括两种具体的情形：一是"聚众猥亵儿童"。其中"聚众"是聚集三人以上。聚众犯罪是一种特殊的共同犯罪类型（必要共犯的一种），通常只处罚聚众的首要分子（即实施了聚众行为的人）。聚众猥亵儿童要求行为人实施了聚众行为。据此，只是单纯参加三人以上共同实施的猥亵儿童行为，没有实施聚众行为，不构成"聚众猥亵儿童"，可按照猥亵儿童罪的第一档法定刑进行处罚。值得注意的是，这里"众"（三人以上）是否包括儿童本人？如行为人一人、被猥亵的儿童二人，或者行为人二人、被猥亵的儿童一人。对此，本书认为，从聚众类犯罪作为公共犯罪类型予以严惩的基本立法考虑来看，这里的“众”应当都是指行为人（即实施猥亵行为的人），不包括儿童人数。否则，从处罚的必要性上看，没有对行为人予以加重处罚的特殊必要。二是“在公共场所当众猥亵儿童，情节恶劣”。其中，“公共场所”不仅包括公共的物理场所，如公园、学校、剧院等，也包括公共的虚拟场所，如他人能看到的信息网络；“当众”一般是当着众人的面，即在场的人数在三人以上，且具有看到的现实可能性，至于他人是否实际看到，不影响“当众”的成立；“情节恶劣”通常是猥亵儿童的手段恶劣、危害后果恶劣或者造成了恶劣的影响等。

第三，关于“造成儿童伤害或者其他严重后果”。这是将猥亵儿童的后果作为猥亵儿童罪的加重处罚情节，包括两种后果：一是“造成儿童伤害”，主要是身体伤害。该规定没有对伤害的程度进行限定，似乎只要是造成了儿童身体伤害就都可成立该情节，但考虑到加重处罚情节对应的法定刑是“五年以上有期徒刑”这一重刑，且后面关于其他后果使用了“严重”进行限定。因此，从罪责刑相适应的角度看，造成儿童的“伤害”不能过于轻微。一般来说，“造成儿童伤害”应当是造成了儿童轻微伤程度以上的伤害，或者造成了儿童性器官的损伤（包括造成幼女处女膜破裂等）。二是“造成其他严重后果”。这里的后果可以是身体伤害之外的直接后果，如造成了儿童精神伤害，也可以是造成了间接的损害后果，如造成儿童父母自杀等严重后果。

第四，关于“猥亵手段恶劣或者有其他恶劣情节”。这包括两种具体的情形：一是“猥亵手段恶劣”。这里的“手段”包括多种类型，可以是引诱儿童的手段恶劣，如给儿童发送淫秽图片或者视频的情形恶劣，也可以是猥亵行为本身恶劣，如使用工具、针对部位等反映出行为人的手段恶劣。二是“其他恶劣情节”。这是一个兜底性规定，除了上述涉及的几个方面，猥亵儿童犯罪也可能出现其他情节恶劣的情形，如造成了恶劣的社会影响等。

（三）刑罚处罚

根据《刑法修正案（十一）》第28条的规定，犯猥亵儿童罪，处5年以下有期徒刑；具有四类加重处罚情节的，处5年以上有期徒刑。值得注意的是，《刑法修正案（十一）》取消了之前刑法关于对猥亵儿童罪依照强制猥亵罪、强制侮辱妇女罪从重处罚的规定。因此，猥亵儿童本身不再是在“五年以下有期徒刑”和“五年以上有期徒刑”幅度内的法定从重处罚情节，而只要根据其犯罪情节进行量刑。

第三章

危害公共安全罪修法的理解与适用

一、危害公共安全犯罪的修法概述

危害公共安全犯罪，是指故意或者过失地实施危及不特定或者多数人的生命、健康或者重大公私财产安全的行为。[①] 此类犯罪严重破坏社会治安秩序，危害和威胁公民的生命、健康和财产的安全，是社会危害性和危险性较大的一类犯罪。由于公共安全事关人民群众生命财产安全，事关改革发展稳定大局，我国立法机关一直以来都比较注重运用刑法手段维护公共安全，这在近些年的刑法修正活动中体现得尤为明显，例如《刑法修正案（八）》着眼于道路交通安全增设了针对追逐竞驶和醉酒驾驶的危险驾驶罪；《刑法修正案（九）》则扩充了危险驾驶罪的行为类型，尤其是强化了反恐刑法，修改补充了多种恐怖犯罪，这些修正在公共安全实际治理中都发挥了积极而显著的作用。习近平总书记在十九大报告中指出，“中国特色社会主义进入新时代，我国社会主要矛盾已经转化为人民日益增长的美好生活需要和不平衡不充分的发展之间的矛盾。……人民美好生活需要日益广泛，不仅对物质文化生活提出了更高要求，而且在民主、法治、公平、正义、安全、环境等方面的要求日益增长。”[②] 这一深刻论断表明，在小康社会即将全面建成的历史背景下，我国人民对美好生活的需求不再局限于物质层面的基本

---

① 高铭暄，马克昌．刑法学．9版．北京：北京大学出版社、高等教育出版社，2019：329.

② 习近平．决胜全面建成小康社会 夺取新时代中国特色社会主义伟大胜利——在中国共产党第十九次全国代表大会上的报告（2017年10月18日）．人民日报，2017－10－28.

满足，而是更加注重切身获得感与幸福感的满足，以及个人尊严和公众安全的彰显与实现。最新出台的《刑法修正案（十一）》将坚持以人民为中心，适应新时代人民群众日益增长的美好生活需要，加强保护人民群众生命财产安全，特别是有关安全生产等涉及公共、民生领域的基本安全、重大安全作为重要的修法总体思路[①]，对危害道路交通安全犯罪和危害生产安全犯罪进行了修改和完善，以更好地适应社会的现实情况和民众的安全需求。

其一，《刑法修正案（十一）》对道路交通安全（尤其是涉公共交通工具的道路交通安全）作出了更具针对性的保护，这与近几年屡屡发生的乘客辱骂、殴打公交司机、抢夺公交车方向盘等现象密切相关。在 2018 年，重庆市万州区发生了震惊全国的“10·28 万州公交坠江事故”。乘客刘某在乘坐公交车过程中，与正在驾车行驶中的公交车驾驶员冉某发生争吵，两次持手机攻击正在驾驶公交车的冉某，冉某遭遇刘某攻击后，没有采取有效措施确保行车安全，而是将右手放开方向盘还击刘某，后又用右手格挡刘某的攻击，并与刘某抓扯。二人之间的互殴行为，造成车辆失控，致使车辆与对向正常行驶的小轿车撞击后坠入长江，造成十余人遇难的重大人员伤亡结果。[②] 另据新闻媒体披露，江苏扬州市、四川广元市、湖南湘潭市、贵州盘州市、辽宁大连市等地也都发生了公交乘客抢夺司机方向盘的事件，其中有的实施者按照以危险方法危害公共安全罪被定罪处刑。最高人民法院、最高人民检察院、公安部于 2019 年 1 月 8 日联合发布了《关于依法惩治妨害公共交通工具安全驾驶违法犯罪行为的指导意见》，体现了公安司法机关对暴力干扰正在驾驶公共交通工具的驾驶人员现象的高度关注和从严惩处的态度。类似事件的影响在于，公交车是与大众的日常出行紧密相关的公共交通工具，每个人都可能是公交车上的乘客，也可能是公交车行驶线路的交通参与者。如果放任、宽宥此类事件，无疑将极大地降低公众的安全感，导致人人自危，谁也不能保证自己所乘坐的公交车上不发生此类事件，更不能保证出行途中所“偶遇”的公共交通工具上不发生此类事件。[③] 因此，《刑法修正案（十一）》通过将此类行为在刑法中入罪，来更好地保障百姓的出行安全，体现了刑法对公众高度

---

① 全国人大常委会法制工作委员会．关于《中华人民共和国刑法修正案（十一）（草案）》的说明（2020 年 7 月 3 日）.

② 重庆通报公交车坠江原因：乘客与司机互殴（全文）. https：//news. sina. com. cn/c/2018 - 11 - 02/doc-ihmutuea6238882. shtml，发布时间：2018 - 11 - 02；访问时间：2020 - 12 - 04.

③ 史洪举．严惩“抢方向盘”体现公共安全至上．北京青年报，2019 - 01 - 12.

关切问题的积极回应。

其二，《刑法修正案（十一）》对工厂企业的生产经营安全作出了更加全面而有力的保护。安全生产是我国经济建设和企业生产经营活动努力做到人、机器、环境等的和谐统一，使各类潜在的事故风险和伤害因素得到有效控制，确保企业从业人员和社会公众生命安全始终处于切实保障的状态。[①] 安全生产是否落实到位，事关人民群众生命财产安全，事关改革开放、经济发展和社会稳定大局，事关我们党和政府的形象和声誉。进入 21 世纪以来，我国安全生产工作成效明显，2003 年之后的全国安全生产事故总量和死亡人数始终保持“双下降”态势，尤其是党的十八大以来，我国安全生产形势总体呈现持续好转的态势，事故总量大幅下降，重特大事故也明显减少。[②] 生产安全事故死亡人数从历史最高峰的 2002 年死亡近 14 万人，降至 2018 年的死亡 3.4 万人；生产安全事故发生起数和死亡人数连续 16 年、较大事故连续 14 年、重大事故连续 8 年实现“双下降”。[③] 但是，近年来发生的天津滨海新区“8・12”爆炸事故、湖南株洲“5・7”中毒窒息事故、江苏响水“3・21”爆炸事故等一系列特重大事故，仍然表明安全生产还处在脆弱期、爬坡期和过坎期，事故还处于易发多发阶段。一方面，安全生产总体形势的持续改善，有赖于党和国家持续而高度的重视，以及行政执法部门多年来广泛开展的专项整治行动；另一方面，安全生产仍然面临着严峻形势，原因在于安全发展理念尚未牢固树立，将安全作为底线、红线的意识还不够牢固，安全生产的风险隐患点多面广，企业安全生产主体责任尚未完全落实到位以及一些地方政府和部门监管不到位等。[④] 对劳动者而言，在生产经营过程中能否获得良好的作业培训和足够的硬件保障，直接关涉自身的生命安全；对社会公众而言，不同地域发生的安全事故，不仅会威胁周边居民的正常生活秩序和生命财产安全，而且借助多样发达的讯息媒介，现场画面和即时报道还会广泛影响社会受众观感。所以，如果不时发生的各类安全事故难以得到明显遏制，则长久下来必将

---

① 朱义长．中国安全生产史（1949—2015）．北京：煤炭工业出版社，2015：1.

② 叶昊鸣，齐中熙．严守安全底线 奏响生命至上——党的十八大以来我国安全生产事业改革发展综述．http：//cpc.people.com.cn/19th/n1/2017/1016/c414305-29590401.html，发布时间：2017-10-16，访问时间：2020-12-12.

③ 应急管理部：我国生产安全事故起数和死亡人数连续 16 年“双下降”．http：//www.mem.gov.cn/xw/bndt/201909/t20190918_336737.shtml，发布时间：2019-09-18；访问时间：2020-12-12.

④ 新闻办就应急管理部组建以来改革和运行情况举行发布会．http：//www.mem.gov.cn/xw/xwfbh/201901/t20190122_242442.shtml，发布时间：2019-01-22. 访问时间：2020-12-11.

对劳动者、周边居民乃至社会公众的安全感带来持续的消极影响。因此，为了进一步加强对安全生产的刑法保护，《刑法修正案（十一）》对危害生产安全犯罪作出了修改完善。

基于上述情况，着眼于加强对道路交通安全和生产安全的保护，《刑法修正案（十一）》对刑法分则第二章作出了如下修改和补充：（1）修正案第 2 条在刑法中增设第 133 条之二，将暴力、抢夺驾驶操纵装置，以及驾驶人员与他人互殴，危及公共安全的行为规定为犯罪；（2）修正案第 3 条将“明知存在重大事故隐患而不排除，仍冒险组织作业，因而发生重大伤亡事故或者造成其他严重后果的”情形纳入刑法第 134 条第 2 款，提升对此类行为的处罚力度；（3）修正案第 4 条在刑法中增设第 134 条之一，将违反规定实施具有导致重大事故等严重后果现实危险的三种违规生产行为纳入刑法的规制范围。对于以上三处修正，本章以下各部分将从修正过程、条文内涵和司法适用等方面分别进行阐述和研讨。

二、妨害安全驾驶罪立法的理解与适用（修正案第 2 条）

（一）立法过程

在《刑法修正案（十一）》草案研拟过程中，针对抢夺公交车方向盘等危害道路交通安全的现象，国家立法工作机关提出在刑法第 133 条之一后增加 1 条，作为第 133 条之二。具体内容为：“对正在行驶中的公共交通工具的驾驶人员使用暴力，或者抢夺驾驶控制装置，干扰公共交通工具正常行驶，危及公共安全的，处拘役或者管制，并处或者单处罚金。前款规定的驾驶人员有与他人殴打等妨害安全驾驶的行为，危及公共安全的，依照前款的规定处罚。有前两款行为，造成严重后果，同时构成其他犯罪的，依照处罚较重的规定定罪处罚。”[①]

2020 年 6 月 28 日，第十三届全国人大常委会第二十次会议对《刑法修正案（十一）（草案一审稿）》进行了审议。《刑法修正案（十一）（草案）》第 2 条的规定：“在刑法第一百三十三条之一后增加一条，作为第一百三十三条之二：‘对行驶中的公共交通工具的驾驶人员使用暴力或者抢夺驾驶操纵装置，干扰公共交通工具正常行驶，危及公共安全的，处一年以下有期徒刑、拘役或者管制，并处或

① 全国人大常委会法工委．刑法修改初步方案（2019 年 11 月 7 日 会议稿）．

者单处罚金。’‘前款规定的驾驶人员与他人互殴，危及公共安全的，依照前款的规定处罚。’‘有前两款行为，致人伤亡或者造成其他严重后果，同时构成其他犯罪的，依照处罚较重的规定定罪处罚。’”

在全国人大常委会对《刑法修正案（十一）（草案一审稿）》的审议过程中，有的意见提出，妨害公共交通工具安全驾驶行为的主观恶意较深，对公共安全或他人生命安全会造成重大威胁，应当规定更为严厉的刑罚，建议适当提高判处有期徒刑的年限；也有意见认为，这种情况下行为人实施抢夺行为就需要定罪，不需要进一步判断是不是危害公共安全，建议删去“危及公共安全”的规定；另有意见提出，驾驶员内部管理是比较严格的，主动和他人打架，需要定罪行为极少，也涉及要认定是否为正当防卫，建议删去驾驶员与他人互殴定罪的规定；还有意见提出，驾驶员擅离职守可能会对公共安全造成比较大的危害，建议增加“擅离职守”的规定。① 此外，还有意见认为，由于对正在进行的不法侵害可以进行正当防卫制止不法侵害的行为，所以驾驶人员在受到不法侵害时采取的制止侵害行为如何定，应当予以明确，建议对互殴作出更明确的界定，处理好与正当防卫的关系。②

在此次立法审议后，对于草案条文的罪状设计和刑罚设置，又出现了一些新的意见。有的意见认为应当删去本条，因为本条所要规制的行为其实完全可以采用保护驾驶人员的物理手段解决，即使出现此类情形按照危险方法危害公共安全罪进行处理也可以取得良好的效果。③ 对于第 1 款，有意见提出应在抢夺驾驶操纵装置后增加“或者以其他方法”，如实施威胁、辱骂、用其他物品遮挡驾驶员视线，侮辱、激怒、激光照射等，或者增加“在公共交通工具上相互斗殴”“危险物品超载超限”的规定④；也有意见认为，应将“公共交通工具”进一步扩大到“交通工具”；还有意见认为“干扰公共交通工具正常行驶”表述显得多余，因为对驾驶人员使用暴力或者抢夺驾驶操纵装置本身就是干扰交通工具正常行驶

① 全国人大常委会法工委．十三届全国人大常委会第二十次会议审议刑法修正案（十一）草案的意见．第十三届全国人大常委会第二十二次会议（2020 年 10 月 13 日—17 日）参阅材料，第 2-3 页．

② 全国人大常委会法工委．十三届全国人大常委会第二十次会议审议刑法修正案（十一）草案的意见．第十三届全国人大常委会第二十二次会议（2020 年 10 月 13 日—17 日）参阅材料，第 3 页．

③ 中国法学会研究部．《刑法修正案（十一）（草案）》专家咨询报告（2020 年 7 月）．第 20 页．

④ 全国人大常委会法工委．地方人大和中央有关部门、单位对刑法修正案（十一）草案的意见．第十三届全国人大常委会第二十二次会议（2020 年 10 月 13 日—17 日）参阅材料，第 4 页．

的行为。[1] 对于第 2 款，有的意见提出要强调驾驶人员擅离职守，建议将“前款规定的驾驶人员与他人互殴”的表述修改为“前款规定的驾驶人员擅离职守与他人互殴”或者“前款规定的驾驶人员与他人互殴或实施其他妨碍公共交通工具安全驾驶的行为”或者“前款规定的驾驶人员违背职业规定与他人互殴”[2]；有的意见提出应当明确互殴与正当防卫等情形的区别，或者将“互殴”修改为“放弃安全驾驶职责”，以回避正当防卫的适用困难问题[3]；还有意见认为需要扩大驾驶人员应当承担刑事责任的行为，修改为“驾驶人员实施与他人互殴等行为”；也有意见建议删除该款，因为该条第 1 款和第 3 款已经明确体现了惩治乘客对行驶中的公共交通工具的驾驶人员使用暴力或者抢夺驾驶操纵装置的立法目的，而驾驶人员在驾驶过程中主动与他人互殴这种情况极少发生。[4]

在刑罚设置方面，有意见认为，妨害公共交通工具驾驶行为会对公共安全和乘客的生命安全造成重大威胁[5]，对在大型公交车或者危险路段实施的相关行为，法定刑配置似偏轻，且与危险驾驶罪的法定刑不太均衡，建议加大处罚力度[6]，将刑罚提高为“处三年以下有期徒刑、拘役或者管制，并处或者单处罚金”，或者修改为“三年以上十年以下有期徒刑，情节较轻的，处三年以下有期徒刑或者拘役”，以体现对此类危害公共安全行为的从严惩处的精神。[7]

2020 年 10 月 14 日，第十三届全国人大常委会第二十二次会议对《刑法修正案（十一）(草案二次审议稿)》进行了审议。与《刑法修正案（十一）(草案)》相比，《刑法修正案（十一）(草案二次审议稿)》又作出了两处改动：(1) 将第 1 款的“抢夺驾驶操纵装置”修改为“抢控驾驶操纵装置”；(2) 将第 2 款的“前款规定的驾驶人员与他人互殴”修改为“前款规定的驾驶人员在行使的公共交通工具上擅离职守，与他人互殴或者殴打他人”。在此次审议之后，有意见提出，

---

① 中国法学会研究部．《刑法修正案（十一）(草案)》专家咨询报告（2020 年 7 月）．第 21 页．

② 全国人大常委会法工委．地方人大和中央有关部门、单位对刑法修正案（十一）草案的意见．第十三届全国人大常委会第二十二次会议（2020 年 10 月 13 日—17 日）参阅材料，第 4－5 页；中国法学会研究部．《刑法修正案（十一）(草案)》专家咨询报告（2020 年 7 月）．第 19 页．

③ 中国法学会研究部．《刑法修正案（十一）(草案)》专家咨询报告（2020 年 7 月）．第 19－20 页．

④ 中国法学会研究部．《刑法修正案（十一）(草案)》专家咨询报告（2020 年 7 月）．第 18－20 页．

⑤ 全国人大常委会法工委．刑法修正案（十一）草案向公众征求意见的意见．第十三届全国人大常委会第二十二次会议（2020 年 10 月 13 日—17 日）参阅材料，第 2 页．

⑥ 最高人民法院关于《刑法修正案（十一）(草案)》的修改完善建议（报审稿）(2020.8)．第 2 页．

⑦ 全国人大常委会法工委．地方人大和中央有关部门、单位对刑法修正案（十一）草案的意见．第十三届全国人大常委会第二十二次会议（2020 年 10 月 13 日—17 日）参阅材料．第 5 页．

应将本条规定在妨害社会管理秩序罪一章中，作为刑法第 291 条之二；还有意见建议，应将“抢控”改回“抢夺”，删除第 3 款中“致人死亡或者造成其他严重后果”的规定，同时增加“其他方式”的兜底性规定。[①] 也有意见提出在第 2 款中增加“实施其他严重违规操作行为”妨害安全驾驶的规定，或者删去第 2 款中“与他人互殴或者殴打他人”的规定；还有意见提出，将第 2 款的“在行驶”改为“在行驶中”，以与第 1 款的规定相一致。[②] 在刑罚设置方面，有的建议删除“或者单处罚金”；[③] 还有意见继续建议提高本条的法定刑，以在处罚上与危险驾驶罪相均衡，与以危险方法危害公共安全罪相衔接。[④]

2020 年 12 月 26 日，第 13 届全国人大常委会第 24 次会议对《刑法修正案(十一)(草案三次审议稿)》进行了审议，此次审议删去了第 2 条第 3 款中“致人伤亡或者造成其他严重后果”的表述，并且经过表决后最终得到通过。

(二) 内涵解读

根据《刑法修正案（十一)》第 2 条，我国刑法第 133 条之二为了保护公共交通工具的行驶安全及其所涉道路交通安全，对妨害安全驾驶犯罪作出了规定。该条共分 3 款，第 1 款规定：“对行驶中的公共交通工具的驾驶人员使用暴力或者抢控驾驶操纵装置，干扰公共交通工具正常行驶，危及公共安全的，处一年以下有期徒刑、拘役或者管制，并处或者单处罚金。”第 2 款规定：“前款规定的驾驶人员在行驶的公共交通工具上擅离职守，与他人互殴或者殴打他人，危及公共安全的，依照前款的规定处罚。”第 3 款规定：“有前两款行为，同时构成其他犯罪的，依照处罚较重的规定定罪处罚。”根据上述规定，本条的罪名应确定为妨害安全驾驶罪。妨害安全驾驶罪，是指对行驶中的公共交通工具的驾驶人员使用暴力或者抢控驾驶操纵装置，干扰公共交通工具正常行驶，或者驾驶人员在行驶的

---

① 全国人大常委会法工委刑法室．宪法法律委、法工委座谈会对刑法修正案（十一）草案二次审议稿的意见．第十三届全国人大常委会第二十四次会议（2020 年 12 月 22—26 日）参阅材料，第 2 页．

② 全国人大常委会法工委办公室．十三届全国人大常委会第二十二次会议审议刑法修正案（十一）草案二次审议稿的意见．第十三届全国人大常委会第二十四次会议（2020 年 12 月 22—26 日）参阅材料，第 2 页．

③ 全国人大常委会法工委刑法室．刑法修正案（十一）草案二次审议稿向社会公众征求意见的情况．第十三届全国人大常委会第二十四次会议（2020 年 12 月 22—26 日）参阅材料，第 1 页．

④ 全国人大常委会法工委刑法室．刑法修正案（十一）草案二次审议稿向社会公众征求意见的情况．第十三届全国人大常委会第二十四次会议（2020 年 12 月 22—26 日）参阅材料，第 1 页；全国人大常委会法工委办公室．十三届全国人大常委会第二十二次会议审议刑法修正案（十一）草案二次审议稿的意见．第十三届全国人大常委会第二十四次会议（2020 年 12 月 22—26 日）参阅材料，第 2 页．

公共交通工具上擅离职守，与他人互殴或者殴打他人，危及公共安全的行为。

怎样理解和把握本罪的犯罪构成特征?

从犯罪主体上看，本罪两款的主体有所不同：实施刑法第133条之二第1款行为者为一般主体，即任何已满16周岁、具有刑事责任能力的自然人均可构成；而实施第133条之二第2款行为者为特殊主体，必须是正在行驶的公共交通工具的驾驶人员。

本罪在主观方面是故意，既可以是直接故意，即行为人明知自己干扰公共交通工具正常行驶，或者擅离职守与他人互殴、殴打他人的行为会危及公共安全，仍然希望这种结果发生的心理态度。也可以是间接故意，即行为人明知自己的行为可能会危及公共安全，仍然放任这种结果发生的心理态度。属于间接故意心态的典型情形，如乘客因坐过站而要求公交车司机在未到站的情况下停车开门让其下车，在遭到司机拒绝后为了达到下车目的不顾车内外情况，实施抢夺司机方向盘的行为而放任公交车失控；或者公交车司机在被乘客殴打、辱骂后为了还手置职守于不顾，放弃对公交工具的正常操控去殴打乘客，放任公交车失控。

本罪的客观方面，表现为对行驶中的公共交通工具的驾驶人员使用暴力或者抢控驾驶操纵装置，干扰公共交通工具正常行驶，或者驾驶人员在行驶的公共交通工具上擅离职守，与他人互殴或者殴打他人，危及公共安全的行为。据此，本罪的行为表现形式有以下两种。

（1）对行驶中的公共交通工具的驾驶人员使用暴力或者抢控驾驶操纵装置，干扰公共交通工具正常行驶，危及公共安全的行为。这种情形中的行为对象为行驶中的公共交通工具的驾驶人员。对此情形可作如下理解：

其一，行为对象是行驶中的公共交通工具的驾驶人员，这包含三个要点：一是行为对象须为驾驶人员，即直接操控交通工具行驶的人员，不包括与公共交通工具相关的安全员、调度员、售票员等其他人员；二是行为对象须为“公共交通工具”的驾驶人员，虽然从事旅客运输的各种公共汽车、出租车、火车、地铁、轻轨、轮船、飞机都可被纳入公共交通工具的范围，但是考虑到本罪的立法背景和较轻的法定刑，而且地铁、火车、船只、飞机等交通工具所载乘客人数更多且驾驶空间相对封闭，以及有关司法文件曾经作出过限缩解释[①]，宜将本罪的“公

① 最高人民法院、最高人民检察院、公安部2019年1月8日《关于依法惩治妨害公共交通工具安全驾驶违法犯罪行为的指导意见》第一部分第7条规定：“本意见所称公共交通工具，是指公共汽车、公路客运车，大、中型出租车等车辆。”

共交通工具”限定为在道路上行驶的从事乘客运输的大、中型汽车，主要包括公共汽车、公路客运车和大、中型出租车，对于虽不具有商业营运执照，但实际从事旅客运输的大、中型交通工具，以及接送职工的单位班车、接送师生的校车等大、中型交通工具，也应视为“公共交通工具”；三是要求公共交通工具处于“正在行驶”的状态，即处于正常的营运状态。

其二，表现为对行驶中的公共交通工具的驾驶人员使用暴力或者抢控驾驶操纵装置，干扰公共交通工具正常行驶的行为。具体包含两种行为手段：一是对行驶中的公共交通工具的驾驶人员使用暴力，即行为人实施的行为主要针对的是驾驶人员，通过殴打等动作将有形的物理强制力量施加于驾驶人员，这种手段不要求对驾驶人员的身体造成实际伤害，但需要实际干扰到驾驶人员对公交工具的正常驾驶；二是抢控正在行驶中的公交工具的驾驶操纵装置，即行为人实施的行为主要针对的是驾驶操纵装置，包括方向盘、离合器踏板、加速踏板、制动踏板、变速杆、驻车制动手柄等[①]，这些装置是驾驶人员控制车辆按照自己意愿行驶的部件，“抢控”是指在驾驶人员正常控制操纵装置的情况下，强行介入驾驶人员的控制，意图取代其控制操纵装置，使公交工具按照自己的意志转向、停止或行驶（例如抢夺方向盘、抢踩油门或刹车），这种形式不需要行为人最终实现对公交工具的持续控制，只需要其行为起到介入驾驶人员正常控制的作用。

其三，实施以上两种行为需要危及公共安全，即行为已经对不特定或多数人的生命、健康和重大公私财产安全构成现实、客观的威胁（即具体危险犯），需要结合当时情境下行为人的行为对驾驶人员或公交工具的影响程度、公交工具的内部载客数量以及外部道路、环境等情况进行综合判断。

（2）驾驶人员在行驶的公共交通工具上擅离职守，与他人互殴或者殴打他人，危及公共安全的行为。对此情形可作如下把握：

其一，关于该情形发生的时机可以作出两种理解，因为第 2 款“前款规定的驾驶人员”的表述，既可以专门指代已经被他人“使用暴力或者抢控驾驶操纵装置”的驾驶人员，也可以单纯指代行驶中的公共交通工具的驾驶人员。也就是说，对于第 2 款情形的认定，需要明确是否必须以第 1 款行为的存在为前提，即行驶中的公共交通工具的驾驶人员与他人互殴或殴打他人，是否要求先前存在他人对其使用暴力或与其抢控驾驶操纵装置的行为。笔者对此持否定的观点。这是

① 汽车百科全书编纂委员会．汽车百科全书．北京：中国大百科全书出版社，2010：194.

因为：一方面，立法机关之所以使用“前款规定”的表述，主要原因很可能是为了条文内容的简洁性；另一方面，在驾驶人员没有被使用暴力或被抢控操纵装置的情况下，如果因为被他人辱骂、指责等情况而置公交工具和乘客于不顾，擅离职守去与他人互殴或者殴打他人，同样会对公共安全形成巨大威胁，如果将其发生时机限制在第 1 款行为实施之后，毫无疑问将会不合理地大大缩小其成立范围。

其二，表现为在行驶中的公共交通工具上擅离职守，与他人互殴或者殴打他人的行为。对于“行驶中的公共交通工具”的理解，与上一种情形相同，不再赘述。擅离职守，是指未经许可即离开自己的工作岗位；与他人互殴或者殴打他人，意味着不论他人是否对行为人实施了殴打行为，只要行为人实施了殴打行为就符合该情形，但是身体动作上的抵抗动作和言语上的辱骂、斗嘴应被排除在外。对此，笔者认为，与他人互殴或者殴打他人的行为本身就是“擅离职守”的具体表现。

其三，这种情形同样属于具体危险犯形态，要求“危及公共安全”，即对不特定或多数人的生命、健康和重大公私财产安全构成现实、客观的威胁。

本罪侵犯的客体是交通运输安全，具体包括两个方面：一方面是行为人所处的该公共交通工具本身的安全、运营的安全和所载人员的安全，另一方面是该公共交通工具以外（主要是道路上）其他人员、交通工具的安全和其他设施的安全。

关于本罪的刑罚处罚。根据刑法第 133 条之二第 1 款和第 2 款的规定，本罪两种犯罪情形的法定刑设置相同，均为“一年以下有期徒刑、拘役或者管制，并处或者单处罚金”。该条第 3 款规定，实施前两款行为同时构成其他犯罪的，应当依照处罚较重的规定定罪处罚。例如，因行为人实施本罪的妨害安全驾驶行为而导致发生重大车祸致人重伤、死亡或者使公私财产遭受重大损失的，即同时触犯本罪和刑法第 133 条的交通肇事罪，属于想象竞合犯，依据本条规定应当依照处罚较重的规定即交通肇事罪定罪处罚。

（三）司法适用

本罪在司法适用中，要注意正确区分罪与非罪以及本罪与相近犯罪的界限。

在罪与非罪的界限上，对是否构成本罪需要注意从以下三个方面进行把握：

首先，行为人是否实施了刑法第 133 条之二第 1 款和第 2 款规定的行为？在现实中，妨碍公交工具驾驶安全的方式多种多样。对于驾驶人员正常操控公交工具的妨害，既可以表现为肢体举动，也可以表现为言语干扰；对于正在操控公交工具的驾驶人员，其擅离职守的表现也绝非仅限于与他人互殴和殴打他人。但是，就第1款而言，只有行为人对驾驶人员实施了暴力行为或者抢控其驾驶操纵装置的行为，才符合本罪的构成要件；就第2款而言，即便行为人在行驶的公交工具上擅离职守，但其擅离职守的方式并不是与他人互殴或者殴打他人，就不能成立本罪。

其次，行为人实施的行为是否达到了“危及公共安全”的程度？对此又可作两点把握：(1) 行为人实施了本罪规定的行为，但尚未达到“危及公共安全”的程度。如果认可本罪属于具体危险犯，那么就需要对行为人的行为是否对公共安全构成现实威胁进行具体判断。这种判断不仅要考虑行为人的暴力、抢控或殴打行为对公交工具正常行驶的影响程度，而且也要结合公交工具的内部载客情况和外部道路、环境等因素。例如，在公交工具内部只有司机与乘客、外部环境没有人员和车辆的情况下，行为人实施了本罪规定的行为，但实际上没有影响到公交工具的行驶安全。对于这种情形，应当认为其在程度上尚未达到“危及公共安全”的程度。(2) 行为人实施了本罪规定的行为，但实际上起到维护公共安全的作用。例如，现实中曾经出现过驾驶人员在公交工具行驶过程中突发疾病，陷于不能正常操控的状态，有车内乘客主动接替驾驶人员控制方向盘和车辆制动装置，最终保护了车辆及其周边的人员和财产安全。[①] 就这种情形而言，虽然在形式上符合本罪“抢夺操纵装置”的行为方式，但其在实质上属于见义勇为行为，显然不能成立犯罪。

再者，行为人实施的行为是否属于正当防卫？对于刑法第133条之二第2款的把握，还需要对驾驶人员受到不法侵害采取的回击属于正当防卫行为还是互殴行为作出区分。根据最高人民法院、最高人民检察院、公安部2020年8月28日《关于依法适用正当防卫制度的指导意见》(以下简称《正当防卫指导意见》)的规定，“对于正在进行的拉拽方向盘、殴打司机等妨害安全驾驶、危害公共安全

① 公交司机发病晕厥 乘客拉方向盘救全车人. http://news.sohu.com/20151021/n423829534.shtml，发布时间：2015-10-21；访问时间：2020-12-29；汪万里. 公交车司机突发癫痫 乘客及时把住方向盘急刹车. http://gd.sina.com.cn/news/yangjiang/2017-11-23/detail-ifypapmz4199230.shtml，发布时间：2017-11-23；访问时间：2020-12-29；云南：大巴司机突发病 小伙抢方向盘救下20人. http://www.xinhuanet.com/video/2019-03/25/c_1210090810.htm，发布时间：2019-03-25；访问时间：2020-12-29.

的违法犯罪行为，可以实行防卫。”据此，应当肯定驾驶人员的回击行为存在成立正当防卫的空间。进而言之，在驾驶人员遭受正在进行的不法侵害的情况下，就已经具备正当防卫的起因条件和时间条件；如果其实施的还击行为仅针对不法侵害人，亦符合正当防卫的对象条件。上述3个条件相对容易识别，所以对二者的区分应着重从主观条件和限度条件进行把握。《正当防卫指导意见》指出，“防卫行为与相互斗殴具有外观上的相似性，准确区分两者要坚持主客观相统一原则，通过综合考量案发起因、对冲突升级是否有过错、是否使用或者准备使用凶器、是否采用明显不相当的暴力、是否纠集他人参与打斗等客观情节，准确判断行为人的主观意图和行为性质。”结合本罪的具体情况，笔者认为：一方面，就主观条件而言，驾驶人员的回击行为必须以维持公交工具安全行驶为目的，认定这种主观目的，需要注意驾驶人员与袭击者之间是否存在言语冲突，驾驶人员是否存在言语挑衅激怒袭击者的情况，以及驾驶人员在还击过程中是否完全放弃了正常驾驶公交工具的职责；另一方面，就限度条件而言，需要考量驾驶人员的回击行为是否“明显超过必要限度”且“造成重大损害”，其中的“必要限度”不仅要考虑侵害行为的方式和强度，而且要求回击行为不能以牺牲其他人员的人身安全为代价，而袭击行为本身尚未达到严重危及驾驶人员人身安全的情况下，驾驶人员的回击行为不应“造成重大损害”，即造成不法侵害人重伤、死亡。最后，需要注意的是，在正当防卫的具体判断过程中，即使驾驶人员的回击行为对公交工具行驶安全和其他人员人身安全形成了一定威胁，考虑到驾驶人员负有操控公交工具驾驶安全的职责，只要这种威胁的程度没有显著提升或者转化为现实结果，应尽量站在有利于驾驶人员的立场进行判断。

在本罪与彼罪的界限问题上，需要着重把握本罪与以危险方法危害公共安全罪之间的区分。以危险方法危害公共安全罪，是指使用与放火、决水、爆炸、投放危险物质等危险性相当的其他方法，危害公共安全的行为。① 本罪与以危险方法危害公共安全罪都是危害公共安全的犯罪，在主观上都出于故意。根据最高人民法院、最高人民检察院、公安部2019年1月8日印发的《关于依法惩治妨害公共交通工具安全驾驶违法犯罪行为的指导意见》的规定，乘客在公共交通工具行驶过程中，抢夺方向盘、变速杆等操纵装置，实施殴打、拉拽驾驶人员等妨害安全驾驶行为，或者驾驶人员在公共交通工具行驶过程中，与乘客发生纷争后违

① 高铭暄，马克昌．刑法学．9版．北京：北京大学出版社、高等教育出版社，2019：334.

规操作或者擅离职守，与乘客厮打、互殴，危害公共安全的，按照以危险方法危害公共安全罪定罪处罚。其中，尚未造成严重后果的，依照刑法第 114 条处 3 年以上 10 年以下有期徒刑；致人重伤、死亡或者使公私财产遭受重大损失的，依照刑法第 115 条第 1 款处 10 年以上有期徒刑、无期徒刑或死刑。由于上述规定仍然具有效力，同时考虑到本罪的法定最高刑仅为 1 年有期徒刑，所以，对两罪的区分需要着重从行为的性质及其造成的影响进行把握，即在本罪的“危及公共安全”与以危险方法危害公共安全罪的“危害公共安全罪，尚未造成严重后果”之间划定相对明确的界限。

“以危险方法危害公共安全足以造成或者已经造成的侵害结果，仅限于致人重伤、死亡或者使公私财物遭受重大损失；不足以造成这三类物质性结果的行为，即使造成了其他物质性或者非物质性结果，也不可能成立本罪。”[①] 也就是说，该罪威胁和侵害的“公共安全”，必须具备物质性和严重性，这与其较重的法定刑配置具有一致性。就本罪而言，虽然其行为对“公共安全”造成了影响，但在整体上要轻于以危险方法危害公共安全罪造成的威胁，即本罪足以造成的后果，指的是轻于前罪的物质性结果和非物质性结果，如特定人身体上的轻伤、轻微伤或者多数人心理上的恐慌、紧张。此外，就以危险方法危害公共安全罪而言，行为“尚未造成严重后果”并不意味着没有造成任何后果，例如造成少数人轻伤或者多数人轻微伤的后果，也应当按照该罪在 3 年以上 10 年以下有期徒刑范围内予以制裁。

三、强令、组织他人违章冒险作业罪修法的理解与适用（修正案第 3 条）

（一）修法过程

2020 年 6 月 28 日，全国人大常委会对《刑法修正案（十一）（草案）》进行了首次审议。刑法第 134 条第 2 款强令违章冒险作业罪原来规定：“强令他人违章冒险作业，因而发生重大伤亡事故或者造成其他严重后果的，处五年以下有期徒刑或者拘役；情节特别恶劣的，处五年以上有期徒刑。”根据《刑法修正案

① 张明楷．论以危险方法危害公共安全罪．国家检察官学院学报，2012（4）.

（十一）（草案一审稿）》第3条的规定，拟将刑法第134条第2款修改为："强令他人违章冒险作业，或者明知存在重大事故隐患而不排除，仍冒险组织作业，因而发生重大伤亡事故或者造成其他严重后果的，处五年以下有期徒刑或者拘役；情节特别恶劣的，处五年以上有期徒刑。"前后比较可见，《刑法修正案（十一）（草案一审稿）》拟对该罪增设"或者明知存在重大事故隐患而拒不排除，仍冒险组织作业"，因而发生重大伤亡事故或者造成其他严重后果的，也构成该罪的内容。

在《刑法修正案（十一）（草案一审稿）》审议和征求意见过程中，有的意见提出，鉴于实践中存在对事故隐患假整改、软整改等情况，而且"拒不排除"不易认定，建议将"拒不排除"修改为"不排除"；也有意见认为，有必要删除"拒不排除"一词，因为此类规定在我国刑法中一般都是指监管部门明确作出整改指令后，拒不执行的意思，这种情况要求必须有一个前置条件，监管部门发出整改的指令，再拒不排除，这与尽可能避免重大事故的发生的立法初衷不吻合；另有意见建议，在"明知"后应当增加"或者应当知道"存在重大事故隐患而未排除的情形；还有意见提出，该罪的法定刑最高为15年有期徒刑，在造成多人伤亡的情况下无法罚当其罪，如果按照以危险方法危害公共安全罪论处，又会混淆相关犯罪的界限，基于罪责刑相适应原则的考虑，应当进一步提高刑罚；将法定最高刑提高至无期徒刑。[①]

2020年10月14日，第十三届全国人大常委会第二十二次会议对《刑法修正案（十一）（草案二次审议稿）》进行了审议。与上次的草案一审稿相比，《刑法修正案（十一）（草案二次审议稿）》将第3条"明知存在重大事故隐患而拒不排除"的表述调整为"明知存在重大事故隐患而不排除"，即删去了"拒"字，一字之差，"不排除"显著不同于"拒不排除"。在这次立法审议之后，有的从与刑法其他规定的平衡性和司法实践的操作性角度考虑，建议将本条罪状表述修改为："强令他人违章冒险作业，或者因存在重大事故隐患被依法责令停产停业、停止施工、停止使用有关设备、设施、场所或者立即采取排除危险的整改措施而

① 全国人大常委会法工委．地方人大和中央有关部门、单位对刑法修正案（十一）草案的意见．第十三届全国人大常委会第二十二次会议（2020年10月13日—17日）参阅材料；全国人大常委会法工委编印．刑法修正案（十一）草案向公众征求意见的意见．第十三届全国人大常委会第二十二次会议（2020年10月13日—17日）参阅材料；中国法学会研究部．《刑法修正案（十一）（草案）》专家咨询报告（2020年7月），第14页．

拒不执行"；有的意见建议增加对"主要负责人"的责任条款。[①]

2020 年 12 月 26 日，第十三届全国人大常委会第二十四次会议对《刑法修正案（十一）（草案三次审议稿）》进行了审议，此次审议没有对本条再作修改，在经过表决后最终得到通过。

（二）内涵解读

根据《刑法修正案（十一）》的立法说明，修正案第 3 条提高了重大责任事故类犯罪的刑罚，对明知存在重大事故隐患而不排除，仍冒险组织作业，造成严重后果的事故类犯罪加大刑罚力度。[②] 该条规定："强令他人违章冒险作业，或者明知存在重大事故隐患而不排除，仍冒险组织作业，因而发生重大伤亡事故或者造成其他严重后果的，处五年以下有期徒刑或者拘役；情节特别恶劣的，处五年以上有期徒刑。"由此可见，"明知存在重大事故隐患而不排除，仍冒险组织作业"成为与"强令他人违章冒险作业"相并列的严重情形，原罪名也应进一步扩充修正为"强令、组织他人违章冒险作业罪"。由于组织冒险作业行为并不包含使用强制性手段的内容，所以此类行为先前只能按照较轻的重大责任事故等罪进行处理，但《刑法修正案（十一）》通过后，在发生重大安全事故的情况下，此类行为将受到刑法更加严厉的制裁。

根据经《刑法修正案（十一）》第 3 条修正后的刑法第 134 条第 2 款之规定，强令、组织他人违章冒险作业罪，是指强令他人违章冒险作业，或者明知存在重大事故隐患而不排除，仍冒险组织作业，因而发生重大伤亡事故或者造成其他严重后果的行为。对于本罪罪刑规范的理解，可以从以下几个方面进行把握。

本罪的主体为特殊主体，包括对生产、作业负有组织、指挥或者管理职责的负责人、管理人、实际控制人、投资人等人员。

本罪在主观上出于过失，即行为人对发生重大伤亡事故或者造成其他严重后果存在过失心理。至于行为人对于其行为违反安全生产、作业之规章制度，则往往是明知故犯的。就强令违章冒险作业而言，行为人明知存在事故隐患、继续作业存在危险，仍然违反安全管理的规定，强行命令他人（主要是工人）违章冒险

---

① 全国人大常委会法工委刑法室．宪法法律委、法工委座谈会对刑法修正案（十一）草案二次审议稿的意见．第十三届全国人大常委会第二十四次会议（2020 年 12 月 22—26 日）参阅材料．

② 全国人大常委会法制工作委员会．关于《中华人民共和国刑法修正案（十一）（草案）》的说明（2020.7）.

作业，即故意违反安全管理制度，但其对发生重大伤亡事故或者造成其他严重后果的心态是过失的；就冒险组织作业情形而言，具体表现为行为人在明知存在重大事故隐患且不愿排除的情况下，应当预见到自己组织冒险作业的行为可能会发生重大伤亡事故或者造成其他严重后果，由于疏忽大意而没有预见的心理态度，或者已经预见到自己的行为可能发生危害社会的结果但轻信能够避免的心理态度。

本罪的客观方面表现为强令他人违章冒险作业，或者明知存在重大安全隐患情况下不排除隐患，仍然冒险组织作业，因而发生重大伤亡事故或者造成其他严重后果的行为。就《刑法修正案（十一）》对本罪增设的冒险组织作业情形而言，包含如下构成要素：其一，行为人没有实施排除隐患的行为，即行为人在已经知道存在安全隐患的情况下，没有采取任何措施予以排除，或者采取了一定的措施，但措施不具有有效性，或者采取的措施是有效的，但尚不足以完全排除隐患。其二，行为人实施了冒险组织作业的行为，即行为人利用自己的职权或者实际影响力，命令、指挥、拉拢、鼓动他人冒险从事生产、作业活动。其中的“冒险”是指已经存在的隐患对参加作业人员的生命、身体形成了客观的危险。进而言之，这种情形在客观上表现为前述“不排除”的不作为与“冒险组织”的作为相结合，其社会危险性主要体现在作为行为之中。即使工人愿意冒险从事生产作业，但是组织行为实际上将他人的生命安全置于极度危险的境地，严重违反了对工人的安全保障义务；而且，组织行为往往意味着安排多人参与冒险施工，在发生安全事故的情况下，其严重程度显然比强令个别工人违章冒险作业更大。其三，因冒险组织作业的行为导致重大伤亡事故的发生，或者造成了其他严重后果的行为，即冒险组织行为与危害后果之间具有因果关系。根据最高人民法院、最高人民检察院 2015 年 12 月 16 日公布的《关于办理危害生产安全刑事案件适用法律若干问题的解释》第 6 条第 1 款的规定，所谓重大伤亡事故和其他严重后果的标准具体为：（1）造成死亡 1 人以上，或者重伤 3 人以上的；（2）造成直接经济损失 100 万元以上的；（3）其他造成严重后果或者重大安全事故的情形。

本罪侵犯的客体是生产、作业的安全，即从事生产、作业的不特定或多数人的生命、健康安全和重大公私财产的安全。

（三）司法适用

首先，关于“情节特别恶劣”的认定。经《刑法修正案（十一）》修改后的刑法第 134 条强令、组织他人违章冒险作业罪的基本犯之处罚为“处五年以下有期徒刑或者拘役”；其加重构成犯即“情节特别恶劣的”，要“处五年以上有期徒刑”。什么情况属于“情节特别恶劣的”？根据最高人民法院、最高人民检察院 2015 年《关于办理危害生产安全刑事案件适用法律若干问题的解释》第 7 条第 1 款和第 2 款的规定，实施本罪的行为因而发生安全事故，具有下列情形之一的，对相关责任人员，处 5 年以上有期徒刑：（1）造成死亡 3 人以上或者重伤 10 人以上，负事故主要责任的；（2）造成直接经济损失 500 万元以上，负事故主要责任的；（3）其他造成特别严重后果、情节特别恶劣或者后果特别严重的情形。即这三种情形属于“情节特别恶劣的”。

其次，在罪与非罪的界限上，对于《刑法修正案（十一）》增补的组织冒险作业犯罪而言，其成立需要分别从主客观两方面进行把握：一方面，行为人在主观上必须对重大事故隐患是“明知”的，即行为人认识到重大事故隐患已经客观、现实地存在，如果行为人在主观上没有认识到重大事故隐患的存在（即使其应当知道存在），就不符合本罪主观方面的要求；另一方面，行为人在客观上实施了组织他人冒险作业的行为，即在重大事故隐患尚未排除的情况下组织他人从事生产、作业活动，这种组织行为通常表现为具有一定管理职权或者具有实际指挥作用的人员，对一定数量的作业人员实施命令、指挥、拉拢、鼓动的行为（往往是“一对多”的情形），要求其从事生产、作业活动，如果不是基于行为人的组织行为（例如具体作业人自己也认识到存在重大事故隐患但自愿冒险作业），即使存在冒险作业的行为，也不符合本罪客观方面的要求。

再次，要正确区分本罪与相近犯罪的界限。（1）本罪与重大责任事故罪的界限。根据刑法第 134 条第 1 款之规定，重大责任事故罪是指在生产、作业中违反有关安全管理的规章制度，因而发生重大伤亡事故或者造成其他严重后果的行为。[①] 虽然两罪在犯罪构成要件上存在诸多重合和交叉的部分，但两罪属于一般与特殊的关系。具体而言，凡是在生产作业过程中，违反有关安全管理的规定，发生伤亡事故或造成其他严重后果的，以重大责任事故罪处理。但是，如果在此过程中，存在采用强令他人违章冒险作业或者组织他人冒险作业的方式，就应当以本罪定罪处罚。也就是说，刑法第 134 条第 1 款是一般规定，第 2 款是特殊（加重构成）规定。强令他人违章冒险作业和组织他人冒险作业，都是违反安全

① 高铭暄，马克昌．刑法学．9 版．北京：北京大学出版社、高等教育出版社，2019：358.

管理规定的表现形式。但是，鉴于这两种情形的主观恶性和客观危害通常较一般情况更大，所以本罪的法定刑配置要重于重大责任事故罪，按照本罪进行处理是贯彻罪责刑相适应的刑法基本原则的体现。

（2）本罪与重大劳动安全事故罪的界限。

根据刑法第 135 条之规定，重大劳动安全事故罪是指在生产作业过程中，由于安全生产设施或安全生产条件不符合国家规定，因而发生重大伤亡事故或者造成严重后果的行为。本罪与重大劳动安全事故罪的相同之处在于，两罪侵犯的客体都是生产、作业的安全，在主观上都出自过失，在客观上都表现为实施违章违规行为发生重大事故或造成其他严重后果。但是两罪在以下方面存在着区别：本罪主要表现为在生产作业过程中，自然人强令他人违章冒险作业和明知存在重大隐患而组织冒险作业的行为，因而发生了重大事故或造成其他后果，受到制裁的人员为实施了强令或组织行为的自然人；而重大劳动安全事故罪虽然也要求发生相同或者相似的实害结果，但造成实害结果的原因主要是安全生产设施或安全生产条件不符合国家规定，受到制裁的人员是对此直接负责的主管人员和其他直接责任人员。如果行为人既对安全生产设施或安全生产条件负有管理责任，又实施了强令他人违章作业或组织冒险作业的行为，发生重大事故或造成其他严重后果，上述情形在同时符合两罪构成的情况下可以从一重罪论处，即按照法定刑更重的本罪进行处理。[①]

（3）本罪与以危险方法危害公共安全罪的界限。

根据刑法第 114 条之规定，以危险方法危害公共安全罪是指使用与放火、决水、爆炸、投放危险物质等危险性相当的其他方法，危害公共安全的行为。两罪的区别主要在于：其一，本罪主观上出自过失，但后罪出自故意；其二，本罪的行为主体为特殊主体，但后罪对行为主体未作身份上的要求；其三，本罪发生于生产、作业过程当中，但后罪的发生场合更为广泛。就冒险组织作业情形而言，行为人已经认识到重大事故隐患现实存在是本罪成立的前提，其主观上表现为由于疏忽大意没有预见到该隐患可能会导致重大事故的发生，进而组织工人冒险作业；或者已经预见到该隐患可能导致重大事故，但基于一定的主客观理由（例如对隐患的严重程度估计不足或者打算开工后再消除隐患），相信自己能够避免结果的发生。如果行为人主观上没有错误判断隐患或打算消除隐患，不仅认识到隐

① 张明楷．刑法学（下）．5 版．北京：法律出版社，2016：730．

患可能导致重大事故，而且对此结果发生持放任态度，一旦发生了实害后果，应按照以危险方法危害公共安全罪等故意犯罪进行处理。

四、危险作业罪立法的理解与适用（修正案第4条）

（一）立法过程

在《刑法修正案（十一）》草案研拟过程中，针对生产、作业中违法违规重大隐患行为的入刑问题，立法工作机关提出在刑法第134条第1款重大责任事故罪和第2款强令违章冒险作业罪后增加一款作为第3款，并设计了两套具体方案：第一套方案是“有前两款行为，虽然因为被及时制止、救援或者其他客观原因，避免了重大伤亡事故或者其他严重后果的发生，但是具有下列恶劣情形之一，危及公共安全的，处一年以下有期徒刑、拘役或者管制，并处罚金”；第二套方案是“有下列恶劣情形之一，尚未造成严重后果，但是具有导致重大伤亡事故或者其他严重后果发生的现实危险的，处一年以下有期徒刑、拘役或者管制，并处罚金”。其中的“恶劣情形”包括以下几种：“（一）故意关闭、破坏直接关系生产安全的监控、报警、防护、救生设备、设施，或者篡改、隐瞒其相关数据、信息的；（二）采取暴力、胁迫或者故意隐瞒、掩盖重大事故征兆的方式，强令、组织他人违章冒险作业的；（三）因存在重大事故隐患被依法责令停产停业、停止施工、停止使用有关设备、设施、场所或者立即采取排除危险的整改措施，而拒不执行或者擅自恢复生产、作业的；（四）未经依法批准或者许可从事矿山、金属冶炼、建筑施工、危险物品生产、经营、储存、运输等高度危险的生产经营活动的。”①

2020年6月28日，全国人大常委会对《刑法修正案（十一）（草案）》进行了首次审议，该草案第3条以前述第二套方案为基础，将其设置为独立的条文，并对其内容作了修改。具体条文如下：在刑法第134条后增加一条，作为第134条之一：“在生产、作业中违反有关安全管理的规定，有下列情形之一，具有导致重大伤亡事故或者其他严重后果发生的现实危险的，处一年以下有期徒刑、拘

① 刑法修改初步方案（20191107会议稿），第1-2页.

役或者管制：（一）关闭、破坏直接关系生产安全的监控、报警、防护、救生设备、设施，或者篡改、隐瞒其相关数据、信息的；（二）因存在重大事故隐患被依法责令停产停业、停止施工、停止使用有关设备、设施、场所或者立即采取排除危险的整改措施，而拒不执行的；（三）涉及安全生产的事项未经依法批准或者许可，擅自从事矿山开采、金属冶炼、建筑施工，以及危险物品生产、经营、储存、运输等高度危险的生产作业活动，情节严重的。”

在此次立法审议后，在地方人大、中央有关机关和法学研究机构反馈的有关此次刑法修改意见和建议中，对于草案中该条文的罪状设计和刑罚设置，有些意见提出，基于完善罪状表述的考虑，建议删除“具有导致重大伤亡事故或者其他严重后果发生的现实危险的”的表述，或者将该表述修改为“足以造成重大伤亡事故或者其他严重后果的”[①]；关于第一项，有的意见建议增加“以及其他方式阻碍前述设备、设施正常发挥作用的”规定；有的意见建议增加“场所”、删除“相关程序”规定；也有意见提出在“生产安全”后增加“消防安全”。关于第三项，有的意见建议将其中的“矿山开采”修改为“矿山建设开采”，“高度危险的生产作业”修改为“高度危险的建设、生产、作业”，有的意见认为构成犯罪已经要求“具有导致重大伤亡事故或者其他严重后果发生的现实危险”，建议删除本项“情节严重”的表述；也有意见认为，该项规定的情形可以适用非法采矿罪，非法制造、买卖、运输、储存危险物质罪，危险驾驶罪等罪名，是否有必要再作规定需要进一步研究，或者对可能出现的竞合情况予以明确，例如可以增加“实施前款行为同时构成其他犯罪的，依照处罚较重的规定定罪处罚”的规定。[②]

由于本条罪状具体列举了三种危险作业情形，即采用的是列举式表述，有些意见分别提出需要增加新的情形，包括“明知存在重大安全隐患而不排除，仍冒险组织生产作业活动，情节严重的”；“应当配置而没有配置直接关系生产安全的监控、报警、防护、救生设备、设施，或者配置不合格的上述设备、设施的”；“建筑施工活动中注册执业人员未到岗履职的”；“被依法关闭、取缔未经依法批

① 全国人大常委会法工委．地方人大和中央有关部门、单位对刑法修正案（十一）草案的意见．第十三届全国人大常委会第二十二次会议（2020年10月13日—17日）参阅材料，第6页．

② 全国人大常委会法工委．地方人大和中央有关部门、单位对刑法修正案（十一）草案的意见．第十三届全国人大常委会第二十二次会议（2020年10月13日—17日）参阅材料，第7页．

准或许可，擅自生产经营的”等情形。[①] 此外，也有意见提出，列举式表述虽然有利于实现法律规范的明确性，但列举情形仍然存在遗漏之嫌，可以考虑应将本条的罪状修改为概括式表述。还有意见提出，应将本条规定与重大责任事故罪规定在同一条文中，如“实施前款行为，尚未造成严重后果的，处……”作为重大责任事故罪的危险犯形态。[②]

关于本条犯罪的刑罚设置，有些意见认为，将1年有期徒刑作为本罪的法定最高刑偏低，对危险作业行为的震慑比较有限，建议“处二年以下有期徒刑、拘役或者管制”，或者将法定最高刑提高至3年有期徒刑；另有意见提出，本罪应当增加单位犯罪主体。[③]

2020年10月14日，第十三届全国人大常委会第二十二次会议对《刑法修正案（十一）（草案二次审议稿）》进行了审议。与之前第一次审议相比，此次立法审议对该条又作了如下改动：其一，将“具有导致重大伤亡事故或者其他严重后果发生的现实危险”的表述修改为“具有发生重大伤亡事故或者其他严重后果的现实危险”；其二，在第1项中增加了“销毁”直接关系生产安全相关数据、信息的行为方式；其三，删去了第3项的“运输”危险物品的行为方式，并且删除了“情节严重”的要求。针对条文中“现实危险”的表述，有的意见提出比较难定义，建议将“现实危险”修改为“危险”；[④] 也有意见提出“现实危险”实践难以证明，建议修改为“或者有其他特别严重情节”的表述。[⑤]

2020年12月26日，第十三届全国人大常委会第二十四次会议对《刑法修正案（十一）（草案三次审议稿）》进行了审议和表决，该草案没有对本条再作修改，并在经过表决后最终得到通过。

---

① 全国人大常委会法工委．地方人大和中央有关部门、单位对刑法修正案（十一）草案的意见．第十三届全国人大常委会第二十二次会议（2020年10月13日—17日）参阅材料，第7页．

② 中国法学会研究部．《刑法修正案（十一）（草案）》专家咨询报告（2020年7月），第15－16页．

③ 全国人大常委会法工委．地方人大和中央有关部门、单位对刑法修正案（十一）草案的意见．第十三届全国人大常委会第二十二次会议（2020年10月13日—17日）参阅材料，第8页．

④ 全国人大常委会法工委办公室．十三届全国人大常委会第二十二次会议审议刑法修正案（十一）草案二次审议稿的意见．第十三届全国人大常委会第二十四次会议（2020年12月22—26日）参阅材料，第3页．

⑤ 全国人大常委会法工委刑法室．宪法法律委、法工委座谈会对刑法修正案（十一）草案二次审议稿的意见．第十三届全国人大常委会第二十四次会议（2020年12月22—26日）参阅材料，第3页．

（二）内涵解读

1. 本罪之立法必要性探讨

《刑法修正案（十一）》对本条犯罪的增设，意味着刑法将对危害生产安全犯罪的调整关口由事后发生的安全事故，部分前移至事前的违规行为。这种安排进一步优化和极大地强化了安全生产的刑法保护，即由“注重事后严惩”转型为“注意事前预防与事后严惩相结合”的保护模式。统筹考虑当前形势、未来趋势和政策方针，以及刑法谦抑的延展特性，这种转型具备相当的合理性与必要性。在《刑法修正案（十一）》通过之前，我国刑法对安全生产的保护，在罪名设置、罪过形式、成立标准、行为主体、刑种设置上存在五种明显倾向：一是在罪名设置上“重竞合，轻区分”；二是在罪过形式上“重过失，轻故意”；三是在成立标准上“重实害，轻危险”；四是在行为主体上“重个人，轻单位”；五是在刑种设置上“重人身，轻财产”。这些倾向虽然明确了刑法的调控重点和介入态度，但也暴露出一定的局限性。以上“五重五轻”中的“五重”，表明刑法对安全生产的保护以已经发生的事故作为介入重点，以事故造成的危害后果作为评价基准，以对自然人的严厉报应作为评价倾向。也就是说，事故类犯罪占据优势数量，注重对已经发生的生产安全事故进行惩治，犯罪的成立在主观上不要求行为人主观上积极追求危害后果的发生，在客观上对危害后果独立设置更严格的评价标准，从而保证对此类行为的惩罚力度；在行为主体上侧重惩罚具体实施危害行为的自然人；在刑种设置上侧重适用剥夺人身自由的监禁刑，体现出鲜明的报应主义立场。

与此同时，与“五重”相对立的“五轻”，也反映出安全生产刑法保护存在4处局限：其一，罪名的设置主要针对已经发生的事故，并不直接涉及事故预防和风险规避的行为。即便是在事后惩治方面，多项罪名罪刑内容存在重叠与竞合，导致具体个罪之间存在区分困境，针对特定领域事故的设置的罪名，在法定刑上与一般性罪名差别不大，整体上缺乏内容的系统性，难以充分发挥罪群的应有效应。其二，由于犯罪的成立主要表现为“过失＋实害”模式，刑法对事故前的违规行为在定罪上未作程度的区分，只是在量刑过程中予以考虑。但是，安全事故的发生往往以违规为前提，只要没有发生事故并造成实害结果就不可能构成犯罪，这就在很大程度上助长了侥幸心理的产生和蔓延。作为一种业务性犯罪，行为人应当对关涉安全生产的规范高度熟稔，但其为追求经济利益对安全生产管理秩序的忽视甚至蔑视，与其对危害后果的过失心态形成了鲜明对比，以实害结果为主的评价导向难以触动违规生产经营者的“灵魂深处”。其三，单位主体犯罪的缺失忽视了生产经营活动的组织特征，属于对责任企业的“法内开恩”，无法充分实现前置行政法与刑法的“互联互通”，不利于倒逼企业强化主体责任义务。其四，罚金刑的缺失，忽视了安全事故背后的逐利倾向，在事实上降低了犯罪成本，不利于一般预防目的的实现。

基于上述情况，统筹考虑当前形势、未来趋势和政策方针，以及刑法谦抑的延展特性，国家立法机关认识到刑法有必要加强对安全生产的预防性保护，即由“注重事后严惩”转型为“事前预防与事后严惩相结合”的保护模式，以更好地适应当前和未来的治理需求。

其一，基于当前形势的转型思考。我国安全生产形势的持续改善，有赖于行政执法部门多年来广泛开展的专项整治行动。截至 2019 年，生产安全事故起数和死亡人数连续 16 年、较大事故连续 14 年、重大事故连续 8 年实现“双下降”。① 然而，事故多发易发的严峻形势，是由安全发展理念尚未牢固树立，风险隐患点多面广、安全基础不牢，企业安全生产主体责任尚未完全落实，一些地方政府和部门监管不到位以及从业人员的安全知识、安全意识、安全习惯仍然薄弱等多方面原因造成的。② 而专项整治行动主要是通过集合多方力量，针对在特定时期、特定区域或特定行业内的突出问题开展集中打击或整治。它虽然可以迅速取得显著效果，却未必能随之构建安全生产的长效机制；而且，行政层面的整治强度和处罚力度存在一定局限，难以对专项整治间歇期的违规操作和安全隐患形成充分威慑。进而言之，长效机制的建立健全与常态运行，不仅包含安全生产在事中全方位、可持续地规范进行，也包含事后及时、严格的追责实现，更应包含在事前对确立充分的威慑宣示。规范确证理论认为，通过刑事制裁的“合理”施加，可以向犯罪人和社会一般人确证被违反的社会规范，引导人们自愿地按照法律要求的方式行事。③ 就此意义而言，刑法有必要前移调整关口，提早介入危害生产安全现象，凭借有力而持续的威慑效应，推动规范生产经营和积极消除隐患的安全意识及其具体规则，真正成为引导生产经营人员和监管者的行为规范。

---

① 应急管理部：我国生产安全事故起数和死亡人数连续 16 年“双下降”. http: //www. mem. gov. cn/xw/bndt/201909/t20190918 _ 336737. shtml，发布时间：2019 - 09 - 18，访问时间：2020 - 12 - 30.

② 国新办就应急管理部组建以来改革和运行情况举行发布会. 中国减灾，2019 (3).

③ 王志远. 规范确证：刑法社会机能的当代选择. 东南大学学报（哲学社会科学版），2017 (5).

其二，基于未来趋势的转型思考。风险社会内蕴的不确定性与公众安全诉求的日益强烈，凸显了加强预防性保护之必要。一方面，在风险时代，高度组织化的现代机器化大生产将各类生产要素汇聚更为集中，科技进步极大助力了生产经营活动的分工愈发精细、效率迅猛提升、规模急剧扩大。但是，以核技术、化工技术、生物技术为代表的现代技术，即使在谨慎循规操作的情况下也难以完全消除伴随的风险，而每个细节的局部小风险，在不同系统中进行传递，就会导致风险的放大并最终演化为大范围灾难①，更何况我国当下的安全生产理念、规则和投入与先进国家尚存较大差距，这种“不确定”的风险转化为现实危害的概率则更显“确定”。另一方面，“中国特色社会主义进入新时代，我国社会主要矛盾已经转化为人民日益增长的美好生活需要和不平衡不充分的发展之间的矛盾”②。随着温饱追求的基本实现，人们对美好生活的需要必然会更加偏重精神层面，安全感既是实现公众美好生活的应有之义，也是彰显个人自我尊严的重要评判。对劳动者而言，在生产经营过程中能否获得良好的作业培训和足够的硬件保障，直接关涉自身的生命安全；对社会公众而言，不同地域发生的安全事故，不仅会威胁周边居民的正常生活秩序和生命财产安全，而且借助多样发达的讯息媒介，现场画面和即时报道还会广泛影响社会受众观感。所以，如果不时发生的各类安全事故难以得到明显遏制，则长久下来必将对劳动者、周边居民乃至社会公众的安全感带来持续的消极影响。

其三，基于政策方针的转型思考。从党和国家相关政策方针来看，加强对安全生产的预防性保护同样势在必行。首先，加强对安全生产的预防性保护，体现了刑法对总体国家安全观的坚持贯彻，可以提升防范化解社会领域重大风险的能力，习近平总书记指出：“要加强交通运输、消防、危险化学品等重点领域安全生产治理，遏制重特大事故的发生”③。其次，《安全生产法》第 3 条将“安全第一、预防为主、综合治理”确立为安全生产工作基本方针，刑法的提早介入，能够为此方针之践行提供更为充分有力的制度保障。再者，中共中央、国务院 2016 年 12 月 9 日发布的《关于推进安全生产领域改革发展的意见》和国务院办公厅

① 李小云．多维度高风险社会的应对之策——对天津港“8·12”特别重大火灾爆炸事故的反思．人民论坛，2015（25）.

② 习近平．决胜全面建成小康社会 夺取新时代中国特色社会主义伟大胜利——在中国共产党第十九次全国代表大会上的报告（2017 年 10 月 18 日）．人民日报，2017－10－28.

③ 中共中央党史和文献研究院．习近平关于总体国家安全观论述摘编．北京：中央文献出版社，2018：12.

2017 年 1 月 12 日正式印发的《安全生产“十三五”规划》更是明确提出，要推动刑法介入“生产经营过程中极易导致重大生产安全事故的违法行为”。

其四，基于刑法谦抑的转型思考。刑法对某类危害行为的介入态度和调整力度是否必要与合理，需要在谦抑向度下接受检验与限定。近年来，刑法立法活动的持续活跃，引发了社会治理“过度刑法化”的批判，探讨刑法加强对安全生产的预防性保护，也需要对其是否背离谦抑理念作出回应，因为这意味着刑法需要以更加主动积极的姿态参与到安全生产治理当中。笔者认为，如果对刑法谦抑秉持立足现实的灵活理解，而不是教条式的硬性要求，就应当承认其在某些情形下具有调整的延展性，即“刑法在特定的历史条件下，针对某些特定犯罪的积极应对，并非总是在穷尽其他法律手段之后迫不得已才出手，而是注意运用刑法手段防卫国家、社会安全和保护人民群众利益，发挥刑法规范推动人们社会行为的价值功能，以期达到最好的社会效果和法律效果”[①]。由此可见，即使某种危害现象可以通过其他手段得到一定程度的抑制，但这种手段受客观情况所限尚不能完全发挥作用，或者在完全发挥的情况下将耗费极大的治理资源，此时刑法的介入也未尝不是一种有效进路。如前所述，行政层面的整治固然能够迅速改善一定时期、地区或行业的安全生产形势，但更为深层的理念内化、规则执行和物质投入等问题事实上仍然没有得到根本解决。与此同时，“生产安全事故的发生时间、空间是特定的、所涉人员以及违法的原因都是相对明确的，这就为预防指明了方向并划定了明确的干预范围。”[②] 生产经营活动的组织化、程序化特征，决定了对其事故致因链条的追溯和干预，相较于普通公共安全事件产生和致损的不特定性，更为“有迹可循”。如果刑法可以凭借强力威慑，推动生产经营活动规范化的提升，增强对事故的预防可能性，避免触犯更多的刑法罪名，适用更重的刑事制裁，未尝不是对谦抑的彰显。因此，将介入危害生产安全行为的关口提前，既是考虑生产经营活动特点的有效思路，也体现了对刑法谦抑性的延展理解。

2. 犯罪构成特征分析

根据《刑法修正案（十一）》第 4 条的规定，新增的刑法第 134 条之一将“刑事处罚阶段适当前移”[③]，设立了危险作业罪，规定在生产、作业中违反有关

---

① 郎胜．我国刑法的新发展．中国法学，2017（5）．

② 宗玲．惩罚与预防：安全生产之刑事规制．江西社会科学，2018（5）．

③ 全国人大常委会．关于《中华人民共和国刑法修正案（十一）（草案）》的说明（2020 年 7 月 3 日）．

安全管理规定，实施三种特定情形，具有发生重大伤亡事故或者其他严重后果发生的现实危险的，处1年以下有期徒刑、拘役或者管制。这三种情形分别是：（1）关闭、破坏直接关系生产安全的监控、报警、防护、救生设备、设施，或者篡改、隐瞒、销毁其相关数据、信息；（2）因存在重大事故隐患被依法责令停产停业、停止施工、停止使用有关设备、设施、场所或者立即采取排除危险的整改措施，而拒不执行；（3）涉及安全生产的事项未经依法批准或者许可，擅自从事矿山开采、金属冶炼、建筑施工，以及危险物品生产、经营、储存等高度危险的生产作业活动，情节严重。

从内容渊源上看，这三种情形是对《关于办理危害生产安全刑事案件适用法律若干问题的解释》第12条的借鉴、完善和改造。最高人民法院、最高人民检察院、公安部《关于办理危害生产安全刑事案件适用法律若干问题的解释》第12条对事故类犯罪规定了七种从重处罚的情形，此项修法从中选取了三种，即刑法第134条之一第1项借鉴自该解释第12条第2项的“关闭、破坏必要的安全监控和报警设备”，刑法第134条之一第2项借鉴自该解释第12条第3项“已经发现事故隐患，经有关部门或者个人提出后，仍不采取措施”，刑法第134条之一第3项则借鉴了该解释第12条第1项“未依法取得安全许可证件或者安全许可证件过期、被暂扣、吊销、注销后从事生产经营活动”。与此同时，此次刑法修法并未照搬司法解释的内容，而是进一步拓展了相关情形的涵盖范围，并在文字表述上提升了明确性。例如第1种情形将“关闭、破坏必要的安全监控和报警设备的”拓展为“关闭、破坏直接关系生产安全的监控、报警、防护、救生设备、设施，或者篡改、隐瞒其相关数据、信息的”，这里不但在“关闭、破坏”的对象上有所拓展和新增，并将对行为对象的描述性词语由不甚明确的“必要的”修改为更为明确的“直接关系生产安全的”。

根据刑法第134条之一的规定，危险作业罪，是指在生产、作业中违反有关安全管理规定，实施特定危险作业情形，具有发生重大伤亡事故或者其他严重后果发生的现实危险的行为。本罪的构成特征表现为：

本罪的主体为一般主体，既包括对生产、作业负有组织、指挥或者管理职责的负责人、管理人、实际控制人、投资人等人员，也包括直接从事生产、作业的人员，但单位不能成为本罪的主体。

从主观方面来看，由于本罪的危害结果不属于实害结果，而是行为产生的现实危险状态。“行为人对自己的行为违反了相关行政法律的规定，明显持故意心态，且其行为都造成了严重后果。问题在于行为人对违规结果的主观心理该如何界定。过失论的主张显然是基于一种传统观念，但故意论恐怕也并非毫无道理。”[①] 笔者认为，行为人故意实施违反安全管理规定的行为，对于违规生产行为引发的危害后果，既可以出于故意，也可以出于过失。从过失的角度看，可将本罪理解为重大责任事故罪等生产安全事故犯罪的“危险犯形态”，它表现为应当预见自己的行为可能会引发造成严重后果的现实危险状态，因为疏忽大意而没有预见，或者已经预见到行为会引发造成严重后果的现实危险状态，但轻信能够避免，以致这种状态产生或持续。如果这种状态最终转化为实害结果，就可以按照重大责任事故罪等过失犯罪予以更重制裁。从故意的角度看，行为人明知自己的行为会引发造成严重后果的现实危险状态，并且希望或者放任这种状态的产生或持续。例如，行为人为泄愤等目的而破坏直接关系生产安全的设备、设施，但尚不能构成故意毁坏财物罪的情况；又如，明知有关设施设备存在重大事故隐患，即发生严重后果的现实危险已经存在，行为人拒不执行责令或改正措施，导致这种危险状态继续保持的情况。进而言之，如果这种现实危险状态最终转化为实害结果，就可以按照以危险方法危害公共安全罪、故意毁坏财物罪等故意犯罪予以更重制裁。

本罪的客观方面表现为在生产、作业中违反有关安全管理规定，实施特定危险作业情形，具有发生重大伤亡事故或者其他严重后果发生的现实危险。具体而言，包含三个构成要素：第一，必须违反有关安全管理规定。所谓有关安全管理规定包括：一是国家颁发的各种有关安全生产、作业的法律法规的明文规定；二是企业、事业单位及其上级管理机关所制定的规程、规则、章程等明文规定；三是虽无法律法规等的明文规定，但却反映了生产、科研、设计、施工中安全操作的客观规律，公认的在企业、事业单位中通行的行之有效的正确操作习惯与惯例。[②] 第二，实施了法律规定的三种特定危险作业情形。第三，上述三种情形必须发生在生产、作业中，与生产、作业有直接联系。第四，上述三种情形必须具有发生重大伤亡事故或者其他严重后果的现实危险。这里的“重大伤亡事故或者其他严重后果”，是指重大责任事故罪所造成的实害结果，而“现实危险”，从理论上讲是指造成上述实害结果的危险是实际存在的。

---

① 张克文，齐文远．责任事故犯罪中故意的推定．法学，2013（4）．

② 高铭暄，马克昌．刑法学．北京：北京大学出版社、高等教育出版社，2017：362．

本罪侵犯的客体是生产、作业的安全，即从事生产、作业的不特定或多数人的生命、健康的安全和重大公私财产的安全。

（三）司法适用

从司法适用的角度看，本罪在司法适用中要注意切实区分罪与非罪以及本罪与相近犯罪的界限。

在区分罪与非罪的界限上，需要着重对其客观方面的要素进行把握：其一，行为人实施的行为是否符合法律规定的三种特定情形。在生产、作业活动中，违反有关安全管理规定的行为多种多样，但只有符合三种特定情形的行为才有可能成立本罪。例如，第一种情形关闭、破坏的设施设备，必须具有“直接关系生产安全”的性质；又如，第二种情形拒不执行的责令和整改措施，应以重大事故隐患的存在为前提；再如，第三种情形擅自从事生产作业活动，其本身限于矿山开采、金属冶炼、建筑施工以及危险物品生产、经营、储存等高度危险的生产作业活动。其二，实施行为所引起的“危险”，必须是足以发生重大伤亡事故或者其他严重后果的现实危险。也就是说，上述3种特定情形中的行为，在现实中引起的危险在性质上有大有小、在程度上有高有低，并非一律按照本罪作出处理，还需要结合实际情况予以具体判断。如果实施本罪三种特定情形中的行为，但引起的现实危险并未达到足以发生重大伤亡事故或者其他严重后果的程度，就不能成立本罪。

关于区分本罪与相近犯罪的界限，需要着重把握本罪与重大责任事故罪、以危险方法危害公共安全罪或故意毁坏财物罪之间的区分。一方面，本罪与重大责任事故罪在主观上都可以出自过失，而且重大责任事故罪的成立也要求以存在违规生产、作业为前提，但两罪区别之关键在于是否实际发生了重大伤亡事故或其他严重后果。另一方面，本罪与以危险方法危害公共安全罪、故意毁坏财物罪主观上都可以出自故意，但以危险方法危害公共安全足以造成的侵害结果，仅限于致人重伤、死亡或者使公私财物遭受重大损失，而故意毁坏公私财物的行为，需要达到数额巨大或者有其他特别严重情节的程度。据此，把握本罪与其他故意犯罪的区别，应注意行为引起的危险状态的性质及其程度。如果没有达到以上两罪所要求的危险程度，就应按照本罪作出处理。

第四章

危害食品、药品安全罪修法的理解与适用

一、危害食品、药品安全罪的修法概述

（一）修法背景

立法机关此次对危害食品、药品安全犯罪进行修订，有其特殊的背景条件，这里主要从法律规范、社会舆论、公共政策三个方面加以说明。

1. 新《药品管理法》的实施是此次刑法修订的规范前提

刑法原第 141 条第 2 款和原第 142 条第 2 款均规定刑法中假药、劣药是指依照《药品管理法》的规定属于假药、按假药处理的药品、非药品以及劣药的情形。但是，自 2019 年 12 月 1 日生效实施的新《药品管理法》的重大变化之一就是改变了原规范中假药、劣药的二元类型体例，在删除“按假药论处”条款，调整假药、劣药认定标准的基础上，增加了七种独立于假劣药之外的禁用药品类型。具体而言，《药品管理法》第 98 条修订了原《药品管理法》第 48 条关于假药的分类标准，将药品所含成分与国家药品标准规定的成分不符、以非药品冒充药品或者以他种药品冒充此种药品、变质的药品以及药品所标明的适应症或者功能主治超出规定范围这四种情形认定为假药；将原《药品管理法》第 49 条关于劣药的分类标准调整为药品成分的含量不符合国家药品标准、被污染的药品、未标明或者更改有效期的药品、未注明或者更改产品批号的药品、超过有效期的药品以及擅自添加防腐剂、辅料的药品等其他不符合药品标准的药品等七种情形；而原《药品管理法》第 48 条中按照假药论处的情形被删除，其中“国务院药品

监督管理部门规定禁止使用的”“依照本法必须批准而未经批准生产、进口，或者依照本法必须检验而未经检验即销售的”“使用依照本法必须取得批准文号而未取得批准文号的原料药生产的”被作为禁用药品单独规定在《新药品管理法》第 124 条。

这一修改不仅导致了刑法原第 141 条第 2 款的规定失去了《药品管理法》的支撑，而且使《药品管理法》第 124 条所规定的行政违法行为在刑法中缺乏相应的犯罪评价，故而修订刑法中药品犯罪的规范内容就成为新《药品管理法》实施亟待解决的问题。

2. 科学评价药品犯罪的公众舆论是此次刑法修订的社会基础

按照原《药品管理法》的规定，“依照本法必须批准而未经批准生产、进口，或者依照本法必须检验而未经检验即销售的”药品，应当按照假药论处。应当说，这一规定在当前的检验技术与执法能力条件下，有利于强化药品安全监管，保障公众的用药安全。但是，由于刑法原第 141 条第 2 款规定刑法中的假药包括了《药品管理法》中按照假药论处的类别，而其中多种类别药品的危险性是不确定的，甚至一些未经批准进口的药品本身不具有危险性，这样一来生产、销售此类药品被认定为生产、销售假药罪，就会产生规范评价与公众认知上的差异。这一矛盾在“陆勇代购进口药案”中被暴露出来，并随着电影《我不是药神》、“聊城假药案”而在社会上形成了庞大的舆论热点。社会舆论对于这一问题的争论，不仅引起了法学领域的广泛探讨，而且最终引起了立法机关的关注，在 2019 年 8 月 26 日审议通过《药品管理法》之前，即 8 月 22 日十三届全国人大常委会第十二次会议听取全国人大宪法和法律委员会关于药品管理法修订草案审议结果的报告时，按照药品功效，重新界定了假药、劣药范围。

可以说，最终立法机关按照药品功效确立的实质性假药、劣药分类标准，满足了社会公众的舆论诉求，取得了良好的社会效果，但在短时间内也造成里如何在刑法层面评价非法经营未经批准的进口药等问题药品的实践争议。也正是源于此，在刑法层面修订现有规范的表述，完善、增设相关犯罪类型就成为亟待解决的问题。

3. 严厉打击药品犯罪的政策导向是此次刑法修订的政策基础

2015 年 5 月 29 日，中共中央政治局就健全公共安全体系进行第二十三次集体学习。习近平总书记在主持学习时强调，“要切实加强食品药品安全监管，用最严谨的标准、最严格的监管、最严厉的处罚、最严肃的问责，加快建立科学完善的食品药品安全治理体系，坚持产管并重严把从农田到餐桌、从实验室到医院的每一道防线。”而“四个最严”的标准，不仅成为 2019 年最高立法机关修订《药品管理法》的原则性要求，而且也成为未来一段时期内药品犯罪治理的政策要求。具体到药品监管领域，不管是公安司法机关，还是立法机关，始终坚持严格贯彻党中央提出“四个最严”的要求，坚持重典治乱，去疴除弊，强化全过程监管，坚决守住公共安全底线。这一点在修订《药品管理法》，颁行《疫苗管理法》以及在公安机关内部成立独立的食品药品犯罪侦查局中都得了具体体现，并成为近年来我国强化药品安全犯罪治理的典型举措。而在刑法层面，此次修订不仅是在刑法体系上对行政法规范的积极回应，而且也是严密违法治理体系，实现严格依法惩治药品犯罪行为不可或缺的重要环节。因为随着新《药品管理法》的实施，不仅非法经营假劣药之外的其他问题药品需要刑法作出相应的评价，而且《药品管理法》增加的特定主体使用假药行为的行政责任也需要刑法层面作出相应完善，否则就会导致行政违法与刑事司法衔接上的疏漏，从而削弱严厉打击药品犯罪刑事政策的实施。

（二）修法过程

2020 年 6 月 29 日上午，十三届全国人大常委会第二十次会议对《刑法修正案（十一）（草案）》进行了初次审议。其中，《草案》第 5 条对刑法第 141 条生产、销售假药罪作了修改，在删除原条文第 2 款“本条所称假药，是指依照《中华人民共和国药品管理法》的规定属于假药和按假药处理的药品、非药品”的基础上，增加了“违反国家规定，未取得批准证明文件生产药品或者明知是上述药品而销售的”，依照生产、销售假药罪之规定，同时在新增加的第 3 款中明确规定“药品使用单位的人员明知是假药而提供给他人使用的，依照生产、销售假药罪的规定处罚”。《草案》第 6 条将原第 141 条法定刑中的倍比罚金刑改为无限额罚金刑，在删除原条文第 2 款的同时增加了药品使用单位人员使用劣药之规定。《草案》第 7 条将此前以假药论的一些情形以及违反药品生产质量管理规范的行为等单独规定为一类犯罪，包括：（1）生产、销售国务院药品监督管理部门禁止使用的药品的；（2）未取得药品批准证明文件进口药品或者明知是上述药品而销售的；（3）依法应当检验而未经检验即销售药品的；（4）药品申请注册中提供虚假的证明、数据、资料、样品或者采取其他欺骗手段的；（5）编造生产、检验记录的等五种行为，并配置具体危险犯强化对此类新型问题药品犯罪的治理。《草案》第28条则对刑法第408条之一进行了修改，增加药品监管渎职犯罪行为，细化了不法行为的具体情形，即“（一）瞒报、谎报、漏报食品药品安全事件，情节严重的；（二）对发现的严重食品药品安全违法行为未及时查处的；（三）未及时发现监督管理区域内重大食品药品安全隐患的；（四）对不符合条件的申请准予许可，情节严重的；（五）依法应当移交司法机关追究刑事责任不移交的”。其中第2项、第3项、第5项规定的“对发现的严重食品药品安全违法行为未及时查处的”“未及时发现监督管理区域内重大食品药品安全隐患的”“依法应当移交司法机关追究刑事责任不移交的”行为不受“情节严重”的限制，原则上只要实施该类行为即构成犯罪。

《草案》一经公布就在社会上引起了广泛热议，专家学者、实务部门以及社会公众从不同角度提出了诸多修改意见。就上述涉药犯罪条款而言，焦点主要集中在第5条第2款、第7条和第28条之规定。比如，对于第5条，有的常委会组成人员提出，对于未取得药品批准证明文件生产药品的行为，如鉴定属于假劣药，适用生产、销售假药罪和生产、销售劣药罪，鉴定不属于假药、劣药的不能适用有关罪名，建议将“未取得批准证明文件生产药品的”，移入草案第7条，作为妨害药品管理秩序犯罪的一种情形或者将第2款规定“未取得批准证明文件生产药品的”，以生产、销售假药罪论处，并增加“足以严重危害人体健康的”的限制性规定。对于第7条，有的常委会委员提出，妨害药品管理秩序的有些行为可能还够不上罪，给予行政处罚就可以，建议删除第二项、第三项规定；第二项是否包括个人从境外私自带回药品的情形，建议明确，修改为“未取得药品批准文件的各类市场主体进口药品，或者明知是上述药品而销售的”。还有意见提出，除已经明确规定为禁药的药品外，直接证明某种药品足以严重危害人体健康十分困难；有的建议把“情节严重”“情节特别严重”作为入罪标准；也有建议将第四项修改为“在药品申请注册中提供虚假的证明、数据、资料、样品或者采取其他欺骗手段，取得药品注册的”，未取得药品注册的，可依照行政法律、法规处罚。[①] 对于第28条，有的常委委员提出，第二项、第三项情形的发生，其中可能有主观因素，也可能有客观因素，比如受认识程度、判断标准、理解能力等方面因素以及其他方面客观条件的限制，没有能够及时发现隐患，对食品药品监

① 全国人大常委会法工委办公室．刑法修正案（十一）草案向社会公众征求意见的情况．第十三届全国人大常委会第二十二次会议（2020年10月13—17日）参阅材料．

管部门工作人员的要求太严，处罚范围太宽。[①] 有人认为应当增加“情节严重”作为入罪条件；恢复原条文关于结果犯的规定。有的意见提出，第一项、第二项与现行《药品管理法》等法律相关规定并不完全相同，建议修改做好衔接；第三项规定脱离药品监管实际，重大隐患在实际操作中很难判定，建议删除；第五项“依法应当移交司法机关追究刑事责任不移交的”，建议删除。[②]

针对上述建议，《刑法修正案（十一）（草案二次审议稿）》（以下简称“二审稿”）作了大幅度修改。第5条删除了《草案》第2条第2款的规定，将其移入第7条之中；第7条的改动较大，除了在罪状中增加原第5条“未取得批准证明文件生产药品或者明知是上述药品而销售的，”删除了第一稿中“依法应当检验而未经检验即销售药品的”这一情形，还修改了法定刑配置，将第一稿中的“并处罚金”改为并处或单处罚金。此后的第三稿（2020年12月11日稿）及最终通过的《刑法修正案（十一）》基本保留上了上述表述。

二、生产、销售、提供假药罪修法的理解与适用（修正案第5条）

《刑法修正案（十一）》第5条规定，“将刑法第一百四十一条修改为：‘生产、销售假药的，处三年以下有期徒刑或者拘役，并处罚金；对人体健康造成严重危害或者有其他严重情节的，处三年以上十年以下有期徒刑，并处罚金；致人死亡或者有其他特别严重情节的，处十年以上有期徒刑、无期徒刑或者死刑，并处罚金或者没收财产。’‘药品使用单位的人员明知是假药而提供给他人使用的，依照前款的规定处罚。’”新规定较原条文删除了原第141条第2款，增加了一款新规定，即“药品使用单位的人员明知是假药而提供给他人使用的，依照前款的规定处罚”[③]。这就涉及刑法中假药的判断标准以及新条款的规范解释。

---

① 全国人大常委会法工委办公室．十三届全国人大常委会第二十次会议审议刑法修正案（十一）草案的意见．第十三届全国人大常委会第二十二次会议（2020年10月13—17日）参阅材料．

② 全国人大常委会法工委办公室．刑法修正案（十一）草案向社会公众征求意见的情况．第十三届全国人大常委会第二十二次会议（2020年10月13—17日）参阅材料．

③ 当然，也有观点认为第5条第2款应当属于新的犯罪形态，如使用假药罪（第6条第2款为使用劣药罪）；考虑到有关司法解释中将有偿使用假药认定为销售假药，故而在最高司法机关明确本条款为新罪名之前，本书仍然将本款作为生产、销售假药罪的一款拟制性规定。

（一）关于假药的判断标准

此次修订删除了原条文中“本条所称假药，是指依照《中华人民共和国药品管理法》的规定属于假药和按假药处理的药品、非药品”的规定。刑法中的假药的认定标准是什么在理论上不无争议。如果说在原规定中，基于罪刑法定原则的考量，刑法中的假药与药品管理法中的假药应当保持认定标准上的同一性，那么，在刑法已经删除上述条文的情况下，理论上刑法中假药的认定标准应当保持相对独立性，即从刑法规范的特定目的出发加以阐释。由于本罪以公众健康安全为主要法益，且抽象危险犯的立法模式表明假药本身应当具有威胁公众安全的抽象危险，因此，应当以是否具有实际功效作为假药的判断标准，即对其进行实质判断。但是，在这一认定过程中，要注意假药与劣药的区分，因为后者实际上也是药品功效存在问题的特殊药品，这时如何区分两种不同类型的问题药品就成为关键所在。事实上，抛开其他规范来看，刑法中假药与劣药的区分十分困难，也正是基于此，国家药监局在立法过程中建议，在草案第 5 条、第 6 条增加“本条所称假劣药，是指依照《中华人民共和国药品管理法》的规定属于假劣药的药品”的规定。[①] 我们认为，刑法中假药的判断标准可以参考药品管理法中假药的认定标准。对此，需要说明两点，一是前者是以后者参考，而不是以后者所谓认定为前提。换句话说，药品监管部门是否得出涉案药品属于假药的结论不影响刑法中假药的判断，公安司法机关可以根据《药品管理法》中的假药类型直接根据案件证据作出司法认定；二是两者之间可以保持内涵的一致性，这是刑法中的假药参照药品管理法之规定的规范基础。因为新《药品管理法》中假药的认定标准已经采取了实质的认定标准，不管是药品所含成分与国家药品标准规定的成分不符，以非药品冒充药品或者以他种药品冒充此种药品，变质的药品，还是药品所标明的适应症或者功能主治超出规定范围，都会对疾病质量产生实质性影响，因此，这一规范方式与刑法所需要的实质判断目的完全吻合。更重要的是，以《药品管理法》中假药的法定类型作为刑法中假药的参考，可以提高刑法规范的明确性，强化刑法的行为指引和裁判指引功能，提高法律适用的公信力。

当然，这里要注意的是，以下两类涉及假药认定的规范性文件不能作为刑法

---

① 全国人大常委会法工委办公室．地方人大和中央有关部门、单位对刑法修正案（十一）草案的意见．第十三届全国人大常委会第二十二次会议（2020 年 10 月 13—17 日）参阅材料．

中假药的认定依据。(1) 关于未经备案生产加工的中药制剂。中医药法第 56 条规定，“医疗机构应用传统工艺配制中药制剂未依照本法规定备案，或者未按照备案材料载明的要求配制中药制剂的，按生产假药给予处罚”。对于这种情形，虽然可以在行政处罚层面按照生产假药论处，但是不能以此认定为生产假药罪。因为这里的假药与《药品管理法》中假药的认定标准相冲突，而且依照传统工艺配制的中药制剂是否备案并不一定会影响药品的实际功效，所以这种情形下生产的药品不是刑法意义上的假药。(2) 关于临床数据造假情形下审批批准生产的药品。最高人民法院、最高人民检察院于 2017 年联合印发的《关于办理药品、医疗器械注册申请材料造假刑事案件适用法律若干问题的解释》(以下简称《药品申请材料造假的解释》) 第 3 条规定，“药品注册申请单位的工作人员，故意使用符合本解释第一条第二款规定的虚假药物非临床研究报告、药物临床试验报告及相关材料，骗取药品批准证明文件生产、销售药品的，应当依照刑法第一百四十一条规定，以生产、销售假药罪定罪处罚”。在原药品管理法将未经批准生产的药品按照假药论处的情形下，上述解释具有一定的合理性。但是，由于新药品管理法删除了“以假药论处”的情形，因此，对于药品注册申请单位的工作人员虚假药物非临床研究报告、药物临床试验报告及相关材料，骗取药品批准证明文件生产、销售药品不能直接等同于刑法中的假药。

此外，在修法过程中有观点提出，针对中医药的实际情况，建议对这两条增加规定“销售少量根据民间传统配方自行加工的药品，没有造成伤害或者延误诊治的，可以不认定为犯罪”的规定。当然，修正案最终没有采纳这一观点，并没有对依据民间配方加工的药品作出专门规定。我们认为，这一主张具有一定的合理性，但是考虑到相关司法解释中已经明确了这一类型的处理方式，所以在刑法中也无必要作出单独规定。

(二) 关于本罪的客观行为

本罪的客观方面表现为生产、销售假药，或者药品使用单位的人员明知是假药而提供给他人使用的。对此，可以从以下三个方面加以阐释：

第一，生产。2014 年最高人民法院、最高人民检察院联合印发的《关于办理危害药品安全刑事案件适用法律若干问题的解释》(以下简称《药品解释》) 第 6 条第 1 款规定，“以生产、销售假药、劣药为目的，实施下列行为之一的，应当认定为刑法第一百四十一条、第一百四十二条规定的‘生产’：(一) 合成、精制、提取、储存、加工炮制药品原料的行为；（二）将药品原料、辅料、包装材料制成成品过程中，进行配料、混合、制剂、储存、包装的行为；（三）印制包装材料、标签、说明书的行为”。虽然修正案对药品犯罪的相关条文进行了修改，但上述解释从外延的角度对生产行为进行的阐释仍然是有效的。不过，该解释也只是从形式上对生产行为进行了阐释，忽略了生产行为的内在特征即作为一种市场行为的特殊性。在司法实践中，除了从外延上合理限定生产行为的外延，还需要注意从内涵对其进行实质把握，即生产者是通过对原料等进行增值服务而基于产品本身的交换价值获取收益，进而将其与一些民事行为相区别。比如，实践中存在的中药代煎业务，其形式上完全符合上述解释中关于加工炮制药品原料的行为特点，但是我们不能将中药代煎业务一律等同于生产。有些中药代煎行为是加工者受患者委托，按照患者提供中药材和医生开具的处方而代为加工。这种行为实质上是一种委托行为，行为人本身不提供原料，其收益源于劳动量而非成品内在的价值，故而不是生产加工行为。

第二，销售。简单而言，销售就是卖出，即有偿的商品交易。比如，在陆勇案中，公诉机关认为“陆勇代表的是买方而不是卖方，印度赛诺公司就设立账号与陆勇的商谈是卖方与买方之间的洽谈，陆勇作为买方的代表自始至终在为买方提供服务”[①]，进而认定陆勇属于无偿代购的买方行为而非销售。但是需要注意的是，销售行为的认定除了具有交易性这种形式特点，还应当具有客观上的营业性和主观上的有偿性。这是区分民事上一般交易行为与市场经济活动中的交易行为的关键所在。所谓客观行为的营业性，是指交易行为的可持续性和开放性；而主观上的有偿性则是指行为人从事该项行为的目的是为了经济利益。当然，行为人在客观上是否实际获得利益并不重要。从这个角度去理解销售行为，就可以将那些发生在民事主体之间偶发性的药品交易行为排除在销售行为之外。

第三，使用。严格来讲，销售药品意味着药品所有权的转移，而使用未必是转移所有权。此时，销售与使用是并列关系。但是依照修正案第 5 条第 2 款规定，“药品使用单位的人员明知是假药而提供给他人使用的，依照前款的规定处罚”，使用行为就属于销售行为的一种形式。从渊源上来说，本条款与《药品管理法》第 119 条相关联，后者规定“药品使用单位使用假药、劣药的，按照销售

① 对陆勇决定不起诉的释法说理书．https：//www.hn.jcy.gov.cn/xwfb/qwfb/gg/2015/content_47624.html，2015-02-26，访问时间：2020-05-04.

假药、零售劣药的规定处罚”，从而在行政违法与刑事司法之间实现了紧密衔接。当然，这一立法规定与《药品解释》第 6 条第 2 款的规定相冲突，后者认为“医疗机构、医疗机构工作人员明知是假药、劣药而有偿提供给他人使用，或者为出售而购买、储存的行为，应当认定为刑法第一百四十一条、第一百四十二条规定的‘销售’”。可见，司法解释是将“有偿使用”认定为“销售”，而依据修正案的规定，则“无偿使用”也属于“销售”，即在适用本条款是不需要考虑受药人是否为此支付了对价。

在修法过程中，有观点提出，“明知是假药而提供给他人的，不应仅限于药品使用单位的人员，应当包括所有各类人员，建议修改为‘向他人提供药品的人员，明知是假药而提供给他人使用的’。”① 笔者认为，既然将使用行为作为销售行为的一种形式，那么前者在本质上就不能过于偏离销售的内涵，而将用药主体限定在药品使用单位的人员这一特殊身份上，有助于限定刑法适用的范围，避免出现打击扩大化。因为药品使用单位具有经营属性，其行为本身就带有一定的营利性，即便在特定场合可能出现免费用药的情形，但是这种情形往往属于经营行为的一部分，故而不强调有偿与无偿，在强化用药人责任的同时，降低公安司法机关的证明责任，有助于提升药品犯罪治理的效率。如果取消“药品使用单位”这一限定，就会导致使用主体的无限扩大化，进而极大地突破“销售”的语义范畴，将那些不属于市场活动的行为纳入进来，导致犯罪的不当扩张。

3. 关于药品使用单位

本罪为一般主体，包括自然人和单位。但需要注意的是，这次修正案明确了药品使用单位的人员使用假药行为的性质，故而，药品使用单位作为一种特殊主体形式有必要予以明确。新《药品管理法》中并没有没明确说明药品使用单位的内涵，而在一些地方规范性文件中则有过说明。比如，《湖北省药品管理条例》第 3 条规定，“药品使用单位，是指依法登记成立并使用药品的医疗机构、计划生育技术服务机构和从事疾病预防、康复保健、戒毒等活动的单位”。据此，药品使用单位包括了医院（含卫生院）、村卫生室、妇幼保健院、疾控中心、卫生防疫站、社区卫生服务机构、戒毒所、美容院等。这些单位往往也是市场经营主体，不仅在药品使用上具有较强的职业性，而且也通常以有偿交易为主要经营方

① 全国人大常委会法工委办公室．十三届全国人大常委会第二十次会议审议刑法修正案（十一）草案的意见．第十三届全国人大常委会第二十二次会议（2020 年 10 月 13—17 日）参阅材料．

式，所以明确这些单位中的相关人员使用假药的责任是必要的。

三、生产、销售、提供劣药罪修法的理解与适用（修正案第 6 条）

《刑法修正案（十一）》第 6 条删除了原刑法第 142 条第 2 款关于劣药的认定标准之规定，增加了新的第 2 款，同时完善罚金刑，将本条修改为："生产、销售劣药，对人体健康造成严重危害的，处三年以上十年以下有期徒刑，并处罚金；后果特别严重的，处十年以上有期徒刑或者无期徒刑，并处罚金或者没收财产。""药品使用单位的人员明知是劣药而提供给他人使用的，依照前款的规定处罚。"由于本罪与原生产、销售假药罪主要区别在于假药与劣药的区别，以及犯罪成立标准上的差异，因此，本部分对生产、销售、提供劣药罪条文的阐释，将主要围绕这三个方面进行。

（一）关于行为对象

本罪的行为对象是劣药，对于劣药的判断标准，在原条文中明确了依照《药品管理法》中规定予以认定，那么，在修正案删除了上述规定以后，刑法中的劣药该如何判断，是否还需要遵循药品管理法之规定，不无争议。与假药的判断标准一样，刑法的劣药也仍然需要参照《药品管理法》第 98 条第 2 款确定的劣药标准，即劣药包括：（1）药品成分的含量不符合国家药品标准；（2）被污染的药品；（3）未标明或者更改有效期的药品；（4）未注明或者更改产品批号的药品；（5）超过有效期的药品；（6）擅自添加防腐剂、辅料的药品；（7）其他不符合药品标准的药品。原因如上，不再赘述。

（二）关于犯罪成立标准

本罪属于结果犯，成立本罪不仅需要行为人实施了生产、销售劣药的行为，而且要求该行为对人体健康造成严重危害。因此，即便本条第 2 款规定"药品使用单位的人员明知是劣药而提供给他人使用的，依照前款的规定处罚"，也不意味着只要行为主体明知劣药而仍提供给他人使用就直接构成本罪，依然需要使用劣药的行为造成了他人健康严重危害的后果。否则，本条两款之间就会存在内在冲突，即生产、销售劣药属于实害犯，但是使用劣药入罪的只需存在不法行为即可，这显然是不合逻辑的。

关于危害结果的判断，根据《药品解释》第 5 条规定，“生产、销售劣药，具有本解释第二条规定情形之一的，应当认定为刑法第一百四十二条规定的‘对人体健康造成严重危害’”。该解释第 2 条规定，“生产、销售假药，具有下列情形之一的，应当认定为刑法第一百四十一条规定的‘对人体健康造成严重危害’：（一）造成轻伤或者重伤的；（二）造成轻度残疾或者中度残疾的；（三）造成器官组织损伤导致一般功能障碍或者严重功能障碍的；（四）其他对人体健康造成严重危害的情形”。相应地，本条款中规定了生产、销售劣药法定刑升格的条件，即生产、销售劣药造成了特别严重的后果。根据《药品解释》第 4 条、第 5 条的规定，这里的“后果特别严重”，是指致人重度残疾、死亡，或造成 3 人以上重伤、中度残疾或者器官组织损伤导致严重功能障碍的，或者造成 5 人以上轻度残疾或者器官组织损伤导致一般功能障碍的，或者造成 10 人以上轻伤的，或者造成重大、特别重大突发公共卫生事件的情形。

（三）关于刑事处罚

生产、销售、提供劣药，对人体健康造成严重危害的，处 3 年以上 10 年以下有期徒刑，并处罚金；后果特别严重的，处 10 年以上有期徒刑或者无期徒刑，并处罚金或者没收财产。此次修正案删除了原条文法定刑中“并处销售金额百分之五十以上二倍以下罚金”“并处销售金额百分之五十以上二倍以下罚金”。这种修改方式延续了《刑法修正案（八）》中关于生产、销售假药罪罚金刑的修订方式，切实提高了罚金刑的适用效果。因为原规定中是按照销售金额来确定罚金刑数额的，但是在大多数的案件中实际的销售金额往往难以查证，而一些生产行为中没有实际的销售金额出现，以销售金额作为罚金刑的基础就会导致无法核算，故而取消这一罚金刑方式是合理的。

四、妨害药品管理罪立法的理解与适用（修正案第 7 条）

本条属于新增加犯罪，在刑法第 142 条后增加一条共两款，作为第 142 条之一：“违反药品管理法规，有下列情形之一，足以严重危害人体健康的，处三年以下有期徒刑或者拘役，并处或者单处罚金；对人体健康造成严重危害或者有其他严重情节的，处三年以上七年以下有期徒刑，并处罚金：（一）生产、销售国务院药品监督管理部门禁止使用的药品的；（二）未取得药品相关批准证明文件生产、进口药品或者明知是上述药品而销售的；（三）药品申请注册中提供虚假的证明、数据、资料、样品或者采取其他欺骗手段的；（四）编造生产、检验记录的。”“有前款行为，同时又构成本法第一百四十一条、第一百四十二条规定之罪或者其他犯罪的，依照处罚较重的规定定罪处罚。”从规范渊源上来看，本条主要是将《药品管理法》第124条所规定的七种妨害药品监管程序的行为作为惩治对象[①]，因此，本书暂定本罪名为妨害药品管理罪。对于本罪可以从三个方面来理解。

（一）内涵解读

本罪是一新型药品犯罪。其主体为一般主体，主观方面要求行为人必须是故意实施本罪。对本罪内涵的把握需要重点以下两个方面：

第一，关于本罪的保护客体。本罪是复杂客体，既侵犯了药品监管秩序，同时也危害了社会公众的人身健康安全。与生产、销售假药罪不同的是，本罪的主要客体应该是药品监管秩序。因为本罪限定的四种不法行为类型，生产、销售国务院药品监督管理部门禁止使用的药品的行为，未取得药品相关批准证明文件生产、进口药品或者明知是上述药品而销售的行为，药品申请注册中提供虚假的证明、数据、资料、样品或者采取其他欺骗手段的行为，以及编造生产、检验记录的行为，都是严重违反《药品管理法》规定的生产经营程序规范的行为，所以违反药品监管规范是成立本罪的基本条件。相应地，“足以严重危害人体健康”，只是为了限制处罚的范围，将对人身安全有危害的上述行为作为刑法规范的对象，

---

① 《药品管理法》第124条第1款规定：“违反本法规定，有下列行为之一的，没收违法生产、进口、销售的药品和违法所得以及专门用于违法生产的原料、辅料、包装材料和生产设备，责令停产停业整顿，并处违法生产、进口、销售的药品货值金额十五倍以上三十倍以下的罚款；货值金额不足十万元的，按十万元计算；情节严重的，吊销药品批准证明文件直至吊销药品生产许可证、药品经营许可证或者医疗机构制剂许可证，对法定代表人、主要负责人、直接负责的主管人员和其他责任人员，没收违法行为发生期间自本单位所获收入，并处所获收入百分之三十以上三倍以下的罚款，十年直至终身禁止从事药品生产经营活动，并可以由公安机关处五日以上十五日以下的拘留：（一）未取得药品批准证明文件生产、进口药品；（二）使用采取欺骗手段取得的药品批准证明文件生产、进口药品；（三）使用未经审评审批的原料药生产药品；（四）应当检验而未经检验即销售药品；（五）生产、销售国务院药品监督管理部门禁止使用的药品；（六）编造生产、检验记录；（七）未经批准在药品生产过程中进行重大变更。”

从而保持行政不法与刑事犯罪的界限。

也正是基于上述原因，本罪的行为对象具有一定的特殊性。一方面，本罪所涉及的药品属于违反上述程序性规范而生产、销售的药品。这类药品本身既可能是真药，也可能是假药或者劣药，当然，也可能是因为技术原因无法确定真假的问题药品。另一方面，作为本罪评价的药品并不必然排斥假药、劣药。比如，对于“以非药品冒充药品”的假药，本身也可能属于“未取得药品相关批准证明文件生产”的药品，两者之间因评价标准不同而可以相互转化。也正是因此，本罪中的“药品”的范围更大。

第二，关于本罪的客观方面。本罪的客观方面是违反药品管理法规，生产、销售国务院药品监督管理部门禁止使用的药品，或者未取得药品相关批准证明文件生产、进口药品或者明知是上述药品而销售，或者在药品申请注册中提供虚假的证明、数据、资料、样品或者采取其他欺骗手段，或者编造生产、检验记录的，足以严重危害人体健康的行为。这里的违反药品管理法规，不仅包括了《药品管理法》，而且包括了《中医药法》《疫苗管理法》等。但是，从上述四种行为来看，其实主要涉及违反《药品管理法》的相关规定，具体分析如下。

（1）生产、销售国务院药品监督管理部门禁止使用的药品。《药品管理法》第 67 条规定，“禁止进口疗效不确切、不良反应大或者因其他原因危害人体健康的药品”。第 83 条规定，“药品上市许可持有人应当对已上市药品的安全性、有效性和质量可控性定期开展上市后评价。必要时，国务院药品监督管理部门可以责令药品上市许可持有人开展上市后评价或者直接组织开展上市后评价。经评价，对疗效不确切、不良反应大或者因其他原因危害人体健康的药品，应当注销药品注册证书。已被注销药品注册证书的药品，不得生产或者进口、销售和使用。已被注销药品注册证书、超过有效期等的药品，应当由药品监督管理部门监督销毁或者依法采取其他无害化处理等措施。”据此，国务院药品监督管理部门禁止使用的药品，既包括了进口药也包括我国自行生产的药品，共同特点是此类药品疗效不确切、不良反应大或者因其他原因危害人体健康。

（2）未取得药品相关批准证明文件生产、进口药品或者明知是上述药品而销售。药品属于关系公众生命健康安全的特殊商品。国家为了保护药品安全，为生产经营活动设置了严格的审批程序。如《药品管理法》第 24 条规定，“在中国境内上市的药品，应当经国务院药品监督管理部门批准，取得药品注册证书；但是，未实施审批管理的中药材和中药饮片除外”。因此，不管是进口药还是本国药品，只要在境内上市，就需要获得国务院有关部门的审批。针对麻醉药等特殊药品，第 66 条进一步要求："进口、出口麻醉药品和国家规定范围内的精神药品，应当持有国务院药品监督管理部门颁发的进口准许证、出口准许证"。因此，这两类药品的进口需要在药品注册证书的基础上，还要由国务院药品监督管理部门颁发进口准许证。当然，对于这些药品之外的其他进口药，虽然新《药品管理法》删除了原《药品管理法》关于进口药品须经国务院药品监督管理部门组织审查、批准的规定[①]，但考虑到上述第 24 条的规定，如果进口药在中国境内上市，也应当经国务院药品监督管理部门批准方可。[②] 这样一来，对于进口药而言，这里的"药品相关批准证明文件"是指国务院药品监督管理部门出具的批准证明文件。

需要进一步说明的是，《药品管理法》第 124 条规定对使用采取欺骗手段取得的药品批准证明文件生产、进口药品，使用未经审评审批的原料药生产药品，未经批准在药品生产过程中进行重大变更的行为，可以作出行政处罚。但是，在此次修正案中，立法机关并没有这三种行为作为本罪的不法类型而规定其中。我们认为，基于行政不法与刑事犯罪之间的衔接关系，对于上述行政违法行为在具有严重社会危害性的情况下应当在刑法中予以充分评价。在解释层面上，不管是采取欺骗手段获得证明文件，还是未经审批审评的原料生产的药品，抑或是未经批准的重大变更[③]，其实质上都属于未取得药品相关批准证明文件生产药品的行为，故而对于该三种行为可以按照该类型统一评价。

这里要注意区分药品相关批准证明文件与药品生产许可文件。依据《药品管理法》第 41 条规定："从事药品生产活动，应当经所在地省、自治区、直辖市人民政府药品监督管理部门批准，取得药品生产许可证。无药品生产许可证的，不

① 原《药品管理法》第 39 条规定："药品进口，须经国务院药品监督管理部门组织审查，经审查确认符合质量标准、安全有效的，方可批准进口，并发给进口药品注册证书"。

② 《药品管理法》第 64 条规定，"药品应当从允许药品进口的口岸进口，并由进口药品的企业向口岸所在地药品监督管理部门备案。海关凭药品监督管理部门出具的进口药品通关单办理通关手续。无进口药品通关单的，海关不得放行"。据此，这里没有明确海关查验的进口药品通关单是国务院药品监督管理部门出具还是地方药品监督管理部门提供；同时，第 66 条明确规定两种特殊进口药审批必须由国务院药品监督管理部门审批的情况下，逻辑上《药品管理法》是建立特殊进口药与一般进口药相区别的审批程序，因此，本书主张进口药的批准证明文件一律由国务院药品监督管理部门出具只是对现有规范的理解而已。

③ 《药品管理法》第 79 条规定："对药品生产过程中的变更，按照其对药品安全性、有效性和质量可控性的风险和产生影响的程度，实行分类管理。属于重大变更的，应当经国务院药品监督管理部门批准，其他变更应当按照国务院药品监督管理部门的规定备案或者报告"。

得生产药品”[①]。所以药品生产资格和药品上市批准文件是不同的，前者主要是指生产者所在地省、自治区、直辖市人民政府药品监督管理部门颁发的证明文件，若缺少这一资格，则涉及非法经营犯罪的问题。

（3）药品申请注册中提供虚假的证明、数据、资料、样品或者采取其他欺骗手段的行为。药品注册是指药品注册申请人（以下简称申请人）依照法定程序和相关要求提出药物临床试验、药品上市许可、再注册等申请以及补充申请，药品监督管理部门基于法律法规和现有科学认知进行安全性、有效性和质量可控性等审查，决定是否同意其申请的活动。可以说，药品注册中提供的相关证明材料等直接关系到药品的安全性、有效性和质量评价。也正是基于此，《药品管理法》第 24 条第 2 款明确规定，“申请药品注册，应当提供真实、充分、可靠的数据、资料和样品，证明药品的安全性、有效性和质量可控性”。根据 2020 年 1 月 22 日国家市场监督管理总局公布的《药品注册管理办法》第 10 条规定，“申请人在申请药品上市注册前，应当完成药学、药理毒理学和药物临床试验等相关研究工作”。据此，在关系药品注册审批的药物临床前研究和药物临床试验等整个注册前研究的这些数据都必须是真实、客观的。

当然，由于这些与注册申请相关数据、材料、报告等范围较广，并不必然影响药品的安全性、有效性和质量可控性，故而通过这种欺骗方式获得注册申请而生产的药品可能是真药，也可能是假药、劣药。因此，《药品申请材料造假的解释》第 3 条 规定的“药品注册申请单位的工作人员，故意使用符合本解释第一条第二款规定的虚假药物非临床研究报告、药物临床试验报告及相关材料，骗取药品批准证明文件生产、销售药品的”，是否可以按照本罪或者生产、销售假药罪等处罚，需要对药品质量进行具体评价。

（4）编造生产、检验记录的行为。《药品管理法》第 44 条规定：“药品应当按照国家药品标准和经药品监督管理部门核准的生产工艺进行生产。生产、检验记录应当完整准确，不得编造。”第 47 条规定，“药品生产企业应当对药品进行质量检验。不符合国家药品标准的，不得出厂”。经药品监督管理部门核准的生产工艺进行生产的药品才能确保符合安全性、有效性的要求，相反，如果在药品的生产、出厂检验过程中，编造生产、检验记录，必然无法确定药品是否满足上

① 基于该规定，如果行为人生产的药品没有质量问题，只是因为没有经过有关部门的批准而非法生产，依据《药品解释》第 7 条的规定则可能涉嫌非法经营罪。

述要求，其质量情况也无法确定，从而可能危及受药人的安全。因此，编造生产、检验记录的核心是不能反映真实的生产、检验数据情况。从形式上，这种行为既可以是在没有经过检验的情况下捏造生产检验记录，也可以是发现相关记录不符合工艺要求的情况下进行非法篡改、编辑等。

应当提及的是，与编造生产、检验记录这一生产者违反药品管理秩序的行为相关的，还有同样发生在出厂检验环节的违规行为，即《药品管理法》第124条规定的“应当检验而未经检验即销售药品”之情形。对于该行为，《草案》第7条曾经将其作为妨害药品管理秩序犯罪的一种类型，但是在草案二审稿中将其删除。有观点认为，该种妨害药品管理秩序的行为可能还够不上犯罪，给予行政处罚就可以了。[①] 这一主张暨修法建议值得商榷。按照《药品管理法》第68条的规定，“国务院药品监督管理部门对下列药品在销售前或者进口时，应当指定药品检验机构进行检验；未经检验或者检验不合格的，不得销售或者进口：（一）首次在中国境内销售的药品；（二）国务院药品监督管理部门规定的生物制品；（三）国务院规定的其他药品”。据此，“应当检验而未经检验即销售药品”主要是指上述三类药品，而这些也往往属于具有特殊功效的药品，销售前的检验对于保证药品质量至关重要。而没有对这些进行销售前的检验，是很可能造成药品质量的安全隐患的，比如2017年发生的“武汉生物疫苗案”，其原因之一就是“企业出厂自检时，未考虑到设备故障可能引起质量不稳定问题，未对故障时间段分装的产品进行专门检验，仍按照常规方法进行抽检，致使自检效价结果未能真实反映该批次疫苗质量状况”[②]。因此，“应当检验而未经检验即销售药品”完全可能造成危害公众用药健康的后果。当然，即便修正案没有将其纳入妨害药品管理罪的不法行为之中，那么对于此种行为下销售的药品，可以根据其检验检测结果按照销售假药、劣药犯罪处理。

（5）足以造成严重危害人体健康。如上所述，通过上述四种方式生产经营的药品，既可能是真药，也可能是假药、劣药，甚至是因技术问题而无法辨明真假的药品，所以其对公众健康安全的危险性也是不同的。故而为了避免处罚范围的不当扩张，有必要对上述四种行为的入罪标准予以限制，即将“足以造成严重危

① 全国人大常委会法工委办公室．十三届全国人大常委会第二十次会议审议刑法修正案（十一）草案的意见．第十三届全国人大常委会第二十二次会议（2020年10月13—17日）参阅材料．

② 武汉生物公司效价不合格百白破疫苗处置工作核查组公布工作进展．访问时间：2020-12-25．访问网址 http://www.xinhuanet.com/politics/2018-08/10/c_1123253196.htm?baike.

害人体健康”这一具体危险作为本罪成立的条件。从内涵上而言，这一罪状配置是合理的，可以将不会对公众健康安全造成威胁的药品排除在外，所以结合生产、销售假药、劣药犯罪中“严重危害人体健康”的判断标准，“足以造成严重危害人体健康”应当是指涉案药品具有造成轻伤或者轻度残疾，或者造成器官组织损伤导致一般功能障碍及其以上危险的可能性。但是要注意的是，在对是否足以危害人体健康进行判断时，一定要注意将这种危害性与药品本身具有的毒害性相区别。比如，《药品管理法》第32条规定，“血液制品、麻醉药品、精神药品、医疗用毒性药品、药品类易制毒化学品不得委托生产；但是，国务院药品监督管理部门另有规定的除外”。这里的麻醉药品，是指连续使用后容易造成身体依赖性、成瘾的药品；毒性药品是指毒性剧烈，使用不当可能导致人中毒或死亡的药品。可以说，可能危害人体健康本身就是这些特殊药品的药性之一，故而在对涉案药品的危险性进行评价时，要避免将药品自身的毒害性（包括副作用）评价在内。

需要指出的是，从《刑法修正案（八）》生效之前生产、销售假药罪的适用状况来看，基于现有的药品检验检测技术要确定某一药品是否会造成上述危险是极其困难的，所以在此次修订过程中，有观点建议将本条罪状中规定的“足以严重危害人体健康的”限制性规定修改为“情节严重的”①，应该说这一主张是很有道理的。但是，最终全国人大常委会审议通过的修正案没有采纳这一意见，由此带来的问题是如何提高这一条款的可操作性，避免沦为一项僵尸条款，这就涉及本条款与生产、销售假药、劣药罪的关系问题，对此，本节将在下文展开论述。

（二）与相关犯罪的关系

1. 本罪与生产、销售、提供假药罪、生产、销售、提供劣药罪的关系

生产、销售、提供假药、劣药的行为，一定是违反《药品管理法》的行为，所以这种行为与妨害药品管理罪中的不法行为具有密切关系，比如，从司法实践来看，大多数的假药、劣药，也往往是未取得药品相关批准证明文件生产、进口的药品，或者编造生产、检验记录的药品等；从理论上来说，妨害药品管理罪相关行为所生产、销售、提供的药品，很有可能是假药或者劣药。这样一来，《刑法修正案（十一）》第5条、第6条与第7条之间本质上是一种交叉关系，即通

---

① 十三届全国人大常委会第二十二次会议审议刑法修正案（十一）草案二次审议稿的意见．

过第 7 条所列举的行为方式生产、销售、提供假药、劣药，就同时符合这些犯罪的构成特征而出现竞合。

这种竞合关系的存在会影响此类犯罪中共同犯罪的认定。比如，《药品解释》第 8 条规定："明知他人生产、销售假药、劣药，而有下列情形之一的，以共同犯罪论处：（一）提供资金、贷款、账号、发票、证明、许可证件的；（二）提供生产、经营场所、设备或者运输、储存、保管、邮寄、网络销售渠道等便利条件的；（三）提供生产技术或者原料、辅料、包装材料、标签、说明书的；（四）提供广告宣传等帮助行为的"。在司法实践中，要证明提供上述帮助的行为人对于他人生产、销售的药品是假药、劣药，往往存在较大的困难，但是，对于这些帮助者而言，在为药品的生产、销售人员提供场地、运输条件、资金或者广告宣传的时候，承担着特定审查义务，比如审查药品的生产许可证件、检验合格报告等。在生产、销售假药、劣药的场合，通常情况下的生产者、销售者难以向帮助者提供上述证明，则可以推定上述药品可能符合"未取得药品相关批准证明文件生产"等情形，而此时帮助者依然为其提供上述帮助行为，就能够认定帮助者对涉案药品可能属于修正案第 7 条规定的四种情形存在明知。这样一来，就可以认定假药的生产者、销售者与帮助者之间存在共同犯罪的故意。只不过在具体的罪名上，生产者、销售者成立生产、销售假药罪，而帮助者成立妨害药品管理罪。

2. 本罪与非法经营罪的关系

《药品解释》第 7 条规定："违反国家药品管理法律法规，未取得或者使用伪造、变造的药品经营许可证，非法经营药品，情节严重的，依照刑法第二百二十五条的规定以非法经营罪定罪处罚"。据此，在药品领域不法行为构成非法经营罪的，其表现为行为人没有依法取得药品经营许可证。此外，就药品性质来说，要成立非法经营罪，不法行为经营的药品应当属于真药，而不能是假药、劣药（实践中多表现为回收药）。两相比较，在妨害药品管理罪中，不管是未取得药品相关批准文件生产、进口或者明知属于上述药品而销售的，抑或是编纂生产、检验记录等，如果涉案药品被认定为假药、劣药或者其他足以危害人体健康的问题药品，行为人即便没有经营许可资格，也不构成非法经营罪；只有涉案药品被认定为真药且生产经营者没有获得经营许可时，才具备了非法经营罪的违法性基础。

（三）刑事处罚

实施本条所规定的妨害药品管理的行为，足以严重危害人体健康的，处 3 年以下有期徒刑或者拘役，并处或者单处罚金；对人体健康造成严重危害或者有其他严重情节的，处 3 年以上 7 年以下有期徒刑，并处罚金。

五、食品、药品监管渎职罪修法的理解与适用（修正案第 45 条）

原刑法第 408 条之一第 1 款规定："负有食品安全监督管理职责的国家机关工作人员，滥用职权或者玩忽职守，导致发生重大食品安全事故或者造成其他严重后果的，处五年以下有期徒刑或者拘役；造成特别严重后果的，处五年以上十年以下有期徒刑"。此次修正案不仅扩大了本罪的犯罪主体，通过"列举加概括"的方式细化了客观行为，而且丰富了入罪情节，在原有以"严重后果"这一单一标准基础上增加了"其他严重情节""其他特别严重情节"之规定。修改后，刑法第 408 条之一第 1 款为："负有食品药品安全监督管理职责的国家机关工作人员，滥用职权或者玩忽职守，有下列情形之一，造成严重后果或者有其他严重情节的，处五年以下有期徒刑或者拘役；造成特别严重后果或者有其他特别严重情节的，处五年以上十年以下有期徒刑：（一）瞒报、谎报食品安全事故、药品安全事件的；（二）对发现的严重食品药品安全违法行为未按规定查处的；（三）在药品和特殊食品审批审评过程中，对不符合条件的申请准予许可的；（四）依法应当移交司法机关追究刑事责任不移交的；（五）有其他滥用职权或者玩忽职守行为的。"对此，我们可以从以下几个方面加以理解。

（一）内涵解读

对于本罪的内涵，需要重点把握以下三个方面：

第一，关于本罪的客观方面。本罪的客观方面主要由以下几个方面组成：

（1）滥用职权、玩忽职守。首先，关于滥用职权、玩忽职守的界定。滥用职权客观方面表现为违反或者超越法律规定的权限和程序而使用手中的职权，致使公共财产、国家和人民利益遭受重大损失的行为。滥用职权的行为人手中必须有

“权”，并且滥用权力与危害后果有直接因果关系，如果手中无权，则不能按此行为处理。相应的，玩忽职守表现为不履行、不正确履行或者放弃履行职责，致使公共财产、国家和人民利益遭受重大损失的行为。[①] 基于上述理解，我们认为，滥用职权与玩忽职守的区别在于行为属性不同，即前者属于作为方式，后者为不作为方式。言及于此，主要原因在于玩忽职守的行为特征是行为人负有依法履行职责的作为义务，但是在能够履行职责的情况不履行或者怠于履行职责，进而导致危害结果的发生。而滥用职权则不同，是因为在履行职责过程中，没有按照规定的方式正确行使职权，从而致使危害结果的发生。比如发现了食品安全事故以后，不如实报告事故发生的时间、地点、初步原因等。

其次，关于滥用职权、玩忽职守与徇私舞弊的关系。刑法第 408 条之一第 2 款规定：“徇私舞弊犯前款罪的，从重处罚”。徇私舞弊是指为徇个人私利或者亲友私情的行为。这种行为是从个人利益出发，置国家利益于不顾，主观恶性要比其他原因实施的滥用职权、玩忽职守行为严重，所以在量刑上会从重处罚。[②] 从逻辑上讲，徇私舞弊是在动机层面限定滥用职权、玩忽职守的特定形式，因此，构成对后两种行为的规范限制。换言之，如果不能确认行为人是基于上述动机而滥用职权、玩忽职守，比如只是因为工作态度不认真等原因，则不能适用本条第 2 款从重处罚。

（2）瞒报、谎报食品安全事故、药品安全事件的认定。食品安全事故是《食品安全法》中的一个法定概念，其第 150 条规定，食品安全事故指食源性疾病、食品污染等源于食品，对人体健康有危害或者可能有危害的事故。相应的，《药品管理法》中并没有界定药品安全事件，其第 108 条只是规定“县级以上人民政府应当制定药品安全事件应急预案。药品上市许可持有人、药品生产企业、药品经营企业和医疗机构等应当制定本单位的药品安全事件处置方案，并组织开展培训和应急演练”。而在地方性规范中则出现过相关表述，比如山东省《药品安全突发事件应急预案》第 3 条规定：“药品安全突发事件是指突然发生，对社会公众健康造成或可能造成严重损害的重大药品质量事件、群体性药害事件、严重药品不良反应事件、重大制售假劣药品事件及其他严重影响公众健康的突发药品安

① 全国人大常委会法制工作委员会刑法室．《中华人民共和国刑法》条文说明、立法理由及相关规定，北京：北京大学出版社，2009：98.

② 全国人大常委会法制工作委员会刑法室．《中华人民共和国刑法修正案（八）》条文说明、立法理由及相关规定．北京：北京大学出版社，2011：192.

全事件。”如果按照这一理解，药品安全事件主要是指对社会公众健康造成或可能造成严重损害的重大药品质量事件、群体性药害事件、严重药品不良反应事件、重大制售假劣药品事件及其他严重影响公众健康的突发药品安全事件。

《食品安全法》《药品管理法》均规定了食品安全事故、药品安全事件出现后的法定处理程序和法律责任，由此构成本条款的规范基础。比如，《食品安全法》第103条规定：“发生食品安全事故的单位应当立即采取措施，防止事故扩大。事故单位和接收病人进行治疗的单位应当及时向事故发生地县级人民政府食品安全监督管理、卫生行政部门报告。”“县级以上人民政府农业行政等部门在日常监督管理中发现食品安全事故或者接到事故举报，应当立即向同级食品安全监督管理部门通报。”“发生食品安全事故，接到报告的县级人民政府食品安全监督管理部门应当按照应急预案的规定向本级人民政府和上级人民政府食品安全监督管理部门报告。县级人民政府和上级人民政府食品安全监督管理部门应当按照应急预案的规定上报。”“任何单位和个人不得对食品安全事故隐瞒、谎报、缓报，不得隐匿、伪造、毁灭有关证据。”《药品管理法》第108条第2款规定：“发生药品安全事件，县级以上人民政府应当按照应急预案立即组织开展应对工作；有关单位应当立即采取有效措施进行处置，防止危害扩大”。而第148条进一步明确规定：“违反本法规定，县级以上地方人民政府瞒报、谎报、缓报、漏报药品安全事件的，对直接负责的主管人员和其他直接责任人员给予记过或者记大过处分；情节严重的，给予降级、撤职或者开除处分”。第149条则对药品监管部门实施该行为时予以处罚的规定。此外，《疫苗管理法》第78条、第94条、第95条也作了类似规定。

不过，对于何谓瞒报、谎报，上述规定并没有作出明确阐释。对此，参考原国家安全监管总局于2015年修订的《〈生产安全事故报告和调查处理条例〉罚款处罚暂行规定》第5条的规定，谎报是指故意不如实报告事故发生的时间、地点、类别、伤亡人数、直接经济损失等有关内容的；瞒报，是指隐瞒已经发生的事故，超过规定时限未向有关部门报告，经查证属实的情形。据此，谎报与瞒报的主要区别在于，前者是虚构不存在的事实，且在规定时间内报告；其关键在于虚构行为。而后者则是隐瞒已经发生的客观事实，且超时限没有报告，核心在于没有及时报告，故而只要在规定时间内没有上报就可以认定为瞒报。

（3）对发现的严重食品药品安全违法行为未按规定查处。关于食品药品违法行为的类型，主要规定在《食品安全法》《药品管理法》《中医药法》《农产品质量安全法》《疫苗管理法》等。在适用本条款时需要注意两点：一是严重食品药品安全违法行为的认定；二是“未按规定查处”的理解。

首先，“严重的食品药品安全违法行为”不仅包括涉嫌犯罪的行政违法案件，而且包括情节严重的行政违法行为。一方面，本条第1款第4项虽然规定了“依法应当移交司法机关追究刑事责任不移交的”情形，但是这种移送义务是行政执法人员在确定有证据证明案件事实存在的情况下的法定责任，但是如果行为人在行政执法过程中根本没有全面、系统地搜集案件材料，不仅无法发现涉案行为已涉嫌犯罪，而且可能连行政违法责任都无法确定。故而，这里的严重违法行为应当涵盖在客观上可能涉嫌犯罪的案件。另一方面，关于其他严重违法行为的判断，相关法律规范中并没有明确这一概念，即只有违法行为的类型但无严重违法行为的判断标准。我们认为，严重违法行为是相对于一般违法行为而言的，主要表现为行政违法层面的“情节严重”之情形，所以对于该类型的理解，应当限定在相关法律规范中“情节严重”的违法行为的范畴。换言之，只要在前述行政法规范中存在“情节严重”的责任形式，就可以归为本项情形，具备了评价行为人是否构成本罪的客观基础。

其次，“未按规定查处”主要是指食品药品监管部门执法人员没有按照《食品安全法》《药品管理法》等行政法规范应当依法作出行政处罚的情形。具体情形包括：该依法查处但发现违法行为不作处罚或者降格处罚的；发现违法行为后该依法从严查处而没有从严处罚的；应当采取多种处罚措施而进行选择适用处罚措施的；对于食品安全事故或者药品安全事件发生以后，没有采取合理措施予以应对的；等等。比如，《食品安全法》第105条第1款规定，“县级以上人民政府食品安全监督管理部门接到食品安全事故的报告后，应当立即会同同级卫生行政、农业行政等部门进行调查处理，并采取下列措施，防止或者减轻社会危害：（一）开展应急救援工作，组织救治因食品安全事故导致人身伤害的人员；（二）封存可能导致食品安全事故的食品及其原料，并立即进行检验；对确认属于被污染的食品及其原料，责令食品生产经营者依照本法第六十三条的规定召回或者停止经营；（三）封存被污染的食品相关产品，并责令进行清洗消毒；（四）做好信息发布工作，依法对食品安全事故及其处理情况进行发布，并对可能产生的危害加以解释、说明”。如果在上述情形发生以后，执法人员不能及时采取措施，也可以认定为“未按规定查处”。

此外，对于涉嫌犯罪线索移送的问题，不属于本项规定中“未按规定查处的”情形。《行政执法机关移送涉嫌犯罪案件的规定》第3条第2款规定：“知识产权领域的违法案件，行政执法机关根据调查收集的证据和查明的案件事实，认为存在犯罪的合理嫌疑，需要公安机关采取措施进一步获取证据以判断是否达到刑事案件立案追诉标准的，应当向公安机关移送。”2015年12月22日食品药品监管总局、公安部、最高人民法院、最高人民检察院、国务院食品安全办联合印发的《食品药品行政执法与刑事司法衔接工作办法》第27条规定：“食品药品监管部门在日常工作中发现属于《中华人民共和国食品安全法》《中华人民共和国药品管理法》规定的明显涉嫌犯罪的案件线索，应当立即以书面形式向同级公安机关通报”。但是，上述规定只是对食品药品监管部门在查处行政违法发现涉嫌犯罪线索（即存在犯罪的合理怀疑）所附加的信息通报义务，而本条所指向的是行政违法行为的具体处理，两者的行为属性是不同的，因此，不能将线索通报行为理解为查处行政违法行为。

（4）在药品和特殊食品审批审评过程中，对不符合条件的申请准予许可。药品和特殊食品是具有特殊功效而区别于一般产品的特殊商品。按照《食品安全法》第74条的规定，特殊食品是指按照食品安全法律法规特殊、严格监督管理规定的保健食品、特殊医学用途配方食品和婴幼儿配方食品等。该法第77条至第81条对特殊食品的审批审评条件作出了严格、明确的规定，从而可以确保特殊食品的安全，满足特殊人员的食品安全需求。而在药品监管领域，《药品管理法》以专节“药品研制和注册”对药品研制、上市注册申请等程序进行了系统规定。其中第25条明确规定：“对申请注册的药品，国务院药品监督管理部门应当组织药学、医学和其他技术人员进行审评，对药品的安全性、有效性和质量可控性以及申请人的质量管理、风险防控和责任赔偿等能力进行审查；符合条件的，颁发药品注册证书。”“国务院药品监督管理部门在审批药品时，对化学原料药一并审评审批，对相关辅料、直接接触药品的包装材料和容器一并审评，对药品的质量标准、生产工艺、标签和说明书一并核准。”这些规范性文件共同构成了药品和特殊食品上市前的安全监管评价制度。

药品和特殊食品对于使用人的身体健康乃至生命安全具有重要作用，也是国家有关部门在监管上区别于普通食品和其他产品的重要原因所在。上述规定的药品注册和特殊食品注册备案制度是国家为保障上市药品、特殊食品的安全、有效和质量而由专门法律予以规定，也是国家食品药品监督管理部门和其他相关监管部门的重要职能。如果有关人员在履行上述职责过程中不能依法行使权利，严格审批审评机制，就可能导致药品、特殊食品的安全性、有效性和质量失去相应的监控，危及公众安全。

（5）依法应当移交司法机关追究刑事责任不移交。依法应当移交司法机关追究刑事责任不移交的行为，主要是食品药品监管部门在行政执法过程中发现涉嫌犯罪案件以后，应当将其移交给司法机关追究刑事责任而不移交的行为。这里需要注意两点：一是作为案件接受单位的司法机关，不仅包括检察机关、审判机关，而且包括公安机关。但是，在司法实践中，接受食品药品监督管理部门移送涉嫌犯罪案件的机关主要是公安机关。对此，《食品安全法》第121条规定："县级以上人民政府食品安全监督管理等部门发现涉嫌食品安全犯罪的，应当按照有关规定及时将案件移送公安机关。对移送的案件，公安机关应当及时审查；认为有犯罪事实需要追究刑事责任的，应当立案侦查"。《药品管理法》第113条规定："药品监督管理部门发现药品违法行为涉嫌犯罪的，应当及时将案件移送公安机关"。二是作为移交的对象主要是指行政执法过程中发现的涉嫌犯罪案件，即有证据证明有犯罪事实发生的情形，不包括涉嫌犯罪的线索。就涉嫌犯罪事实的判断标准，2001年7月9日国务院公布实施的《行政执法机关移送涉嫌犯罪案件的规定》第3条规定："行政执法机关在依法查处违法行为过程中，发现违法事实涉及的金额、违法事实的情节、违法事实造成的后果等，根据刑法关于破坏社会主义市场经济秩序罪、妨害社会管理秩序罪等罪的规定和最高人民法院、最高人民检察院关于破坏社会主义市场经济秩序罪、妨害社会管理秩序罪等罪的司法解释以及最高人民检察院、公安部关于经济犯罪案件的追诉标准等规定，涉嫌构成犯罪，依法需要追究刑事责任的，必须依照本规定向公安机关移送。"其第5条规定，"行政执法机关对应当向公安机关移送的涉嫌犯罪案件，应当立即指定2名或者2名以上行政执法人员组成专案组专门负责，核实情况后提出移送涉嫌犯罪案件的书面报告，报经本机关正职负责人或者主持工作的负责人审批"。"行政执法机关正职负责人或者主持工作的负责人应当自接到报告之日起3日内作出批准移送或者不批准移送的决定"。可以说，上述规定不仅明确了食品药品监管部门在执法过程中发现涉嫌犯罪案件时应当依法向公安机关移送的义务，而且规定了案件移送的标准和程序。因此，不管是具体负责案件审批的行政执法人员，还是有关机关负责人，只要对按照规定应当依法移送的案件不移送公安机关的，都符合上述该行为类型。

（6）造成严重后果或者有其他严重情节。关于食品药品监管渎职行为造成严重后果或者其他严重情节的评价标准，可以参考 2013 年 1 月 9 日起施行的最高人民法院、最高人民检察院《关于办理渎职刑事案件适用法律若干问题的解释（一）》（以下简称《渎职罪解释（一）》）。其第 1 条规定："国家机关工作人员滥用职权或者玩忽职守，具有下列情形之一的，应当认定为刑法第三百九十七条规定的'致使公共财产、国家和人民利益遭受重大损失'：（一）造成死亡 1 人以上，或者重伤 3 人以上，或者轻伤 9 人以上，或者重伤 2 人、轻伤 3 人以上，或者重伤 1 人、轻伤 6 人以上的；（二）造成经济损失 30 万元以上的；（三）造成恶劣社会影响的；（四）其他致使公共财产、国家和人民利益遭受重大损失的情形。具有下列情形之一的，应当认定为刑法第三百九十七条规定的'情节特别严重'：（一）造成伤亡达到前款第（一）项规定人数 3 倍以上的；（二）造成经济损失 150 万元以上的；（三）造成前款规定的损失后果，不报、迟报、谎报或者授意、指使、强令他人不报、迟报、谎报事故情况，致使损失后果持续、扩大或者抢救工作延误的；（四）造成特别恶劣社会影响的；（五）其他特别严重的情节"。

第二，关于本罪的主体。本罪的主体为特殊主体，是负有食品药品安全监督管理职责的国家机关工作人员。随着 2018 年国务院机构改革的持续推进，目前我国负责食品药品安全监督管理职责的部门有了较大的变化。根据《中共中央关于深化党和国家机构改革的决定》《第十三届全国人民代表大会第一次会议关于国务院机构改革方案的决定》，组建国家市场监督管理总局，作为国务院直属机构；组建国家药品监督管理局，由国家市场监督管理总局管理。自此，食品安全监督管理部门与药品安全监督管理部门在形式上成为两个独立的部门。在具体职责上，市场监督管理部门一般由食品生产安全、流通安全、市场安全、餐饮服务、特殊食品监管处室以及作为直属机构的综合执法部门负责行政违法案件查处与办理，而农业行政主管部门则负责农产品质量安全的监督管理工作。在药品监管领域，除了药品注册、药品生产、药品流通等安全监管部门外，还有稽查处（队）等负责药品安全违法案件查办。除此以外，卫生健康主管部门等也承担药品安全监管职责。需要注意的是，在许多地方监管队伍中，市场监管部门的执法部门和稽查队（处）往往不具有公务员的行政编制，属于事业单位的属性，这就涉及具体到某一个监管部门的工作人员时，是否可以评价为国家机关工作人员的问题。对此，根据 2002 年 12 月 28 日第九届全国人民代表大会常务委员会第三十一次会议通过《全国人民代表大会常务委员会关于〈中华人民共和国刑法〉第九章渎职罪主体适用问题的解释》，“在依照法律、法规规定行使国家行政管理职权的组织中从事公务的人员，或者在受国家机关委托代表国家机关行使职权的组织中从事公务的人员，或者虽未列入国家机关人员编制但在国家机关中从事公务的人员，在代表国家机关行使职权时，有渎职行为，构成犯罪的，依照刑法关于渎职罪的规定追究刑事责任。”

第三，关于本罪的罪过形式。关于本罪的罪过形式，理论上存在较大的争议，这也与刑法中滥用职权罪与玩忽职守罪的主观罪过的关系密不可分。事实上，自 1997 年刑法颁行以来，关于这两个罪的主观罪过的分歧，不仅理论上观点纷呈，而且直接影响了立法机关与司法机关对这一问题的看法。比如，全国人大常委会法制工作委员会刑法室认为，滥用职权行为和玩忽职守行为是渎职犯罪中最典型的两种行为，除客观方面之外的其他构成要件全部相同。[①] 最高司法机关对于这一问题的认识经历了一定的变化。比如，2006 年 7 月 26 日发布并施行《最高人民检察院关于渎职侵权犯罪案件立案标准的规定》对滥用职权罪和玩忽职守罪作出了不同的立案追诉条件，且前者的追诉标准低于后者，由此也暗含了对两种罪名应当按照不同罪过形式加以理解。但是，2013 年施行的《渎职罪解释（一）》又统一了两罪的入罪标准，这也在一定程度表明两种犯罪之间不再是故意犯罪与过失犯罪的差异。当然，在这两种罪过形态之间，考虑到罪状表述和法定刑配置，我们更倾向于将滥用职权罪与玩忽职守罪认定为过失犯罪，即本罪的主观方面为过失。具体而言，行为人对于滥用职权或者不依法履行职权可以具有明确的认识或者因为疏忽大意而没有认识到，但是对于危害结果的发生，行为人主观上持排斥的心理态度。不过，如果有证据表明行为人不仅对其违反或者超越法律规定的权限和程序而滥用权力，或者不依法履行职权存在明知，而且积极追求或放任危害结果的发生，则可以进一步确定其与实施食品药品安全违法犯罪的行为人是否存在主观上的意思联络，进而按照危害食品药品安全犯罪的共犯处理；即便双方不存在意思联络，只要实施食品药品安全违法犯罪的行为人是确定的，也可依照片面共犯，以危害食品药品安全犯罪的共犯进行处理。

---

① 全国人大常委会法制工作委员会刑法室．《中华人民共和国刑法》条文说明、立法理由及相关规定．北京：北京大学出版社，2009：805.

（二）司法适用

这里主要涉及本罪与受贿罪的罪数关系问题。《渎职罪解释（一）》第3条规定："国家机关工作人员实施渎职犯罪并收受贿赂，同时构成受贿罪的，除刑法另有规定外，以渎职犯罪和受贿罪数罪并罚"。此后，最高人民检察院在公布的指导性案例"赛跃、韩成武受贿、食品监管渎职案（检例第16号）"中进一步明确了食品监管渎职罪与受贿罪之间的罪数关系。即"负有食品安全监督管理职责的国家机关工作人员，滥用职权或玩忽职守，导致发生重大食品安全事故或者造成其他严重后果的，应当认定为食品监管渎职罪。在渎职过程中受贿的，应当以食品监管渎职罪和受贿罪实行数罪并罚"。据此，负有食品药品安全监督管理职责的国家机关工作人员在实施本罪所规定的渎职行为中受贿的，应当以本罪和受贿罪数罪并罚。

（三）刑事处罚

根据《刑法修正案（十一）》第45条的规定，实施本条所规定的不法行为，造成严重后果或者有其他严重情节的，处5年以下有期徒刑或者拘役；造成特别严重后果或者有其他特别严重情节的，处5年以上10年以下有期徒刑。徇私舞弊犯前款罪的，从重处罚。

第五章

破坏金融秩序罪修法的理解与适用

一、破坏金融秩序罪的修法概述

一段时期以来，金融领域恶性违法犯罪行为成本较低，法律震慑力不够强大，资本市场违法犯罪行为居高不下，这既严重损害了广大投资者合法权益，又危及市场秩序，制约了资本市场功能的有效发挥。2020年12月26日，第十三届全国人大常委会第二十四次会议审议通过的《刑法修正案（十一）》加大了对金融犯罪的惩治力度。其中与资本市场密切相关的条文，如刑法第160条、第161条、第182条、第229条，等等，涵盖欺诈发行、信息披露造假、操纵证券、期货市场等金融犯罪，大幅提高了资本市场相关犯罪的刑事处罚力度。主要修改内容如下：

第一，欺诈发行股票、债券罪。这包括：（1）完善刑法条文表述，保持与《证券法》修订的有效衔接。在原条文“招股说明书、认股书、公司、企业债券募集办法”的基础上补充“等发行文件”，在“发行股票或者公司、企业债券”的基础上补充“存托凭证或国务院依法认定的其他证券”等表达。一方面，将存托凭证和国务院依法认定的其他证券纳入欺诈发行犯罪的规制范围，为将来打击欺诈发行存托凭证和其他证券提供充分的法律依据；另一方面，相比于原条文的穷尽式列举，修正案在条文表述上则更加科学、严谨。（2）大幅提高欺诈发行的刑罚力度。对待资本市场“毒瘤”之一的欺诈发行，修正案大幅强化了对该类犯罪的刑事打击力度。对于欺诈发行股票、债券的，修正案将刑期上限由5年有期徒刑提高至 15 年有期徒刑，并将对个人的罚金由非法募集资金金额的 1%～5%修改为“并处罚金”，取消了 5%的上限限制，对单位的罚金由非法募集资金的 1%～5%提高至 20%～1 倍。(3) 强化对控股股东、实际控制人等“关键少数”的刑事责任追究。实践中，控股股东、实际控制人等往往在欺诈发行、信息披露造假等案件中扮演重要角色。修正案强化了对这类主体的责任追究，明确将控股股东、实际控制人组织、指使实施欺诈发行的行为纳入刑法规制范围。

第二，违规披露、不披露重要信息罪。这包括：一方面，加大违规披露、不披露重要信息的刑罚力度。修正案将相关责任人员的刑期上限由 3 年提高至 10 年，罚金数额由 2 万元至 20 万元修改为“并处罚金”，取消 20 万元的上限限制；另一方面，与欺诈发行股票、债券罪在控股股东、实际控制人等“关键少数”的刑事责任追究上保持一致，明确将控股股东、实际控制人实施或者组织、指使实施信息披露造假，以及控股股东、实际控制人隐瞒相关事项导致公司披露虚假信息等行为纳入刑法规制范围。

第三，关于非法集资犯罪的立法修改。自 1995 年设立非法吸收公众存款罪和集资诈骗罪以来，《刑法修正案（十一）》首次对两罪进行较大幅度修改，这主要是考虑到非法集资呈现出日趋严峻的态势，其作为一种多发的涉众型犯罪，天然地具有参与人多、分布广、影响范围大的特性，已经不再单纯地表现为金融犯罪，而是与防范化解金融风险、维护社会稳定联系在一起，必须与时俱进地在立法层面予以反应，加大惩治非法集资犯罪力度。

对于非法吸收公众存款罪和集资诈骗罪的罪状，《刑法修正案（十一）》并没有修改，只是对两罪的刑罚结构进行调整，以此加大刑事惩治力度。其一，将非法吸收公众存款罪的法定刑档次，由两档增加为三档，由此法定最高刑由 10 年提高至 15 年。由于该罪是非法集资犯罪的基础罪名，其法定最高刑不能提高到与集资诈骗罪持平的无期徒刑，否则会破坏刑罚结构的均衡性。其二，取消集资诈骗罪“数额特别巨大或者有其他特别严重情节”的档次，由此将该罪的法定刑由原先的三档改为两档，并且调整相应的起刑点。这意味着以往适用第二档次法定刑的情形，如今可以进入最重的法定刑档次，判处 7 年以上有期徒刑或者无期徒刑。另外，《刑法修正案（十一）》将该罪过去第一档法定刑设置的 5 年以下有期徒刑或者拘役，修改为 3 年以上 7 年以下有期徒刑，这也意味着集资诈骗罪的起刑点是 3 年有期徒刑，最高法定刑也由 5 年变为 7 年。这明显加大了刑事打击力度。其三，关于罚金刑的修改。鉴于 50 万元的最高罚金限额是在 1997 年刑法确立的，已经远远不能适应打击逐利性非法集资犯罪，《刑法修正案（十一）》采取无限额罚金制的总体立法思路，改变过去的限额罚金制。其四，追赃挽损是打击非法集资犯罪的重要组成部分，直接关系到社会稳定，故《刑法修正案（十一）》在刑法第176条增加了法定量刑情节，规定在提起公诉前积极退赃退赔、减少损害结果发生的，可以从轻、减轻处罚，以此挽回集资参与人的损失。可以说，《刑法修正案（十一）》的上述修改，是在维系刑罚结构均衡基础上所进行的最大限度调整，以达到法律效果、社会效果和政治效果的有机统一。①

第四，操纵证券、期货市场罪。关于操纵证券、期货市场罪，《刑法修正案（十一）》是在刑事立法层面进行的第三次修订，这主要表现为在原条文对操纵证券、期货市场行为列举的基础上，借鉴新《证券法》规定，针对市场中出现的新的操纵情形，进一步明确对"幌骗交易操纵""蛊惑交易操纵""抢帽子操纵"等新型操纵市场行为追究刑事责任。并且将过去散落在前三种手段项下关于操纵或者影响"证券、期货交易价格或者证券、期货交易量"之共同规定，提至条文的整体规定部分，集中调整到罪状的第一款中，在措辞表述上更加简洁化。《刑法修正案（十一）》在立法层面提升了对新型证券操纵行为危害性的认识，而且删除了"误导投资者作出投资决定"的术语，以此来减轻举证责任。通过对本条文的修改，实现其与《证券法》修订的有效对接。

第五，洗钱罪的修改。目前我国刑法中关于洗钱犯罪的规定中未将"自洗钱"独立入罪，该立法现状严重影响打击上游犯罪效果及履行国际义务，被金融行动特别工作组认为是我国执行反洗钱国际标准的重大缺陷之一。司法实践中，对于"自洗钱"与上游犯罪并存的情形，前者均被上游犯罪"吸收"，以上游犯罪来定罪处理；量刑时，虽然可以将"自洗钱"作为可加重量刑的情节予以考虑，但司法实践中运用极少。自洗钱入罪是此次洗钱罪调整最大亮点。在总体国家安全观确立后，我国开始从国家战略高度认识反洗钱，在顶层进行制度设计。2017年，国务院办公厅发布《关于完善反洗钱、反恐怖融资和反逃税监管体制机制的意见》，要求"研究扩大洗钱罪的上游犯罪范围，将上游犯罪本犯纳入洗钱罪的主体范围"。为了落实顶层设计的指引性要求，凸显我国对FATF评估的后续整改措施，强化对洗钱罪的刑事打击效果，《刑法修正案（十一）》通过删除第191条关于客观行为方式中三个"协助"和"明知"等的术语，改变了洗钱罪

---

① 王新．适时调整刑罚 防范化解金融风险．检察日报，2021-01-06.

只能由他犯构成的限制性框架，将自洗钱纳入洗钱罪的打击范围。同时，在该罪的罚金刑上，《刑法修正案（十一）》也取消限额罚金制。[①] 这是立法层面的重大进步，突破了传统赃物罪的理论思路。可以预见，在自洗钱入罪之后，洗钱罪的司法适用会发生急速增长，从根本上改善我国反洗钱司法效果薄弱的局面。

第六，违法催收非法债务罪的立法增设。在民间借贷过程中，有许多催收方催收过程中采用信息轰炸，曝光通讯录，上门、上公司骚扰借款人的生活和工作，信息威胁、恐吓等情形，严重损害了社会秩序和被催收方的合法权益。鉴于此，《刑法修正案（十一）》把催收非法债务行为规定为犯罪。《刑法修正案（十一）》第34条中规定："在刑法第二百九十三条后增加一条，作为第二百九十三条之一：'有下列情形之一，催收高利放贷等产生的非法债务，情节严重的，处三年以下有期徒刑、拘役或者管制，并处或者单处罚金：（一）使用暴力、胁迫方法的；（二）限制他人人身自由或者侵入他人住宅的；（三）恐吓、跟踪、骚扰他人的。'"本罪的最高刑为3年以下有期徒刑，属于轻罪，客观方面表现为行为人实施了该条规定的三种催收非法债务行为之一，且情节严重。另外，本罪限定行为人催收的债务属于高利放贷等产生的"非法债务"，如果催收的债务属于合法债务，不应构成本罪。对行为人针对合法债权采用非法手段催收的，触犯《刑法》中有关罪名的，只应按照所触犯的罪名处理。

二、欺诈发行证券罪的理解与适用（修正案第8条）

（一）修法过程

本次刑法修正的过程中，对于本罪的修改在三次审议稿中均有一定的变化。

1. 一审稿的相关规定。刑法第160条原条文内容为："（第一款）在招股说明书、认股书、公司、企业债券募集办法中隐瞒重要事实或者编造重大虚假内容，发行股票或者公司、企业债券，数额巨大、后果严重或者有其他严重情节的，处五年以下有期徒刑或者拘役，并处或者单处非法募集资金金额百分之一以上百分之五以下罚金。（第二款）单位犯前款罪的，对单位判处罚金，并对其直接负责的主管人员和其他直接责任人员，处五年以下有期徒刑或者拘役。"2020年7月

---

① 王新．适时调整刑罚 防范化解金融风险．检察日报，2021-01-06.

3日全国人大常委会公布的《刑法修正案（十一）（草案）》中规定，将刑法第160条修改为："（第一款）在招股说明书、认股书、公司、企业债券募集办法等发行文件中隐瞒重要事实或者编造重大虚假内容，发行股票或者公司、企业债券，数额巨大、后果严重或者有其他严重情节的，处五年以下有期徒刑或者拘役，并处或者单处罚金；数额特别巨大、后果特别严重或者有其他特别严重情节的，处五年以上有期徒刑，并处罚金。（第二款）控股股东、实际控制人组织、指使实施前款行为的，处五年以下有期徒刑或者拘役，并处或者单处非法募集资金金额百分之二十以上一倍以下罚金；数额特别巨大、后果特别严重或者有其他特别严重情节的，处五年以上有期徒刑，并处非法募集资金金额百分之二十以上一倍以下罚金。（第三款）单位犯前两款罪的，对单位判处非法募集资金金额百分之二十以上一倍以下罚金，并对其直接负责的主管人员和其他直接责任人员，依照第一款的规定处罚。"

较之于原来条文，第一次审议稿主要修改如下：一是为了应因我国《证券法》等法律中扩大证券范围的现实情况，在原条文欺诈发行对象"招股说明书、认股书、公司、企业债券募集办法"的基础上补充"等发行文件"，希冀起到兜底适用的立法目的；二是大幅提高欺诈发行的刑罚力度。对待资本市场"毒瘤"之一的欺诈发行，一审稿大幅强化了对该类犯罪的刑事打击力度。对于欺诈发行股票、债券的，一审稿增加了一档法定刑，将刑期上限由5年有期徒刑提高至15年有期徒刑，并将对个人的罚金由非法募集资金金额的1%～5%修改为"并处罚金"，取消了5%的上限限制，对单位的罚金由非法募集资金的1%～5%提高至20%～1倍；三是强化对控股股东、实际控制人等"关键少数"的刑事责任追究。实践中，控股股东、实际控制人等往往在欺诈发行、信息披露造假等案件中扮演重要角色。一审稿强化了对这类主体的责任追究，明确将控股股东、实际控制人组织、指使实施欺诈发行的行为纳入刑法规制范围。

2. 二审稿的相关规定。2020年10月26日全国人大常委会公布的《刑法修正案（十一）（草案二次审议稿）》中规定，将刑法第160条修改为："（第一款）在招股说明书、认股书、公司、企业债券募集办法等发行文件中隐瞒重要事实或者编造重大虚假内容，发行股票、公司债券、企业债券、存托凭证或者国务院依法认定的其他证券，数额巨大、后果严重或者有其他严重情节的，处五年以下有期徒刑或者拘役，并处或者单处罚金；数额特别巨大、后果特别严重或者有其他特别严重情节的，处五年以上有期徒刑，并处罚金。（第二款）控股股东、实际控制人组织、指使实施前款行为的，处五年以下有期徒刑或者拘役，并处或者单处非法募集资金金额百分之二十以上一倍以下罚金；数额特别巨大、后果特别严重或者有其他特别严重情节的，处五年以上有期徒刑，并处非法募集资金金额百分之二十以上一倍以下罚金。（第三款）单位犯前两款罪的，对单位判处非法募集资金金额百分之二十以上一倍以下罚金，并对其直接负责的主管人员和其他直接责任人员，依照第一款的规定处罚。”

较之于一审稿，二审稿维持了一审稿扩大欺诈发行证券范围、大幅提高欺诈发行的刑罚力度以及强化对控股股东、实际控制人等“关键少数”的刑事责任追究等修改，其主要修改变化之处体现在在一审稿欺诈发行对象“招股说明书、认股书、公司、企业债券募集办法”补充“等发行文件”的基础上，为保持与《证券法》修订的有效衔接，在“发行股票或者公司、企业债券”的基础上补充《证券法》中规定的“存托凭证或国务院依法认定的其他证券”等表达。这样，一方面，明确将存托凭证和国务院依法认定的其他证券纳入欺诈发行犯罪的规制范围，为将来打击欺诈发行存托凭证和其他证券提供充分的法律依据；另一方面，相比于一审稿的笼统列举，二次审议稿明确列举了《证券法》中认定的新型证券，在条文表述上则更加明确、科学、严谨。

3. 三审稿及最后的通过稿的相关规定。三次审议稿基本上维持了二审稿的相关修改，仅仅是个别词语上有所修改，如，将“发行股票、公司债券、企业债券”修改为“发行股票或者公司、企业债券”。最后的建议表决稿和通过稿中，将刑法第160条修改为：“（第一款）在招股说明书、认股书、公司、企业债券募集办法等发行文件中隐瞒重要事实或者编造重大虚假内容，发行股票或者公司、企业债券、存托凭证或者国务院依法认定的其他证券，数额巨大、后果严重或者有其他严重情节的，处五年以下有期徒刑或者拘役，并处或者单处罚金；数额特别巨大、后果特别严重或者有其他特别严重情节的，处五年以上有期徒刑，并处罚金。（第二款）控股股东、实际控制人组织、指使实施前款行为的，处五年以下有期徒刑或者拘役，并处或者单处非法募集资金金额百分之二十以上一倍以下罚金；数额特别巨大、后果特别严重或者有其他特别严重情节的，处五年以上有期徒刑，并处非法募集资金金额百分之二十以上一倍以下罚金。（第三款）单位犯前两款罪的，对单位判处非法募集资金金额百分之二十以上一倍以下罚金，并对其直接负责的主管人员和其他直接责任人员，依照第一款的规定处罚。”

由于修改后条文的规制范围更为广泛，不仅包括传统意义上的股票、债券，还包括其他证券，原来的罪名“欺诈发行股票、债券罪”也应进行修改。考虑到本条规定的行为特征、规制范围，可将其暂定为“欺诈发行证券罪”。

（二）内涵解读

欺诈发行证券罪，是指在招股说明书、认股书、公司、企业债券募集办法等发行文件中隐瞒重要事实或者编造重大虚假内容，发行股票或者公司、企业债券、存托凭证或者国务院依法认定的其他证券，数额巨大、后果严重或者有其他严重情节的行为。该立法修正通过之后，将会面临罪名的理解与适用问题。

1. 关于本罪侵犯的客体

目前我国学者少有专门针对该罪的表述，但是针对证券类犯罪的客体表述主要有以下两种：第一种观点认为证券类犯罪保护的法益有多个，既包括证券市场的正常管理秩序，又包括证券投资者的合法权益①；第二种观点认为在第一种观点的基础上更进一步，分别将证券市场的正常管理秩序中的证券价格形成机制和证券投资者的合法权益表述为整体权益和个人权益，并指出该罪的保护中，整体权益处于核心地位，个人权益则处于辅助地位。②

对此，我们认为，在证券发行注册制背景下，欺诈发行证券罪侵犯的客体应是国家有关证券发行的管理秩序。2020 年 3 月 1 日施行的《证券法》第 9 条规定，公开发行证券，必须符合法律、行政法规规定的条件，并依法报经国务院证券监督管理机构或者国务院授权的部门注册。未经依法注册，任何单位和个人不得公开发行证券。证券发行注册制的具体范围、实施步骤，由国务院规定。证券发行注册制下，在发行条件设置上，将企业发行上市融资权放在首位。一方面切实增强发行条件的包容性，取消股票发行的持续盈利能力要求，尚未盈利甚至未产生营业收入的企业也能发行上市；另一方面着力提高发行条件透明度，将较为原则的“财务会计文件无虚假记载”“无其他重大违法行为”等发行条件精简为更客观、更容易判断的具体情形，减少隐性门槛和实质判断；同时，取消债券发行的净资产、累计余额比例、利率上限等硬性指标，简化债券发行申报要求，大幅降低债券融资门槛。注册制的本质在于以信息披露为核心，让市场在发行上市的资源配置中发挥决定性作用。发行人商业品质的好坏、证券是否值得投资、发行和交易价格高低等由市场自主判断和选择。但是，证券发行注册制并非是对证

① 陈兴良等．论证券犯罪及其刑法调控．中国法学，1994（4）．

② 王新．证券市场操纵犯罪的刑法属性及推定规则．河南财经政法大学学报，2017（5）．

券发行上市的条件不作规定，而是确立证券监管机构注册—交易所审核机制。国务院证券监督管理机构或者国务院授权的部门依照法定条件负责证券发行申请的注册，证券交易所根据国务院的规定审核公开发行证券的申请，判断发行人是否符合发行条件、信息披露要求。[①]

证券的成功发行就意味着巨大的经济与商誉等各方面的收益。因此，为了获取巨大的经济利益，行为人为了获得这种发行证券的资格，通过隐瞒重要事实或者编造重大虚假内容，骗取证券发行监督机关和证券交易所的审查，其在本质上是对国家证券注册发行制度的侵害。而个人权益并非该罪保护的法益，欺诈发行证券罪中，投资者利益确实会受损，但是投资者利益遭到损失并非构成该罪的必要条件，投资者利益并不一定必然受损，而且在相关刑事立案标准中即使行为人没有成功发行证券，但是具有相应情节的也会构成犯罪；另外，欺诈发行证券行为与投资者利益受损之间因果关系难以证明和量化。对于投资者而言，其损失主要来源于欺诈事实败露后证券价格的波动，但是证券价格受多种因素影响，损失难以量化，二者之间的因果关系也难以证明，且证券价格甚至还会出现因为利空信息而上涨的情况，因而证券投资者的合法权益并不必然是该罪侵犯的客体，其属于欺诈发行证券罪的附带法益损害。

2. 关于本罪客观方面

本罪的客观方面包括以下几个要素：

(1)《刑法修正案（十一）》将“招股说明书、认股书、公司、企业债券募集办法”改为“招股说明书、认股书、公司、企业债券募集办法等发行文件”。对“等发行文件”，目前尚无明确定义。增加“等发行文件”将原有的封闭式表述方式改为开放式表述，为规制将来可能出现的其他与“招股说明书或募集办法”具有“相当性”的“发行文件”，提供了法律适用的空间，该表述应是应对法律滞后性立法技术之兜底性规定。2019 年修订后的《证券法》在第 181 条中提到了“发行文件”。[②] 该第 181 条所规定的是欺诈发行证券的行政处罚，基于该条文中的行政处罚是针对所有证券发行活动，笔者该处的“发行文件”应当为《证券法》中提及股票或债券“发行申请文件”或“申请文件”的统称，系招股说明

① 郭锋等．中华人民共和国证券法制度精义与条文评注．北京：中国法制出版社，2020：136.

② 《证券法》第 181 条规定：“发行人在其公告的证券发行文件中隐瞒重要事实或者编造重大虚假内容，尚未发行证券的，处以二百万元以上二千万元以下的罚款；已经发行证券的，处以非法所募资金金额百分之十以上一倍以下的罚款。对直接负责的主管人员和其他直接责任人员，处以一百万元以上一千万元以下的罚款。”

书、认股书、公司、企业债券募集办法的宏观表述。《证券法》第 12 条[①]规定了公司首次公开发行新股应当符合的 5 个条件。上市公司发行新股，应当符合经国务院批准的国务院证券监督管理机构规定的条件公开发行存托凭证的，应当符合首次公开发行新股的条件以及国务院证券监督管理机构规定的其他条件。《证券法》第 15 条[②]规定了公开发行公司债券应当符合的 3 个条件。此外，对公开发行公司债券筹集的资金的使用、上市公司发行可转换为股票的公司债券，也提出了要求。《证券法》第 29 条[③]规定，对发行人报送的证券发行申请文件，为证券发行出具有关文件的证券服务机构和人员所出具文件，均需符合真实性、准确性和完整性要求。《证券法》第 13 条中对公司公开发行新股应当报送的文件进行了规定。[④] 可见，在《证券法》中关于“发行文件”的界定比较宽泛，既包括发行人募股申请报告、股东大会决议等自身有关的文件，还包括保荐人、会计师事务所等第三方出具的报告。

---

① 《证券法》第 12 条规定：“公司首次公开发行新股，应当符合下列条件：（一）具备健全且运行良好的组织机构；（二）具有持续经营能力；（三）最近三年财务会计报告被出具无保留意见审计报告；（四）发行人及其控股股东、实际控制人最近三年不存在贪污、贿赂、侵占财产、挪用财产或者破坏社会主义市场经济秩序的刑事犯罪；（五）经国务院批准的国务院证券监督管理机构规定的其他条件。上市公司发行新股，应当符合经国务院批准的国务院证券监督管理机构规定的条件，具体管理办法由国务院证券监督管理机构规定。

公开发行存托凭证的，应当符合首次公开发行新股的条件以及国务院证券监督管理机构规定的其他条件。”

② 《证券法》第 15 条规定：“公开发行公司债券，应当符合下列条件：（一）具备健全且运行良好的组织机构；（二）最近三年平均可分配利润足以支付公司债券一年的利息；（三）国务院规定的其他条件。公开发行公司债券筹集的资金，必须按照公司债券募集办法所列资金用途使用；改变资金用途，必须经债券持有人会议作出决议。公开发行公司债券筹集的资金，不得用于弥补亏损和非生产性支出。上市公司发行可转换为股票的公司债券，除应当符合第一款规定的条件外，还应当遵守本法第十二条第二款的规定。但是，按照公司债券募集办法，上市公司通过收购本公司股份的方式进行公司债券转换的除外。”

③ 《证券法》第 29 条规定：“证券公司承销证券，应当对公开发行募集文件的真实性、准确性、完整性进行核查。发现有虚假记载、误导性陈述或者重大遗漏的，不得进行销售活动；已经销售的，必须立即停止销售活动，并采取纠正措施。证券公司承销证券，不得有下列行为：（一）进行虚假的或者误导投资者的广告宣传或者其他宣传推介活动；（二）以不正当竞争手段招揽承销业务；（三）其他违反证券承销业务规定的行为。证券公司有前款所列行为，给其他证券承销机构或者投资者造成损失的，应当依法承担赔偿责任。”

④ 《证券法》第 13 条规定：“（第 1 款）公司公开发行新股，应当报送募股申请和下列文件：（一）公司营业执照；（二）公司章程；（三）股东大会决议；（四）招股说明书或者其他公开发行募集文件；（五）财务会计报告；（六）代收股款银行的名称及地址。（第 2 款）依照本法规定聘请保荐人的，还应当报送保荐人出具的发行保荐书。依照本法规定实行承销的，还应当报送承销机构名称及有关的协议。”《证券法》第 16 条也规定了发行公司债券应当报送的文件，“（第 1 款）申请公开发行公司债券，应当向国务院授权的部门或者国务院证券监督管理机构报送下列文件：（一）公司营业执照；（二）公司章程；（三）公司债券募集办法；（四）国务院授权的部门或者国务院证券监督管理机构规定的其他文件。（第 2 款）依照本法规定聘请保荐人的，还应当报送保荐人出具的发行保荐书。”

（2）关于“重要事实”和“重大内容”的认定。按照法条的表述，构成欺诈发行证券罪，要求发行股票或者公司、企业债券时，在招股说明书、认股书以及公司、企业债券募集办法等发行文件中隐瞒重要事实或者编造重大虚假内容。所谓“重要事实”。是指能够影响一般投资者作出投资或不投资，大量投资或少量投资决策的，真实反映投资对象的信息。所谓“重大虚假内容”，是指行为人编造的有关上述“重要事实”的信息。在司法实务中的裁判规则，一般的判断方法或逻辑首先是认定所编造的文件是否属于发行文件的组成部分；其次判断如果不对该文件进行编造，该公司的发债申请是否能够通过。由此可以看出，所隐瞒、编造的信息是否属于“重要事实或者重大虚假内容”的裁判规则，主要是看如果不对相应的信息进行隐瞒或编造，公司发债申请是否能够完成审核或备案。因此，如果不对该文件的相关内容进行编造或者隐瞒，证券发行就无法通过，此时就应判定该信息属于“重要事实”。因此，对于“重要事实”和“重大内容”的认定，应当回归到法律法规所明确的公司债发行条件上来，结合客观标准进行判断。

（3）行为具有数额巨大、后果严重、其他严重情节三者之一。至于“数额巨大、后果严重、其他严重情节”的标准，最高人民检察院、公安部 2010 年 5 月 7 日印发的《关于公安机关管辖的刑事案件立案追诉标准的规定（二）》第 5 条有明确规定：“在招股说明书、认股书、公司、企业债券募集办法中隐瞒重要事实或者编造重大虚假内容，发行股票或者公司、企业债券，涉嫌下列情形之一的，应予立案追诉：（一）发行数额在五百万元以上的；（二）伪造、变造国家机关公文、有效证明文件或者相关凭证、单据的；（三）利用募集的资金进行违法活动的；（四）转移或者隐瞒所募集资金的；（五）其他后果严重或者有其他严重情节的情形。”当然，该刑事立案追诉标准随着《刑法修正案（十一）》的通过，其滞后性将会充分凸显，有待于进一步完善。

在对该类犯罪行为认定时，首先要注意从行为和后果两方面把握区分罪和非罪的界限：一是行为人必须采取制作虚假的招股说明书、认股书、公司、企业债券募集办法等发行文件的手段，发行股票或者公司、企业债券、存托凭证或者国务院依法认定的其他证券。如果行为人仅仅制作了虚假招股说明书等发行文件，而未进一步实施发行股票或者公司债券的行为，则不构成此罪；二是行为人通过制作虚假的招股说明书、认股书、公司、企业债券募集办法等发行文件发行股票或者公司债券，带来的后果必须达到一定的程度，即数额巨大、后果严重或者有其他严重情节犯罪。关于数额巨大的认定，目前司法机关以发行数额在 500 万元以上为标准；数额不大，但是涉嫌伪造、编造国家机关公文及其他有效证明文件，利用募集资金开展违法活动等情形或者欺诈发行行为带来了社会矛盾激化、正常社会秩序动荡等非常严重的后果的，也认定构成本罪。金额不大，又无其他严重情节和后果，则不构成此罪。

3. 关于本罪的犯罪主体

本罪的犯罪主体包括任何已满 16 周岁、具有刑事责任能力的自然人和单位。需要注意的是，该条第 2 款明确规定："控股股东、实际控制人组织、指使实施前款行为的，处五年以下有期徒刑或者拘役，并处或者单处非法募集资金金额百分之二十以上一倍以下罚金；数额特别巨大、后果特别严重或者有其他特别严重情节的，处五年以上有期徒刑，并处非法募集资金金额百分之二十以上一倍以下罚金。"实践中，控股股东、实际控制人等往往在欺诈发行、信息披露造假等案件中扮演重要角色。修正案强化了对这类主体的责任追究，明确将控股股东、实际控制人组织、指使实施欺诈发行的行为纳入刑法规制范围。因此，控股股东、实际控制人组织、指使实施欺诈发行证券行为的，也应构成犯罪，需进行定罪处罚。新增第 2 款为本罪名修改后的全新内容，且相较于第 1 款而言有着重强调的意味。相较于单纯依靠第 1 款规定处理控股股东或实际控制人而言，新增第 2 款有共犯正犯化抑或是共犯适用正犯量刑规则的倾向，但无论哪一点都从理论上提高了实际控制人或控股股东可能面临的刑事处罚力度。从这个角度，该第 2 款提高了"关键少数"犯罪成本，具有一定的刑罚实效性。新增第 2 款更重要的是宣示国家对"关键少数"刑事责任之申明。①

（三）司法适用

1. 关于欺诈发行的证券范围认定

依据法条罪状的表述，欺诈发行证券罪在指招股说明书、认股书、公司、企业债券募集办法等发行文件中隐瞒重要事实或者编造重大虚假内容，发行股票或者公司、企业债券、存托凭证或者国务院依法认定的其他证券。这里就涉及对相关证券类型的认定。

所谓证券是指设立或者证明投资者的收益请求权的一种凭证，是权利与权利

---

① 刑法修正案（十一）强化对"关键少数"的刑事责任追究．中国证券报，2020－12－26.

载体的结合物。我国《证券法》规定的证券类型有很多，主要包括股票、公司债券、政府债券、金融债券、证券投资基金份额和证券衍生品种以及国务院依法认定的其他证券。本罪将欺诈发行的对象限定为：股票或者公司、企业债券、存托凭证或者国务院依法认定的其他证券。股票，是指股份有限公司依法发行的，表明股东所持股份数额和权益的一种有价证券，包括上市公司在主板、中小板、创业板、新三板和科创板发行的股票以及非上市股份有限公司发行的股票。关于公司、企业债券，按照中债登发布的《中国债券市场概览》，公司债券是指发行主体为上市公司或非上市公司，经中国证监会批准，在交易所债券市场公开发行或非公开发行，在证券交易所挂牌交易，在全国中小企业股份转让系统中转让，并在中国证券交易所注册和存放的债券。企业债券是指企业发行的债券，是经国家发展和改革委员会批准，通过中央结算公司的发行系统发行到银行间债券市场和交易所市场的债券，在中央结算公司交易、银行间和交易所债券市场，并在中央结算公司登记并托管。在法律适用上，企业债券和公司债券一直适用《证券法》。2018 年 12 月，经国务院同意，中国人民银行、证监会、国家发展改革委联合发布《关于进一步加强债券市场执法工作有关问题的意见》（以下简称《债券市场执法意见》），建立了统一的债券市场执法机制。《债券市场执法意见》明确，经国务院同意，证监会依法对银行间债券市场、交易所债券市场违法行为开展统一的执法工作，对涉及公司债券、企业债券、非金融企业债务融资工具、金融债券等各类债券品种的信息披露违法违规、内幕交易、操纵证券市场以及其他违反《证券法》的行为，依据《证券法》的有关规定进行调查、认定和行政处罚。这使得各类债券品种的交易适用《证券法》，但非金融企业债务融资工具和金融债券的发行还不适用《证券法》。①

2. 关于欺诈发行文件的范围认定

此次《刑法修正案（十一）》在此增加的“等发行文件”表述，将隐瞒重要事实、编造重大虚假内容的载体范围扩大的界限在哪呢？首先，“发行文件”的界定应限定在发行人具有可操作性的自身准备的相关文件。发行申请文件中一般会包含中介机构出具的证明文件，但发行人对中介机构出具文件的相关事实难以有可操作的空间。而中介机构在该等证明文件中实施隐瞒、编造行为的，当由“提供虚假证明文件罪”进行规制（若发行人与中介机构合谋，则有可能构成共

① 邢会强．我国《证券法》上证券概念的扩大及其边界．中国法学，2019（1）.

犯）。如果“等发行文件”之表述将中介机构出具的证明文件也纳入进来，则存在重复规制之嫌，浪费立法资源，实无必要。其次，“发行文件”应当包含决定证券能否成功发行的文件。比如，《募集说明书》（即募集办法）、发行人关于本次公司债券发行的申请报告以及发行人董事会决议、股东会或股东大会决议、主承销商核查意见，等等。司法实务中，对于《募集说明书》与刑法规定的募集办法是否等同问题，往往存在一定的争议。例如，在江苏省盐城市中级人民法院（2017）苏 09 刑初 10 号刑事判决书中，被告人辩护人就提出，《募集说明书》不是刑法中规定的募集办法。最后法院认为：欺诈发行债券罪中涉及的文件称为“募集办法”，但《募集说明书》与募集办法仅是名称不同，实质二者的功能以及内容是相同的。在债券发行过程中二者都是为了向投资者说明债券发行的具体情况。根据我国《公司法》第 154 条的规定，公司债券募集办法应当载明的主要事项包括公司名称、债券募集资金的用途、债券总额和债券的票面金额、债券利率的确定方式、还本付息的期限和方式、债券担保情况、债券的发行价格、发行的起止日期、公司净资产额、已发行的尚未到期的公司债券总额、公司债券的承销机构。对照《深圳证券交易所中小企业私募债券业务试点办法》第 12 条中对私募债券募集说明书应当载明内容的规定，其中列举的 15 项内容基本涵盖了上述公司债券募集办法中的主要事项。故辩护人提出募集说明书和募集办法不是一回事的辩护意见不成立。①

三、违规披露、不披露重要信息罪修法的理解与适用（修正案第 9 条）

（一）修法过程

本罪的立法修正经过了以下几个过程：

1. 一审稿的相关规定。刑法原第 161 条规定：“依法负有信息披露义务的公司、企业向股东和社会公众提供虚假的或者隐瞒重要事实的财务会计报告，或者对依法应当披露的其他重要信息不按照规定披露，严重损害股东或者其他人利益，或者有其他严重情节的，对其直接负责的主管人员和其他直接责任人员，处

① 参见江苏省盐城市中级人民法院（2017）苏 09 刑初 10 号刑事判决书。

三年以下有期徒刑或者拘役，并处或者单处二万元以上二十万元以下罚金。”2020年7月3日全国人大常委会公布的《刑法修正案（十一）（草案一审稿）》第9条规定，拟将刑法第161条修改为：“（第一款）依法负有信息披露义务的公司、企业向股东和社会公众提供虚假的或者隐瞒重要事实的财务会计报告，或者对依法应当披露的其他重要信息不按照规定披露，严重损害股东或者其他人利益，或者有其他严重情节的，对其直接负责的主管人员和其他直接责任人员，处五年以下有期徒刑或者拘役，并处或者单处罚金；情节特别严重的，处五年以上十年以下有期徒刑，并处罚金。（第二款）前款规定的公司、企业的控股股东、实际控制人组织、指使实施前款行为的，或者隐瞒重要事项导致前款规定的情形发生的，处五年以下有期徒刑或者拘役，并处或者单处罚金；情节特别严重的，处五年以上十年以下有期徒刑，并处罚金。（第三款）单位犯前款罪的，对单位判处罚金，并对其直接负责的主管人员和其他直接责任人员，依照前款的规定处罚。”

较之于刑法第161条原文，《刑法修正案（十一）（草案一审稿）》主要是拟作以下修改：一是大幅提高违规披露、不披露重要信息罪的刑罚力度。刑法第161条原条文仅规定了一档法定刑，且最高法定刑为三年有期徒刑；一审稿在原条文规定的基础上增加了一档法定刑，第二档法定刑刑期为5年至10年有期徒刑，并处罚金。在罚金刑方面，将第一档法定刑的限额罚金刑“二万元以上二十万元以下”修改为无限额罚金刑。二是强化对控股股东、实际控制人等“关键少数”的刑事责任追究。实践中，控股股东、实际控制人等往往在信息披露造假等案件中扮演重要角色。一审稿强化了对这类主体的责任追究，明确将控股股东、实际控制人组织、指使或者隐瞒相关事实导致严重后发生的情形纳入刑法规制范围，规定了同第一款相同的法定刑。三是明确了控股股东、实际控制人为单位情形下的刑事责任追究。第三款明确规定，如果单位实施第二款行为的，要对单位判处罚金，并对其直接负责的主管人员和其他直接责任人员，依照前款的规定处罚。

2. 二审稿的相关规定。2020年10月26日全国人大常委会公布的《刑法修正案（十一）（草案二审稿）》拟将刑法第161条修改为：“（第一款）依法负有信息披露义务的公司、企业向股东和社会公众提供虚假的或者隐瞒重要事实的财务会计报告，或者对依法应当披露的其他重要信息不按照规定披露，严重损害股东或者其他人利益，或者有其他严重情节的，对其直接负责的主管人员和其他直接责任人员，处五年以下有期徒刑或者拘役，并处或者单处罚金；情节特别严重的，处五年以上十年以下有期徒刑，并处罚金。（第二款）前款规定的公司、企业的控股股东、实际控制人实施或者组织、指使实施前款行为的，或者隐瞒相关事项导致前款规定的情形发生的，依照前款的规定处罚。（第三款）犯前款罪的控股股东、实际控制人是单位的，对单位判处罚金，并对其直接负责的主管人员和其他直接责任人员，依照第一款的规定处罚。”

较之于一审稿的相关规定，二审稿主要是针对第二款和第三款有所完善。一是在公司、企业的控股股东、实际控制人组织、指使实施违规披露、不披露重要信息行为基础上，增加规定了控股股东、实际控制人直接实施相关行为的情形。二是将第二款中的“隐瞒重要事项”修改为“隐瞒相关事项”，这一方面主要是考虑到重要事实判断不明，另一方面则是隐瞒的事项并非只有重要事项才会严重损害股东或者其他人利益。三是考虑到第二款与第一款配置了相同的法定刑，考虑到刑法条文的简明性，明确规定具有第二款情形的，依照第一款的规定处罚。四是基于一些上市公司中的控股股东、实际控制人是单位的考虑，明确对于此类单位犯罪，要依照第一款的规定处罚。

3. 三审稿及最后通过稿的相关规定。三审稿以及最后的通过稿维持了二审稿的相关规定。2020 年 12 月 26 日全国人大常委会通过的《刑法修正案（十一）》将刑法第 161 条修改为：“（第一款）依法负有信息披露义务的公司、企业向股东和社会公众提供虚假的或者隐瞒重要事实的财务会计报告，或者对依法应当披露的其他重要信息不按照规定披露，严重损害股东或者其他人利益，或者有其他严重情节的，对其直接负责的主管人员和其他直接责任人员，处五年以下有期徒刑或者拘役，并处或者单处罚金；情节特别严重的，处五年以上十年以下有期徒刑，并处罚金。（第二款）前款规定的公司、企业的控股股东、实际控制人实施或者组织、指使实施前款行为的，或者隐瞒相关事项导致前款规定的情形发生的，依照前款的规定处罚。（第三款）犯前款罪的控股股东、实际控制人是单位的，对单位判处罚金，并对其直接负责的主管人员和其他直接责任人员，依照第一款的规定处罚。”

（二）内涵解读

本罪是 1997 年刑法规定的罪名，罪名确定为“提供虚假财会报告罪”。2006 年《刑法修正案（六）》将刑法原第 161 条的罪名修改为“违规披露、不披露重要信息罪”，一是基于现实中存在越来越多的违规披露现象，严重扰乱证券市场秩序，给国家及投资者造成了巨大的损失；二是原“提供虚假财会报告罪”在司法实践中存在着诸多障碍，使其不能很好地规制此类型的犯罪。该条文的修订在一定程度上对惩罚和预防违规披露信息的犯罪行为起到了积极的作用。本次修订也引发了犯罪构成要件与相关的刑罚适用问题。

1. 关于本罪的犯罪客体

关于违规披露、不披露重要信息罪的客体，学术界存在一定的分歧。如，有学者认为，本罪侵犯的是简单客体，犯罪行为侵犯的是国家有关公司财务会计管理制度①；还有的学者认为，根据违规披露、不披露重要信息行为所发生的特点领域和涉及的特点，本罪侵犯的客体是证券市场的信息披露制度。② 还有论者认为，本罪侵犯的是复杂客体，即股东及其他社会公众的利益、国家的财会管理制度以及商业活动中应当遵循的公平和诚信原则。③ 亦有论者认为，此类犯罪侵犯的客体，包括有国家对财会方面的相关管理制度、证券信息披露制度以及公司股东或者其他人的合法利益。④

笔者认为，应将本罪侵犯的客体界定为证券市场的信息披露制度。证券信息披露制度也被称为证券信息公开制度，是指相关主体按照国务院证券监督管理机构的要求在发行证券或者证券进行交易的时候，依照《证券法》《公司法》等相关法律规定，需要把公司的财务状况、经营状况或者其他与证券有关的真实信息向社会公众进行披露，以便于投资者依据这些信息作出正确的投资决策。可以说，信息披露制度是证券市场的基石，也是投资者获得关注的或者了解的某一投资对象的信息的重要途径，是用来规范信息披露义务人的一项基本原则，更是投资者能够作出理性投资的重要参考。因此，信息披露制度对上市公司和公开发行债券募集资金的公司、企业来说，是一项必须遵守的法定义务。证券市场的信息披露制度包括初次披露和持续披露，但无论是初次披露还是持续披露，财务会计报告都不是唯一的内容。从法条表述中也可以看出，本罪的客观行为还包括“其他应当披露的重要信息”，因此，本罪的犯罪对象不限于财务会计报告，还应当包括《证券法》中规定的应当披露的招股说明书、上市公告书、公司年度报告、临时报告等信息。这些信息已经完全脱离了公司财务会计制度的管理范围，更何况财务会计报告也当属于信息披露的重要内容。至于股东或者其他人的利益的损

① 王作富．刑法分则实务研究（上）．北京：中国方正出版社，2001：218.

② 唐稷尧．论提供虚假财会报告罪．河北法学，2003（5）.

③ 张国轩．商业犯罪研究．北京：经济管理出版社，2001：165.

④ 祝二军．证券犯罪的认定与处理．北京：人民法院出版社，2000：217.

害，这并不能作为本罪的直接客体。股东或者其他人的利益一般是本罪的犯罪后果，也可以是本罪“情节严重”的情形之一，而本罪的行为也并不必然导致股东或者其他人利益受损。鉴于此，证券市场的信息披露制度已经涵括了财务会计制度，而且股东或者其他人的利益的损害也是违反信息披露制度的附带后果，故而将证券市场的信息披露制度确定为本罪的犯罪客体较为合理。

2. 关于本罪的客观方面

本罪在客观方面表现为依法负有信息披露义务的公司、企业向股东和社会公众提供虚假的或隐瞒重要事实的财务会计报告，或者对依法应当披露的其他重要信息不按照规定披露，严重损害股东或者其他人利益，或者有其他严重情节的行为。本罪的行为方式既有作为，也有不作为。比如依法负有信息披露义务的公司、企业提供虚假的或隐瞒重要事实的财务会计报告的行为，就是作为犯罪；而对依法应当披露的其他重要信息不按照规定披露的行为，则属于不作为犯罪。

（1）向股东和社会公众提供虚假的或者隐瞒重要事实的财务会计报告。财务会计报告，也称财会报告，是由公司、企业的业务部门或者公司、企业委托的其他会计、审计机构，按照国家的规定于每一会计年度终了时制作的反映公司、企业财务状况和经营成果的书面文件。根据会计法和公司法的相关规定，会计报表、会计报表附注和财务情况说明书共同组成财务会计报告。其中的会计报表则包含有资产负债表、利润表、现金流量表以及所有者权益变动表。依据公司法的有关规定，公司在每年的年末应当进行财务会计报告的编制，但是编制的前提条件是要遵循相关的法律法规。所编制的财务会计报告最终需要交由会计师事务所审计。对于有限责任公司而言，一切都应当以公司章程为办事依据，在规定时间内需要将公司的财务会计报告送到各位公司股东手里，以方便其了解公司运营。对于股份有限公司而言，则应当在每年的股东大会召开之前就将本年度的财务会计报告公开，以方便股东能够查阅。当某股份有限公司发行股票的时候，其必须对公司的财务会计报告进行及时、准确的公开。所以，对于公司来说公布财务会计报告是公司的义务、职责，更是法律强制规定的。客观地记录和反映公司经营情况，如实地制作财务会计报告，才能让股东准确地了解其出资或投资的收益情况。如果公司所公告的信息存在虚假成分，有意欺骗股东及社会公众，对股东和社会公众的利益造成损害的，应追究其相应的刑事责任。

（2）不按照规定披露依法应当披露的其他重要信息。应当披露的其他重要信息指的是违反法律、行政法规和相关国家管理部门的规定，没有对一些有必要进行披露的信息进合规、有效地披露。这里所依据的相关法律规定，譬如《公司法》《证券法》《银行业监督管理法》等。需要进行有效披露的信息包括：上市公司招股说明书、上市报告、债券募集等相关信息，金融机构财务会计报告、风险管理状况、董事和高级管理人员变更以及其他重要事项等信息及基金信息等。[①]

（3）行为需产生一定的危害后果。如果要对上述违法情形追究刑事责任，则该行为必须对股东以及其他社会公众的利益造成了极大的损失或有其他严重情节。股东或者其他人的利益，是指股东或者其他人与公司存在经济交易而应享有的财产利益，如借贷给公司而享有的债权、购买股票而享有的股权等。最高人民检察院、公安部2010年5月7日印发的《关于公安机关管辖的刑事案件立案追诉标准的规定（二）》第6条规定："依法负有信息披露义务的公司、企业向股东和社会公众提供虚假的或者隐瞒重要事实的财务会计报告，或者对依法应当披露的其他重要信息不按照规定披露，涉嫌下列情形之一的，应予立案追诉：（一）造成股东、债权人或者其他人直接经济损失数额累计在五十万元以上的；（二）虚增或者虚减资产达到当期披露的资产总额百分之三十以上的；（三）虚增或者虚减利润达到当期披露的利润总额百分之三十以上的；（四）未按照规定披露的重大诉讼、仲裁、担保、关联交易或者其他重大事项所涉及的数额或者连续十二个月的累计数额占净资产百分之五十以上的；（五）致使公司发行的股票、公司债券或者国务院依法认定的其他证券被终止上市交易或者多次被暂停上市交易的；（六）致使不符合发行条件的公司、企业骗取发行核准并且上市交易的；（七）在公司财务会计报告中将亏损披露为盈利，或者将盈利披露为亏损的；（八）多次提供虚假的或者隐瞒重要事实的财务会计报告，或者多次对依法应当披露的其他重要信息不按照规定披露的；（九）其他严重损害股东、债权人或者其他人利益，或者有其他严重情节的情形。"

3. 关于本罪的犯罪主体

1997年刑法和2006年《刑法修正案（六）》将本罪的主体确定为"依法负有信息披露义务的公司、企业"。但是，经过2020年《刑法修正案（十一）》的修改，本罪的犯罪主体进行了扩大，既包括"依法负有信息披露义务的公司、企业"，还包括公司、企业的控股股东、实际控制人为自然人时，实施或者组织、

① 最高人民检察院法律政策研究室，中国证券监督管理委员会法律部．证券期货犯罪司法认定指南．北京：中国人民公安大学出版社，2009：219.

指使实施上述犯罪行为的情形。2006 年《刑法修正案（六）》在原来“公司”的基础之上增加了“企业”，而这里“公司”和“企业”的含义并不相同，刑法中“企业”的范围既应包括具有法人资格的企业，也应包括依法成立的不具有法人资格的合伙企业和个人独资企业。我们一般会将公司划分为股份有限公司、有限责任公司两种。而企业则是除公司之外的其他企业。根据相关的法律法规规定：依法具有信息披露义务的公司、企业是指在证券交易所挂牌交易的上市公司或者债券上市的公司及其他信息披露义务人，如基金托管人、基金管理人等等。至于哪些公司、企业依法负有信息披露的义务，关键是对“依法”的理解。并不是所有的规范性文件都是法，无论学术界还是实务界，通常的理解是只有全国人大及其常委会制定的法律和国务院制定的行政法规才能称为“法”。也就是说，只有法律和行政法规设定的信息披露义务才是刑法中的义务，行政规章、地方法规以下的规范性文件以及未经立法程序出台的国务院的行政措施、发布的决定和命令等设定的义务不属于本条规定的刑法义务。《证券法》第 78 条规定：“发行人及法律、行政法规和国务院证券监督管理机构规定的其他信息披露义务人，应当及时依法履行信息披露义务。”依据《证券法》等法律的有关规定，发行人是我国证券市场最为主要的信息披露义务人，其他信息披露义务人包括控股股东、实际控制人、大额股份持有人、上市公司收购人、破产管理人及其高级管理人员、证券交易所等组织或者个人。但是，需要注意的是，依据该条的规定，本罪的主要犯罪主体是依法负有信息披露义务的公司、企业，对于依法负有信息披露义务的个人则不能单独构成本罪。

另外，该条第 2 款明确规定：“前款规定的公司、企业的控股股东、实际控制人实施或者组织、指使实施前款行为的，或者隐瞒相关事项导致前款规定的情形发生的，依照前款的规定处罚。”实践中，控股股东、实际控制人等往往在信息披露造假等案件中扮演重要角色。修正案强化了对这类主体的责任追究，明确将控股股东、实际控制人组织、指使实施信息披露欺诈行为纳入刑法规制范围。因此，控股股东、实际控制人实施或者组织、指使实施违规披露、不披露重要信息行为的，也应构成犯罪，需进行定罪处罚。

4. 关于本罪的主观方面

违规披露、不披露重要信息罪的主观方面是故意，即行为人明知向股东或者社会公众提供虚假或隐瞒事实的财务会计报告，或者对应当依法披露的其他重要信息不按照相关法律规定披露，会发生严重损害股东或其他利害相关人利益的结果，或者有其他的一些严重情节，并且希望或者放任这种危害结果发生的心理态度。如果因为公司、企业的管理人员或财会人员工作上的过失，导致提供的财务会计报告内容不真实或者遗漏了重大事实，或因对财务会计工作不熟悉而导致财务会计报告发生误差，或对于一些重要信息应当披露而忘记披露的，均不构成本罪。因公司过失提供虚假财务会计报告或者遗忘披露重要信息，而使中小股东或者其他人的利益遭受损害的，公司只需承担民事责任和行政责任，而不必承担刑事责任。因此，从本罪的主观方面而言，要求行为人的主观状态是故意，即行为人披露信息失真系故意为之，若因过失披露了虚假信息或未披露重要信息，自不构成该罪。另外，若控股股东、实际控制人没有亲自实施违规披露、不披露重要信息的行为，也没有组织、指使实施上述行为，该违规披露、不披露重要信息的行为纯属信息披露义务人单方面的行为，控股股东、实际控制人事先毫不知情，控股股东、实际控制人自然也不构成本罪；反之，只要控股股东、实际控制人实施或者组织、指使实施《刑法修正案（十一）》规定的行为，则应当以违规披露、不披露重要信息罪论处。

（三）司法适用

1. 信息披露的判断标准

所谓虚假，是指所提供的财务会计报告的内容是伪造的，虚构的，即财务会计报告中记载的内容与事实不符。这可能是资产负债表虚假，可能是利润表虚假，也可能是现金流量表虚假等。所谓隐瞒重要事实，是指所提供的财务会计报告所反映的内容不全面、不真实，没有记载重要事实。其中，重要事实一般是指能够影响股东以及广大社会公众作出投资决定的事实，其并不仅仅指的是该公司的负债情况，如公司亏损情况、公司的重大决策等都可以影响股东或社会公众的决策，也属于重要事实。从实践来看，虚假与隐瞒重要事实往往交织在一起，如少报或者多报资产总额或者负债总额，实际上是隐瞒了真实的资产总额或者负债总额；将亏损表述为盈利，将盈利表述为亏损，实际上是隐瞒了真实的盈亏状况；虚列营业收入、营业成本，实际上是隐瞒了真实的营业收入、营业成本，等等。

在证券法上，完整性和重大遗漏是对应性范畴。信息披露的完整性，是指信息披露义务人提供给投资人判断证券投资价值有关信息和资料必须全面，不得故意隐瞒或有重大遗漏。信息披露满足了完整性要求，就不会有重大遗漏。证券市场上投资者判断的基础是对证券发行公司披露信息的综合分析。虽然，每个具体的投资者对所披露信息的重要性和有用性有不同的认识和不同的选择，但对投资者整体而言，证券发行公司将各种影响证券价格的重大信息予以公布，是投资判断公平性和正确性的前提条件。如果披露的信息不全面或不完整，有“重大遗漏”，即使已公开的信息全部是真实的，也会导致信息公开整体上的虚假性。① 因此，在强调真实性标准的同时，必须坚持信息披露的全面性。完整性并不是要求证券发行公司将有关其经营状况信息事无巨细地一律披露。事实上，将对证券市场价格并无影响的信息予以披露，一方面增加了发行人信息公开的成本；另一方面也无助于投资者作出投资判断，因为各种信息的混杂会形成“信息噪声”，增加投资者信息选择的难度。信息披露的完整性标准有质和量两方面的规定性。首先，在披露信息上，必须是“重大信息”，即能够较大影响证券市场价格的重大事件；其次，在信息披露的量上，必须使投资者拥有足以作出投资决策的完整信息。② 信息披露完整性可进一步细化为宏观上的完整性和微观上的完整性。宏观上的完整性是指证券发行人应将法定范围内应披露的信息完全披露，不得有所遗漏和保留。例如，公司应定期公开财务报告等文件，随时公开可能对公司证券市场价格产生较大影响的重大事件等。微观上的完整性指具体到每一条披露的信息言，信息披露义务人应保证其内容的充分完整。贯彻信息披露的全面性标准必须强调宏观上的完整性和微观上的完整性相结合。③

2. 关于共犯形态

虽然上市公司是本罪最重要的犯罪主体，但是在实践中，与违规披露、不披露重要信息有关的并不仅仅限于上市公司，往往还牵涉负责承销配售新股和公司债券的综合类证券公司、负责公司财务会计报告制作、审查、检验的注册会计师、职业审计师以及负责公司资产评估的资产评估师、负责公司法律事务的律师，等等。没有相关单位和个人的参与，上市公司的此类违法犯罪行为是无法实现的。在认定是否构成共同犯罪时，应当特别注意我国现行刑法的一些特别规定。在有虚假财会报告制作、提供的中介组织及其工作人员参与犯罪的情形下，如果中介组织或其工作人员与违规披露、不披露重要信息的公司共谋，应当认定

---

① 陈甦，吕明瑜．论上市公司信息公开的基本原则．中国法学，1998（1）．

② 陈甦，吕明瑜．论上市公司信息公开的基本原则．中国法学，1998（1）．

③ 郭锋等．中华人民共和国证券法制度精义与条文评注．北京：中国法制出版社，2020：396．

为共同犯罪；若中介组织及其工作人员与负有信息披露义务的公司、企业之间不存在共同的犯罪故意，尽管中介组织或其工作人员提供虚假证明文件的行为是故意的，公司违规披露、不披露重要信息的行为也是故意的，但两者无共谋的意思联络，便不构成共同犯罪，而应分别定罪；若中介机构出具的报告中存在的虚假信息是由于中介组织中的个人的问题所导致的，公司没有进行刻意的虚假信息的提供，信息的失误可能是由于其没有对信息做好核实，此时公司的行为是不构成犯罪的，但是中介组织中的个人可构成提供虚假证明文件罪或出具证明文件重大失实罪；若公司在其所提供的信息当中进行了隐瞒以及造假行为，中介组织或其工作人员出现严重失职，没有尽到己方职责，出具的报告存在极其严重的问题，此时，公司会构成违规披露、不披露重要信息罪，而中介组织或者相关人员则构成出具证明文件重大失实罪，两者之间不成立共同犯罪。

四、非法集资犯罪修法的理解与适用（修正案第 12 条、第 15 条、第 16 条）

（一）修法过程

1. 关于非法吸收公众存款罪的修改过程

（1）一审稿的相关规定。刑法原第 176 条规定："（第一款）非法吸收公众存款或者变相吸收公众存款，扰乱金融秩序的，处三年以下有期徒刑或者拘役，并处或者单处二万元以上二十万元以下罚金；数额巨大或者有其他严重情节的，处三年以上十年以下有期徒刑，并处五万元以上五十万元以下罚金。（第二款）单位犯前款罪的，对单位判处罚金，并对其直接负责的主管人员和其他直接责任人员，依照前款的规定处罚。"2020 年 7 月 3 日全国人大常委会公布的《刑法修正案（十一）（草案一审稿）》第 12 条规定，拟将刑法第 176 条第 1 款修改为："非法吸收公众存款或者变相吸收公众存款，扰乱金融秩序的，处三年以下有期徒刑或者拘役，并处或者单处罚金；数额巨大或者有其他严重情节的，处三年以上十年以下有期徒刑，并处罚金；数额特别巨大或者有其他特别严重情节的，处十年以上有期徒刑，并处罚金。"

较之于刑法第 176 条原文，《刑法修正案（十一）（草案一审稿）》主要是拟作以下修改：一是修改非法吸收公众存款罪的罚金刑处罚方式，确定无限额罚金刑的立法模式。主要是拟将第一档的 3 年以下有期徒刑的罚金刑“二万元以上二十万元以下”、第二档的 3 年以上 10 年以下有期徒刑的罚金刑“五万元以上五十万元以下”修改为抽象罚金刑。二是增加规定了新的一档法定刑，加大对非法吸收公众存款罪的处罚力度。即增加规定“数额特别巨大或者有其他特别严重情节的，处十年以上有期徒刑，并处罚金”。

（2）二审稿的相关规定。2020 年 10 月 26 日全国人大常委会公布的《刑法修正案（十一）（草案二审稿）》拟将刑法第 176 条修改为：“（第一款）非法吸收公众存款或者变相吸收公众存款，扰乱金融秩序的，处三年以下有期徒刑或者拘役，并处或者单处罚金；数额巨大或者有其他严重情节的，处三年以上十年以下有期徒刑，并处罚金；数额特别巨大或者有其他特别严重情节的，处十年以上有期徒刑，并处罚金。（第二款）单位犯前款罪的，对单位判处罚金，并对其直接负责的主管人员和其他直接责任人员，依照前款的规定处罚。（第三款）有前两款行为，在提起公诉前积极退赃，减少损害结果发生的，可以从轻或者减轻处罚。”

较之于一审稿的相关规定，二审稿主要是在一审稿的基础上增加第 3 款从宽处罚的规定，即规定“有前两款行为，在提起公诉前积极退赃，减少损害结果发生的，可以从轻或者减轻处罚”。

（3）三审稿及最后的通过稿的相关规定。三审稿以及最后的通过稿基本维持了二审稿的相关规定，只是在该条第 3 款中退赃基础上增加规定退赔情形。2020 年 12 月 26 日全国人大常委会通过的《刑法修正案（十一）》将刑法第 176 条修改为：“（第一款）非法吸收公众存款或者变相吸收公众存款，扰乱金融秩序的，处三年以下有期徒刑或者拘役，并处或者单处罚金；数额巨大或者有其他严重情节的，处三年以上十年以下有期徒刑，并处罚金；数额特别巨大或者有其他特别严重情节的，处十年以上有期徒刑，并处罚金。（第二款）单位犯前款罪的，对单位判处罚金，并对其直接负责的主管人员和其他直接责任人员，依照前款的规定处罚。（第三款）有前两款行为，在提起公诉前积极退赃退赔，减少损害结果发生的，可以从轻或者减轻处罚。”

2. 关于集资诈骗罪的修改过程

（1）一审稿的相关规定。刑法原第 192 条规定：“以非法占有为目的，使用诈骗方法非法集资，数额较大的，处五年以下有期徒刑或者拘役，并处二万元以上二十万元以下罚金；数额巨大或者有其他严重情节的，处五年以上十年以下有期徒刑，并处五万元以上五十万元以下罚金；数额特别巨大或者有其他特别严重情节的，处十年以上有期徒刑或者无期徒刑，并处五万元以上五十万元以下罚金或者没收财产。”刑法原第 200 条规定：“单位犯本节第一百九十二条、第一百九十四条、第一百九十五条规定之罪的，对单位判处罚金，并对其直接负责的主管人员和其他直接责任人员，处五年以下有期徒刑或者拘役，可以并处罚金；数额巨大或者有其他严重情节的，处五年以上十年以下有期徒刑，并处罚金；数额特别巨大或者有其他特别严重情节的，处十年以上有期徒刑或者无期徒刑，并处罚金。”2020 年 7 月 3 日全国人大常委会公布的《刑法修正案（十一）（草案一审稿）》第 13 条规定，拟将刑法第 192 条修改为：“以非法占有为目的，使用诈骗方法非法集资，数额较大的，处三年以上七年以下有期徒刑，并处罚金；数额巨大或者有其他严重情节的，处七年以上有期徒刑或者无期徒刑，并处罚金或者没收财产。”

较之于刑法第 192 条原文，《刑法修正案（十一）（草案一审稿）》主要是拟作以下修改：一是提升了集资诈骗罪的刑罚力度。主要是将三档法定刑调整为两档法定刑。第一档的法定刑由 5 年以下有期徒刑或者拘役，调整为 3 年以上 7 年以下有期徒刑。将第二档的法定刑由 5 年以上 10 年以下，直接调整为“七年以上有期徒刑或者无期徒刑”。二是修改了罚金刑的适用模式。将第一档罚金刑“二万元以上二十万元以下”、第二档罚金刑“五万元以上五十万元以下”，修改为抽象的罚金刑模式。

（2）二审稿的相关规定。2020 年 10 月 26 日全国人大常委会公布的《刑法修正案（十一）（草案二审稿）》第 15 条拟将刑法第 192 条修改为：“（第一款）以非法占有为目的，使用诈骗方法非法集资，数额较大的，处三年以上七年以下有期徒刑，并处罚金；数额巨大或者有其他严重情节的，处七年以上有期徒刑或者无期徒刑，并处罚金或者没收财产。（第二款）单位犯前款罪的，对单位判处罚金，并对其直接负责的主管人员和其他直接责任人员，依照前款的规定处罚。”第 16 条拟将刑法第 200 条修改为：“单位犯本节第一百九十四条、第一百九十五条规定之罪的，对单位判处罚金，并对其直接负责的主管人员和其他直接责任人员，处五年以下有期徒刑或者拘役，可以并处罚金；数额巨大或者有其他严重情节的，处五年以上十年以下有期徒刑，并处罚金；数额特别巨大或者有其他特别严重情节的，处十年以上有期徒刑或者无期徒刑，并处罚金。”

较之于一审稿的相关规定，二审稿主要是加大对单位犯罪的处罚力度。刑法原第 200 条规定，单位犯集资诈骗罪的，对单位判处罚金，并对其直接负责的主管人员和其他直接责任人员，处五年以下有期徒刑或者拘役，可以并处罚金；数额巨大或者有其他严重情节的，处五年以上十年以下有期徒刑，并处罚金；数额特别巨大或者有其他特别严重情节的，处十年以上有期徒刑或者无期徒刑，并处罚金。二审稿直接将集资诈骗罪的单位犯罪从刑法第 200 条中剥离出来，规定在刑法第 192 中，并且按照自然人犯罪进行处罚，这样对单位犯罪就应适用修改后的两档法定刑进行处理，不再按照刑法第 200 条中的三档法定刑处理。

（3）三审稿及最后的通过稿的相关规定。三审稿以及最后的通过稿维持了二审稿的相关规定。2020 年 12 月 26 日全国人大常委会通过的《刑法修正案（十一）》第 15 条将刑法第 192 条修改为："（第一款）将刑法第一百九十二条修改为：'以非法占有为目的，使用诈骗方法非法集资，数额较大的，处三年以上七年以下有期徒刑，并处罚金；数额巨大或者有其他严重情节的，处七年以上有期徒刑或者无期徒刑，并处罚金或者没收财产。（第二款）单位犯前款罪的，对单位判处罚金，并对其直接负责的主管人员和其他直接责任人员，依照前款的规定处罚。'"第 16 条将刑法第 200 条修改为："单位犯本节第一百九十四条、第一百九十五条规定之罪的，对单位判处罚金，并对其直接负责的主管人员和其他直接责任人员，处五年以下有期徒刑或者拘役，可以并处罚金；数额巨大或者有其他严重情节的，处五年以上十年以下有期徒刑，并处罚金；数额特别巨大或者有其他特别严重情节的，处十年以上有期徒刑或者无期徒刑，并处罚金。"

（二）内涵解读

1. 关于非法性的认定

无论非法吸收公众存款罪，还是集资诈骗罪，均属于非法集资犯罪。此种类型的犯罪，指行为人违反国家法律、法规的规定，在社会上以存款的形式公开吸收公众资金的行为，其中首要问题则是如何认定"非法性"。最高人民法院 2010 年发布的《关于审理非法集资刑事案件具体应用法律若干问题的解释》（以下简称《审理非法集资刑案的解释》）第 1 条规定："违反国家金融管理法律规定，向社会公众（包括单位和个人）吸收资金的行为，同时具备下列四个条件的，除刑法另有规定的以外，应当认定为刑法第一百七十六条规定的'非法吸收公众存款或者变相吸收公众存款'"。《关于保护民营企业发展的执法司法标准》（最高人民检察院，2018 年）在"关于如何准确区分经营活动中的正当融资行为与非法集资犯罪”部分明确指出，“严格把握非法集资‘非法性’的认定，应当以商业银行法、非法金融机构和非法金融业务活动取缔办法等国家金融管理法律法规作为依据，同时可以参考中国人民银行、中国银行保险监督管理委员会、中国证券监督管理委员会等行政主管部门依照国家金融管理法律法规制定的部门规章或者国家有关金融管理的规定、办法、实施细则等规范性文件。”《关于办理非法集资刑事案件若干问题的意见》（“两高一部”，2019 年）在关于非法集资的“非法性”认定依据问题中指出，“人民法院、人民检察院、公安机关认定非法集资的‘非法性’，应当以国家金融管理法律法规作为依据。对于国家金融管理法律法规仅作原则性规定的，可以根据法律规定的精神并参考中国人民银行、中国银行保险监督管理委员会、中国证券监督管理委员会等行政主管部门依照国家金融管理法律法规制定的部门规章或者国家有关金融管理的规定、办法、实施细则等规范性文件的规定予以认定。”

从上述规范的规定来看，《审理非法集资刑案的解释》第 1 条明确规定“违反国家金融管理法律规定”，从法律措辞看，该解释采取的是绝对性立场，完全排除“国字号”之外的部门规章作为认定“非法性”的依据；后来，最高人民检察院在 2018 年发布 11 项关于保护民营企业发展的执法司法标准中，在严格把握非法集资“非法性”的认定时，则要求应当以商业银行法、非法金融机构和非法金融业务活动取缔办法等国家金融管理法律法规作为依据，同时可以参考中国人民银行、银保监会、证监会等行政主管部门依照国家金融管理法律法规制定的部门规章或者国家有关金融管理的规定、办法、实施细则等规范性文件。由此可见，与《审理非法集资刑案的解释》相比较，该“司法标准”采取的是折中立场，在基本底蕴上是以“国字号”的法律法规作为“非法性”的认定依据，但也有所松动，规定“可以参考”部门规章。① 在上述“司法标准”的基础上，“两高一部”在 2019 年联合颁行《关于办理非法集资刑事案件若干问题的意见》第 1 条关于非法集资的“非法性”认定依据问题中，明确要求司法机关在认定时，“应当以国家金融管理法律法规作为依据。对于国家金融管理法律法规仅作原则性规定的，可以根据法律规定的精神并参考中国人民银行、中国银行保险监督管理委员会、中国证券监督管理委员会等行政主管部门依照国家金融管理法律法规制定的部门规章或者国家有关金融管理的规定、办法、实施细则等规范性文件的

---

① 王新．“非法性”是确定融资活动罪与非罪的界限．检察日报，2019－04－02.

规定予以认定。”对比可见，该“意见”是继续采取折中的立场，但是也有所发展，把“可以参考”部门规章的前提限制在“国家金融管理法律法规仅作原则性规定”情形。

2. 关于非法吸收公众存款的行为方式

非法吸收公众存款一般包含两种情况：一是行为人不具有吸收存款的主体资格而吸收公众存款，二是行为人虽然具有吸收存款的主体资格，但其所采用的方法是违法的。“变相吸收公众存款”，是指行为人不是以存款的名义而是通过其他形式吸收公众资金，从而达到吸收公众存款的目的的行为。如有些单位，未经批准成立资金互助组织吸收公众的资金，或者有些企业以投资、集资入股等名义吸收公众资金，但并不按规定分配利润、分配股息，而是以一定的利息进行支付的行为。行为人只要具有上述两种行为之一，即具备本罪的行为要素。

不法分子打着金融创新等旗号，利用新型经济领域的热门概念进行炒作宣传，组织结构愈加严密，专业化、职业化特点突出，欺骗性、迷惑性更强。以P2P网贷、私募股权投资、理财、众筹、虚拟货币、会员制养老等各种形式巧取豪夺。比如涉案2万人、涉案金额达到400多亿元的昆明泛亚公司违反国家金融管理法律规定，以稀有金属买卖融资融货为名推行“委托受托”业务，向社会公开宣传，承诺给付固定回报，诱使社会公众投资，变相吸收巨额公众存款。随着互联网的不断普及，一些不法分子会借助网络平台来开展非法集资活动。而网络平台由于它覆盖面广、接触的民众较多，因而如果行为人利用网络进行非法集资的宣传和实施活动，那么非法集资的风险就会不不断地放大；而且网络上地域界限比较模糊，犯罪嫌疑人和受害人可能分散在不同地域，这样就会导致案件查处比较困难。

3. 关于“社会公众”的认定

根据最高人民法院2010年《关于审理非法集资刑事案件具体应用法律若干问题的解释》（以下简称《审理非法集资刑案的解释》）第1条的规定，社会公众即社会不特定对象，未向社会公开宣传，在亲友或者单位内部针对特定对象吸收资金的，不属于非法吸收或者变相吸收公众存款。最高人民法院、最高人民检察院、公安部2014年《关于办理非法集资刑事案件适用法律若干问题的意见》第3条进一步对“社会公众”的认定进行了解释，规定下列两种情形不属于《审理非法集资刑案的解释》规定的“针对特定对象吸收资金”的行为：（1）在向亲友或者单位内部人员吸收资金的过程中，明知亲友或者单位内部人员向不特定对象吸收资金而予以放任的；（2）以吸收资金为目的，将社会人员吸收为单位内部人员，并向其吸收资金的。

4. 关于非法占有目的的认定

集资诈骗罪的主观方面表现为故意，并且行为人具有非法占有集资款的目的。根据《审理非法集资刑案的解释》第 4 条的规定，使用诈骗方法非法集资，具有以下情形之一的，可以认定为“以非法占有为目的”：（1）集资后不用于生产经营活动或者用于生产经营活动与筹集资金规模明显不成比例，致使集资款不能返还的；（2）肆意挥霍集资款，致使集资款不能返还的；（3）携带集资款逃匿的；（4）将集资款用于违法犯罪活动的；（5）抽逃、转移资金、隐匿财产，逃避返还资金的；（6）隐匿、销毁账目，或者搞假破产、假倒闭，逃避返还资金的；（7）拒不交代资金去向，逃避返还资金的；（8）其他可以认定非法占有目的的情形。集资诈骗罪中的非法占有目的，应当区分情形进行具体认定。行为人部分非法集资行为具有非法占有目的的，对该部分非法集资行为所涉集资款以集资诈骗罪定罪处罚；非法集资共同犯罪中部分行为人具有非法占有目的，其他行为人没有非法占有集资款的共同故意和行为的，对具有非法占有目的的行为人以集资诈骗罪定罪处罚。

（三）司法适用

1. 关于罚金刑的适用

对于非法集资这类追求不法经济利益的犯罪分子判处罚金，予以一定数额金钱的剥夺，既可以剥夺犯罪分子继续犯罪的经济条件，也能对犯罪分子起到惩罚与教育的作用，从而预防犯罪分子再次实施犯罪。《刑法修正案（十一）》之前采用的是特定数额制立法模式，但是此种立法模式较为僵化，难以有效体现罪责刑相适应的原则，因此《刑法修正案（十一）》将其修改为抽象罚金制。立法修改后，司法机关可以针对涉案数额较大的非法集资犯罪判处与犯罪情节相适应的罚金。

然而上述刑法修改关于罚金数额的规定十分抽象，需要我们结合刑法第 52 条所确定的判处罚金的根据，以及酌情考虑犯罪人的经济状况，还是可以做到恰当地确定具体案件的罚金数额的。刑法第 52 条规定：“判处罚金，应当根据犯罪情节决定罚金数额。”这表明，决定罚金的数额必须以犯罪情节为根据。犯罪情节是表明犯罪行为的社会危害性和犯罪人人身危险性的各种事实，根据犯罪情节决定罚金的数额是罪责刑相适应原则的必然要求。犯罪情节包括犯罪手段、犯罪对象、犯罪的后果、犯罪时间、地点等方面的情况。在决定罚金数额时必须全面考察犯罪情节。此外，还应酌情考虑犯罪人的经济状况。因为罚金是判处犯罪人向国家缴纳一定数额的金钱，在决定罚金数额时必须考虑到所判处的罚金能否执行的问题，而被判处的罚金是否能得到执行，则取决于犯罪人的经济状况。再者，决定罚金的数额时还要考虑罚金能否起到惩罚与教育改造犯罪人的作用。这就决定了对犯罪人决定罚金数额时，应在以犯罪情节为根据的基础上，酌情考虑犯罪人的经济状况。经济状况较好的，可以适当判处较多的罚金，反之，可以适当判处较少的罚金。如果决定罚金数额时一味地强调犯罪情节而不顾犯罪人的经济状况，那么，就会使判决的执行和罚金的适用效果受到影响。

2. 关于从宽处罚情节的适用

《刑法修正案（十一）》对非法吸收公众存款罪从宽处罚制度的司法适用问题进行了明确。从《刑法修正案（十一）》的相关规定来看，行为人只要在提起公诉前积极退赃退赔，减少损害结果发生的，可以从轻或者减轻处罚。

何为“被追诉前”？尽管有观点认为，“追诉前”应是指在检察机关立案侦查以前；但也有不少论者主张，将追诉时间界定在立案前过于严厉苛刻，有悖于立法精神；还有一种观点认为，“被追诉前”，应该是指被检察机关起诉前。[①] 笔者认为，将“被追诉前”界定在立案前是合适的。因为“追诉”是刑事诉讼活动，包括司法机关依照立案、侦查、起诉、审判等法定程序进行的追究犯罪人刑事责任的一系列司法活动。根据我国《刑事诉讼法》第 109 条的规定，“公安机关或者人民检察院发现犯罪事实或者犯罪嫌疑人，应当按照管辖范围，立案侦查。”可见，立案是指公安机关或者检察院发现了犯罪事实或者犯罪嫌疑人的情况下，启动刑事诉讼追诉程序。立案后犯罪嫌疑人已经处于“被追诉”的过程中，而绝非“被追诉前”的状态。而且刑法第 88 条规定，在立案侦查后，逃避侦查或者审判的，对犯罪的追诉就不受追诉期限的限制。这也印证了刑事追诉程序始于立案侦查阶段。对此，“两高”2013 年施行的《关于办理行贿刑事案件具体应用法律若干问题的解释》第 13 条也明确规定：“刑法第三百九十条第二款规定的‘被追诉前’，是指检察机关对行贿人的行贿行为刑事立案前。”实际上，在非法集资案件中，由于受害群众人数众多，被骗金额较大，一旦资金链断裂，会造成难以

---

① 赵秉志．《中华人民共和国刑法修正案（九）》理解与适用．北京：中国法制出版社，2016：216.

挽回的后果。因此，如果非法集资行为人能够在侦查程序前积极退赃退赔、减少损害结果的，则造成的社会影响也较小。因而在侦查机关立案前，犯罪嫌疑人主动退赃退赔的，可以从轻或者减轻刑处罚；在侦查机关立案后至侦查终结和审查起诉阶段，犯罪嫌疑人退赃退赔的，不应认定为“被追诉前”退赃退赔的法定量刑情节，而应属于酌定的从宽量刑情节。需要注意的是，行为人只有在提起公诉前退赃退赔，并且减少损害结果发生的，才能从宽处罚；若行为人即使在提起公诉前退赃退赔的，但是并未减少损害结果发生的，也不能从宽处罚。

五、操纵证券、期货市场罪修法的理解与适用（修正案第13条）

（一）修法过程

本罪在一审稿中并未有相关修改规定，是在二审稿中直接增加相关规定的，其修法主要经过了以下几个阶段：

1. 二审稿的相关规定。刑法原第182条第1款规定：“有下列情形之一，操纵证券、期货市场，情节严重的，处五年以下有期徒刑或者拘役，并处或者单处罚金；情节特别严重的，处五年以上十年以下有期徒刑，并处罚金：（一）单独或者合谋，集中资金优势、持股或者持仓优势或者利用信息优势联合或者连续买卖，操纵证券、期货交易价格或者证券、期货交易量的；（二）与他人串通，以事先约定的时间、价格和方式相互进行证券、期货交易，影响证券、期货交易价格或者证券、期货交易量的；（三）在自己实际控制的账户之间进行证券交易，或者以自己为交易对象，自买自卖期货合约，影响证券、期货交易价格或者证券、期货交易量的；（四）以其他方法操纵证券、期货市场的。”2020年10月26日全国人大常委会公布的《刑法修正案（十一）（草案二审稿）》拟将刑法第182条第1款修改为：“有下列情形之一，操纵证券、期货市场，影响证券、期货交易价格或者证券、期货交易量，情节严重的，处五年以下有期徒刑或者拘役，并处或者单处罚金；情节特别严重的，处五年以上十年以下有期徒刑，并处罚金：（一）单独或者合谋，集中资金优势、持股或者持仓优势或者利用信息优势联合或者连续买卖的；（二）与他人串通，以事先约定的时间、价格和方式相互进行证券、期货交易的；（三）在自己实际控制的帐户之间进行证券交易，或者以自己为交易对象，自买自卖期货合约的；（四）不以成交为目的，频繁或者大量申报买入、卖出证券、期货合约并撤销申报的；（五）利用虚假或者不确定的重大信息，诱导投资者进行证券、期货交易的；（六）对证券、证券发行人、期货交易标的公开作出评价、预测或者投资建议，同时进行反向证券交易或者相关期货交易的；（七）以其他方法操纵证券、期货市场的。”

较之于刑法原第 182 条第 1 款相关规定，二审稿主要是在原条文的基础上拟作以下修改：一是因应证券操纵的新形势，在刑法条文中明确新增“虚假申报操纵”“蛊惑交易操纵”“抢帽子交易操纵”等三种新型的证券操纵方式。“虚假申报操纵”，即不以成交为目的，频繁或者大量申报买入、卖出证券、期货合约并撤销申报；“蛊惑交易操纵”，即利用虚假或者不确定的重大信息，诱导投资者进行证券、期货交易；“抢帽子交易操纵”，即对证券、证券发行人、期货交易标的公开作出评价、预测或者投资建议，同时进行反向证券交易或者相关期货交易。二是进一步简化条文的表述，将各项中的“影响证券、期货交易价格或者证券、期货交易量”之表述放在条文前面进行统一论述，使得条文的表述更加简明。

2. 三审稿及最后的通过稿的相关规定。三审稿以及最后的通过稿维持了二审稿的相关规定。2020 年 12 月 26 日全国人大常委会通过的《刑法修正案（十一）》将刑法第 182 条第 1 款修改为：“有下列情形之一，操纵证券、期货市场，影响证券、期货交易价格或者证券、期货交易量，情节严重的，处五年以下有期徒刑或者拘役，并处或者单处罚金；情节特别严重的，处五年以上十年以下有期徒刑，并处罚金：（一）单独或者合谋，集中资金优势、持股或者持仓优势或者利用信息优势联合或者连续买卖的；（二）与他人串通，以事先约定的时间、价格和方式相互进行证券、期货交易的；（三）在自己实际控制的帐户之间进行证券交易，或者以自己为交易对象，自买自卖期货合约的；（四）不以成交为目的，频繁或者大量申报买入、卖出证券、期货合约并撤销申报的；（五）利用虚假或者不确定的重大信息，诱导投资者进行证券、期货交易的；（六）对证券、证券发行人、期货交易标的公开作出评价、预测或者投资建议，同时进行反向证券交易或者相关期货交易的；（七）以其他方法操纵证券、期货市场的。”

（二）内涵解读

操纵证券、期货市场罪，是指行为人违法操纵证券、期货市场，情节严重的行为。

1. 关于本罪的犯罪客体

本罪侵犯的客体是国家对证券、期货交易市场的管理秩序和投资者的合法权益。本罪在客观上表现为违法操纵证券、期货市场，情节严重的行为。

既往，学界认为，操纵证券、期货市场行为的实质为操纵证券、期货的价格和交易量[①]，我国 1997 年刑法第 182 条明示的三种操纵方式实质上反映的也就是行为人通过证券、期货的交易直接影响价格与交易量。那么，依据同质性解释的原则，刑法中明确列举的其他操纵方式和兜底条款所规制的市场操纵行为其实质应当也是操纵证券、期货的交易价格和交易量。在“虚假申报操纵”“蛊惑交易操纵”等行为方式中，行为人影响证券交易价格和交易量具有间接性。以“虚假申报操纵”为例，行为人虽然不具备资源优势，不能直接影响交易价格和交易量，但是，行为人通过频繁的撤报单误导其他投资者的买卖决策，进而通过他人的交易行为间接作用于证券、期货的交易价格和交易量，哄骗行为作为影响证券、期货交易价格和交易量的手段行为，其行为实质也具有操纵市场的性质。实际上，我国 2010 年最高人民检察院、公安部共同颁布的《关于公安机关管辖的刑事案件立案追诉标准的规定（二）》第 39 条第 6 项中的“蛊惑交易操纵”的有关规定，已经体现了这种间接操纵证券价量的行为性质。在“蛊惑交易操纵”中，行为人也是通过信息的披露、传播、散布等，故意诱导投资者的投资决策，进而间接操纵证券价格和交易量。因而在证券、期货市场中存在两种操纵手段影响证券、期货市场中的价格或者交易量，一种是直接操纵，即以实际交易行为直接影响证券、期货市场中的价格或者交易量；另一种是间接操纵，即虽然行为人不进行实际交易行为直接作用于证券、期货市场中的价格或者交易量，但行为人能够通过买卖决策误导其他投资者对相应的证券品种或者期货合约作出错误的买卖行为，间接地起到操纵证券、期货市场的作用。[②]

2. 关于本罪的客观方面

本罪的客观方面包括以下两个要素：

（1）行为人实行了违法操纵证券、期货市场的行为，影响证券、期货交易价格或者证券、期货交易量。具体表现为下列情形：第一，联合或连续交易型操

① 刘宪权，谢杰．市场操纵犯罪的实质解构：法律与经济分析．现代法学，2014（6）．

② 商浩文．美国首例“幌骗”型高频交易刑事定罪案及其借鉴．华东政法大学学报，2019（2）．

纵。单独或者合谋，集中资金优势、持股或者持仓优势或者利用信息优势联合或者连续买卖。第二，约定交易型操纵。与他人串通，以事先约定的时间、价格和方式相互进行证券、期货交易。第三，洗售型操纵。在自己实际控制的账户之间进行证券交易，或者以自己为交易对象，自买自卖期货合约。第四，虚假申报型操纵。即操纵主体通过不以成交为目的的申报撤单，制造特定时段内的虚假证券供求关系，影响该时段内证券交易价格或者交易量，进而通过反向交易获利，扰乱正常的市场价格形成机制，破坏资本市场秩序。尤其是在信息化、智能化时代，随着证券市场上高频交易等高科技手段的运用，虚假申报操纵的社会危害性将会更大。第五，"蛊惑交易"型操纵。行为人在进行证券交易时，利用不真实、不准确、不完整或不确定的重大信息，诱导投资者在不了解事实真相的情况下作出投资决定，影响证券交易价格或交易量，使得市场出现自己所预期的波动，由此取得经济上的利益。第六，"抢帽子"交易型操纵。行为主体对证券、发行人公开作出评价、预测或投资建议，并进行反向证券交易，影响证券交易价格和交易量。第七，以其他方法操纵证券、期货市场。这是本款的兜底条款。基于罪刑法定原则，在解释刑法条文的兜底条款时必须遵循同质性解释规则，能够纳入刑法兜底条款的违法犯罪行为必须与刑法条文所明示的行为在性质上保持一致性，这样兜底条款的解释与适用才能控制在国民预测可能性范围之内，以至于不违背罪刑法定原则。因此，行为人只要具有上述七种行为之一的，即具备本罪的行为要素。

（2）上述行为的情节严重。至于其具体标准，最高人民检察院、公安部 2010 年 5 月 7 日印发的《关于公安机关管辖的刑事案件立案追诉标准的规定（二）》第 39 条有相应规定。最为重要的则是 2019 年最高人民法院、最高人民检察院颁布的《关于办理操纵证券、期货市场刑事案件适用法律若干问题的解释》（以下简称《操纵证券、期货市场解释》），司法解释对于操纵证券市场行为入罪标准的确定，借鉴了贪污贿赂等犯罪的"数额+情节"的混合认定模式。其中，数额为犯罪数额（包括行为数额和结果数额），情节包括主体身份、社会影响、对象受害程度等。该解释第 2 条规定，操纵证券、期货市场，具有下列情形之一的，应当认定为刑法第 182 条第 1 款规定的"情节严重"，"（一）持有或者实际控制证券的流通股份数量达到该证券的实际流通股份总量百分之十以上，实施刑法第一百八十二条第一款第一项操纵证券市场行为，连续十个交易日的累计成交量达到同期该证券总成交量百分之二十以上的；（二）实施刑法第一百八十二条第一款第二项、第三项操纵证券市场行为，连续十个交易日的累计成交量达到同期该证券总成交量百分之二十以上的；（三）实施本解释第一条第一项至第四项操纵证券市场行为，证券交易成交额在一千万元以上的；（四）实施刑法第一百八十二条第一款第一项及本解释第一条第六项操纵期货市场行为，实际控制的账户合并持仓连续十个交易日的最高值超过期货交易所限仓标准的二倍，累计成交量达到同期该期货合约总成交量百分之二十以上，且期货交易占用保证金数额在五百万元以上的；（五）实施刑法第一百八十二条第一款第二项、第三项及本解释第一条第一项、第二项操纵期货市场行为，实际控制的账户连续十个交易日的累计成交量达到同期该期货合约总成交量百分之二十以上，且期货交易占用保证金数额在五百万元以上的；（六）实施本解释第一条第五项操纵证券、期货市场行为，当日累计撤回申报量达到同期该证券、期货合约总申报量百分之五十以上，且证券撤回申报额在一千万元以上、撤回申报的期货合约占用保证金数额在五百万元以上的；（七）实施操纵证券、期货市场行为，违法所得数额在一百万元以上的。”解释第 3 条规定，操纵证券、期货市场，违法所得数额在五十万元以上，具有下列情形之一的，应当认定为刑法第 182 条第 1 款规定的“情节严重”：“（一）发行人、上市公司及其董事、监事、高级管理人员、控股股东或者实际控制人实施操纵证券、期货市场行为的；（二）收购人、重大资产重组的交易对方及其董事、监事、高级管理人员、控股股东或者实际控制人实施操纵证券、期货市场行为的；（三）行为人明知操纵证券、期货市场行为被有关部门调查，仍继续实施的；（四）因操纵证券、期货市场行为受过刑事追究的；（五）二年内因操纵证券、期货市场行为受过行政处罚的；（六）在市场出现重大异常波动等特定时段操纵证券、期货市场的；（七）造成恶劣社会影响或者其他严重后果的。”

3. 关于本罪的主观方面

本罪在主观上表现为故意。其中，对于虚假申报操纵而言，还需具备“不以成交为目的”的主观目的。关于虚假申报的主观目的，无论是国外的相关立法，还是我国相关的法律规范，均将“不以成交为目的”作为虚假申报的主观目的。例如，证监会公布的《认定指引（试行）》第 40 条就明确规定虚假申报需以“行为人不以成交为目的”；《证券法》、“两高”《关于办理操纵证券、期货市场刑事案件适用法律若干问题的解释》《刑法修正案（十一）》亦规定虚假申报操纵须具备“不以成交为目的”的主观目的。事实上，“不以成交为目的”是反映虚假申报操纵违法性的重要标准，也是行政执法与刑事司法实践中区分正常的程序化交易和虚假申报操纵的具体标准。因而，在认定虚假申报操纵时，必须要证明行为人主观上具备“不以成交为目的”的主观目的。

（三）司法适用

1. “不以成交为目的”的主观认定

虚假申报操纵具有智能化、隐蔽化等特征，在刑事司法实践中不能简单地以频繁申报和撤单行为来判定“不以成交为目的”的主观目的，需要综合考虑相关的客观要素。而如何择定能够表明行为人主观目的的客观要素，关乎合理区分相关行为到底是属于正常的高频交易还是滥用高频交易进行的市场操纵行为，这是司法实践中需着力解决的重要问题。[①]

美国商品期货委员会（CFTC）在《“禁止扰乱市场行为”解释指引和政策说明》中指出，对于虚假申报操纵，行为人“不以成交为目的”的主观目的，应依据市场环境、交易方式等客观因素来进行全面综合的考量，以避免逾越“幌骗”交易操纵和正当报撤单的界限。故而，美国的执法和司法实践侧重于结合相关客观情况根据行为人报撤单行为进行主观目的的推定。例如，美国联邦第七巡回法院就认为，“提供被告主观意图的直接证据通常是困难的或不可能的，我们允许通过间接证据来证明犯罪意图。”[②] 具体表现为，依据订单的持续时间、实际的成交量、交易的数据统计等“间接证据”来认定行为人主观上具备“不以成交为目的”的主观目的。[③] 笔者认为，基于虚假申报操纵的主观认定困难和司法效率的考量，虚假申报操纵行为人“不以成交为目的”的主观目的证明也可考虑进行刑事推定。

那么，哪些客观要素可以作为推定主观“不以成交为目的”的标准呢？笔者认为，基于虚假申报操纵的特点以及行政执法与刑事司法实践的考量，以下相关要素可以作为考虑的因素：（1）“不以成交为目的”的核心判断标识：是否具备相应的反向交易行为。与合法的价格套利策略交易不同的是，高频交易下的虚假申报操纵，一般是通过证券市场的正反方向设置大额订单和小额订单，在高频交易获取的时间差内进行虚假申报操作，故意通过大额订单引诱普通投资者，引起

① 商浩文．美国首例“幌骗”型高频交易刑事定罪案及其借鉴．华东政法大学学报，2019（2）.

② United States v. Morris，576 F. 3d 661，674 (7th Cir. 2009).

③ United States v. Michael Coscia，177 F. Supp. 3d1 087 (2016).

证券市场交易价量的变化，识别和判断一般投资者的交易策略，然后迅速撤销大额订单，以有利于自己的价格成交小额订单，通过反方向的交易获取差价利润。[①]行为人在较短期间内的交易方向逆转，能够较有说服力地揭示频繁申报撤单和反向交易之间存在的手段和目的关系，反向交易能够有力证明此前的申报撤单行为具有“不以成交为目的”的主观目的。[②]在美国首例高频交易刑事定罪案中，法院认定被告具备“不以成交为目的”的主观目的时，重要证据之一就是行为人通过高频软件进行大量的反向交易进而获利。[③]（2）“不以成交为目的”的时间判断标识：订单的市场存续时间。行为人之所以能够通过反向交易获利，主要是因为其能够依据高频交易的技术获取较之于一般投资者的订单高速度，判断出市场上的投资策略后，迅速进行交易。因此，如果行为人的大额订单在市场上持续的时间较长，就表明行为人具有成交订单的主观目的；反之，如果大额订单存续的时间较短，频繁进行报撤单，则很大程度上能够反映其主观上“不以成交为目的”。事实上，2009年中国证监会在卢道军虚假申报操纵的行政处罚案件中，判断卢道军主观上不具备成交目的的重要依据就是借助订单平均驻留时间和最短驻留时间等指标来认定。[④]（3）“不以成交为目的”的技术判断标识：成交委托比。通常情况下，操纵行为表面上都会表现出不符合经济理性的状态。[⑤]例如，行为人申买量明显大于市场上卖方前五档总量，或者申卖量明显大于市场上买方前五档总量，在其申报订单很难全部成交的情况下大量堆单；再比如，在订单申报档位上升之后，成交可能性增加，行为人却将该申报进行了撤单，然后重新申报，多轮重复前述操作，等等。相应的行为是不符合经济理性的，有可能是行为人制造证券交易大量买卖的假象。因而，在司法实践中，可以通过审查高频交易成交委托比进行判断，如果行为人的大额订单的成交率与小额订单的成交率存在显著差别，或者是下单量和成交量的比率远远高于普通投资者或者一般的正常高频交易者，则基本可以判断行为人通过高频交易下单并不具备真实交易的目的，而是通过大额订单影响证券交易价量，进而促使反向的小额订单以有利的价格卖出。[⑥]

---

① 商浩文．美国首例“幌骗”型高频交易刑事定罪案及其借鉴．华东政法大学学报，2019（2）．

② 夏中宝．算法交易对虚假申报操纵法律认定逻辑的新挑战．证券市场导报，2017（10）：64．

③ United States v. Michael Coscia，177 F. Supp. 3d. 1087（2016）．

④ 卢道军利用“张春梅”“李丽虹”账户组操纵股价案，中国证监会行政处罚决定书〔2009〕37号。

⑤ 范林波．操纵证券市场行为监管执法问题实证研究．证券法苑，2017（4）：424～425．

⑥ 商浩文．大数据时代证券市场虚假申报操纵犯罪的司法认定．中国刑事法杂志，2020（6）．

中国证监会对外公开的《证券期货市场程序化交易管理办法（征求意见稿）》中在区分禁止性和正常的程序化交易时，就是把成交委托比是否明显低于正常水平的交易行为作为判断的依据。[①]（4）“不以成交为目的”的排除性因素：推定事实的反驳。刑事推定的基本构造是“基础事实＋常态联系→推定事实”，基础事实作为推定的前提，常态联系是基础事实与推定事实之间的因果关系。刑事推定以法定化的常态联系为依据。但是，由于常态联系是或然性的，这就决定了推定事实具有盖然性。[②]因而，就必须允许推定能够被反驳。为了避免“不以成交为目的”主观认定存在失误，应当允许听取当事人的合理说明。此时，应当依据案件的实际情形判定是否属于正当抗辩事由，例如，当事人为了履行强制平仓义务，在证券股价跌停的情形下仍大量申报卖出，此时可以构成正当抗辩事由，不应认定其具备虚假申报操纵犯罪“不以成交为目的”的主观目的。[③]

因此，基于虚假申报操纵的特点以及行政执法与刑事司法实践的考量，可以将是否存在反向交易行为、订单的市场持续时间、成交委托比等客观要素作为“不以成交为目的”的主观目的的判断标识；同时，考虑到刑事推定存在的风险，应允许当事人的合理抗辩。[④]

2.“利用信息优势连续买卖”与“利用信息优势操纵”的界分

利用信息优势连续买卖在我国证券法律和刑事法律中均有涉及，《证券法》第55条规定，利用信息优势交易是指“单独或者通过合谋……利用信息优势联合或者连续买卖”，“影响证券交易价格或者证券交易量”，行为模式是“利用信息优势＋连续交易”，属于连续交易的细分模式，其本质仍是一种交易型操纵行为。2019年“两高”《操纵证券、期货市场解释》中，对兜底条款进一步明确，其第1条第4款将信息型操纵的行为单独列为可以追究操纵市场刑事责任的情形，并确定定罪标准。经《刑法修正案（十一）》修改后的刑法第182条也有相对应的条款，即第1款第5项“利用虚假或者不确定的重大信息，诱导投资者进行证券、期货交易”。那么，这里涉及的问题就是：2019年“两高”《操纵证券、

① 《证券期货市场程序化交易管理办法（征求意见稿）》第18条规定：“程序化交易者参与证券期货交易，不得有下列影响交易价格或交易量的行为：……（三）频繁申报并频繁撤销申报，且成交委托比明显低于正常水平。”

② 赵俊甫．刑事推定论．北京：知识产权出版社，2009：23.

③ 商浩文．大数据时代证券市场虚假申报操纵犯罪的司法认定．中国刑事法杂志，2020（6）.

④ 商浩文．美国首例“幌骗”型高频交易刑事定罪案及其借鉴．华东政法大学学报，2019（2）.

期货市场解释》和《刑法修正案（十一）》中规定的利用信息优势操纵的行为与前述刑法中利用信息优势连续交易的操纵手法区别何在呢？

（1）“利用信息优势连续买卖”与“利用信息优势操纵”。

上述“利用信息优势连续买卖”与“利用信息优势操纵”两种操纵手法存在相当差别，前者属于交易性操纵行为，后者属于信息型操纵行为，其在适用相关刑法规范时应不一样。其一，从法条体系来看，“利用信息优势连续买卖”行为模式是刑法第 182 条第 1 款第 1 项中连续交易操纵中的行为方式之一，其行为方式为“利用信息优势＋连续交易”，其属于连续交易下利用资金优势、持股优势、信息优势的细分模式之一。此种操纵手段主要是通过掌握“信息优势”的外在条件，利用连续交易的形式影响证券交易价量。在此种情形下，其他市场参与者可能对相关信息并不知情，“信息优势”本身并不能影响证券交易的价量，连续交易行为才是违法者影响证券交易价量的手段。而“利用信息优势操纵”则是行为人通过虚假信息、荐股信息、控制信息披露的时间点和节奏等方式影响证券交易价量，其中，行为人有目的地对信息进行有控制的发布，使得其他投资者基于上述不及时、不全面、不真实的信息作出决策。[①] 其二，从刑事追诉标准来看，2010 年《追诉标准（二）》第 39 条、2019 年“两高”《操纵证券、期货市场解释》对刑法第 182 条操纵证券、期货市场案的立案追诉标准、入刑标准予以明确，呈现出两种方式，对于连续交易操纵、约定交易操纵、自买自卖操纵，主要是设定量化标准，对于涉案股票的持仓量和交易量占比有明确的规定；但是关于信息型操纵的行为认定则采取的是以“证券交易成交额”“违法所得数额”作为判断标准。[②] 因此，从司法解释条文的同质性角度考量，不应将“利用信息优势操纵”纳入连续交易的司法解释范畴。之所以司法解释没有规定如连续交易操纵类似的定罪量刑标准，主要还是因为“利用信息优势操纵”的操纵行为方式并不在于其交易的手段，应当是司法者基于市场发展和违法违规手段的变化，预判到一些具有市场影响力的主体单纯利用信息手段影响市场交易价量的可能性，不要

---

① 商浩文．论信息型操纵证券市场犯罪的司法认定路径——以 2019 年“两高”最新司法解释切入．法学，2020（5）．

② 2019“两高”《操纵证券、期货市场解释》第 2 条规定，操纵证券、期货市场，具有下列情形之一的，应当认定为刑法第一百八十二条第一款规定的“情节严重”：……（三）实施本解释第一条第一项至第四项操纵证券市场行为，证券交易成交额在一千万元以上的……（七）实施操纵证券、期货市场行为，违法所得数额在一百万元以上的……

求行为人具有进行联合或连续交易行为特征，司法者更关注利用信息手段而非交易手段的操纵模式。

（2）相关条款司法适用规则。

因此，在司法实践中，司法者应当考虑行为人利用信息的手段到底是属于“利用信息优势连续买卖”，还是“利用信息优势操纵”，这不仅涉及相关案件具体刑法条款的适用，也涉及案件的刑事追诉标准不同。而从以上分析可见，主要要考虑行为人究竟是利用信息优势通过连续买卖影响证券交易价量，还是以信息为手段影响其他投资者的投资决策进而对证券交易价量产生作用。①

其一，行为人如果以信息为手段影响其他交易者的投资决策进而影响证券交易价量，即使辅之以连续交易，此时也应当认定为“利用信息优势操纵”，进而适用刑法第 182 条第 1 款第 4 项之规定。典型的案例如徐翔操纵证券市场案。从中国证券投资基金业协会披露的相关案情来看，徐翔等人与上市公司董事长或者实际控制人合谋择机发布“高送转”“业绩预增”“热点题材”等利好消息，是其主要的操纵方式。在利好消息发布日前后较近时间内，进行“高于市场卖价、高于市场卖量”的连续交易行为，使标的股票价格异动，诱导市场投资者跟风交易，影响标的股票交易量，最终进一步拉升股价。然后，徐翔等人在股票飙涨之后，反向卖出股票获利。② 因而徐翔案中，行为人主要是通过发布“高送转”“业绩预增”等利好消息，诱使市场投资者跟风交易进而影响股票价格。如果没有利用信息优势的操纵行为，其在少数特定交易日的连续交易行为根本难以造成对股票价格的持续影响。因此徐翔案实际上是以信息型操纵为主、以交易型操纵手段为辅的操纵证券市场案件。而依据 2017 年 1 月 23 山东省青岛市中级人民法院的一审宣判，认定徐翔等人“……利用信息优势连续买卖，操纵证券交易价格和交易量……”③ 可见，一审法院认为，徐翔实施的是以“利用信息优势连续买卖”的交易型操纵行为。但是若如此，“信息”本身并不会影响证券交易价量的，而这与徐翔等人主要是通过发布“高送转”“热点题材”等利好信息影响股票交易量的案件事实存在一定偏差。再如，在中国证监会进行行政处罚的阙文彬与蝶彩

---

① 商浩文．论信息型操纵证券市场犯罪的司法认定路径——以 2019 年“两高”最新司法解释切入．法学，2020（5）．

② 中国证券投资基金业协会中基协处分（2017）2 号纪律处分决定书。

③ 山东省青岛市中级人民法院关于徐翔案一审案的官方微博，“徐翔一审被判处有期徒刑五年六个月 并处罚金”http：//finance.sina.com.cn/roll/2017－01－23/doc-ifxzutkf2391105.shtml，2021－01－01.

资产、谢风华等操纵案和鲜言操纵案中，均是行为人作为上市公司控股股东及实际控制人具有信息优势，人为操纵信息披露的内容和时点，选择时点披露公司已有的重大利好信息，操纵目标股票股价，实现高价减持目的。[①] 从以上案件可见，"利用信息优势操纵"之行为主要是将信息作为影响证券价量的重要因素，而行为人的证券交易仅仅是获利的手段。

其二，行为人如果通过利用信息优势进行连续买卖进而影响证券交易价量的，此时应当认定为"利用信息优势连续买卖"之操纵方式，如果达到定罪标准的，应适用刑法第 182 条第 1 款第 1 项之规定，即将其作为连续交易型操纵的行为方式之一。此种操纵方式，在朱某、上海永邦操纵案中表现得较为明显。该案中，时任标的上市公司实际控制人的朱某，掌握了上市公司具体收购计划的详细进程并泄露给从事"市值管理"的上海永邦，与上海永邦投资公司合谋，朱德洪陆续将 4 788 万股"宏达新材"减持到杨绍东控制的相关账户名下，由上海永邦帮助进行"市值管理"，并将减持所得大额资金交由上海永邦用于投资和操作"宏达新材"。上海永邦通过连续交易、在自己实际控制的账户间交易等方式影响"宏达新材"股价。[②] 再如，杨绍东操纵证券市场案中，行为人作为公司的大股东，具有持股优势。公司在 2015 年 1 月至 5 月曾 6 次查询股东名册，中国证券登记结算公司在 2014 年年末、2015 年 3 月后每月月中、月末自动向公司发送股东名册，董事会秘书李某君向陈宏庆发送了除 2015 年 2 月 27 日外的所有股东名册，陈宏庆知悉包括做市券商在内所有股东的持股情况。其利用持股和信息优势，在控制的 3 个账户多日连续大量买卖连续交易标的证券，对证券价格和交易量产生重要影响。[③] 在上述案件中，行为人作为公司的实际控制人员，知悉公司的相关信息，并未采取相关措施向社会进行散布、传播，只不过是行为人利用掌握的信息优势进行连续交易，进而影响了股票的价量。其中的信息，如果不是经由行为人的不当利用，不会对价格产生多大影响，价量影响的关键因素在于行为人的连续买卖，因而这里就不属于"利用信息优势操纵"，而应当认定为"利用信息优势连续买卖"之操纵方式，当然如果构成犯罪，其刑事追诉标准也就不一样。

---

① 参见中国证监会〔2017〕80 号行政处罚决定书；中国证监会〔2017〕29 号行政处罚决定书（鲜言）。

② 参见中国证监会〔2016〕32 号行政处罚决定书（上海永邦投资有限公司、朱德洪、杨绍东等 4 名责任人员）。

③ 参见中国证监会〔2015〕43 号行政处罚决定书（陈宏庆）。

3. 信息型操纵证券市场犯罪之“利用信息优势”判断规则

信息型操纵证券市场行为的核心问题是通过对“信息优势”的利用实现操纵，那么，何为“利用信息优势”呢？司法实践中对此是如何认定的呢？这需要我们对刑事司法和行政执法中的实践经验予以总结，以有助于对信息型操纵案件中对“利用信息优势”的判断。

（1）“利用信息优势”判定：影响证券交易价量。

基于对利用信息优势操纵证券市场犯罪的本罪考察出发，对于“利用信息优势”的认定宜采用实质标准，即“证券价量操纵”。证券市场操纵犯罪的实质是对证券投资者资本配置决策进行非正当控制并从中谋取交易利益。行为人通过市场策略安排，控制证券市场价格并使其按照行为人预期的价格行为方向、波动幅度运作。因而市场操纵犯罪就是对金融商品市场交易价格的操纵性或者影响性控制。市场参与者通过市场信息进行投资决策，因而市场活动信息不对称是行为人操纵证券市场的基础。① 而操纵行为人运用信息手段，创造不对称信息，操纵证券市场的正常价格形成机制，其最终目的是操纵证券价格和证券交易量，以获取证券市场的不当利益。故而认定操纵证券市场犯罪，需要合理界定相关信息是否能够影响证券交易价量。因而利用信息优势操纵证券市场中“信息优势”判断，其重点不应纠结于信息的性质，应当着手对“利用”信息优势作出判断。因为该种操纵方式体现的是行为人在具备上述信息优势的基础上以之作为手段对这一优势地位的不当运用，以对投资者产生诱导，实现操纵股价获利的目标。因此，“利用信息优势”并不等同于知悉信息并交易，应包括为了达成操纵目的而人为决定发布重大信息的时机、内容甚至主动制造、发布重大信息的行为。在徐翔案中，公诉机关认为徐翔等人有信息获取的优势，他们对信息推出时间的节点、信息推出的节奏都有事先的商议，并且有编造信息的行为，实际上就是一种信息操控的行为。② 对此，阙文彬与蝶彩资产、谢风华等操纵案和鲜言操纵案中，证监会就认为故意控制重大敏感信息披露的节奏和内容来配合股票买卖行为的情形应是“利用信息优势”的应有之义。③

---

① 刘宪权，谢杰．市场操纵犯罪的实质解构：法律与经济分析．现代法学，2014（6）．

② 徐翔获刑五年半，罚金110亿！辩护律师揭秘为何这样判？搜狐财经 http：//www.sohu.com/a/125020137_465337，访问日期：2020-12-18．

③ 商浩文．论信息型操纵证券市场犯罪的司法认定路径——以2019年“两高”最新司法解释切入．法学，2020（5）．

（2）“利用信息优势”的类型化方式。

考虑到“利用信息优势”操纵行为方式多样，要对此种操纵行为作出科学的刑法考量，必须合理界定行为类型化特征。行为类型化是对具体行为样态的归纳，它是在对相关事实比较分析的基础上进行的提炼、总结的过程。这种类型化的研究方法不仅是刑法立法的重要基础，也是司法裁判的重要标准。而类型化的方法通常主要围绕行为的样态展开。基于此，笔者拟从“利用信息优势”的行为方式的类型化入手，以为司法裁判确定相对合理的判断基准。

从目前已经公开的利用信息优势操纵证券市场的相关案件来看，由于相关信息能够对证券价格产生影响，因而上述案件中，行为人主要是采取以下 3 种方式实施“利用信息优势操纵”证券市场的行为。

其一，行为人通过虚假的热点题材等利好信息进行误导。在证券市场中，热门题材股票可能预示着公司未来具有潜在的发展前景和上升空间，往往容易受到广大投资者的大力追捧。许多上市公司也会通过业务转型、资产重组等方式拓展新的发展空间，挖掘更大的发展潜力。[①] 然而一些上市公司借助热门题材，通过披露不真实、不准确的信息夸大、渲染相关业务给公司带来的影响，误导投资者，引起投资者的跟风追捧，股价上升后，行为人将之前持有的股票在高价出售进而谋取不法利益。如徐翔案中，徐翔等人约定由上市公司董事长或者实际控制人控制上市公司择机发布“高送转”“业绩预增”等利好消息，引入“乙型肝炎治疗性疫苗”“石墨烯”等热点题材，哄抬股价，但是事后查明相关的利好消息为虚假消息。[②] 再如，证监会查处的鲜言案中，2015 年 5 月 11 日，多伦股份发布《关于获得控股股东 www. p2p. com 网站域名特别授权的公告》，公告称“通过本次授权，可以使公司在互联网金融行业处于领先的竞争优势。该特别授权对公司的转型是具有突破性意义的，必将给公司带来深远影响”。从多伦股份公告内容看，www. p2p. com 网站正在筹备中，并无任何业务运营，且香港多伦只免费授权该网站域名使用 1 年，后续存在不确定性。[③] 而互联网金融为当时股票炒作热点题材，上述公告内容对投资者产生了极大误导。

其二，对真实信息的发布时点、节奏行控制。此种常见情形是指，上市公司

① 朱凯．上交所对热点题材信息加强监管问询．证券时报，2016 - 03 - 05.

② 中国证券投资基金业协会中基协处分（2017）2 号纪律处分决定书。

③ 中国证监会〔2017〕29 号行政处罚决定书（鲜言）。

大股东在上市公司的股价处于低位时，并未对公司利好的消息进行及时发布，而是配合私募基金等机构在低价位时大笔买入股票，这里也可能存在行为人事先采用抛出利空消息的方式打压股价，然后通过利用其信息优势地位集中释放利好消息，在股价上升到一定程度时卖出股票获利。行为人除了集中发布利好信息外，为了配合股票市场操纵的需要，拖延发布利好信息、或分散发布利好信息，以有利于股票买卖操纵，也是多见的行为方式。[①] 其中，较为典型的案例为蝶彩资产管理（上海）有限公司一案，该案中，阙文彬等人未及时披露独一味牙膏研发进展就是属于拖延发布利好消息的情况。2013 年 6 月 24 日恒康医疗发布公告称独一味牙膏于日前研制完毕。然而该研发工作 2011 年之前就已完成并于当年的 2 月获得相关注册商标，同年 6 月提出相关发明专利申请。[②] 该公告发布时间与实际研发时间差异较大，选择时点披露相关研发进展，增加重大利好信息披露密度，影响投资者收益预期，从而提升“恒康医疗”股价，实现股价操纵之目的。再如，“朱德洪、上海永邦合谋操纵‘宏达新材’案”中，也存在这样的情形。朱德洪一直存在未及时让宏达新材披露收购城市之光以及收购千年设计等重大事宜。期间，朱德洪一直策划一系列的并购重组活动，形成了一系列的重大信息，对股价产生了实质性影响，朱德洪、上海永邦合谋，通过利用信息优势连续买卖、在自己实际控制的账户之间进行交易，影响“宏达新材”股票交易价格，宏达新材股价从开始谈判收购城市之光的 3 元多上涨到 11 元。[③]

其三，对信息的发布内容进行控制。所谓对控制信息发布内容，是指行为人对于信息披露的内容的真实性、完整性进行控制，以便操纵证券价格。[④] 比如，行为人夸大利好影响、隐瞒重大风险等情形。例如，在蝶彩资产管理（上海）有限公司一案中，阙文斌等人就存在未完整、准确披露收购三家医院对价情况。2013 年 6 月，恒康医疗发布收购蓬溪医院、资阳医院和德阳医院三家医院的公告。经调查，收购过程中除签订收购合同外，恒康医疗董事会秘书郭某曾通过电子邮件发送给阙文彬《补偿协议》，协议显示恒康医疗关联方需向刘某均（收购项目介绍人）支付 3 000 万元补偿款，但恒康医疗未披露《补偿协议》及补偿款

① 沈冰，周杰．我国股票市场内幕信息操纵的现状及特征剖析．财会月刊，2017（23）.

② 中国证监会〔2017〕80 号行政处罚决定书。

③ 中国证监会〔2016〕32 号行政处罚决定书（上海永邦投资有限公司、朱德洪、杨绍东等 4 名责任人员）。

④ 左永刚．首例利用信息优势操纵案件揭开面纱．证券日报，2016－04－11.

的支付条件和金额等情况，表面上降低了收购成本，增强了投资者对收购事项收益的预期，对“恒康医疗”股价产生积极影响。[①] 股价上涨之后，利用“市值管理”实现了以不低于20元/股减持“恒康医疗”的目标。

六、洗钱罪修法的理解与适用（修正案第14条）

（一）修法过程

本罪在一审稿中并未涉及，是在二审稿中直接增加规定的，其立法过程主要如下。

1. 二审稿的相关规定。刑法原第191条规定：“明知是毒品犯罪、黑社会性质的组织犯罪、恐怖活动犯罪、走私犯罪、贪污贿赂犯罪、破坏金融管理秩序犯罪、金融诈骗犯罪的所得及其产生的收益，为掩饰、隐瞒其来源和性质，有下列行为之一的，没收实施以上犯罪的所得及其产生的收益，处五年以下有期徒刑或者拘役，并处或者单处洗钱数额百分之五以上百分之二十以下罚金；情节严重的，处五年以上十年以下有期徒刑，并处洗钱数额百分之五以上百分之二十以下罚金：（一）提供资金账户的；（二）协助将财产转换为现金、金融票据、有价证券的；（三）通过转账或者其他结算方式协助资金转移的；（四）协助将资金汇往境外的；（五）以其他方法掩饰、隐瞒犯罪所得及其收益的来源和性质的。”“单位犯前款罪的，对单位判处罚金，并对其直接负责的主管人员和其他直接责任人员，处五年以下有期徒刑或者拘役；情节严重的，处五年以上十年以下有期徒刑。”2020年10月26日全国人大常委会公布的《刑法修正案（十一）（草案二审稿）》拟将刑法第191条修改为：“为掩饰、隐瞒毒品犯罪、黑社会性质的组织犯罪、恐怖活动犯罪、走私犯罪、贪污贿赂犯罪、破坏金融管理秩序犯罪、金融诈骗犯罪的所得及其产生的收益的来源和性质，有下列行为之一的，没收实施以上犯罪的所得及其产生的收益，处五年以下有期徒刑或者拘役，并处或者单处罚金；情节严重的，处五年以上十年以下有期徒刑，并处罚金：（一）提供资金帐户的；（二）将财产转换为现金、金融票据、有价证券的；（三）通过转帐或者其他支付结算方式转移资金的；（四）跨境转移资产的；（五）以其他方法掩饰、隐

① 中国证监会〔2017〕80号行政处罚决定书。

瞒犯罪所得及其收益的来源和性质的。”“单位犯前款罪的，对单位判处罚金，并对其直接负责的主管人员和其他直接责任人员，依照前款的规定处罚。”

较之于原条文的相关规定，二审稿主要是拟作以下修改：一是将自洗钱行为纳入刑法的制裁范围。主要体现在条文删除行为人主观明知的规定，并且删除具体洗钱行为中的“协助”洗钱的表达。二是将倍比制的罚金立法模式修改为抽象的罚金模式。三是规定单位犯罪要按照自然人犯罪进行处罚，增加了罚金刑的规定，加大了单位犯罪的处理力度。

2. 三审稿及最后的通过稿的相关规定。三审稿以及最后的通过稿维持了二审稿的相关规定。2020 年 12 月 26 日全国人大常委会通过的《刑法修正案（十一）》将刑法第 191 条修改为：“为掩饰、隐瞒毒品犯罪、黑社会性质的组织犯罪、恐怖活动犯罪、走私犯罪、贪污贿赂犯罪、破坏金融管理秩序犯罪、金融诈骗犯罪的所得及其产生的收益的来源和性质，有下列行为之一的，没收实施以上犯罪的所得及其产生的收益，处五年以下有期徒刑或者拘役，并处或者单处罚金；情节严重的，处五年以上十年以下有期徒刑，并处罚金：（一）提供资金帐户的；（二）将财产转换为现金、金融票据、有价证券的；（三）通过转帐或者其他支付结算方式转移资金的；（四）跨境转移资产的；（五）以其他方法掩饰、隐瞒犯罪所得及其收益的来源和性质的。”“单位犯前款罪的，对单位判处罚金，并对其直接负责的主管人员和其他直接责任人员，依照前款的规定处罚。”

（二）内涵解读

洗钱罪，是指为掩饰、隐瞒毒品犯罪、黑社会性质的组织犯罪、恐怖活动犯罪、走私犯罪、贪污贿赂犯罪、破坏金融管理秩序犯罪、金融诈骗犯罪的所得及其产生的收益的来源和性质的行为。

1. 关于本罪的犯罪客体

本罪侵犯的客体是复杂客体，即国家正常的金融管理秩序和司法机关的正常活动。本罪的对象是明知财产属于毒品犯罪、黑社会性质的组织犯罪、恐怖活动犯罪、走私犯罪、贪污贿赂犯罪、破坏金融管理秩序犯罪、金融诈骗犯罪的所得及其产生的收益，而予以掩饰和隐瞒。“毒品犯罪”是指刑法分则第六章第七节规定的各种有关毒品的犯罪；“黑社会性质的组织犯罪”，是指以黑社会性质的组织为主体所实施的各种犯罪；“恐怖活动犯罪”，是指恐怖组织实施的各种犯罪；“走私犯罪”，是指刑法分则第三章第二节规定的各种走私犯罪；“贪污贿赂犯罪”

是指刑法分则第八章规定的各种贪污贿赂犯罪；“破坏金融管理秩序犯罪”，是指刑法分则第三章第四节规定的各种破坏金融管理秩序犯罪；“金融诈骗犯罪”，是指刑法分则第三章第五节规定的各种金融诈骗犯罪。“犯罪的所得及其产生的收益”，是指犯罪分子通过犯罪所获取的非法利益以及利用犯罪所得的非法利益所产生的孳息或者经营活动所产生的经济利益。

2. 关于本罪的客观方面

本罪在客观上表现为行为人对毒品犯罪、黑社会性质的组织犯罪、恐怖活动犯罪、走私犯罪、贪污贿赂犯罪、破坏金融管理秩序犯罪、金融诈骗犯罪的所得及其产生的收益，实施了掩饰、隐瞒其来源和性质的行为。这就是通常所谓的洗钱。洗钱的目的在于通过金融体系或者直接投资等非金融体系的运作，截断犯罪所得及其产生的收益与先前犯罪行为之间的联系，以逃避法律追查，使犯罪所得及其产生的收益“合法化”的过程。《刑法修正案（十一）》将掩饰、隐瞒的行为方式规定为如下五种：（1）提供资金账户。即行为人将自己拥有的合法账户提供给实行上述七类犯罪的犯罪分子，或者为其在金融机构开立账户，让其将犯罪所得及其产生的收益存入金融机构。（2）将财产转换为现金、金融票据、有价证券。即行为人采取各种方式，将上述七类犯罪所得及其收益通过交易等方式转换为现金或者本票、汇票、支票等金融票据或者股票、国库券、财政债券、国家建设债券等有价证券。（3）通过转账或者其他支付结算方式转移资金。即将上述七类犯罪所得及其收益通过银行等金融机构或者非银行金融机构，将犯罪所得及其收益从一个账户转移到另一个账户，使其混入合法收入之中。（4）跨境转移资产。主要是通过各种方式将上述七类犯罪所得的资金汇往境外。（5）以其他方式掩饰、隐瞒犯罪的所得及其收益的性质和来源。实践中常见的有通过典当、租赁、买卖、投资经营、地下钱庄等各种合法与非法方式，转移、转换犯罪所得及其收益的，等等。该种情况是考虑到洗钱的行为方式多样性而在刑法上所作的一个堵漏性规定，以免遗漏其他方式的洗钱行为。

3. 关于本罪的犯罪主体

本罪的主体是一般主体，包括任何已满 16 周岁、具有刑事责任能力的自然人和单位。需要注意的是，《刑法修正案（十一）》颁行后，毒品犯罪、黑社会性质的组织犯罪、恐怖活动犯罪、走私犯罪、贪污贿赂犯罪、破坏金融管理秩序犯罪、金融诈骗犯罪等行为人自洗钱行为也可构成洗钱罪。

（三）司法适用

（1）本罪与相关犯罪的界限。其一，与掩饰、隐瞒犯罪所得、犯罪所得收益罪的界限。本罪的对象仅限于刑法规定的七类上游犯罪即毒品犯罪、黑社会性质的组织犯罪、恐怖活动犯罪、走私犯罪、贪污贿赂犯罪、破坏金融管理秩序犯罪、金融诈骗犯罪的所得及其产生的收益；而后者的对象为所有犯罪的所得及其产生的收益。从本罪与掩饰、隐瞒犯罪所得、犯罪所得收益罪的法条之间的关系看，属于法条竞合，应适用特别法优于一般法的原则即按本罪处理。其二，本罪与窝藏、转移、隐瞒毒赃罪的界限。本罪的对象仅限于刑法规定的七类上游犯罪即毒品犯罪、黑社会性质的组织犯罪、恐怖活动犯罪、走私犯罪、贪污贿赂犯罪、破坏金融管理秩序犯罪、金融诈骗犯罪的所得及其产生的收益；而后者的对象则是毒赃；本罪的主体包括自然人和单位，而后者的主体只能是自然人，不包括单位。尽管从构成要件上看两者具有上述不同，且从规定两者的法条之间的关系看，属于法条竞合。

（2）刑法适用中的罪刑协调问题。《刑法修正案（十一）》将自洗钱行为入刑后，实施上述七类犯罪后，如果再进行自洗钱，应对其进行数罪并罚；若行为人实施的是上述七类犯罪之外的罪名，再实施洗钱行为，此时，司法实践中无法对其进行数罪并罚，只能将洗钱行为作为前罪名的量刑情节进行适用。再比如，对于上述七类犯罪到底怎么理解？到底是以行为的实质判断，还是以最后的罪名进行判断？比如破坏金融管理秩序犯罪中的金融诈骗犯罪，假如实施贷款诈骗，通过合同的形式，实施贷款诈骗过程当中会有法律竞合，既可以构成贷款诈骗罪，也可以构成合同诈骗罪，根据法条规定合同诈骗罪稍微重一点，尽管行为破坏了金融管理秩序，是金融诈骗犯罪，但是最后定的是合同诈骗罪。行为人钱款转移构成自洗钱，能否适用自洗钱入刑的规定呢？对此，应当进行实质理解。也即只要行为人实施的犯罪行为破坏了金融管理秩序，就应当是属于破坏金融管理秩序犯罪，不应当明确限定在定罪罪名。

七、催收非法债务罪立法的理解与适用（修正案第34条）

（一）修法过程

自2018年1月中共中央、国务院发出《关于开展扫黑除恶专项斗争的通知》

以来，借助刑法武器打击黑恶势力成为刑事司法领域的重要工作之一。违法催收行为并不必然同黑恶势力相关联，但是黑社会性质组织中的经济特征与违法催收所惯用的手段则表明，二者之间存在千丝万缕的联系。因此，正是从扫黑除恶专项斗争开始，违法催收行为才纳入刑事司法重点规制与打击的范围，与此同时，不同的司法解释开始对违法催收行为的不同侧面进行规制，这些司法解释的出台使得该行为的定罪量刑逐渐明朗起来。最高人民法院、最高人民检察院、公安部、司法部《关于办理黑恶势力犯罪案件若干问题的指导意见》，最高人民法院、最高人民检察院、公安部、司法部《关于办理"套路贷"刑事案件若干问题的意见》，最高人民法院、最高人民检察院、公安部、司法部《关于办理实施"软暴力"的刑事案件若干问题的意见》对于违法催收行为均有所涉及，但是基本上都采取开放式的表述方式，最终还是应当根据具体行为进行构成要件符合性的判断，诉诸传统的罪名加以解决，如果在罪量程度上难以达到传统犯罪的要求，则很难对违法催收的行为进行刑法规制。而出现这一处罚漏洞的原因就在于我国刑法中缺乏一个专门性的针对违法催收行为的罪名，在司法实践中遇到这种情况基本都将行为分解到传统罪名中，并用寻衅滋事罪、非法经营罪作为兜底。司法实践中的这种做法虽然在刑法保持基本稳定的情况下，对违法催收行为进行了有效的规制，但与此同时也加速了寻衅滋事罪、非法经营罪沦为口袋罪的过程。

《刑法修正案（十一）》对违法催收独立成罪的规定正是在回应上述实务问题的基础上确立的。虽然违法催收的大多数行为都可以分解成传统犯罪予以规制，但是认定为传统犯罪还需要满足个罪特殊的罪量要求，这就会导致如果违法催收中被分解出的各种行为难以满足入罪门槛的要求，那么整个违法催收行为都会以无罪论处。换言之，在当前的刑法中，需要将违法催收的行为进行分解，以对应现有罪名的构成要件，但是这些行为进行分别评价时往往无法达到罪量要求，而这一系列行为集合在一起整体的违法催收行为又具有相当程度的社会危害性。为了解决这种矛盾局面，只能通过立法方式将法律原本未规定为犯罪的违法催收行为，从整体上规定为一个专门的犯罪，并对其罪量进行总体上的评价。此外，《刑法修正案（十一）》规定也受到了已经生效的《中华人民共和国民法典》（以下简称《民法典》）正式公布的影响，《民法典》第 680 条明确规定禁止高利放贷，高利贷的社会危害性不仅仅在于违法放贷行为本身的危害，而且在于其后续的催收行为带有暴力、软暴力性质，对人民生命健康和财产安全以及社会的稳定造成严重威胁。因此，为了与《民法典》中的禁止规定相协调，形成合力打击此类危害行为的局面，《刑法修正案（十一）》将违法催收此类债务的行为作为独立的犯罪进行规制。

对违法催收的行为进行刑事规制经历了一个从党中央及国务院的通知，再到相应的司法指导意见，最后到细化到具体的司法适用意见这样的过程。这一发展过程已经成为我国当前的一种司法与立法互动模式。这种模式即：在宏观刑事政策的指引下，对刑法条文进行权威解释和说明，紧跟社会发展需要，并对人民生活中出现的热点问题进行刑法上的回应，当司法解释的适用成熟以后或是在司法解释适用中存在不能周延的漏洞时，立法机关开始介入，将适用成熟的司法解释及其司法适用经验与缺陷进行总结，对现有的刑法进行修改和补充，从而一步步严密刑事法网。这种发展模式在《刑法修正案（九）》与《刑法修正案（十一）》中都有集中的体现。[①] 在《刑法修正案（十一）》中高空抛物、抢夺方向盘的行为入罪，进一步将司法解释的实践经验上升为刑法规定。

本罪的具体规定在三次审议中都发生了一些变化。首先，《刑法修正案（十一）（草案）》第一次审议稿中对本罪规定了“以此为业”的限制，使得本罪的规制范围限定在职业犯中，而《刑法修正案（十一）（草案）》第二次审议稿中，则取消了“以此为业”的限制，这使得本罪的规制范围大大扩张，并不限制于职业性的催债团体，而是包括了偶尔为之但社会危害性严重的行为。与之相适应的是，二审稿中增加了“情节严重”的限制，同“以此为业”相比，“情节严重”的涵摄范围更广，“情节严重”这样的表述不仅能将“以此为业”包含进来，还能将其他情形包含进来，例如：只有偶尔一次催收，但是情节严重，混合了多种不法手段。此时虽然不能构成“以此为业”，但是却可以构成“情节严重”。为了同这一改动相协调，二审稿在列举具体行为方式时取消了一审稿中对具体行为的罪量规定，三种具体行为均需要满足“情节严重”的罪量要求，不需要再对具体行为的罪量进行规定。这种做法减少了司法理解与适用上的混乱，因为具体行为中设置不同要求的情节要素缺乏合理性依据，例如：一审稿中“使用暴力、胁迫方法的”并不要求任何罪量；而“限制他人人身自由或者侵入他人住宅”要求情

① 例如：《刑法修正案（九）》中新增的一个罪名：编造、故意传播虚假信息罪，该罪就是从司法解释中发展而来的。2013 年 9 月 21 日最高人民法院、最高人民检察院颁布了《关于办理利用信息网络实施诽谤等刑事案件适用法律若干问题的解释》，该司法解释中将编造、故意传播虚假信息的行为界定为寻衅滋事罪，但是由于寻衅滋事罪适用的空间是公共场所，将网络空间解释为公共场所存在类推解释之嫌，因而该司法解释出台后饱受争议，《刑法修正案（九）》新增了此罪名，在解决争议问题的同时也严密了刑事法网。

节较轻，“恐吓、跟踪、骚扰他人”则要求情节严重，这种区别设置一方面无法理解背后深层次的原因，另一方面情节较轻与情节严重以及没有罪量要求之间的严重程度关系是怎样的，也非常模糊。正是为了廓清这种混乱与烦琐，二审稿中对入罪门槛进行了统一规定。第三次审议稿沿用了二审稿的上述变化。此外，三审稿还对违法债务的表述进行了修改，一审稿、二审稿中表述为“高利放贷产生的债务或者其他法律不予保护的债务”，而三审稿中表述为“高利放贷等产生的违法债务”。三审稿的语言更加简练，将“法律不予保护”简化为“违法”，在内涵上更为明确，即债务本身的性质是违法的，法律不予保护的范围要比违法债务更广，在原来“两线三区”的利率范围中，利率为24%～36%的部分法律不予保护，但是这种债务并不是高利贷。① 违法债务的表述更为明确，不仅包括了高利贷，还包括了因违法行为而产生的赌资、嫖资以及具有非法占有目的的“套路贷”等债务。

最后，一审稿中第2款规定为“有前款行为，同时构成其他犯罪的，依照处罚较重的规定定罪处罚。”这是一个典型的注意规定，即使没有此规定，如果同时构成其他犯罪，也会按照想象竞合择一重的规则论处。在审议期间，有专家提出“草案‘有前款行为，同时构成其他犯罪的，依照处罚较重的规定定罪处罚’条款，刑法中使用得不多，只有12处，但初次审议稿就加入6次，建议删去草案中‘同时构成其他犯罪的，依照处罚较重的规定定罪处罚’的规定。”② 二审稿中删去了本罪第2款的这一注意规定，这是因为本罪的行为方式本身就与其他犯罪存在重合交叉，在司法适用中无须再次提醒司法者注意，一审稿第2款的规定没有太大的存在价值，因此二审稿中在精练语言的目的下删去了该款规定，最终，本罪只保留了第1款的规定。

（二）内涵解读

1. 关于行为对象

本罪的对象是借贷高利贷等其他违法债务的债务人。这些违法债务主要包括

---

① 2020年8月20日最高人民法院发布的最新修订的《最高人民法院关于审理民间借贷案件适用法律若干问题的规定》中确定了民间借贷利率的司法保护上限为全国银行间同业拆借中心每月发布的一年期贷款市场报价利率（LPR）的4倍，取消了原有的两线三区的规定。

② 全国人大常委会法工委刑法室．刑法修正案（十一）草案向社会公众征求意见的情况．第十三届全国人大常委会第二十二次会议（2020年10月13日—17日）参阅材料．

赌债、嫖资、套路贷中的虚假债务等。如果是法律保护的合法债务则刑法不能介入，根据不同行为按照民事纠纷或《治安管理处罚法》来规制。此处又涉及一个有争议的问题，即单纯的亲友之间单笔或少笔的纯高利贷是否属于违法债务的问题。针对这一问题需要考察借贷的具体情况，如果双方是建立在公平自愿的基础上商定了高额利息的，那么此时的高利贷显然不同于一般的有组织性的放贷团体，因为有组织性的放贷团体与借款人在借贷合同签订时就实力相差悬殊，借款人往往是被迫签订了高利贷合同，其自由意志存在瑕疵。而亲友之间一般不存在这种情况，此外亲友之间索取债务的方式也与放贷团体不同，往往会优先选择更加平和的方式进行，几乎很少采取暴力或软暴力手段。

在审议过程中，一些专家提出是否可以把违法催收的内容拓展到合法债务。[①]但是考虑到合法债务本身的性质问题，其在产生上具备合法基础，而债务人欠债不还事实上存在一定的过错，因此违法催收合法债务与违法催收非法债务之间存在质的区别。不宜将违法催收合法债务的行为规定为新罪，因为新罪的设立主要是考虑行为的社会危害性程度，只有具有严重社会危害程度的行为才能受到刑法的规制，一旦将合法债务纳入进来，则会大大削弱刑法对违法放贷的否定性评价。当然，如果催收合法债务的手段已经符合了其他犯罪的构成要件要求，则仍然可以用其他犯罪予以规制，并不会造成处罚上的漏洞。最终，《刑法修正案（十一）》中也仍然将处罚的范围严格限制在违法债务中。

2. 关于行为类型

首先，正如上文所言，二审稿中取消了一审稿中的“以此为业”的要求，并增加的“情节严重”的限制。在一审稿中本罪的行为需要以催收高利贷等法律不予保护的债务为业，即本罪一开始被设定成是职业犯。需要将违法催收行为作为职业予以实施，因此本罪事实上是需要反复多次实施，才能认定为“以此为业”。但在二审稿中取消了“以此为业”的要求，这是因为“以此为业”这一构成要件要求会大大缩小犯罪主体的范围，在实践中只能打击具有职业性质的催债人或催债集团，打击面过小，而实践中也不乏因为一次非法债务而进行违法催收且手段恶劣的情况。因此，在二审稿中使用“情节严重”这样的概括性表述来涵盖实践中的各种情况。当然，多次实施违法催收行为，甚至以此为业的，将作为该罪的

① 参见全国人大常委会法工委刑法室．刑法修正案（十一）草案二次审议稿向社会公众征求意见的情况．第十三届全国人大常委会第二十四次会议（2020年12月22日—26日）参阅材料．

情节予以考虑，并不会出现漏洞。换言之，“情节严重”这样的表述更具有弹性，既能包含一次或少次催债但手段、影响恶劣的情况，也能包含数次催债，以此为业的情况。可以说，这样的表述更能适应实务中千变万化的案例。同时还需要注意的是，二审稿中统一采用了“情节严重”的表述，因此下述三种行为方式也都需要达到情节严重的要求，所以，二审稿删去了一审稿中针对不同行为方式的罪量要求，进行了一致化处理，这种修改使得法条的语言更为精炼、便于理解，也便于后续司法解释进行统一细化，防止出现内容上的矛盾。

其次，本罪列举了违法催收非法债务的具体行为。包括：使用暴力、胁迫方法的；限制他人人身自由或者侵入他人住宅的；恐吓、跟踪、骚扰他人的。本罪仅采取了列举方式，而未采用列举＋兜底的表述，这意味着本罪的行为方式只能是上述三种。超出了本罪规定的其他行为方式只能寻求其他罪名的规制，如果不符合其他犯罪的构成要件则只能做无罪处理。立法上没有将本罪采取列举＋兜底的表述方式进行规定其实具有一定的合理性，并不是立法上的缺失或不周延，而是因为在现实生活中，违法催收的行为方式主要就集中在上述三种，如果再使用兜底条款，则本罪的处罚范围就很容易不当扩大最终沦为口袋罪。虽然高利贷等其他非法债务天然具有违法性，但是需要承认的是这种债务的产生是双方合意的结果，即使是触及法律，也尚未达到刑法规制的程度，因此刑法不宜过分干涉，也不宜将全部情形都涵盖在内。此外，超出上述规定的行为，如果达到一定罪量要求后也可以按其他犯罪论处。因此，仅采取“列举”方式进行规定，并不会造成处罚上的漏洞。这种只列举而不兜底的立法方式值得提倡，因为其不仅控制了打击面，体现出刑法的最后性与碎片性，同时也贯彻了罪刑法定原则明确性的要求。

最后，本罪的上述三种行为方式并非本罪所独有。第一种行为方式：使用暴力、胁迫方法的，这种行为方式与抢劫罪类似，但是本罪由于行为人不具有非法占有目的，而是为了索取债务的目的，因此不能认定为抢劫罪，但是如果行为人夺取财物的数额超出了本身约定的范围，则仍有构成抢劫罪的可能性。第二种行为方式是：限制他人人身自由或者侵入他人住宅。最高人民法院在2000年曾发布过《关于对为索取法律不予保护的债务违法拘禁他人行为如何定罪问题的解释》，该司法解释中将行为人为索取高利贷、赌债等法律不予保护的债务，违法扣押、拘禁他人的，按照违法拘禁罪论处。这意味着本罪同时可能满足违法拘禁罪的要求，因此需要按照想象竞合的处理方式，择一重罪论处即可。第三种行为方式是：恐吓、跟踪、骚扰他人。该种行为方式与寻衅滋事罪类似，但是寻衅滋事罪中这种行为的罪量要求是“情节恶劣”，显然，“情节恶劣”要比“情节严重”的危害程度更高，换言之，如果行为并没有达到“情节恶劣”的程度，虽然不能构成寻衅滋事罪，但是有可能构成本罪。此外，寻衅滋事罪与本罪在主观方面也存在差异，下文将在主观方面的论述中予以重点剖析。司法实务中需要谨慎识别二者的不同，尽量避免不加区分地一律采用寻衅滋事罪定罪处罚。

3. 关于单位主体

对于本罪的主体是否应当将单位纳入进来一直饱受争议，但从《刑法修正案（十一）》的表述中可以明确看出违法催收罪的主体应当是自然人。因为该表述中直接按照自然人设置了刑罚，并没有出现“对直接负责的主管人员和其他直接责任人员”这样的字眼。这是因为单位成立后如果以违法催收为主要任务的或者为了进行违法催收而设立单位的，都属于自然人犯罪。在实务中，违法催收高利贷等其他非法债务的，即便是以单位为名义，这个单位也仅仅是违法催收的幌子，或者该单位的主要事项就是进行违法催收，因此本罪规定为自然人犯罪是合适的。

在司法实务中，本罪主体既可能是非法债务的债权人本人也可能是第三方催收集团。当主体是债权人本人时需要谨慎对待，要甄别民事纠纷与刑事犯罪之间的区别，重点考察该债权人对于违法催收的手段是否具有危害性、惯常性，因为在司法实践中一些债权人本身就具有违法催收的角色。

（三）司法适用

首先，本罪往往是以团伙的形式出现的，因此本罪的共犯形态问题需要重点关注。通过前文对犯罪主体的分析可知，本罪的主体并不限于债权人，在司法实践中大量出现第三人催收集团的形式。因此，债权人及其雇佣或委托的第三人催收集团之间就存在共犯关系。债权人往往属于教唆犯或帮助犯，而接受雇佣或委托的第三方属于实行犯，二者根据其在犯罪中所起的作用进行量刑。

其次，需要对本罪既遂与未遂的区分进行说明。从法条文本的表述来看，本罪属于行为犯，只要具备了三种行为之一且达到了情节严重的程度即可构成该罪，而行为人是否取得了财物则在所不问。当然行为人通过违法催收行为取得的非法债务大小可以作为“情节严重”的内容予以评价。虽然本罪属于行为犯，行为实施完毕本罪就宣告既遂，但是这并不意味着本罪没有犯罪预备、犯罪未遂与犯罪中止形态，由于行为的实现也具备一定的过程性，在行为未完成时仍然具有成立其他停止形态的可能性。例如：对于限制他人人身自由这样的行为，如果只是短暂限制后主动放弃继续限制他人人身自由，则应当成立犯罪中止。

最后，本罪的行为类型与其他犯罪存在交叉重合关系，因此也涉及罪数问题。违法催收非法债务罪的设立必然引发一个问题：本罪与之前所出台的各种司法解释之间的关系是什么，在未来的司法实践中如何运用。讨论这个问题之前，需要说明本罪设立的目的是什么。正如前文所述，本罪的设立主要是为了巩固并回应司法实践经验以及其中发现的问题。上文对各种意见中涉及违法催收行为的条款进行了梳理，从中可以看出，针对违法催收行为，我国并没有专门的罪名规定，实务中处理这样的案件主要是通过将具体的催收行为进行拆分看符合哪一种犯罪的构成要件，这种做法虽然没有违背罪刑法定原则，但是却有可能拔高违法催收行为的危害程度，使之满足具体犯罪罪量的要求，这是一种实质入罪的表现，应当予以禁止。从反面来看，还会出现一个问题：即如果每种催收行为分别来看都无法达到任何一种犯罪的构成要件，但是合起来总的社会危害性却很高，有刑法介入的必要性，那么此时如果做无罪处理又会导致轻纵犯罪。正是基于对上述两个问题的考虑，我国刑法对违法催收行为设置了一个专门的罪名，这一罪名的罪量要求并不能过高，从而使不符合其他罪名罪量要求的行为可以纳入该专门犯罪中。当然罪量门槛的设置也是一个非常复杂的问题，既要保持刑法的谦抑性，又要严密法网以回应社会热点问题。因此，《刑法修正案（十一）》中统一采用“情节严重”这样的表述，情节是一个概括性概念，既可包括行为手段的轻重、也可包括一些犯罪结果，这样的表述既能体现刑法谦抑性，同时也能将各种难以罗列的情况包含在内。

厘清了该罪设立目的这一问题后，就可以回答本罪与司法解释的关系问题。此罪的设立并不必然导致前述的各项意见失效，相反，前述各项意见都是对本罪的补充与完善，触犯本罪的同时仍然有可能触犯其他罪名，前述的司法解释正是对不同情况所能触犯的罪名的罗列。在司法实务中仍然会发生罪名选择的问题，按照上文的分析，需要按照罪数理论中的不同情况进行处理，因此，前述司法解释并没有因此而失效，反而同本罪形成打击合力，严密了刑法惩罚的法网，全方面应对实践中违法催收的各种情形。

（四）刑事处罚

本罪的法定刑是3年以下有期徒刑、拘役或者管制，并处或者单处罚金。从法定刑来看本罪属于轻罪。此外，本罪只设置了一格法定刑，没有其他法定刑升格条件。这种设置意味着本罪针对的情况仍然是有限的，倘若实践中发生了更严重的后果或触犯了更严重的犯罪，则仍然需要按照想象竞合或数罪并罚的方式进行处理。具体采取哪种方式，则需要对实践中行为的个数进行判断，禁止重复评价。

第六章

加强企业产权刑法保护的理解与适用

一、加强企业产权刑法保护的修法概述

作为我国经济转型升级的重要依托，民营经济在改革开放的四十多年间充分彰显了其在经济建设与改善民生中的积极作用。在 2018 年 11 月 1 日召开的民营经济座谈会上，习近平总书记指出，“非公有制经济在我国经济社会发展中的地位和作用没有变！我们毫不动摇鼓励、支持、引导非公有制经济发展的方针政策没有变！我们致力于为非公有制经济发展营造良好环境和提供更多机会的方针政策没有变！”“在全面建成小康社会、进而全面建设社会主义现代化国家的新征程中，我国民营经济只能壮大、不能弱化，而且要走向更加广阔舞台。”与此同时，对民营企业的保护也就日益成为当前我国刑事立法和司法领域中的重大现实问题。对此，2016 年 11 月 4 日，中共中央、国务院公布的《关于完善产权保护制度依法保护产权的意见》中明确提出要“加大对非公有财产的刑法保护力度”；2019 年 12 月 4 日，中共中央、国务院印发的《关于营造更好发展环境支持民营企业改革发展的意见》中表明，“加大对民营企业的刑事保护力度”“营造公平竞争的市场环境、政策环境、法治环境”“依法保护民营企业和企业家的合法权益”。

因应民营经济发展、企业产权保护、改造营商环境的现实需求，我国刑事司法率先作出了回应。为了应对“在刑事司法领域，民营企业客观上面临着较国有企业更大的犯罪风险”① 这一现实问题，最高人民检察院相继出台了检察机关服

① 袁彬，张馨文．民营企业产权刑法保护的司法困境与出路．人民检察，2019 (17)：16.

务和促进民营经济健康发展的“三个文件”（2016年2月《关于充分发挥检察职能依法保障和促进非公有制经济健康发展的意见》、2017年1月《关于充分履行检察职能加强产权司法保护的意见》、2017年12月《关于充分发挥职能作用营造保护企业家合法权益的法治环境支持企业家创新创业的通知》），最高人民法院先后发布了审判机关服务和促进民营经济发展的“三个文件”（2016年11月《关于充分发挥审判职能作用切实加强产权司法保护的意见》、2016年11月《关于依法妥善处理历史形成的产权案件工作实施意见》、2018年《关于充分发挥审判职能作用，为企业家创新创业营造良好法治环境的通知》）。《刑法修正案（十一）》第11条“骗取贷款、票据承兑、金融票证罪”、第25条“提供虚假证明文件罪”的修改，也被视为是刑事立法对加强企业产权保护的积极反馈。

在腐败犯罪的刑罚配置机理中，我国刑法奉行的是区分国家工作人员身份有无的二元模式，背后的根本动因则是基于身份所代表的所有制性质。因此，相对应的贪污罪与职务侵占罪、受贿罪与非国家工作人员受贿罪、挪用公款罪与挪用资金罪，就由于所有制的性质不同，而导致同质的行为具有截然不同的法定刑设置，而这导致的后果就是对不同所有制的差别保护。

基于此，学界提出，对上述同质行为，应当统一罪名，并另行设置“国有公司、企业人员犯前款罪的从重处罚”的特别规定。当然，考虑到观念的因素，该种观点暂时可能很难被社会接受，因而立法机关在《刑法修正案（十一）》中作了折中处理，在平等保护的趋势上有所体现。比如，职务侵占罪和挪用资金罪的最高刑期有所提高，这与国有公司、企业人员适用的挪用公款罪和贪污罪的量刑差距不再那么明显。[①] 换言之，《刑法修正案（十一）》进一步调整非国家工作人员受贿罪、职务侵占罪、挪用资金罪的刑罚配置，修改后相关犯罪的法定刑与受贿罪、贪污罪和挪用公款罪的法定刑大致保持一致，整体而言是加大了侵害民营企业财产的犯罪行为的惩治力度，这也充分体现了刑法立法贯彻平等保护民营企业产权的政策精神。[②]

基于上述修法背景，着眼于加强企业产权的刑法保护，《刑法修正案（十一）》作出了如下修改：

① 王丽娜．犯罪圈在扩大，死刑罪名在减少——专家（刘仁文教授）解读刑法修改．https：//new. qq. com/rain/a/20210108A0ATQD00，访问时间：2021-01-20.

② 商浩文．最新刑法修正案关于企业产权保护的亮点解读．中华工商时报，2020-07-09.

（1）加大惩治民营企业内部发生的侵害民营企业财产的犯罪。由于国家工作人员与非国家工作人员在职务犯罪的量刑中不平衡现象非常明显，同质行为在刑罚上也具有较大的差别，这违背了产权平等保护的精神。对此，《刑法修正案（十一）》进一步提高和调整职务侵占罪、非国家工作人员受贿罪、挪用资金罪的刑罚配置，落实产权平等保护精神。

同时，考虑到上述犯罪也属于商业腐败行为，直接关系到经济安全，间接关系到政治安全问题，应当从国家安全的高度重视商业腐败的刑法治理。[①] 另外，根据实践中企业产权刑法保护的经验，充分顾及民营企业发展和内部治理的实际情况，《刑法修正案（十一）》特别规定了挪用资金罪“在被提起公诉前退还的，可以从轻或者减轻处罚”的条款。

（2）修改骗取贷款、票据承兑、金融票证罪入罪门槛规定，对由于“融资门槛高”“融资难”等原因，民营企业因生产经营需要，在融资过程中虽然有一些违规行为，但并没有诈骗目的，最后未给银行造成重大损失的，一般不作为犯罪处理。[②]

（3）“随着市场经济的发展，中介组织发挥着越来越重要的作用，其主体资格的取得，对从事市场行为有着重要影响，直接关系到市场秩序”[③]。为了强化对中介机构及中介组织人员的管理，《刑法修正案（十一）》对提供虚假证明文件罪扩大了犯罪主体、调整了加重情节、提高了刑罚的配置。

总体而言，对于《刑法修正案（十一）》立足企业产权刑法保护的修正目的，应加以赞誉，这也符合“刑法等成文法典的修正也是法的发展性的本质要求”[④]。但是，这并不等同于本次刑法的修正就至善至美，立法目的的正当无法掩盖立法技术的瑕疵，我们仍应从刑法立法的全局性、体系性、协调性的立场上仔细斟酌《刑法修正案（十一）》所修正的企业产权保护条款的具体内容。

---

① 曾粤兴．对《刑法修正案（十一）（草案）》的审思与建议．法治研究，2020（5）：42.

② 《关于〈中华人民共和国刑法修正案（十一）（草案）〉的说明》。

③ 全国人大常委会法制工作委员会刑法室．中华人民共和国刑法条文说明、立法理由及相关规定．北京：北京大学出版社，2009：473.

④ 王军明．刑法谦抑理念下的刑法修正问题研究．兰州学刊，2016（4）：113.

二、非国家工作人员受贿罪修法的理解与适用（修正案第10条）

1979年《刑法》中，并没有非国家工作人员受贿罪的规定。直到改革开放后，集体经济、私营经济组织的出现，全国人大常委会在1989年制定《关于惩治贪污、贿赂罪的补充规定》中，将集体经济组织的人员纳入受贿罪的主体中。到1995年，全国人大常委会在《关于惩治违反公司法的犯罪的决定》第9条规定："公司董事、监事或职工利用职务上的便利，索取或收受贿赂，数额较大的，处5年以下有期徒刑或者拘役；数额巨大的，处5年以上有期徒刑，可以并处没收财产"；第14条规定：有限责任公司、股份有限公司以外的企业职工有本决定规定的犯罪行为的，适用本决定。1997年刑法在第163条中规定了公司、企业人员受贿罪，"公司、企业的工作人员利用职务上的便利，索取他人财物或者非法收受他人财物，为他人谋取利益，数额较大的，处五年以下有期徒刑或拘役，数额巨大的，处五年以上有期徒刑，可以并处没收财产。"1997年《刑法》实施后，实践中出现了对公司、企业以外的单位的非国家工作人员利用职务便利进行"权钱交易"危害社会利益的行为，因此，《刑法修正案（六）》将《刑法》第163条的犯罪主体扩大到公司、企业以外的其他单位的工作人员，对这些人员实施的受贿行为追究刑事责任①，相应地，本罪的罪名也就由公司、企业人员受贿罪修改为非国家工作人员受贿罪。

（一）修法过程

受贿罪与非国家工作人员受贿罪存在着明显的刑罚不均衡现象②，刑罚上的差异转而又形成了保护力度上的落差，因而这也被认为违背了产权平等保护的

---

① 全国人民代表大会常委会法制工作委员会刑法室．中华人民共和国刑法解读．北京：中国法制出版社，2011：271.

② 受贿罪的刑罚分为三档，分别为：（1）数额较大或者有其他较重情节的，处三年以下有期徒刑或者拘役，并处罚金。（2）数额巨大或者有其他严重情节的，处三年以上十年以下有期徒刑，并处罚金或者没收财产。（3）数额特别巨大或者有其他特别严重情节的，处十年以上有期徒刑或者无期徒刑，并处罚金或者没收财产；数额特别巨大，并使国家和人民利益遭受特别重大损失的，处无期徒刑或者死刑，并处没收财产。《刑法修正案（十一）》未修正的非国家工作人员受贿罪的刑罚分为两档，分别为：（1）数额较大的，处五年以下有期徒刑或拘役；（2）数额巨大的，处五年以上有期徒刑，可以并处没收财产。

精神。

对此，《刑法修正案（十一）（草案）》第10条将刑法第163条第1款修改为："公司、企业或者其他单位的工作人员，利用职务上的便利，索取他人财物或者非法收受他人财物，为他人谋取利益，数额较大的，处三年以下有期徒刑或者拘役，并处罚金；数额巨大或者有其他严重情节的，处三年以上十年以下有期徒刑，并处罚金；数额特别巨大或者有其他特别严重情节的，处十年以上有期徒刑或者无期徒刑，并处罚金。"

在《刑法修正案（十一）（草案）》向社会公众征求意见的过程中，有意见提出，"应当将无形的服务也纳入受贿范围"，还有观点认为，"非国家工作人员受贿行为往往发生在企业内部，交织着企业与个人之间的经济纠纷，危害较小，情节较轻，建议删除"[①]。地方人大和中央有关部门、单位对《刑法修正案（十一）（草案）》提出的修改意见中，有的意见还建议："在第一档刑的构成要件中增加'情节严重'的规定"；"将法定刑由三年以下、三年至十年，十年以上有期徒刑或者无期徒刑修改为三年以下，三年至七年，七年以上有期徒刑"；"增加'没收财产'的规定"；"删去'无期徒刑'的规定"等。[②] 2020年6月29日，十三届全国人大常委会第二十次会议对《刑法修正案（十一）（草案）》的审议过程中，有观点提出，"对非国家工作人员受贿罪，应当比照挪用资金罪的修改，规定从宽处罚"[③]。

但此后，《刑法修正案（十一）（草案二次审议稿）》《刑法修正案（十一）（草案三次审议稿）》及最终审议通过的《刑法修正案（十一）》，均维持了《刑法修正案（十一）（草案）》的规定，没有再作出进一步的修改变动。

（二）内涵解读

《刑法修正案（十一）》将非国家工作人员受贿罪的刑罚设置修改为三档，其中第一档：数额较大的，处三年以下有期徒刑或者拘役，并处罚金；第二档：数

---

① 全国人大常委会法工委刑法室．刑法修正案（十一）（草案）向社会公众征求意见的情况．第十三届全国人大常委会第二十二次会议（2020年10月13日—17日）参阅材料，第6页．

② 全国人大常委会法工委刑法室．地方人大和中央有关部门、单位对刑法修正案（十一）草案的意见．第十三届全国人大常委会第二十二次会议（2020年10月13日—17日）参阅材料，第18页．

③ 全国人大常委会法工委刑法室．十三届全国人大常委会第二十次会议审议刑法修正案（十一）草案的意见．第十三届全国人大常委会第二十二次会议（2020年10月13日—17日）参阅材料，第7页．

额巨大或者有其他严重情节的，处三年以上十年以下有期徒刑，并处罚金；数额特别巨大或者有其他特别严重情节的，处十年以上有期徒刑或者无期徒刑，并处罚金。与之前的规定相比，《刑法修正案（十一）》的修改可以概括为三点：其一，降低了基础法定刑，同时提高了最高法定刑；其二，增加了罚金刑的适用；其三，将刑罚配置依据由数额调整为“数额＋情节”的模式。

1. 法定刑的调整

《刑法修正案（十一）》调整后的非国家工作人员受贿罪，基础法定刑由五年以下有期徒刑降低至三年有期徒刑，法定最高刑则由五年以上有期徒刑提高至十年以上有期徒刑或者无期徒刑。这样的调整，既能与受贿罪的刑罚体系设置保持一致，也能实现非国家工作人员受贿罪量刑上的科学性与合理性。

一方面，非国家工作人员受贿罪的刑罚调整为三档后，与受贿罪的前三档法定刑保持了一致，这具有明显的产权平等护的意涵。同时，也便于细化具体法定量刑标准。比如，根据 2016 年《最高人民法院、最高人民检察院关于办理贪污贿赂刑事案件适用法律若干问题的解释》（以下简称《贪污贿赂案件解释》）第 11 条的规定，刑法第 163 条规定的非国家工作人员受贿罪、第 271 条规定的职务侵占罪中的“数额较大”“数额巨大”的数额起点，按照本解释关于受贿罪、贪污罪相对应的数额标准规定的二倍、五倍执行。在此，非国家工作人员受贿罪可以对应受贿罪“数额特别巨大”的规定，并依照其确立“数额特别巨大”的数额起点。

另一方面，相对于两档法定刑采用 5 年有期徒刑作为区分的“节点”，三档法定刑的设置更为合理。这体现了轻者更轻，重者更重的区别对待政策[①]，与“轻轻重重”的刑事政策也有异曲同工之效果。

2. 罚金刑的设置

修正后的非国家工作人员受贿罪，在各档法定刑中增设了罚金刑，这具有类型化与法定刑设置科学性上的意义。

一则，罚金刑的增设使非国家工作人受贿罪与受贿罪保持了一致，具有同质犯罪量刑上的类型化意义。而且，这种“并处罚金”的罚金刑“必罚制”的刚性设置，也具有对非国家工作人员受贿罪这一贪利性犯罪强烈的否定色彩。

二则，非国家工作人员受贿罪废除原规定中的没收财产刑，而设置为罚金

① 严励．《刑法修正案（十一）（草案）》的刑事政策审读．法治研究，2020（5）：21～22.

刑，具有刑罚的现代化意义。首先，用罚金刑代替没收财产刑，并不会影响财产刑的适用力度，因为没收财产刑的处罚范围相对罚金刑较窄，只限于犯罪人名下的财产，而罚金刑则可以包括犯罪自身当前所有甚至是未来可能拥有的财产。[①]其次，“在当代刑罚理念中，没收财产刑因为反常理和反常情的手段构成了对基本人权的侵犯，同时违反刑法的公正价值和节俭要求，并与罪责自负原则严重抵触”[②]，逐渐由罚金刑替代没收财产刑，应当成为未来刑罚改革的趋向。

三则，如果我们将罚金刑的设置，纯粹地解释为刑罚是在走向重刑化的道路，也是一种想当然地“误解”。李洁教授曾经追问：“为了避免财产刑的适用导致的刑罚趋重结果，有必要审视我国的财产刑规定的实存价值与所追求的应然价值是否统一，明确财产刑的规定到底应当追求什么”[③]，事实上，财产刑的适用本意是使刑法整体处罚向轻缓化的方向发展[④]，因此，在刑事司法中适用并处罚金时，需要树立自由刑轻缓化的裁判意识。

3. 刑罚配置依据的变化

修正前的非国家工作人员受贿罪“没有考虑到数额外的其他情节，刑罚结构唯数额论，不能满足惩治本罪的实践需要”[⑤]。而且，在受贿罪调整为“数额＋情节”的刑罚配置依据后，作为同质行为的非国家工作人员受贿罪作出相应地调整也是应有之义。

但是，《刑法修正案（十一）》并没有完全贯彻“数额＋情节”的刑罚配置依据，这不仅造成非国家工作人员刑罚体系内部的科学性缺失，也无法与受贿罪的刑罚体系相协调。受贿罪经由《刑法修正案（九）》的修订，在客观方面构成要件增加了“有其他较重情节的”规定，但此次对非国家工作人员的修订在基本犯罪构成中只规定了“数额较大的”而没有增加“有其他较重情节的”规定，从立法体系、立法逻辑与立法平衡等方面衡量，与受贿罪的成立条件存在差异。[⑥]因此，非国家工作人员受贿罪第一档法定刑也适宜表述为“数额较大或者有其他较

① 张兆松．职务犯罪立法的再检讨与完善——《刑法修正案（十一）（草案）》对职务犯罪的修改评析．法治研究，2020（5）：95.

② 万志鹏．没收财产刑废止论——从历史考察到现实分析．安徽大学学报（哲学社会科学版），2008（5）：67～73.

③ 李洁．遏制重刑：从立法技术开始．吉林大学社会科学学报，2009（3）：56.

④ 徐永伟．背信损害上市公司利益罪：教义检视与宏观推演．福建警察学院学报．2018（1）：75.

⑤ 曾粤兴．对《刑法修正案（十一）（草案）》的审思与建议．法治研究，2020（5）：42.

⑥ 徐岱．《刑法修正案（十一）（草案）》的修订进路．法治研究，2020（5）：29.

重情节的”。

（三）司法适用

非国家工作人员受贿罪的司法适用，需要关注以下几个问题。

1. 数额、情节标准的适用

由于非国家工作人员受贿罪的刑罚调整，因此该罪的数额、情节标准应作出一步的明确规定。

首先，就是数额特别巨大的标准问题，根据《贪污贿赂案件解释》的规定，“数额较大、数额巨大的起点按照受贿罪对应数额的二倍、五倍执行”，如此一来，就需要通过新的司法解释明确“数额特别巨大”的数额起点。当然，司法解释在规定如何认定“数额特别巨大”的同时，还有可能根据“数额较大”“数额特别巨大”这两个量刑档次所对应刑罚的降低而调低这两个档次的数额标准。①

其次，司法机关有必要明确“其他严重情节”“其他特别严重情节”的情形，对此，可以参考《贪污贿赂案件解释》对受贿罪设定的“8种情节”② 来考虑如何认定非国家工作人员受贿罪的情节。但是，也要考虑到职务行为在国家机关与企业中的不同意义，因而，“为他人谋取职务提拔、调整的”严格意义上不适宜作为非国家工作人员受贿罪的情节要素。

2. 刑罚适用的溯及力

需要注意的是，本文所称的非国家工作人员受贿罪法定刑的提高，其实是不考虑法定刑幅度而从法定最高刑比较上得出的结论。但具体到特定数额档次的法定刑量刑，修正后的规定量刑的结果有可能是趋轻的，而且情节的添加也是“从无到有”的过程，因此应当慎重适用从旧兼从轻原则。

首先，是从旧兼从轻原则中的“从旧”，由于修正前的非国家工作人员受贿罪只规定了“数额较大”“数额巨大”的标准，因而情节标准自始就在该罪的量刑标准考虑之外。举例来说，《贪污贿赂案件解释》第2条第3款规定，受贿数

---

① 胡欣琪．《刑法修正案（十一）（草案）》视角下的非国家工作人员受贿罪．http：//www. acla. org. cn/article/page/detailById/30400，最后访问时间：2021－01－21.

② 这8种情节为：（1）曾因贪污、受贿、挪用公款受过党纪、行政处分的；（2）曾因故意犯罪受过刑事追究的；（3）赃款赃物用于非法活动的；（4）拒不交代赃款赃物去向或者拒不配合追缴工作，致使无法追缴的；（5）造成恶劣影响或者其他严重后果的；（6）多次索贿的；（7）为他人谋取不正当利益，致使公共财产、国家和人民利益遭受损失的；（8）为他人谋取职务提拔、调整的。

额在10万元以上不满20万元，具有多次索贿等八种情节之一的，应当认定为《刑法》第383条第1款规定的“其他严重情节”，那么，非国家工作人员受贿在50万元以上不满100万元，同时具有索贿等八种情节之一的，是否也属于非国家工作人员受贿数额巨大呢？答案当然是否定的，因为《刑法》第163条仅将数额较大、数额巨大作为犯罪成立条件与法定刑升格条件，而《刑法》第385条关于受贿罪的规定，是将数额与情节作为选择性成立条件与法定刑升格条件。[①]

其次，是从旧兼从轻原则中的“从轻”，这里的从轻指处罚较轻，如果《刑法》规定了数个量刑幅度的，法定最高刑指具体犯罪行为应当适用的法定刑幅度的最高刑。[②] 比如，非国家工作人员受贿120万元，未修正前的刑法量刑幅度是5年到15年有期徒刑，而现行刑法的量刑幅度是3年到10年有期徒刑，存在着适用新法处罚较轻的可能。在此，刑罚的适用就不应当溯及既往，而要适用修正后的新法。

最后，还需要注意的是，在适用“从旧兼从轻”原则时，是否可将主刑与附加刑进行分别交叉适用呢？比如“数额较大”的非国家工作人员受贿罪，是否可以一方面提出应适用三年以下刑期（从新），又提出不适用罚金刑（从旧）呢？[③] 对此，会有一定的争议。当然，这一问题并非是一个新问题，在《刑法修正案（九）》的相关规定中，也存曾经面临着同样的困惑。

比如，甲在《刑法修正案（九）》生效之前贪污4万元，在《刑法修正案（九）》生效之后接受审判。按照行为时的刑法第383条（旧条文），对甲适用“一年以上七年以下有期徒刑”的法定刑。但根据从旧兼从轻原则，对甲应适用经由《刑法修正案（九）》修正后的新条文，即适用“三年以下有期徒刑或者拘役，并处罚金”的法定刑。由此产生的问题就是，能否对甲并处罚金。张明楷教授认为：倘若将主刑与附加刑完全分开考虑，对甲就不得并处罚金；但倘若认为，在适用从旧兼从轻原则时，只需要考虑法定刑的轻重就应当并处罚金。刑法第12条规定：“如果本法不认为是犯罪或者处罚较轻的，适用本法”，亦即新条文规定的法定刑整体较轻时，就要适用新条文（而不能因为新条文规定的附加刑重于旧条文，就不适用新条文）。既然新条文（即刑法第12条所称的“本法”）

① 张明楷．刑法学（下）．5版．北京：法律出版社，2016：761.

② 张明楷．刑法学（上）．5版．北京：法律出版社，2016：77.

③ 李彤．浅析《刑法修正案（十一）》关于职务侵占罪的修改以及对刑事辩护产生的影响．https：//www.allbrightl.aw.com/SH/CN/10475/5e383fe137fb55c1.aspx，最后访问时间：2021-01-22.

规定并处罚金，在适用新条文时就应当并处罚金。[①]

而且，根据《刑事审判参考》第1139号案例“周爱武、周晓贪污案”的裁判要旨，“适用新法对被告人量刑时，应当附加判处罚金刑”；《刑事审判参考》第1146号案例“李明辉受贿案”的裁判要旨，“交叉引用新、旧法应当以罪刑式法条为最基本的单位，不能继续进行拆分。法条作为刑法条文最基础的单位，相对独立并完整，作为条文内部的罪状、法定刑的概念、文字、数字并没有独立的意义。在评价修正后刑法及《解释》是轻法的同时，已经包含了并处罚金刑这一情形。因而，并处罚金是贪污贿赂犯罪的法定刑构成中不可拆分的一部分，不具有独立的溯及力。”[②]

3. 追诉时效的适用及管辖的适用

《刑法修正案（十一）》对非国家工作人员受贿罪刑罚的修改，也会产生追诉时效的适用问题：其一，非国家工作人员受贿罪第一个档次的量刑降低（由5年有期徒刑降低为3年有期徒刑），可能导致正在诉讼程序中的案件超过追诉时效[③]；其二，将非国工作人员受贿罪原最高档次15年有期徒刑修改为无期徒刑后，可能导致原来已经超过追诉时效的案件未过追诉时效。[④]

此外，《刑法修正案（十一）》将非国家工作人员受贿罪的最高刑期设置为无期徒刑，意味着原来由基层法院管辖的部分一审案件可能变为中级法院，因此也需要尽快出台司法解释明确具体的量刑标准。

4. 刑罚的协调性

《刑法修正案（十一）》对非国家工作人员受贿罪的修正虽然是有意识地通过协调非国家工作人员受贿罪与受贿罪的刑罚，从而达到企业产权平等保护的目的，但刑罚的协调性并不只是单线条的，尤其是在贿赂犯罪体系中，存在着多头线条。就非国家工作人员受贿罪而言，至少存在着两方面的刑罚协调性的立法缺陷，这目前也就只能通过司法适用的方式予以适当地弥补。

---

① 张明楷．刑法学（上）．5版．北京：法律出版社，2016：79.

② 最高人民法院刑事审判第一、二、三、四、五庭．刑事审判参考（总第106集）．北京：法律出版社，2017.

③ 对此，根据《最高人民法院关于被告人林少钦受贿请示一案的答复》，追诉时效是依照法律规定对犯罪分子追究刑事责任的期限，在追诉时效期限内，司法机关应当依法追究犯罪分子的刑事责任。对于法院正在审理的贪污贿赂案件，应当依据司法机关立案侦查时的法律规定认定追诉时效。依据立案侦查时的法律规定未过时效，且已经进入诉讼程序的案件，在新的法律规定生效后应当继续审理。

④ 武广铁．《刑法修正案（十一）》对“非国家工作人员受贿罪”修改的适用焦点探析．https://www.sohu.com/a/441472359_120032，最后访问时间：2021-01-23.

首先，是非国家工作人员受贿罪与非国家工作人员行贿罪的刑罚协调。《刑法修正案（十一）》只顾协调非国家工作人员受贿罪与受贿罪的刑罚，却忽视了非国家工作人员受贿罪的调整重新导致了非国家工作人员受贿罪与非国家工作人员行贿罪刑罚之间的失衡。具体体现为：一则，受贿数额特别巨大的行为却没有对应的行贿数额特别巨大的行为；二则，受贿行为具有情节标准，而行贿行为却没有情节标准。

其次，是非国家工作人受贿罪内部的刑罚协调。根据刑法的规定，非国家工作人员受贿罪无论是索取他人贿赂还是非法收受他人贿赂，都要求具有“为他人谋取利益的行为”，而受贿罪在索取他人贿赂的情况下，不需要具备“为他人谋取利益的行为”。如果我们认同“产权平等保护”的理念，即便非国工作人员受贿罪应当与受贿罪有所区别，但也不应是在犯罪成立条件上存在如此巨大的差别。对此，立法上修改非国家工作人员受贿罪的客观要件为“索取他人财物的，或者非法收受他人财物，为他人谋取利益，数额较大的”[①]，但在司法上也可以作出某种补救，比如索取他人贿赂，并为他人谋取利益的具体情况就可以作为一种情节标准起到调节刑罚幅度的作用。[②]

三、职务侵占罪修法的理解与适用（修正案第 29 条）

1979 年《刑法》中，并没有职务侵占行为的规定。到 1995 年，全国人大常委会在《关于惩治违反公司法的犯罪的决定》第 10 条规定：“公司董事、监事或者职工利用职务或者工作便利，侵占公司财物，数额较大的，处五年以下有期徒刑或者拘役；数额巨大的，处五年以上有期徒刑，可以并处没收财产”。第 14 条规定：有限责任公司、股份有限公司以外的企业职工有本决定第 10 条规定的犯罪行为的，适用该决定。1997 年刑法第 271 条规定了职务侵占罪[③]，规定：“公司、企业或者其他单位的人员，利用职务上的便利，将本单位财物非法占为己有，数额较大的，处五年以下有期徒刑或者拘役；数额巨大的，处五年以上有期徒刑，可以并处没收财产”。

① 张兆松．职务犯罪立法的再检讨与完善——《刑法修正案（十一）（草案）》对职务犯罪的修改评析．法治研究，2020（5）：96.

② 比如非国家工作人员人索取他人贿赂，并且实际为他人谋取到利益的情况下，应当作为情节严重的标准。

③ 在 1997 年《刑法》中，直接将犯罪主体规定为非国家工作人员。

（一）修法过程

职务侵占罪与贪污罪存在着明显的刑罚不均衡现象，刑罚上的差异转而又形成了保护力度上的落差，因而这也被认为违背了产权平等保护的精神。

对此，《刑法修正案（十一）（草案）》第18条将刑法第271条第1款修改为："公司、企业或者其他单位的工作人员，利用职务上的便利，将本单位财物非法占为己有，数额较大的，处三年以下有期徒刑或者拘役，并处罚金；数额巨大的，处三年以上十年以下有期徒刑，并处罚金；数额特别巨大的，处十年以上有期徒刑或者无期徒刑，并处罚金。"

2020年6月29日，十三届全国人大常委会第二十次会议对《刑法修正案（十一）（草案）》进行了初次审议，有观点提出，"对职务侵占罪的修改，应当比照挪用资金罪的修改，规定从宽处罚"①。地方人大和中央有关部门、单位对《刑法修正案（十一）（草案）》提出的修改意见中，有的意见还建议："对于职务侵占罪。有的建议增设出罪、从宽处罚的规定"；"与贪污罪从宽的规定一致，规定为对多次侵占未经处理的，按照累计侵占数额处分"；"在提起公诉前如实供述自己罪行、真诚悔罪、积极退赃，避免、减少损害结果发生的，可以从轻、减轻或者免除处罚"；"增加情节规定，采取数额加情节的方式"；"将数额特别巨大的'并处罚金'的规定，修改为'并处罚金或者没收财产'"；"删去'无期徒刑'的规定"等。②

2020年10月21日，公布的《刑法修正案（十一）（草案二次审议稿）》中并未修改《刑法修正案（十一）（草案）》关于职务侵占罪的规定。2020年10月14日，十三届全国人大常委会第二十二次会议对《刑法修正案（十一）（草案二次审议稿）》进行了审议，有的常委会组成人员认为，"对职务侵占罪的规定，要增加'没收财产'"；增加"对实施多次行为的，累积数额计算。在提起公诉前，认罪悔罪，积极退赃，避免损害结果发生的，可以从轻、减轻或者免除处罚"等。③

① 全国人大常委会法工委刑法室．十三届全国人大常委会第二十次会议审议刑法修正案（十一）草案的意见．第十三届全国人大常委会第二十二次会议（2020年10月13日—17日）参阅材料，第7页．

② 全国人大常委会法工委刑法室．地方人大和中央有关部门、单位对刑法修正案（十一）草案的意见．第十三届全国人大常委会第二十二次会议（2020年10月13日—17日）参阅材料，第18页．

③ 全国人大常委会法工委办公室．十三届全国人大常委会第二十二次会议审议刑法修正案（十一）草案二次审议稿的意见．第十三届全国人大常委会第二十四次会议（2020年12月22日—26日）参阅材料，第8页．

2020 年 11 月 2 日，全国人大宪法法律委、全国人大常委会法工委联合召开座谈会，听取了中央有关部门、部分全国人大代表及专家学者对《刑法修正案（十一）（草案二次审议稿）》的意见，有与会人员提出建议，“增加‘没收财产’的规定，实践中判处无期徒刑的案件一般并处没收财产”；还有与会人员建议“维持现行刑法法定刑的规定”。

但在此后的《刑法修正案（十一）（三次审议稿）》及最终审议通过的《刑法修正案（十一）》中，均维持了《刑法修正案（十一）（草案）》的规定，没有再作出进一步的修改变动。[①]

（二）内涵解读

《刑法修正案（十一）》将职务侵占罪的刑罚设置修改为三档，其中第一档：数额较大的，处三年以下有期徒刑或者拘役，并处罚金；第二档：数额巨大的，处三年以上十年以下有期徒刑，并处罚金；数额特别巨大的，处十年以上有期徒刑或者无期徒刑，并处罚金。与之前的规定相比，《刑法修正案（十一）》对职务侵占罪的修改或争议可以概括为三点：其一，是降低了基础法定刑，同时提高了最高法定刑；其二，增加了罚金刑的适用；其三，《刑法修正案（十一）》虽然未作出修正，但还有争议的是，职务侵占罪的唯数额标准，是否应当参考贪污罪修正为“数额＋情节”的模式。此外，《刑法修正案（十一）》在条文的表述上，还有较为细微的改动，即将“公司、企业或者其他单位的人员”修改为“公司、企业或者其他单位的工作人员”，这可以视为一种犯罪主体上的修正或是明确化。

1. 法定刑的调整

《刑法修正案（十一）》调整后的职务侵占罪，基础法定刑由 5 年以下有期徒刑降低至 3 年有期徒刑，法定最高刑则由 5 年以上有期徒刑提高至 10 年以上有期徒刑或者无期徒刑。这样的调整，既能与贪污罪的刑罚体系设置保持一致，也能实现非国家工作人员量刑上的科学性与合理性。

一方面，职务侵占罪的刑罚调整为三档后，与贪污罪的前三档法定刑保持了一致，这具有明显的产权平等保护的意涵。同时，也便于细化具体法定量刑标准。比如，根据 2016 年最高人民法院、最高人民检察院《关于办理贪污贿赂刑事案件适用法律若干问题的解释》（以下简称《贪污贿赂案件解释》）第 11 条的

① 只是条文顺序在最终的《刑法修正案（十一）》中变为第 29 条。

规定，刑法第163条规定的非国家工作人员受贿罪、第271条规定的职务侵占罪中的“数额较大”“数额巨大”的数额起点，按照本解释关于受贿罪、贪污罪相对应的数额标准规定的二倍、五倍执行。在此，职务侵占罪可以对应贪污罪“数额特别巨大”的规定，并依照其确立“数额特别巨大”的数额起点。

另一方面，相对于两档法定刑采用5年有期徒刑作为区分的“节点”，三档法定刑的设置更为合理。而且，从犯罪分层的标准与模式出发，一般将3年有期徒刑作为轻微罪和轻罪之间的界限，因此，将基础法定刑的最高刑设置为3年有期徒刑有助于明确单个罪分层的认识，有助于形成“精细化的犯罪分层模式”①。

2. 罚金刑的设置

修正后的职务侵占罪，在各档法定刑中增设了罚金刑，与上述非国家工作人员受贿罪调整的意义类似，其也具有类型化与法定刑设置科学性上的意义。

一则，罚金刑的增设使职务侵占罪与贪污罪保持了一致，具有同质犯罪量刑上的类型化意义。而且，这种“并处罚金”的罚金刑“必罚制”的刚性设置，也具有对职务侵占罪这一贪利性犯罪强烈的否定色彩。

二则，职务侵占罪废除原规定中的没收财产刑，而设置为罚金刑，也具有刑罚的现代化意义。前述非国家工作人员受贿罪已经作了详细说明，不再赘述。当然，许多专家学者所说的“刑法中有的有期徒刑都可以并处没收财产，这里规定无期徒刑了，却只有并处罚金”的观点也并没有什么错误，只不过这是从局部考察的角度得出不应该删除“没收财产”规定的结论，而笔者是站在未来财产刑逐步由“罚金刑”取代“没收财产”这一刑罚进化论视角得出的结论，两者其实并不矛盾。

3. 刑罚配置依据的争议

在刑罚配置依据上，《刑法修正案（十一）》并未参考贪污罪“数额＋情节”的模式，而是依然承袭唯数额的标准。对此，学界有两种观点：第一种观点认为，职务侵占罪也存在着唯数额论的弊端，若能参考贪污罪立法以及《刑法修正案（十一）》非国家工作人员受贿罪的立法，增设“其他情节”内容，可能更有利于满足司法实践需要②；第二种观点认为，贪污罪、职务侵占罪的社会危害性主要体现在数额上，而受贿罪、非国家工作人员受贿罪的社会危险性集体表现在职

① 孙道萃．犯罪分层的标准与模式新论．法治研究，2013（1）：76.

② 曾粤兴．对《刑法修正案（十一）（草案）》的审思与建议．法治研究，2020（5）：42.

务行为的正当性、公正性与廉洁性的破坏上，因此，职务侵占罪宜采用数额为主型的定罪量刑模式。[①]

相对而言，笔者更认同第二种观点，贪污罪与职务侵占罪从属于财产性犯罪的序列，与盗窃罪、侵占罪、诈骗罪等财产性犯罪具有天然的“近亲”性，而受贿罪、非国家工作人员受贿罪的渎职性犯罪色彩更为浓厚，从根本上说，它是对服务于公务权力的滥用，呈现出的是一种权钱交易性的渎职行为[②]，这就决定了职务侵占罪的刑罚配置依据应当以数额为主，至于犯罪动机、作案手段、案发后的表现等，完全可以作为法定刑幅度内量刑时的酌定量刑情节。显然，在这一点上，《刑法修正案（十一）》并未在产权平等保护的目的下，完全盲目地寻求与贪污罪刑罚设置形式上的协调，而是根据职务侵占罪实质的罪质特点坚守了以数额为主的标准。

4. 犯罪主体的变动

《刑法修正案（十一）》将此前的“公司、企业或者其他单位的人员”，修改为“公司、企业或者其他单位的工作人员”。此前，“公司、企业或者其他单位的人员”在司法适用中存在一些争议，比如公司法定代表人被捕后，妻子自动到公司代行法定代表人职责，利用代行法定代表人职责的便利，将公司财物据为己有的，也应当成立职务侵占罪。就如张明楷教授所说，“对本罪行为主体的认定，不能采取身份说，只要行为人事实上在从事公司、企业或者其他单位的员工所从事的事务，原则上就应认定为本罪的行为主体”。[③] 很显然，这是基于教义学的方法所进行的一种扩张解释，但在面临一些复杂疑难案件时，不免也会面临类推解释的诘责。

而在《刑法修正案（十一）》增加了“工作”一词后，虽然并没有实质上扩张本罪的犯罪主体，但在形式上将扩张解释的路径转换为了平义解释的方法，更有利于保证国民预测可能性。

(三) 司法适用

职务侵占罪的司法适用，需要关注以下几个问题。

---

① 张兆松．职务犯罪立法的再检讨与完善——《刑法修正案（十一）（草案）》对职务犯罪的修改评析．法治研究．2020（5）：93.

② 徐永伟，王磊．受贿罪之刑罚配置：现实症结、理念省思与体系重塑．湖南社会科学，2019（6）：44.

③ 张明楷．刑法学（下）．5版．北京：法律出版社，2016：1020.

1. 数额标准的适用

一方面，既然《刑法修正案（十一）》选择了“数额”而非“数额＋情节”的标准，职务侵占罪各档次刑罚配置的主要依据就应当是数额。根据《贪污贿赂案件解释》第 11 条第 1 款的规定：第 271 条规定的职务侵占罪中的“数额较大”“数额巨大”的数额起点，按照本解释关于贪污罪相对应的数额标准规定的 2 倍、5 倍执行。与非国家工作人员受贿罪前述一致，“因为刑法第 271 条仅将数额较大、数额巨大作为成立犯罪的条件与法定刑升格条件，而刑法第 383 条第 1 款关于贪污罪的规定是将数额与情节作为选择性的成立条件与法定刑升格条件。所以司法解释针对贪污罪就情节较重、情节严重所作的规定不能直接适用于职务侵占罪中的数额较大与数额巨大。概言之，职务侵占罪的数额较大与数额巨大的标准分别为 6 万元以上与 100 万元以上，除此之外没有其他标准”①。

另一方面，就是数额特别巨大的标准问题，需要通过新的司法解释明确“数额特别巨大”的数额起点。同样的，司法解释在规定如何认定“数额特别巨大”的同时，也还有可能根据“数额较大”“数额特别巨大”这两个量刑档次所对应刑罚的降低而调低这两个档次的数额标准。

2. 犯罪主体的适用

正如上文所说，职务侵占罪在犯罪主体上修正为“公司、企业或者其他单位的工作人员”，如此一来，“工作人员”一词的使用，使得此前实务中存在争议的部分人员，如临时工、挂靠人员、没有签订劳动合同的人员、仅提供临时劳务的人员等②，就可以完全根据刑法条文纳入职务侵占罪的范畴中。

3. 刑罚适用溯及力

在刑罚适用的溯及力问题上，除不存在情节要素外，职务侵占罪从旧兼从轻原则的适用与前文非国家工作人员受贿罪基本一致。在此，笔者就不再赘述。

4. 追诉时效的适用及管辖的适用

《刑法修正案（十一）》对职务侵占罪刑罚的修改，同样会产生追诉时效的适用问题：其一，职务侵占罪第一个档次的刑罚降低（由 5 年有期徒刑降低为 3 年有期徒刑），可能导致正在诉讼程序中的案件看似已经超过追诉时效；其二，将

---

① 张明楷．刑法学（下）．5 版．北京：法律出版社，2016：1023.

② 朋礼松．关于《刑法修正案（十一）》“亮点”的不完全议论．https：//www.163.com/dy/article/FUU2318M0551QDCT.html. 访问时间：2021－01－23.

职务侵占罪原最高档次 15 年有期徒刑修改为无期徒刑后，可能导致原来已经超过追诉时效的案件未过追诉时效。

此外，《刑法修正案（十一）》将职务侵占罪的最高刑期设置为无期徒刑，意味着原来由基层法院管辖的部分一审案件可能变为中级法院管辖，因此也需要尽快出台司法解释明确具体的量刑标准。

四、挪用资金罪修法的理解与适用（修正案第 30 条）

（一）修法过程

1979 年《刑法》中，并未规定挪用资金罪。1995 年全国人大常委会通过的《关于惩治违反公司法的犯罪的决定》增设了公司、企业人员挪用本单位资金罪，第 11 条规定："公司董事、监事或者职工利用职务上的便利，挪用本单位资金归个人使用或者借贷给他人，数额较大、超过三个月未还的，或者虽未超过三个月，但数额较大、进行营利活动的，或者进行非法活动的，处三年以下有期徒刑或者拘役"。第 14 条规定"有限责任公司、股份有限公司以外的企业职工有本决定第九条、第十条、第十一条规定的犯罪行为的，适用本决定。"1997 年《刑法》修订时，在全国人大常委会上述决定的基础上加以修订，设置了挪用资金罪，规定：公司、企业或者其他单位的工作人员，利用职务上的便利，挪用本单位资金归个人使用或者借贷给他人，数额较大、超过三个月未还的，或者虽未超过三个月，但数额较大、进行营利活动的，或者进行非法活动的，处三年以下有期徒刑或者拘役；挪用本单位资金数额巨大的，或者数额较大不退还的，处三年以上十年以下有期徒刑。国有公司、企业或者其他国有单位中从事公务的人员和国有公司、企业或者其他国有单位委派到非国有公司、企业以及其他单位从事公务的人员有前款行为的，依照本法第 384 条的规定定罪处罚。

为加大惩治民营企业内部挪用资金从而侵害民营企业财产的犯罪，要求进一步提高和调整挪用资金罪的刑罚配置，落实产权平等保护的精神。对此，《刑法修正案（十一）（草案）》第 19 条将刑法第 272 条修改为："公司、企业或者其他单位的工作人员，利用职务上的便利，挪用本单位资金归个人使用或者借贷给他人，数额较大、超过三个月未还的，或者虽未超过三个月，但数额较大、进行营利活动的，或者进行非法活动的，处三年以下有期徒刑或者拘役；挪用本单位资金数额巨大的，处三年以上七年以下有期徒刑；数额特别巨大的，处七年以上有期徒刑。国有公司、企业或者其他国有单位中从事公务的人员和国有公司、企业或者其他国有单位委派到非国有公司、企业以及其他单位从事公务的人员有前款行为的，依照本法第三百八十四条的规定定罪处罚”。“有第一款行为，在提起公诉前将挪用的资金退还的，可以从轻或者减轻处罚。”在《刑法修正案（十一）（草案）》征求意见过程中，地方人大和中央有关部门、单位提出了一些修改意见，有的观点指出：“建议增加从宽处罚的规定，将退还挪用的资金的时间节点规定为‘一审宣判前’，从宽幅度放宽至‘免除处罚’”；“删除‘在提起公诉前’退还资金的限制性规定，或者修改为‘在刑事立案前’，并增加罚金刑”；“在从轻、减轻处罚的规定外，增加‘情节轻微的，可以免除处罚’的规定”。①

2020 年 10 月 21 日，公布的《刑法修正案（十一）（草案二次审议稿）》第 24 条在《刑法修正案（十一）（草案）》的基础上，在第 3 款中增添了免除处罚的规定，“其中，犯罪较轻的，可以减轻或者免除处罚”。2020 年 10 月 14 日，十三届全国人大常委会第二十二次会议对《刑法修正案（十一）（草案二次审议稿）》进行了审议，有的列席人员提出：“挪用资金罪增加了‘在提起公诉前将挪用的资金退还的，可以从轻或者减轻处罚’的规定建议对挪用资金罪作同样的修改，或者在刑罚总则部分对财产类犯罪作酌定从轻、减轻处罚的一般性规定”；“建议将挪用资金罪中的‘可以从轻或者减轻处罚’修改为‘应当减轻或者免除处罚’”②。2020 年 11 月 2 日，全国人大宪法法律委、全国人大常委会法工委联合召开座谈会，听取了中央有关部门、部分全国人大代表及专家学者对《刑法修正案（十一）（草案二次审议稿）》的意见，有与会人员提出：“建议增加对挪用资金罪的法定刑”；“建议对挪用资金罪的表述与挪用公款罪保持一致，避免出现相同情节挪用资金罪的处罚重于挪用公款罪的情况，也便于出台相关司法解释时对定罪量刑标准作统一界定”③。

但在此后的《刑法修正案（十一）（草案三次审议稿）》及最终审议通过的

① 全国人大常委会法工委刑法室．地方人大和中央有关部门、单位对刑法修正案（十一）草案的意见．第十三届全国人大常委会第二十二次会议（2020 年 10 月 13 日—17 日）参阅材料，第 18～19 页．

② 全国人大常委会法工委办公室．十三届全国人大常委会第二十二次会议审议刑法修正案（十一）草案二次审议稿的意见．第十三届全国人大常委会第二十四次会议（2020 年 12 月 22 日—26 日）参阅材料，第 8 页．

③ 全国人大常委会法工委刑法室．宪法法律委、法工委座谈会对刑法修正案（十一）草案二次审议稿的意见．第十三届全国人大常委会第二十四次会议（2020 年 12 月 22 日—26 日）参阅材料，第 10 页．

《刑法修正案（十一）》中，均维持了《刑法修正案（十一）（草案二次审议稿）》对挪用资金罪的规定，没有再作出进一步的修改变动。[①]

（二）内涵解读

与之前的规定相比，《刑法修正案（十一）》对挪用资金罪的修改可以概况为三点：第一，提高了主刑的量刑幅度，由原来的两档改为三档，其中第一档：3年以下有期徒刑或者拘役；第二档：3年以上7年以下有期徒刑；第三档：7年以上有期徒刑。第二，删除了挪用资金“数额较大不退还”这一加重处罚的情节。第三，增加了特别从宽情节，即“在提起公诉前将挪用的资金退还，可以从轻或者减轻处罚。其中，犯罪较轻的，可以减轻或者免除处罚”这一特别从宽情节。

1. 提高主刑的量刑幅度

修正后的挪用资金罪，对于“数额巨大”（第二档）的最高刑从10年有期徒刑调低至7年有期徒刑，同时增加了“数额特别巨大”（第三档）量刑幅度，为7年以上有期徒刑。

对于挪用资金罪“数额较大”“数额巨大”的标准，《贪污贿赂案件解释》第11第2款规定：刑法第272条规定的挪用资金罪中的“数额较大”“数额巨大”以及“进行非法活动”情形的数额起点，按照本解释关于挪用公款罪“数额较大”“情节严重”以及“进行非法活动”的数额标准规定的二倍执行。根据这一规定，挪用资金归个人使用，进行非法活动，数额在6万元以上，或者挪用资金归个人使用，进行营利活动或者超过3个月未还，数额在10万元以上的属于“数额较大”；挪用资金归个人使用，进行非法活动，数额在200万元以上，或者挪用资金归个人使用，进行营利活动或者超过3个月未还，数额在400万元以上的，属于“数额巨大”。至于“数额特别巨大”的数额标准，则需经由最新司法解释予以明确规定。

但是，《刑法修正案（十一）》这样的修改，确实有让人难以琢磨立法者的真实意图。首先，挪用公款罪只有“数额较大”“数额巨大”两种数额标准，但挪用资金罪却生生制造出一个“数额特别巨大”的标准，试问这一标准如何按照挪用公款罪数额标准的倍数确定？笔者认为，此处只考虑了非国家工作人员受贿

① 只是条文顺序在最终的《刑法修正案（十一）》中变为第30条。

罪、职务侵占罪中存在“数额较大”“数额巨大”“数额特别巨大”的区分就想当然地在挪用资金罪中设置一个“数额特别巨大”的量刑档次，还应充分地考虑到挪用公款罪并没有设置“数额特别巨大”的标准。

其次，根据立法者的立法目的，本罪法定刑的调整在于实现产权平等保护。但是，反观非国家工作人员受贿罪、职务侵占罪的修改，都基本实现了与受贿罪、贪污罪刑罚的协调，而本罪虽然提高了法定刑的幅度，但与挪用公款罪的刑罚差依然较为明显。这与立法目的所要实现的产权平等保护显然存在着不小的差距。

2. 删除加重处罚情节

修正后的挪用资金罪，删除了“数额较大不退还”这一加重处罚的情节。这里所称的不退还，指挪用人由于某种原因不能归还所挪用的资金，即仅限于客观上不能归还。如果行为人挪用单位资金后，由于某种原因转化为主观上不愿归还，则行为性质转化为职务侵占罪。[①]

如果认为客观上不能归还的行为，直接法定刑升格，可能过于严苛，《刑法修正案（十一）》将其删除是具有一定合理性的。但问题在于，作为同质行为的挪用公款罪，还存在“挪用公款数额巨大不退还”的法定刑升格情节，两罪之间的协调性无从体现。真实的原因可能在于，《刑法修正案（十一）》增加了退还资金的特别从宽条件，因而与“不退还”加重处罚的规定在内在法理上有所冲突。但立法者并没有从全局性的立场出发，从而忽视了与挪用公款罪之间的协调。

3. 增加特别从宽情节

《刑法修正案（十一）》增加了特别从宽情节，“在提起公诉前将挪用的资金退还，可以从轻或者减轻处罚。其中，犯罪较轻的，可以减轻或者免除处罚”。这一特别从宽情节的设置有其积极意义：

第一，根据立法者的修法说明，这是“总结实践中依法纠正的企业产权保护案件经验，考虑到民营企业发展和内部治理的实际情况，规定挪用资金在被提起公诉前退还的，可以从轻或者减轻处罚”[②]。司法实践也确实如此，由于一些民营企业的内部治理结构不完善，资金挪用行为是民营企业在生产经营过程中多发的违规行为。增设特别从宽情节，能够减少民营企业因挪用资金而陷入刑事法律风

① 张明楷．刑法学（下）．5版．北京：法律出版社，2016：1025.

② 全国人大常委会法制工作委员会．关于《中华人民共和国刑法修正案（十一）（草案）》的说明．

险进而导致企业经营困难或者破产，也有助于提高刑罚资源适用的效用，鼓励行为人及时弥补犯罪行为带来的损失，促进企业合规经营，有助于具体案件合理贯彻宽严相济刑事政策。[①]

第二，退赃情节以往都属于酌定从宽情节，仅出现在各种量刑指导意见或实施细则中，《刑法修正案（十一）》将酌定从宽情节法定化，有助于量刑上的明确性与科学性。

第三，这一规定也契合了认罪认罚从宽制度。挪用资金罪中规定了退还资金可以减轻处罚，无疑为认罪认罚从宽制度打开了一扇窗。退还资金一方面是认罪认罚的内容之一，另一方面其所包含的减轻处罚功能能增加被追诉人认罪认罚的积极性。[②]

（三）对挪用资金罪、非国家工作人员受贿罪、职务侵占罪修正的反思

挪用资金罪、非国家工作人员受贿罪、职务侵占罪都是非国家工作人员实施的职务犯罪，对应着国家工作人员实施的挪用公款罪、国家工作人员受贿罪、职务侵占罪。立法者通过“进一步提高和调整挪用资金罪、非国家工作人员受贿罪、职务侵占罪的刑罚配置，落实产权平等保护精神”，因此，《刑法修正案（十一）》对这三罪的修正主要表现为提高其法定刑。但是，这样的规范目的是否能够实现预期目的、是否合理？不无进一步反思之必要。

第一，正如笔者前文所说的，刑法的修正并不是单线条的，而应当是多线条的活动。这就要求立法者必须具有全局观，而不能基于特定目的简单地作出修改，即便这一目的具有价值上的正确性。事实上，职务侵占罪、非国家工作人员受贿罪、挪用资金罪的刑罚配置，不但要考虑到该三罪与贪污罪、受贿罪、挪用公款罪之间的刑罚配置平衡，还应考虑到该三罪与盗窃罪和诈骗罪等普通侵财罪之间的刑罚配置平衡，以及该三罪与挪用特定款物罪之间的刑法配置平衡。而且，还应考虑到该三罪的发生领域主要是公司、企业或者其他单位而不同于国家机关或者其他国有单位，其规范目的并非仅限于“落实产权平等保护精神”，更要考虑精准化调整刑罚结构，从而不能片面强调重刑化倾向而随意提高该三罪的

---

① 商浩文．最新刑法修正案关于企业产权保护的亮点解读．中华工商时报，2020－07－09．

② 臧德胜．退赃退赔可以减轻处罚：《刑法修正案（十一）》的新信号．https：//mp. weixin. qq. com/s/Ec-3e-PllEUG6oP3m9RSXw，访问时间：2020－01－24．

法定刑配置。[①]

第二，“落实产权平等保护”难道就必然意味着刑法要舍弃谦抑性的基本理念吗？更何况，这几种犯罪都涉及民营企业的经营活动，即便加强民营企业产权保护，似乎也不必要用过于严厉的刑罚。[②] 此外，刑法为何要仅仅站在刑罚的立场上寻求“产权平等保护”？刑法修正当前对某些“只惩治侵害国有利益的行为，对侵害民营经济利益的同类行为却不予规制”[③] 的差别保护现象不更值得“落实产权平等保护”吗！

第三，民营企业产权刑法保护的核心是平等保护。但平等保护不等同于平等惩罚，已有的实践经验也表明，对违法犯罪行为的治理重在法网的严密而非法网的严厉。对民营企业而言，企业产权与企业出资人（主要是高管）的权利具有一定的重合性，提高对非国家工作人员受贿罪、职务侵占罪、挪用资金罪的处罚力度，很可能因误伤企业出资人而直接损害企业产权，保护可能因此变为侵害。事实上，也有学者提出民营企业人员的职务侵占罪、非国家工作人员受贿罪、挪用资金罪与国家工作人员的贪污罪、受贿罪、挪用公款罪的同罪同罚问题。但在目前情况下，这样的建议并不具有可行性，因为这两类犯罪的区别并非仅以财产性质为依据，实际上还涉及职权的性质，而对公共管理职权与私营部门管理职权进行区分，符合当前多数国家的立法惯例和我国民众的基本观念。

五、骗取贷款、票据承兑、金融票证罪修法的理解与适用（修正案第 11 条）

2006 年 6 月，《刑法修正案（六）》第 10 条规定，“在刑法第一百七十五条后增加一条，作为第一百七十五条之一：以欺骗手段取得银行或者其他金融机构贷款、票据承兑、信用证、保函等，给银行或者其他金融机构造成重大损失或者有

---

① 魏东，赵天琦．刑法修正案的规范目的与技术选择——以《刑法修正案（十一）（草案）》为参照．法治研究，2020（5）：64.

② 黄晓亮．《刑法修正案（十一）（草案）》的三维考察．法治研究，2020（5）：72.

③ 如《刑法》第 165 条至第 169 条规定的非法经营同类营业罪，为亲友非法牟利罪，签订、履行合同失职被骗罪，国有公司、企业、事业单位人员失职罪，国有公司、企业、事业单位人员滥用职权罪，徇私舞弊低价折股、出售国有资产罪，都旨在保护国有公司、企业、事业单位的财产和利益，民营经济这方面的利益，则得不到刑法保护。而在经济活动中，通过上述行为损害民营经济合法权益的情况同样存在。赵秉志，左坚卫．刑法平等保护民营经济面临的三大问题．净月学刊，2017（4）：10.

其他严重情节的，处三年以下有期徒刑或者拘役，并处或者单处罚金；给银行或者其他金融机构造成特别重大损失或者有其他特别严重情节的，处三年以上七年以下有期徒刑，并处罚金。单位犯前款罪的，对单位判处罚金，并对其直接负责的主管人员和其他直接责任人员，依照前款的规定处罚。”根据这一条，刑法增设了骗取贷款、票据承兑、金融票证罪。

（一）修法过程

由于“融资门槛高”“融资难”，民营企业因生产经营需要，在融资过程中虽然有一些违规行为，但并没有诈骗目的，最后未给银行造成重大损失的，一般不作为犯罪处理。[①]

按照这一规范目的，《刑法修正案（十一）（草案）》第 11 条规定：将刑法第 175 条之一第 1 款修改为：“以欺骗手段取得银行或者其他金融机构贷款、票据承兑、信用证、保函等，给银行或者其他金融机构造成重大损失的，处三年以下有期徒刑或者拘役，并处或者单处罚金；给银行或者其他金融机构造成特别重大损失或者有其他特别严重情节的，处三年以上七年以下有期徒刑，并处罚金。”2020 年 6 月 29 日，十三届全国人大常委会第二十次会议对《刑法修正案（十一）（草案）》进行了初次审议，有观点提出，“修正案草案本意是把民营企业不以诈骗为目的的贷款行为从骗贷行为中区分出来，而不是要减轻处罚，建议提高骗取贷款、票据承兑、金融票证行为的法定刑，同时增加民营企业不以诈骗为目的取得银行贷款和票据承兑、金融票证，未给银行造成重大损失，不作为犯罪处理的规定”[②]。在《刑法修正案（十一）（草案）》向社会公众征求意见的过程中，有意见建议：“删除第二档‘或者有其他特别严重情节’的规定，与刑法已做修改相协调”；“将入刑数额限定为造成五千万元人民币损失”。[③]

在《刑法修正案（十一）（草案）》征求意见过程中，地方人大和中央有关部门、单位提出了部分修改意见中，有的意见建议：“进一步删去第二档法定刑中‘有其他特别严重情节’的要件”；“明确何为‘有其他特别严重情节’，如银行未

① 全国人大常委会法制工作委员会．关于《中华人民共和国刑法修正案（十一）（草案）》的说明．

② 全国人大常委会法工委刑法室．十三届全国人大常委会第二十次会议审议刑法修正案（十一）草案的意见．第十三届全国人大常委会第二十二次会议（2020 年 10 月 13 日—17 日）参阅材料，第 7～8 页．

③ 全国人大常委会法工委刑法室．刑法修正案（十一）草案向社会公众征求意见的情况．第十三届全国人大常委会第二十二次会议（2020 年 10 月 13 日—17 日）参阅材料，第 6 页．

受到损失，但犯罪嫌疑人多次骗取、数额特别巨大等情形，是否可以认定为有其他特别严重情节”；“明确金融机构的定义，以解决骗取担保公司（甚至是反担保）信贷较难定性的问题”；“将‘以欺骗手段取得银行或者其他金融机构贷款、票据承兑、信用证、保函等’，修改为‘以不正当手段取得银行或者其他金融机构贷款、票据承兑、信用证、保函等’”；还有些意见建议，“恢复第一档入刑条件‘其他严重情节’规定，可以通过司法解释等形式对‘其他严重情节’予以明确”①。

2020年10月21日，公布的《刑法修正案（十一）（草案二次审议稿）》中并未修改《刑法修正案（十一）（草案）》关于骗取贷款、票据承兑、金融票证罪的规定。2020年10月14日，十三届全国人大常委会第二十二次会议对《刑法修正案（十一）（草案二次审议稿）》进行了审议，有的常委委员提出：“本条删去了第一款中‘或者有其他严重情节’的规定，提高了入罪门槛，对改善民营企业生产经营环境、促进民营经济发展具有一定意义，但是不利于维护金融机构资金安全或金融管理秩序，建议对该条第一款不作修改”；有的列席同志建议：“删去本条‘单处罚金’的规定，以从严惩处该犯罪”；“增加‘银行或者其他金融机构人员明知行为人采取欺骗手段，仍为其贷款、票据承兑、开具信用证保函等’定罪处罚的规定”②。2020年11月2日，全国人大常委会法律委、全国人大常委会法工委联合召开座谈会，听取了中央有关部门、部分全国人大代表及专家学者对《刑法修正案（十一）（草案二次审议稿）》的意见，有与会人员提出：“目前骗贷情况较严重，监管部门对金融机构有严格的监管措施，但对于借款人缺少明确有效的约束，这不仅涉及立法，也涉及执法问题。第十一条取消‘其他严重情节’后，可能存在骗贷行为更难以管制的情况，建议慎重考虑”③。

但在此后的《刑法修正案（十一）（草案三次审议稿）》及最终审议通过的《刑法修正案（十一）》中，均维持了《刑法修正案（十一）（草案二次审议稿）》对骗取贷款、票据承兑、金融票证罪的规定，没有再作出进一步的修改变动。

---

① 全国人大常委会法工委刑法室．地方人大和中央有关部门、单位对刑法修正案（十一）草案的意见．第十三届全国人大常委会第二十二次会议（2020年10月13日—17日）参阅材料，第19～20页．

② 全国人大常委会法工委办公室．十三届全国人大常委会第二十三次会议审议刑法修正案（十一）草案二次审议稿的意见．第十三届全国人大常委会第二十四次会议（2020年12月22日—26日）参阅材料，第9页．

③ 全国人大常委会法工委刑法室：《宪法法律委、法工委座谈会对刑法修正案（十一）草案二次审议稿的意见》，第十三届全国人大常委会第二十四次会议（2020年12月22日—26日）参阅材料，第10页．

（二）内涵解读

与之前的规定相比，《刑法修正案（十一）》对骗取贷款、票据承兑、金融票证罪的修改是将“或者有其他严重情节”删除。在此，只要行为人归还或没有造成损失，就不能作为犯罪处理。也就是说，在本罪的起刑档中，只存在着结果犯，只有出现银行或其他金融机构重大损失这一实害结果时才能入罪。

刑法上设立骗取贷款罪，基本出发点是要保证银行等金融机构信贷资金的放贷安全。在该条的司法解释没有出台之前，依据相关追诉标准规定，以欺骗手段取得贷款等的数额在100万元以上的应予立案追诉，致使该罪在司法实践中的打击面过宽。骗取贷款罪已经在一定程度上成为贷款类犯罪的“口袋罪”。这主要体现在以下几个方面：在刑事立案时，偏重于放出贷款金额的“唯数额论”；片面地看重加害人提供不真实的申请贷款材料之欺骗行为；不全面考察造成银行放出的贷款处于风险的原因力。[①]

正如王新教授所说，“在目前保护民营企业，解决中小企业融资难、融资贵问题的背景下，这就可能会对融资产生一定的负作用。正是考虑到这些现实情况，此次修正案进行了平衡，取消情节犯的入罪门槛。”[②] 事实确实如此，司法实践也表明，在申请银行贷款时资料有虚假成分，既有申请人方面的原因，也有贷款政策、银行审查不严等方面的原因，不宜仅以行为定罪，而应当限定在发生实际损失后果的情形。这样，还可以将有还款能力的单位骗取贷款、票据承兑、金融票证行为排除出该罪的犯罪圈。既往受制于政策或者体制的影响，民营企业存在“融资门槛高”“融资难”的现象，一些企业因生产经营需要在融资过程中存在一些违规借贷或者融资行为。如果不分具体情况，不考虑行为时的相关国家政策，一概将相关的违规行为作为犯罪处理，将会对民营企业的发展产生不良的外部影响。[③] 而且，中共中央、国务院《关于完善产权保护制度依法保护产权的意见》中明确要求“以发展眼光客观看待和依法妥善处理改革开放以来各类企业特别是民营企业经营过程中存在的不规范问题”。此外，该罪通过修正实现了一定的出罪化，在本次刑法修正“扩张与重刑化发展”的思路中，属于实质上的限

① 王新．骗取贷款罪的适用问题和教义学解析．政治与法律，2019（10）：44～48.

② 朱宁宁．防范化解金融风险 维护资本市场稳定．法治日报，2021－01－12.

③ 商浩文．最新刑法修正案关于企业产权保护的亮点解读．中华工商时报，2020－07－09.

缩，还体现了刑事政策宽宥的一面。[①]

修正后的骗取贷款、票据承兑、金融票证罪，只有出现“银行或其他金融机构重大损失”才能入罪。在此，“银行或其他金融机构重大损失”是一客观标准，指的是行为直接造成的积极损失，如贷款无法追回，银行由于出具的信用证所承担的还款或者付款等实际经济损失。[②] “其他严重情节”如行为人采取的手段恶劣、次数较多、涉及金额较大等因素就不能决定骗取贷款、票据承兑、金融票证罪入罪。

根据2010年5月7日最高人民检察院、公安部《关于公安机关管辖的刑事案件立案追诉标准的规定（二）》第27条，以欺骗手段取得银行或者其他金融机构贷款、票据承兑、信用证、保函等，涉嫌下列情形之一的，应予立案追诉：(1) 以欺骗手段取得贷款、票据承兑、信用证、保函等，数额在100万元以上的；(2) 以欺骗手段取得贷款、票据承兑、信用证、保函等，给银行或者其他金融机构造成直接经济损失数额在20万元以上的；(3) 虽未达到上述数额标准，但多次以欺骗手段取得贷款、票据承兑、信用证、保函等的；(4) 其他给银行或者其他金融机构造成重大损失或者有其他严重情节的情形。在此，上述第(1)、(3)、(4) 项情形显然就不能再适用。

此外，在刑罚适用的溯及力问题上，由于新法的刑罚较轻，按照从旧兼从轻的原则，应当适用修正后的骗取贷款、票据承兑、金融票证罪。[③]

六、提供虚假证明文件犯罪的理解与适用（修正案第25条）

1979年《刑法》中没有规定本罪。1995年2月28日第八届全国人大常委会第十二次会议通过的《关于惩治违反公司法的犯罪的决定》第6条规定：“承担资产评估、验资、验证、审计职责的人员故意提供虚假证明文件，情节严重的，处五年以下有期徒刑或者拘役，可以并处二十万元以下罚金。单位犯前款罪的，对单位判处违法所得五倍以下罚金，并对直接负责的主管人员和其他直接责任人

① 韩轶．刑法更新应坚守谦抑性本质．法治研究，2020（5）：50.

② 全国人大常委会法制工作委员会刑法室．中华人民共和国刑法条文说明、立法理由及相关规定．北京大学出版社，2009：317.

③ 在后续的司法解释不改变贷款、票据承兑、金融票证罪的数额标准的情况下。

员，依照前款的规定，处五年以下有期徒刑或者拘役”。1997 年《刑法》将其修订后，在第 229 条设置了提供虚假证明文件罪、出具证明文件重大失实罪，规定：“承担资产评估、验资、验证、会计、审计、法律服务等职责的中介组织的人员故意提供虚假证明文件，情节严重的，处五年以下有期徒刑或者拘役，并处罚金”。“前款规定的人员，索取他人财物或者非法收受他人财物，犯前款罪的，处五年以上十年以下有期徒刑，并处罚金”。“第一款规定的人员，严重不负责任，出具的证明文件有重大失实，造成严重后果的，处三年以下有期徒刑或者拘役，并处或者单处罚金”。

（一）修法过程

为了强化对中介机构及中介组织人员的管理，《刑法修正案（十一）（草案）》第 16 条将刑法第 229 条修改为：“承担资产评估、验资、验证、会计、审计、法律服务、保荐等职责的中介组织的人员故意提供虚假证明文件，情节严重的，处五年以下有期徒刑或者拘役，并处罚金；有下列情形之一的，处五年以上十年以下有期徒刑，并处罚金：（一）提供与证券发行相关的虚假的资产评估、会计、审计、保荐等证明文件，情节特别严重的；（二）提供与重大资产交易相关的虚假的资产评估、会计、审计等证明文件，情节特别严重的；（三）在涉及公共安全的重大工程、项目中提供虚假的安全评价、环境影响评价等证明文件，致使公共财产、国家和人民利益遭受特别重大损失的。”“前款规定的人员，索取他人财物或者非法收受他人财物，同时构成其他犯罪的，依照处罚较重的规定定罪处罚。”“第一款规定的人员，严重不负责任，出具的证明文件有重大失实，造成严重后果的，处三年以下有期徒刑或者拘役，并处或者单处罚金。”

在《刑法修正案（十一）（草案）》征求意见过程中，地方人大和中央有关部门、单位提出了部分修改意见中，有的提出建议：“在第一款规定的中介组织中删去‘法律服务’，同时将刑罚由‘五年以下有期徒刑’修改为‘三年以下有期徒刑’，法律服务等中介组织不应科以过重刑事责任”。关于具体列项，有的单位提出，“将第一项规定的提供与‘证券发行相关的’虚假证明文件修改为‘与证券、期货、债权、基金、资管计划、信托计划等金融产品发行相关的’”；“涉及公共安全的非重大工程、项目也可能致使公共财产、国家和人民利益遭受特别重大损失，建议删除第三项‘重大工程’中的‘重大’”；“在第三项‘安全评价’后增加‘检测检验’”；“在‘环境影响评价证明文件’后增加‘和固定污染源排污许可证文件'"；"将第二款修改为数罪并罚，或者删去"[①]。

2020年10月21日，公布的《刑法修正案（十一）（草案二次审议稿）》第18条在《刑法修正案（十一）（草案）》的基础上进行了调整：一是，将第1款的主体中增加了安全评价、环境影响评价、环境监测等职责的中介组织的人员；二是，将第（一）项列举的证明文件中增加了"法律服务"。2020年11月2日，全国人大宪法法律委、全国人大常委会法工委联合召开座谈会，听取了中央有关部门、部分全国人大代表及专家学者对《刑法修正案（十一）（草案二次审议稿）》的意见，有与会人员建议："在虚假证明文件犯罪中增加一款：建设单位自行开展环境影响评价，重点排污单位自行开展环境监测的，适用本条规定定罪量刑"[②]。

《刑法修正案（十一）（草案三次审议稿）》，在《刑法修正案（十一）（草案二次审议稿）》的基础上，又对第2款进行了微调，规定："有前款行为，同时索取他人财物或者非法收受他人财物构成犯罪的，依照处罚较重的规定定罪处罚"，这使得条文的表述更为清晰、合理。

最终审议通过的《刑法修正案（十一）》第25条中，维持了《刑法修正案（十一）（草案三次审议稿）》的规定，将刑法第229条修改为："承担资产评估、验资、验证、会计、审计、法律服务、保荐、安全评价、环境影响评价、环境监测等职责的中介组织的人员故意提供虚假证明文件，情节严重的，处五年以下有期徒刑或者拘役，并处罚金；有下列情形之一的，处五年以上十年以下有期徒刑，并处罚金：（一）提供与证券发行相关的虚假的资产评估、会计、审计、法律服务、保荐等证明文件，情节特别严重的；（二）提供与重大资产交易相关的虚假的资产评估、会计、审计等证明文件，情节特别严重的；（三）在涉及公共安全的重大工程、项目中提供虚假的安全评价、环境影响评价等证明文件，致使公共财产、国家和人民利益遭受特别重大损失的。有前款行为，同时索取他人财物或者非法收受他人财物构成犯罪的，依照处罚较重的规定定罪处罚。第一款规定的人员，严重不负责任，出具的证明文件有重大失实，造成严重后果的，处三年以下有期徒刑或者拘役，并处或者单处罚金。"

---

① 全国人大常委会法工委刑法室．地方人大和中央有关部门、单位对刑法修正案（十一）草案的意见．第十三届全国人大常委会第二十二次会议（2020年10月13日—17日）参阅材料，第17页．

② 全国人大常委会法工委刑法室．宪法法律委、法工委座谈会对刑法修正案（十一）草案二次审议稿的意见．第十三届全国人大常委会第二十四次会议（2020年12月22日—26日）参阅材料，第8页．

（二）内涵解读

与之前的规定相比，《刑法修正案（十一）》对提供虚假证明文件犯罪的修改可以概况为三项：第一，扩大主体范围；第二，调整加重情节；第三，调整法定刑幅度。本罪的修改，既是企业产权保护的重要举措，也属于金融领域刑法保护的体系性安排与非法吸收公众存款罪的修改及集资诈骗罪的修改等共同构成了金融安全保护的刑法进阶。

1. 扩大主体范围

《刑法修正案（十一）》扩大了提供虚假证明文件犯罪主体范围，承担保荐、安全评价、环境影响评价、环境监测等职责的中介组织的人员成为本罪的犯罪主体。

尤其是将保荐机构的人员明确为本罪的犯罪主体，这是修正案的一大亮点。这压实了保荐人等中介机构的“看门人”职责，保荐人等中介机构是资本市场的“看门人”，其勤勉尽责对于资本市场健康发展至关重要。修正案对保荐机构人员的处罚作出了与对其他中介机构人员的处罚相似的规定，但在宣传中、民众心理上、民事赔偿方面，保荐机构为什么应负更重责任？刘宪权教授认为，因为认定保荐机构刑事责任与民事责任的路径并不完全相同。认定民事责任注重的是关系的调整，尤其是在民事赔偿方面，由于保荐机构的作用更大，对应的民事赔偿责任就更重，但认定刑事责任看重的是行为，包括保荐机构在内的中介机构的人员客观上实施的行为都是提供虚假证明文件，保荐机构的这一行为与其他中介机构并无太大的区别，因此将所有提供虚假证明文件行为的中介机构的人员放在同一层面上进行处罚是合理的。[①]

总体而言，对提供虚假证明文件犯罪扩大主体范围，意味着保荐机构的保荐代表人、安全评价机构的安全评价师、环境影响评价机构的评价工程师、环境监测机构的技术人员如果提供虚假证明文件，达到追诉条件将构成犯罪。这一修正，完善了《刑法》与《证券法》《安全生产法》《环境影响评价法》责任体系的衔接，强化了专业人员的责任。[②] 比如，在新《证券法》强化信息披露要求的情

① 周芬棉．违法犯罪刑期上限和罚金幅度将大幅提高．法治日报，2020－01－19．

② 张俊．专业人士与提供虚假证明文件罪．https：//mp. weixin. qq. com/s/7AtJMm4bGAr1N616qasXXw，访问时间：2021－01－26．

况下，《刑法修正案（十一）》明确了保荐人提供虚假证明文件的刑事责任。[①]

2. 调整加重情节

《刑法修正案（十一）》调整了提供虚假证明文件的人员索贿或收受贿赂原本的加重情节。

原条文是将索贿与收受贿赂的行为作为加重情节，“处五年以上十年以下有期徒刑，并处罚金”；《刑法修正案（十一）》修订之后，明确了索贿或受贿构成犯罪的，依照处罚较重的规定定罪处罚。也就是说，在这种情况下，中介机构工作人员可能会构成提供虚假证明文件罪与非国家工作人员受贿罪，择一重罪论处。这一修改具有科学性、合理性，不仅“符合刑法罪数原理，而且更有利于从严惩治中介组织人员的受贿犯罪”[②]。

3. 调整法定刑的幅度

原《刑法》第229条的基础刑中，仅规定了一档法定刑（5年有期徒刑以下）。《刑法修正案（十一）》对此加大了处罚力度，特定情形下，将法定刑升格（5到10年有期徒刑）。

这主要包括：（1）证券发行、重大资产交易中，提供相应的虚假证明文件，情节特别严重的行为；（2）涉及公共安全的重大工程、项目中，提供相应的虚假证明文件，致使公共财产、国家和人民利益遭受特别重大损失。

（三）司法适用

职务侵占罪的司法适用，需要关注以下几个问题。

1. 法定刑的适用

需要注意的是，《刑法修正案（十一）》对升格法定刑情形的规定，并未以“其他”“等”进行托底，而是一种闭合性规定。这就意味着“与证券发行相关”“与重大资产交易相关”“涉及公共安全的重大工程、项目”“虚假”应采严格解释、限制解释，避免重刑适用的泛化。[③]

① 刘宪权．金融犯罪最新刑事立法论评．法学，2021（1）：54.

② 张兆松．职务犯罪立法的再检讨与完善——《刑法修正案（十一）（草案）》对职务犯罪的修改评析．法治研究，2020（5）：94.

③ 莫宸屏．《刑法修正案（十一）》简评．https：//weibo.com/ttarticle/p/show？id=2309404586606731329555，访问时间：2021-01-27.

2. 罪数的适用

《刑法修正案（十一）》修正后的第 229 条第 2 款规定："有前款行为，同时索取他人财物或者非法收受他人财物构成犯罪的，依照处罚较重的规定定罪处罚"，这就将修正前的情节加重犯调整为想象竞合犯，也就是说，如果中介组织人员在提供虚假证明文件的同时，索取他人财物或者非法收受他人财物构成犯罪的，适用提供虚假证明文件罪与非国家工作人员受贿罪的想象竞合犯，从一重罪处罚。

而对于中介组织人员，提供虚假证明文件后，索取、收受他人财物构成犯罪的，因为不符合第 229 条第 2 款规定，还是应当实行数罪并罚。[①]

---

① 张明楷．刑法学（下）．5 版．北京：法律出版社，2016：845.

第七章

加强知识产权刑法保护的理解与适用

一、加强知识产权刑法保护的修法概述

21世纪是知识经济时代。在以农业经济和工业经济为主的传统经济形态中，起决定作用的通常是各类有形资产，而知识经济是以知识和技术等无形资产作为经济增长与发展的主推动力的经济形态。[①] 由此，与知识密切联系的知识产权在经济建设中的作用日益突出。必须承认，知识产权早已成为各个国家或各类企业极为重要的"能量来源"——某个国家或某个企业只要能在创造知识产权方面保持源源不断的动力，就能在激烈的国际舞台或市场竞争中永获一席之地。正因如此，加快对知识产权的建设发展日益受到各个国家和企业的高度重视。

一直以来，中国属于知识产权开发能力相对落后的发展中国家，向来都有"世界加工厂"的称号，这虽然体现出我国在劳动密集型产业方面具备的巨大优势，但也暴露出我国在知识密集型产业上存在行业短板。依靠自然资源加廉价劳动力商品换取发达国家的知识产权商品，从长远来看弊大于利。面对世界市场的激烈竞争，我国开始注重转变经济发展方式，以巩固自身在世界舞台上的地位。在2015年中央经济工作会议、2016年第十二届全国人民代表大会第四次会议上，党中央多次提出"新经济"的概念，强调要发展以知识产权、高新技术为主要内

① 田宏杰．论我国知识产权的刑事法律保护．中国法学，2003（3）：143.

容的新经济[①]；2019年10月20日，国家数字经济创新发展试验区启动会在第六届世界互联网大会期间召开，河北省（雄安新区）、浙江省等6个国家数字经济创新发展试验区接受授牌，正式启动试验区建设工作。从"新经济"的提出到"国家数字经济创新发展试验区"的建立，彰显了我国以知识产权、高新技术等数字经济为主体的"新经济"助推高质量发展的决心。

《2019年中国知识产权发展状况评价报告》显示，截至2019年，中国知识产权综合发展指数由100提升至279.2，综合发展成效显著，知识产权创造、保护、运用等"全链条"发展水平大幅提升[②]，但知识产权侵权现象也呈现多发易发之势，权利人维权"举证难、周期长、成本高、赔偿低"的情况不在少数。[③] 可见，晚近以来的中国知识产权环境建设虽然取得明显进步，但是知识产权行业也因其所创造的巨大收益而日渐成为违法犯罪分子关注的焦点。

以北京市海淀区人民法院为例，有关资料显示，2016年至2018年间，该院知识产权案件收结案呈逐年大幅上升趋势，知识产权刑事案件数量也呈增长趋势。从案件类型看，主要涉及五类罪名，具体为刑法第213条假冒注册商标罪、第214条销售假冒注册商标的商品罪，第215条非法制造、销售非法制造的注册商标标识罪、第217条侵犯著作权罪和第219条侵犯商业秘密罪。从量刑情况看，处罚力度总体上进一步加大。[④] 从案件特征上看，主要有以下特征：一是侵权手段技术化。侵权手段从以往简单的附着标签或者拷贝传播，转为对产品技术翻新或者对软件进行各类技术性破解。二是犯罪群体分散式。犯罪分子跨区域、跨境实施犯罪行为，各群体间分工明确，反侦察能力强，隐蔽性强。三是侵权行为网络化。85%以上的知识产权犯罪案件都通过信息网络传播。[⑤] 整体而言，知识产权犯罪朝着多主体、强组织、高科技方向发展，并且其犯罪行为和危害后果

---

① 政府工作报告——2016年3月5日在第十二届全国人民代表大会第四次会议上．中华人民共和国中央人民政府网，http：//www.gov.cn/guowuyuan/2016-03/05/content_5049372.htm，最后访问时间：2020-12-30.

② 2019年中国知识产权发展状况评价报告．国家知识产权局知识产权发展研究中心官网，http：//www.cnipa-ipdrc.org.cn/article.aspx？id=605，最后访问时间：2020-12-30.

③ 中共中央办公厅、国务院办公厅《关于强化知识产权保护的意见》。

④ 全国人大常委会法工委刑法室．知识产权犯罪有关问题调研简报．第十三届全国人大常委会第二十四次会议（2020年12月22日—26日）参阅资料．

⑤ 全国人大常委会法工委刑法室．知识产权犯罪有关问题调研简报．第十三届全国人大常委会第二十四次会议（2020年12月22日—26日）参阅资料．

在技术迅速更新换代的影响下愈发难以预测和估量。

自 1997 年刑法颁布实施以来，迄今二十多年，十次刑法修正案均未对知识产权犯罪章节进行过修正。司法实践中，随着社会经济蓬勃发展和知识产权法律体系的不断完善，该章节在法律适用方面逐渐出现了部分法条与其他相关法律规定不一致、与当前加大知识产权司法保护及严厉打击侵犯知识产权违法犯罪行为的形势不符等问题。虽然不断提高知识产权的创造能力是我国现阶段必须贯彻实施的国家发展战略之一，但注重提高知识产权的管理、实施，加强对知识产权的保护尤其是刑事保护力度，同样也应成为我国完善产权保护制度最重要的内容。

《刑法修正案（十一）》针对知识产权犯罪共修改补充 8 条刑法条文，在加强注册商标保护、维护权利人利益、加大侵犯商业秘密犯罪处罚力度、严惩商业间谍犯罪等方面作出重要修改，涉及犯罪数额的计算、个罪刑种刑期的设置、犯罪行为类型的细化等内容，整体呈从严、从重处罚趋势。具体来说，《刑法修正案（十一）》第 17 条针对刑法第 213 条作出修改，对未经注册商标所有人许可，在同一种服务上使用与其注册商标相同的商标，情节严重的行为，也以假冒注册商标罪论处，并提升该罪法定刑幅度。《刑法修正案（十一）》第 18 条针对刑法第 214 条作出修改：一是将“销售金额”改为“违法所得”；二是将该罪由“数额犯”修改为“数额＋情节犯”，构建以“违法所得数额”与“其他严重情节”相结合的定罪标准模式；三是提升该罪法定刑幅度。《刑法修正案（十一）》第 19 条针对刑法第 215 条作出修改，提升本罪法定刑幅度。《刑法修正案（十一）》第 20 条针对刑法第 217 条作出修改：一是扩大本罪保护范围，将保护对象由“著作权”扩展至“著作权或者与著作权有关的权利”；二是增加具体行为方式，既包括对原有法定情形的规定进一步细化，也包括新增其他法定情形；三是加大刑罚处罚力度，分别提升该罪最低和最高法定刑。《刑法修正案（十一）》第 21 条针对刑法第 218 条作出修改，与此次对刑法第 214 条的修改内容类似，将本条由单纯的“数额犯”修改为“数额＋情节犯”，同时提升本罪最低和最高法定刑。《刑法修正案（十一）》第 22 条针对刑法第 219 条作出修改，一是将本罪由“结果犯”改为“情节犯”，二是提升本罪法定刑幅度，三是删除作为侵犯商业秘密行为方式之一的“利诱”手段，代之以“贿赂”表述，四是将“违反约定”改为“违反保密义务”，五是删除第 2 款中“或者应知”的表述，六是删除“商业秘密”的定义。此外，《刑法修正案（十一）》第 23 条将商业间谍行为纳入刑事处罚范围，第 24 条修改了单位实施侵犯知识产权犯罪的罚金数额的确定方式，上述具体修改内容和修改前后对比将在各罪的理解与适用中详细阐释。

《刑法修正案（十一）》从目前知识产权犯罪高发频发的现状出发，坚持问题导向，注重在刑法与其他部门法间形成有效衔接，完善民、行、刑责任体系，这是对当下我国大力发展的“新经济”模式的最新回应，也是对党中央关于强化知识产权保护的决策部署的贯彻落实，有助于进一步完善我国知识产权刑法保护制度、创造更好的营商环境。

二、假冒注册商标罪修法的理解与适用（修正案第 17 条）

（一）修法过程

对于假冒注册商标罪的修改，在《刑法修正案（十一）（草案三次审议稿）》中才有所体现。《刑法修正案（十一）（草案三次审议稿）》第 17 条将刑法第 213 条修改为：“未经注册商标所有人许可，在同一种商品、服务上使用与其注册商标相同的商标，情节严重的，处三年以下有期徒刑，并处或者单处罚金；情节特别严重的，处三年以上十年以下有期徒刑，并处罚金。”最终发布的《刑法修正案（十一）》与三审稿内容一致。与修改前相比，立法机关主要修改了两方面内容：一是扩大本罪行为对象，将“服务商标”纳入刑法保护范围，未经注册商标所有人许可，在同一种服务商使用与其注册商标相同的商标，情节严重的，也依照本罪定罪处罚；二是加大本罪处罚力度，将最低法定刑由拘役提升至有期徒刑，最高法定刑由 7 年有期徒刑提升至 10 年有期徒刑。

之所以提升本罪法定刑，是因为有意见认为，从以往实践情况看，对侵犯知识产权犯罪案件判处第二档刑罚，即三至七年有期徒刑的比例较高，若能再适当提高侵犯知识产权犯罪的刑罚，可以让司法机关根据案件情况，对不同案件的处罚拉开更宽的档次，更能体现量刑差异，符合实践需要。[①] 而将“服务商标”纳入本罪保护对象，主要是基于我国现代服务业与互联网经济现实发展情况的考量。有学者指出，虽然刑法第 213 条规定了假冒注册商标罪，但规定的是“在同一种商品上”使用与其注册商标相同的商标，因而刑事保护的范围是商品商标。

① 参见全国人大常委会法工委刑法室．知识产权犯罪有关问题调研简报．第十三届全国人大常委会第二十四次会议（2020 年 12 月 22 日—26 日）参阅资料．

但根据《商标法》的规定，商标包括商品商标和服务商标，服务商标代表着服务的品质和保证，保护服务商标就是保护品牌信誉甚至是商誉，尤其是针对驰名商标而言。实践中许多侵权行为围绕服务商标进行，当侵权行为严重危害商标权利人权益时，侵犯服务商标的行为同样具有严重的社会危害性，同样应当追究刑事责任。因此，建议将服务商标纳入刑法保护范围。[①]《刑法修正案（十一）》采纳了《刑法修正案（十一）（草案三次审议稿）》的意见。

（二）内涵解读

假冒注册商标罪，是指违反国家商标管理法规，未经注册商标所有人许可，在同一种商品、服务上使用与其注册商标相同的商标，情节严重的行为。

1. 本罪罪过是否包括间接故意

对于本罪的罪过问题，刑法学界和实务部门均有不同的认识。一种观点认为，该罪只能由直接故意构成[②]，另一种观点则主张，本罪既可以由直接故意构成，也可以由间接故意构成。还有观点认为，本罪罪过限定为故意即可，无须区分直接故意和间接故意。我们认为，笼统地认为本罪主观方面为故意而对其故意形式不加区分的做法并不妥当，这可能会影响刑事责任的具体判断；认为间接故意也可以作为本罪罪过形式的主张，实际上并没有准确把握假冒注册商标罪的性质和客观特征，从罪状表述来看，本罪罪过只能是直接故意，有以下两点理由：

其一，从假冒的商标标识来源来看，一般而言，行为人所假冒的注册商标一般有以下几种来源：（1）行为人自己非法制作的；（2）行为人购买的；（3）行为人通过违法犯罪手段获得的。第一种情形中，行为人不可能不明知所使用的是别人的注册商标。第二种情形中，行为人显然是购买自己无权使用的他人的注册商标，因为如果是自己的注册商标，就可以依法向有关的单位企业订制，无须通过非正常的渠道进行购买。根据行为人通过非正常的渠道购买注册商标，可以知道行为人是明知自己购买的是他人的注册商标、明知自己对此种商标没有使用的权利却仍然选择购买。第三种情形中，行为人利用非法手段获得商标标识，如果行为人本人没有使用权，则必定是别人的注册商标。

---

① 全国人大常委会法工委刑法室．知识产权犯罪有关问题调研简报．第十三届全国人大常委会第二十四次会议（2020年12月22日—26日）参阅资料．

② 赵秉志．侵犯知识产权犯罪研究．北京：中国方正出版社，1999：85～86.

其二，从行为人的动机、目的上看，行为人未经许可就将他人的注册商标使用到自己生产或销售的与注册商标所有人相同的商品或服务上，一般都是出于牟取经济利益、打击竞争对手、倾销伪劣产品的动机和目的，这足以说明行为人一般对对方的注册商标以及相应商品、服务的知名度和质量有很明确的认识。①

综上，我们认为，假冒注册商标罪的主观心态只能是直接故意。

2. 关于本罪的客观方面

本罪在客观方面要求行为人实施特定行为，且达到情节严重的程度。

（1）实施特定行为

成立本罪，必须在客观上实施了违反国家商标管理法规，未经注册商标所有人许可，在同一种商品、服务上使用与其注册商标相同的商标的行为。对于本罪的客观方面，可从以下几方面进一步理解：

第一，违反国家商标管理法规。该构成要件要素的设置表明，本罪属于行政犯（或称法定犯），即构成本罪，要以违反相关国内法为前提②，如果行为并未违反前置规范的规定，则不能以本罪认定。

第二，未经注册商标所有人许可。《商标法》第3条规定，商标注册人享有注册商标专用权，该权利受法律保护。商标专用权，是指法律授予商标权人在指定商品或服务上使用其注册商标的排他性权利，具有专属、禁止和排他属性，因此，变更、转让、使用注册商标的，需要经商标注册人同意。③ 由此可见，未经注册商标所有人许可便使用注册商标的行为，违背了注册商标专用权的本质属性，构成对注册商标专用权的侵权。

第三，在同一种商品、服务上使用与其注册商标相同的商标。首先，如何理解“同一种商品、服务”？根据司法解释，名称相同的商品以及名称不同但指同一事物的商品，可以认定为“同一种商品”④。“名称”是指国家工商行政管理总局商标局在商标注册工作中对商品使用的名称，通常即《商标注册用商品和服务国际分类》中规定的商品名称。“名称不同但指同一事物的商品”是指在功能、

① 赵秉志，许成磊．侵犯注册商标权犯罪问题研究．法律科学，2002（3）：61～62.

② 张绍谦．试论行政犯中行政法规与刑事法规的关系——从著作权犯罪的“复制发行”说起．政治与法律，2011（8）：41.

③ 参见《中华人民共和国商标法》第42条、第43条。

④ 参见最高人民法院、最高人民检察院、公安部《关于办理侵犯知识产权刑事案件适用法律若干问题的意见》第5条。

用途、主要原料、消费对象、销售渠道等方面相同或者基本相同，相关公众一般认为是同一种事物的商品。并且，认定“同一种商品”，应当在权利人注册商标核定使用的商品和行为人实际生产销售的商品之间进行比较。需要注意的是，《刑法修正案（十一）》将服务商标列为假冒注册商标罪的行为对象，那么，在理解何为“同一种服务”时，也应当比照“同一种商品”的认定标准进行。

其次，如何理解“相同的商标”？对此，司法解释规定，与被假冒的注册商标完全相同，或者与被假冒的注册商标在视觉上基本无差别、足以对公众产生误导的商标，即为“相同的商标”[①]。此外，只要具有下列情形之一，也可认定为刑法第 213 条规定的“与其注册商标相同的商标”，包括：“（一）改变注册商标的字体、字母大小写或者文字横竖排列，与注册商标之间基本无差别的；（二）改变注册商标的文字、字母、数字等之间的间距，与注册商标之间基本无差别的；（三）改变注册商标颜色，不影响体现注册商标显著特征的；（四）在注册商标上仅增加商品通用名称、型号等缺乏显著特征要素，不影响体现注册商标显著特征的；（五）与立体注册商标的三维标志及平面要素基本无差别的；（六）其他与注册商标基本无差别、足以对公众产生误导的商标。”[②]

但是，什么是“基本无差别”？一般认为，应当以是否“足以造成误认”为标准。所谓“足以造成误认”，根据国家工商行政管理局《关于执行〈商标法〉及其〈实施细则〉若干问题的通知》，是指会造成对商品来源产生误认，或者产生当事人与商标注册人之间存在某种特殊联系的错误认识。虽有区分，但足以造成误认的，为“基本无差别”；不足以造成误认的，则不认为是“基本无差别”。我们认为，以“足以造成误认”作为标准基本上是可取的，但是对“相同的商标”的认定很大程度上要靠经验判断，目前争论还比较多，这个问题仍需进一步研究。

（2）达到情节严重的标准

假冒注册商标罪以“情节严重”为构成要件，如何理解这里的“情节严重”？有关司法解释对此有所规定，即“（一）非法经营数额在五万元以上或者违法所得数额在三万元以上的；（二）假冒两种以上注册商标，非法经营数额在三万元

---

① 最高人民法院、最高人民检察院《关于办理侵犯知识产权刑事案件具体应用法律若干问题的解释》第 8 条。

② 最高人民法院、最高人民检察院《关于办理侵犯知识产权刑事案件具体应用法律若干问题的解释（三）》第 1 条。

以上或者违法所得数额在二万元以上的；（三）其他情节严重的情形的”，属于本罪的“情节严重”。[①] 实践中判断本罪情节性质，主要依据非法经营数额或违法所得数额来认定。

（三）司法适用

1. 罪与非罪的界限

区分本罪与非罪行为的界限应从以下三个方面着手：一是看行为人是否实施了本罪客观方面的行为。根据《商标法》第 57 条的规定，侵犯注册商标专用权的行为除了作为本罪客观方面行为的之外，还有三种：在同一种商品上使用与他人注册商标近似的商标；在类似的商品上使用与他人的注册商标相同的商标；在类似的商品上使用与他人注册商标近似的商标。实施上述三种假冒注册商标行为，不能按犯罪处理，只能按民事侵权行为处理。二是看行为人是否有假冒他人注册商标的故意。对于不知道是他人已经注册的商标而在同一种商品、服务上使用的行为，由于不具本罪的故意，因而不能按犯罪处理。三是看情节是否严重。假冒他人注册商标，情节尚未达到严重程度的，按一般违法行为处理。

2. 本罪的共犯问题

需要注意，对于明知他人实施假冒注册商标的犯罪，而为其提供贷款、资金、账号、发票、证明、许可证件，或者提供生产、经营场所或者运输、储存、代理进出口等便利条件、帮助的，以假冒注册商标罪的共同犯罪定罪处罚。[②]

3. 本罪的罪数问题

生产、销售伪劣商品的行为人，在其生产、销售的伪劣商品上擅自使用他人注册的商标，对此如何认定？我们认为，此种情况属于牵连犯，应按照假冒注册商标罪与生产、销售伪劣商品的有关犯罪择一重罪定罪，并从重处罚。

另外，根据司法解释规定，实施假冒注册商标的行为，又销售该假冒注册商标的商品，构成犯罪的，应当以假冒注册商标罪定罪处罚；实施假冒注册商标行为，又销售明知是他人的假冒注册商标的商品，构成犯罪的，应当实行数罪并罚。[③]

---

① 参见最高人民法院、最高人民检察院《关于办理侵犯知识产权刑事案件具体应用法律若干问题的解释》第 1 条；最高人民检察院、公安部《关于公安机关管辖的刑事案件立案追诉标准的规定（二）》第 69 条。

② 参见最高人民法院、最高人民检察院《关于办理侵犯知识产权刑事案件具体应用法律若干问题的解释》第 16 条。

③ 参见最高人民法院、最高人民检察院《关于办理侵犯知识产权刑事案件具体应用法律若干问题的解释》第 13 条。

三、销售假冒注册商标的商品罪修法的理解与适用（修正案第 18 条）

（一）修法过程

《刑法修正案（十一）（草案）》一、二审稿均未提及修改销售假冒注册商标的商品罪，直至《刑法修正案（十一）（草案三次审议稿）》才对此罪提出修改意见。具体言之，三审稿第 18 条将刑法第 214 条修改为："销售明知是假冒注册商标的商品，违法所得数额较大或者有其他严重情节的，处三年以下有期徒刑，并处或者单处罚金；违法所得数额巨大或者有其他特别严重情节的，处三年以上十年以下有期徒刑，并处罚金。"最终出台的《刑法修正案（十一）》采纳了三审稿的修改意见。与修改前相比，立法机关主要修改了两方面内容：一是将本罪数额认定来源由"销售金额"改为"违法所得数额"，并将本罪由"数额犯"修改为"数额＋情节犯"，即销售明知是假冒注册商标的商品，除违法所得数额较大构成本罪以外，有其他严重情节的，同样可以以本罪论处；二是加大对本罪的处罚力度，与对假冒注册商标罪的修改一致，将本罪最低法定刑和最高法定刑分别提升为有期徒刑和十年有期徒刑。

（二）内涵解读

销售假冒注册商标的商品罪，是指违反商标管理法规，销售明知是假冒注册商标的商品，违法所得数额较大或者有其他严重情节的行为。

1. 关于本罪的罪过

由于刑法已明确规定以"明知"为要件，故本罪的主观方面为故意，而且是直接故意，即明知自己所销售的是假冒注册商标的商品会侵犯商标权人的合法权益，仍然希望或者放任侵权结果发生的心理态度。"明知"的认定关系到罪与非罪、此罪与彼罪认定的问题，因此有必要对其作深入分析。

（1）对"明知"的理解

如何认定"明知"是学界和实务界一直以来的争点，有学者认为，"明知"就是"确知"，即行为人明确表述自己确切知道所销售的商品假冒他人的注册商标[1]；也有学者认为，“明知”包括“确知”和“可能知道”。行为人即使不确知是假冒哪一家的注册商标，以及不能十分确定该一批商品属于假冒注册商标的商品，但只要意识到可能是假冒注册商标的商品，就属于“明知”的范围。[2]

我们认为，第一种观点过于缩小了“明知”的范围，容易放纵犯罪，不利于司法实践，第二种观点更加妥当。就本罪来说，“明知”的内容主要有：行为的对象和行为的意义，即销售的商品假冒了他人的注册商标，自己的销售行为侵犯他人的商标专用权，在同一种商品、服务上使用与他人注册商标相同的商标。行为人对上述内容的认识，既可以是肯定性的，也可以是可能性的。“明知”应该理解为“确知”和“可能知道”。

（2）“明知”的具体判定

如何判断行为人具有“明知”？“明知”是行为人的主观心理内容，而行为人往往不会轻易承认自己真实的思想内容，因而判断行为人是否“明知”，是认定本罪的难题。对此，司法解释专门规定了属于“明知”的四种情形：“（一）知道自己销售的商品上的注册商标被涂改、调换或者覆盖的；（二）因销售假冒注册商标的商品受到过行政处罚或者承担过民事责任、又销售同一种假冒注册商标的商品的；（三）伪造、涂改商标注册人授权文件或者知道该文件被伪造、涂改的；（四）其他知道或者应当知道是假冒注册商标的商品的情形。”[3]

有观点认为，判断是否“明知”要从商品进货渠道、销售价格、会计账目、销售手段、行为人经营历史等多方面搜集调查客观证据，从而准确认定行为人的主观要件。这无疑是正确的。我们认为，除司法解释的规定外，具有下列情形之一的，也可认定为“明知”：（1）有证据证明行为人曾被告知所销售的是假冒注册商标的商品的；（2）销售商品的进价和质量明显低于被假冒的注册商标商品的进价和质量；（3）根据行为人本人的经验和知识，知道自己销售的是假冒注册商标的商品；（4）销售的假冒商品已被有关部门告知或消费者指出后仍然销售的[4]；（5）销售的商品从非正常渠道获得的，而这些非正常渠道的商品在实践中大部分都是伪劣品的。

---

① 赵秉志．刑法分则问题专论．北京：法律出版社，2004：284.

② 高铭暄．简析假冒注册商标犯罪．中央政法干部管理学院学报，1993（6）：3.

③ 最高人民法院、最高人民检察院《关于办理侵犯知识产权刑事案件具体应用法律若干问题的解释》第9条。

④ 赵秉志．侵犯知识产权犯罪研究．北京：中国方正出版社，1999：106.

2. 关于本罪的客观方面

本罪的客观方面表现为销售明知是假冒注册商标的商品，且达到违法所得数额较大或其他严重情节的标准。

（1）销售明知是假冒注册商标的商品

首先，行为人必须对假冒注册商标的商品有销售的行为。这里的销售既包括批发，也包括零售；既包括代销，也包括贩卖；既包括市场销售，也包括内部销售。简而言之，以任何方式将假冒他人注册商标的商品有偿转让的行为，都属于“销售”。[①] 从商品流通的环节看，获取非法利益是本罪的行为特点。如果只是购进假冒注册商标的商品而非再卖出的，或者是无偿赠送给他人，当然不构成犯罪。

其次，销售的对象必须是假冒注册商标的商品，即这些商品所假冒的商标必须是经商标所有人注册过的，否则不构成该罪。值得注意的是，当商标注册超过有效期限而注册人未申请续展注册，或者已注册的商标在有效期间被有关机关予以撤销时，假冒这类商标的行为不构成假冒注册商标罪，因而销售这类假冒商标的商品的行为不构成销售假冒注册商标的商品罪。

（2）达到违法所得数额较大或其他严重情节的标准

修改前的本罪以“销售金额”作为计算标准，《刑法修正案（十一）》将“销售金额”修改为“违法所得数额”，因此，今后在认定具体行为是否构成本罪时，应当以“违法所得数额”作为计算依据。问题是，“违法所得数额”应该如何理解？我们认为，从字面意义上看，违法所得数额应当是获利的数额，不同于销售金额。销售金额包括成本和利润，而违法所得数额应是除去投入的成本后的利润。因而从外延上看，违法所得数额小于销售金额。[②] 既然两者代表的范围不同，那么也应当另行确定“数额较大”的认定标准，因此，以往司法解释规定的标准应予以摈弃[③]，包括“其他严重情节”“其他特别严重情节”该如何界定，这些都有待于新的司法解释作出规定。

---

① 黄丽勤，周铭川．销售假冒注册商标的商品罪若干问题探究．研究生法学，2005（4）：56.

② 赵秉志．刑法分则问题专论．北京：法律出版社，2004：293.

③ 参见最高人民法院、最高人民检察院《关于办理侵犯知识产权刑事案件具体应用法律若干问题的解释》第9条。

(三) 司法适用

1. 罪与非罪的界限

构成本罪首先同时具备各个构成条件，否则，仅属于一般违法行为。司法实践中经常发生的，容易与销售假冒注册商标的商品罪混淆的违法侵权行为主要表现为以下几种：一是销售假冒注册商标的商品，销售金额数额达不到定罪标准的行为；二是不知是假冒注册商标的商品而销售；三是销售未注册商标的假冒产品，或者销售虽已注册但已过时效未续展或被有关机关撤销注册的商标的商品，或者销售与注册商标商品不属同一种类的假冒产品，上述行为均不构成销售假冒注册商标的商品罪。但若行为人经销的产品掺杂使假，质量低劣，违法所得数额较大或者有其他严重情节的，可能构成生产、销售伪劣商品罪。

2. 本罪与他罪的界限

这里主要探讨本罪与假冒注册商标罪的区分。本罪与假冒注册商标罪在犯罪客体、犯罪主体、主观方面保持一致，区别在于：(1) 本罪的犯罪对象是假冒注册商标的商品；而假冒注册商标罪的犯罪对象是他人的注册商标。(2) 本罪在客观上表现为销售明知是假冒注册商标的商品，而假冒注册商标罪在客观上表现为未经注册商标所有人许可，在同一种商品、服务上使用与其注册商标相同的商标。两罪相对而言比较容易区分。

3. 本罪的未完成形态

在销售假冒注册商标的商品犯罪案件中，往往还有行为人尚未销售或者部分销售的情形。根据有关司法解释，若假冒注册商标的商品尚未销售，货值金额在15万元以上的；或者假冒注册商标的商品部分销售，已销售金额不满5万元，但与尚未销售的假冒注册商标的商品的货值金额合计在15万元以上的，按照销售假冒注册商标的商品罪（未遂）定罪处罚。[①]

4. 罪数问题

司法实践中，经常出现行为人未经注册商标所有人许可，在同一种商品、服务上使用与其注册商标相同的商标后，又将该种商品出售，获取非法利益的情况。这种情形属于吸收犯形态。前行为属于吸收行为，后行为属于被吸收行为，

---

① 参见最高人民法院、最高人民检察院、公安部《关于办理侵犯知识产权刑事案件适用法律若干问题的意见》第8条。

此时应按照吸收犯原理，将两个行为作为一个整体来认定，因而只能以假冒注册商标罪论处，销售假冒注册商标的商品的行为作为从重量刑情节予以考虑。

四、非法制造、销售非法制造的注册商标标识罪修法的理解与适用（修正案第19条）

（一）修法过程

相比《刑法修正案（十一）（三次审议稿）》针对其他知识产权犯罪的修改意见，非法制造、销售非法制造的注册商标标识罪在草案审议过程中修改篇幅最小，仅调整了本罪的法定刑配置，最低法定刑由管制提升至有期徒刑，最高法定刑由7年有期徒刑提升至10年有期徒刑，其余部分无变化。具体而言，《刑法修正案（十一）（草案三次审议稿）》第19条将刑法第215条修改为："伪造、擅自制造他人注册商标标识或者销售伪造、擅自制造的注册商标标识，情节严重的，处三年以下有期徒刑，并处或者单处罚金；情节特别严重的，处三年以上十年以下有期徒刑，并处罚金。"最终出台的《刑法修正案（十一）》采纳了三次审议稿的意见。值得注意的是，尽管提升法定刑幅度是此次知识产权犯罪修改的普遍趋势，但是本罪刑罚调整的幅度较其他6个罪名更大——虽然《刑法修正案（十一）》将7个罪名的最低法定刑都提升为有期徒刑，但其余6个罪名原本的最低法定刑均为拘役，而非法制造、销售非法制造的注册商标标识罪原本的最低法定刑为管制，相比之下，此次修法对本罪的处罚明显采取了更加从严的态度。

（二）内涵解读

非法制造、销售非法制造的注册商标标识罪，是指伪造、擅自制造他人的注册商标标识或者销售伪造、擅自制造他人的注册商标标识，情节严重的行为。对本罪内涵的解读需要着重把握以下两个方面：

1. 关于本罪的客观方面

本罪在客观上表现为实施了伪造、擅自制造他人的注册商标标识或者销售伪造、擅自制造的注册商标标识的行为。本罪是选择性罪名，非法制造或者非法销售是本罪的两种不同的表现形式，实施其中一种行为即可构成本罪。

（1）实施特定行为

非法制造包括伪造和擅自制造两种情况。伪造，是指无营业执照的个体或者虽有营业执照，但未经允许承揽商标制作业务的个体或企业，在没有得到商标权人委托的情况下，制造与他人注册商标标识相同的商标标识。擅自制造，是指市场监管机关允许承揽商标制作业务的个体或企业，未经商标权人的委托，制造与其注册商标标识相同的商标标识，或者虽经商标权人的委托，但超量制造的情形。伪造或擅自制造他人注册商标标识的形式多种多样，包括印刷、印染、制版、刻字、织字、晒蚀、印铁、铸模、冲压等各种工艺活动，不论行为人实施其中哪种行为，都不影响对其伪造或擅自制造他人注册商标标识行为的认定。

非法销售注册商标标识，是指违反法律规定，销售伪造、擅自制造的注册商标标识。这里包括两种情况：一是非注册商标所有人销售，倒卖注册商标标识，一般是指非法伪造、擅自制造他人注册商标标识的单位、个人和销售、倒卖伪造、擅自制造的他人注册商标标识。二是注册商标所有人非法出售注册商标标识的。该行为违反商标法的规定，具有非法转让的性质。销售伪造、擅自制造的注册商标标识的行为包括批发、零售、内部销售和市场销售等各种形式，实践中不论行为人以什么方式将伪造、擅自制造的注册商标标识卖出，都应视之为“销售”。

（2）达到情节严重的标准

根据司法解释，以下情节属于“情节严重”：“（一）伪造、擅自制造或者销售伪造、擅自制造的注册商标标识数量在二万件以上，或者非法经营数额在五万元以上，或者违法所得数额在三万元以上的；（二）伪造、擅自制造或者销售伪造、擅自制造两种以上注册商标标识数量在一万件以上，或者非法经营数额在三万元以上，或者违法所得数额在二万元以上的；（三）其他情节严重的情形。”①

2. 关于本罪的保护客体

学界通说认为本罪客体是他人的注册商标专用权和国家的商标管理制度。②商标标识，是指使用文字、图形或其组合而成的有显著特征的识别标记，它是商品质量和信誉的标志，是一种无形财产。它是注册商标专用权的具体体现，因而

① 参见最高人民法院、最高人民检察院《关于办理侵犯知识产权刑事案件具体应用法律若干问题的解释》第3条。

② 王作富．刑法分则实务研究（上）．北京：中国方正出版社，2003：803.

国家保护注册商标专用权即意味着对注册商标标识的保护。

本罪对象是注册商标标识，指经国家商标局核准注册的，在商品本身或不能在商品本身而在其包装上使用的附有文字、图形或其组合所构成的商标图案的实体，如商标纸、商标识带、商标标牌等。[①] 注册商标包括商品商标、服务商标等其他类型的商标，与之对应，注册商标标识同样包括注册商品商标标识和注册服务商标标识，那么，本罪的注册商标标识是否包括注册服务商标标识？

在此次修法前，刑法第 213 条假冒注册商标罪的罪状表述为“在同一种商品上使用与其注册商标相同的商标”，据此可知，假冒注册商标罪的犯罪对象只包括商品商标，不包括服务商标，但此次修法将服务商标纳入刑法第 213 条保护范围。既然刑法已作此修改，并且对服务商标实行刑法保护具有必要性和合理性，那么，本罪犯罪对象就不宜再局限于注册商品商标标识，对注册服务商标标识同样应予以保护。

（三）司法适用

1. 罪与非罪的界限

认定处理此类案件时，首先应判定行为人主观上是否具有故意，如果是过失制造、销售他人注册商标标识的，不构成犯罪。其次，非法制造、销售注册商标标识是否具有严重情节，如果情节显著轻微，同样不构成犯罪。再次，行为人具有非法制造、销售商标标识的行为，但并非他人注册商标标识，或者非法制造销售的商标标识上有“注册商标”或 R 记号，但实质上是行为人自己伪造的“注册商标”，并非他人注册的商标，这两种情况也不构成本罪。但是，如果行为人非法销售自己伪造的注册商标标识，情节严重的，可能构成非法经营罪。

2. 本罪与他罪的界限

这里主要探讨本罪与假冒注册商标罪的区分。首先，二者行为对象不同，本罪犯罪对象是他人注册商标标识，而假冒注册商标罪的犯罪对象是他人的注册商标。其次，本罪客观方面表现为伪造、擅自制造他人注册商标标识或者销售伪造、擅自制造的注册商标标识的行为，而假冒注册商标罪则表现为行为人未经注册商标所有人许可，在同一种商品、服务上使用与其注册商标相同的商标的行为。

---

① 赵秉志．侵犯知识产权罪疑难问题司法对策．长春：吉林人民出版社，2000：260～261.

3. 本罪的未完成形态

在销售他人非法制造的注册商标标识犯罪案件中，往往还有行为人尚未销售或者部分销售的情形。根据司法解释，若尚未销售他人伪造、擅自制造的注册商标标识数量在 6 万件以上的；尚未销售他人伪造、擅自制造的两种以上注册商标标识数量在 3 万件以上的；部分销售他人伪造、擅自制造的注册商标标识，已销售标识数量不满 2 万件，但与尚未销售标识数量合计在 6 万件以上的；部分销售他人伪造、擅自制造的两种以上注册商标标识，已销售标识数量不满 1 万件，但与尚未销售标识数量合计在 3 万件以上的，应按照销售非法制造的注册商标标识罪（未遂）定罪处罚。[①]

4. 本罪的罪数问题

在区分本罪与假冒注册商标罪时，要注意以下问题：一是行为人伪造、擅自制造他人注册商标标识后，将其直接用于他人注册商标相同的商品上，以假乱真，推销假冒注册商标的商品，其伪造、擅自制造他人注册商标标识行为与假冒注册商标行为之间实际上形成手段行为与目的行为的牵连关系，属于牵连犯。对这种情形，现行法律尚未规定实行数罪并罚，我们认为，根据处理牵连犯的原则，应择一重罪论处；二是数个行为人出于假冒注册商标的共同故意，分工合作，有人伪造、擅自制造他人注册商标标识，有人实施假冒注册商标行为，行为人的行为联系密切。这种情况下，伪造、擅自制造他人注册商标标识行为是假冒注册商标罪共同犯罪的一个组成部分，只应按照假冒注册商标罪一罪认定，伪造擅自制造他人注册商标标识行为不能独立成罪。

五、侵犯著作权罪修法的理解与适用（修正案第 20 条）

（一）修法过程

《刑法修正案（十一）（草案三次审议稿）》第 20 条针对刑法第 217 条作出修改，《刑法修正案（十一）》最终发布时也延续了三审稿的修改意见，具体修改如下："将刑法第二百一十七条修改为：'以营利为目的，有下列侵犯著作权或者与

① 参见最高人民法院、最高人民检察院、公安部《关于办理侵犯知识产权刑事案件适用法律若干问题的意见》第 9 条。

著作权有关的权利的情形之一，违法所得数额较大或者有其他严重情节的，处三年以下有期徒刑，并处或者单处罚金；违法所得数额巨大或者有其他特别严重情节的，处三年以上十年以下有期徒刑，并处罚金：（一）未经著作权人许可，复制发行、通过信息网络向公众传播其文字作品、音乐、美术、视听作品、计算机软件及法律、行政法规规定的其他作品的；（二）出版他人享有专有出版权的图书的；（三）未经录音录像制作者许可，复制发行、通过信息网络向公众传播其制作的录音录像的；（四）未经表演者许可，复制发行录有其表演的录音录像制品，或者通过信息网络向公众传播其表演的；（五）制作、出售假冒他人署名的美术作品的；（六）未经著作权人或者与著作权有关的权利人许可，故意避开或者破坏权利人为其作品、录音录像制品等采取的保护著作权或者与著作权有关的权利的技术措施的。'"

虽然在《刑法修正案（十一）（草案三次审议稿）》中才修改侵犯著作权罪，但对比修改前后的内容，此次修法针对本罪在行为对象、行为方式、法定刑配置等方面都作了较大调整。具体而言，第一，将行为对象由"著作权"扩展至"著作权或者与著作权有关的权利"。第二，增加行为方式。一是在原条文列举了四项法定情形之外，又增加"未经表演者许可，复制发行录有其表演的录音录像制品，或者通过信息网络向公众传播其表演的"（修改后为情形（四））和"未经著作权人或者与著作权有关的权利人许可，故意避开或者破坏权利人为其作品、录音录像制品等采取的保护著作权或者与著作权有关的权利的技术措施的"（修改后为情形（六））两种情形，二是将原条文的情形（一）修改为"未经著作权人许可，复制发行、通过信息网络向公众传播其文字作品、音乐、美术、视听作品、计算机软件及法律、行政法规规定的其他作品的"，与原文相比，增加了"通过信息网络向公众传播"的行为手段，增设"美术、视听作品"作为行为对象，并明确保护范围，将本罪行为对象限制在"法律、行政法规规定的作品"中。在原条文的情形（三）中也增加了"通过信息网络向公众传播"的行为手段。第三，提升本罪法定刑幅度，将最低法定刑由拘役提升为有期徒刑，最高法定刑由七年有期徒刑提升为十年有期徒刑。

《刑法修正案（十一）》对侵犯著作权罪作出上述修改，用意何在？对此，应当结合此次修改意见，从立法演变、司法实践等维度进行分析。

第一，为何将侵犯著作权罪的行为对象扩展至"著作权或与著作权有关的权利"？我们认为，这是对2020年11月11日第十三届全国人大常委会对《著作权法》进行第三次修正的内容的回应。与修改前相比，新修订的《著作权法》不仅将第四章章名由“出版、表演、录音录像、播放”改为“与著作权有关的权利”，而且将第五章章名由“法律责任和执法措施”改为“著作权和与著作权有关的权利保护”，由此可见，新法重视对“与著作权有关的权利”的保护，明确赋予“与著作权有关的权利”和“著作权”同等的法律保护地位。刑法作为最后法，理应适时针对前置法的修改作出有针对性的回应，于前置法保护的基础上增加第二道屏障，保证在民事责任和刑事责任之间形成轻重有序的责任体系。

第二，为何将“美术、视听作品”纳入侵犯著作权罪保护范围？我们认为，主要有以下两重考量：从立法层面来看，这同样是为了与《著作权法》之间形成有效衔接。其一，《著作权法》第 3 条第 4 项明确规定，美术作品也属于“本法所称的作品”，意即，实施侵犯权利人美术作品著作权或与著作权有关权利的行为，构成民事侵权，达到一定严重程度的，同样需要动用刑法规制；其二，新修订的《著作权法》将第 3 条第 6 项“电影作品和以类似摄制电影的方法创作的作品”修改为“视听作品”，为了准确回应民事立法的修改，刑法也将“视听作品”纳入保护范围。从司法实践来看，有意见认为，刑法第 217 条规定了对文字作品、音乐等作品的保护，但对于网络短视频、表演、动画设计形象等新型作品如何定性与分类，以及如何纳入刑法保护还缺乏法律依据。① 有观点认为，网络游戏部分元素被侵权成为行业痛点。网络游戏产品是大量复合元素的集合，实践中，有的将游戏视为计算机软件进行保护，有的将其包含的各元素拆分为单独作品进行保护，有的作为《著作权法》规定的类似摄制电影方法创作的作品进行保护。认定方式不一导致对侵权行为的调查取证、行为界定的标准不一。② 因此，在网络经济发展迅猛的浪潮下，刑民两法都有必要统一加强对集动画、表演等元素于一体的美术、视听作品的保护。

第三，为何增加“通过信息网络向公众传播”的行为方式？我们认为，一方面，这也是为了在表述上尽量与《著作权法》的规定保持一致③，另一方面，则是考虑到互联网信息技术更新换代的影响，通过网络途径侵犯著作权的现象日益

---

① 全国人大常委会法工委刑法室．知识产权犯罪有关问题调研简报．第十三届全国人大常委会第二十四次会议（2020 年 12 月 22 日—26 日）参阅资料．

② 全国人大常委会法工委刑法室．知识产权犯罪有关问题调研简报．第十三届全国人大常委会第二十四次会议（2020 年 12 月 22 日—26 日）参阅资料．

③ 参见《最高人民法院关于刑法修改完善的研究意见》（2020 年 7 月）。

严重，涉及的人数往往不计其数，造成的危害后果也难以估量，因此，应将“信息网络传播”单独列为侵犯著作权犯罪的行为方式之一，严肃查处借助信息网络技术实施的侵犯著作权及相关权的行为。

第四，为何将“作品”的认定限制在“法律、行政法规规定”范围内？修订前的《著作权法》第3条具体列举了文字作品等8种“作品”类型，将第9项“法律、行政法规规定的其他作品”作为兜底条款，以限制“作品”的范围。修订后的《著作权法》则将第3条第9项改为“符合作品特征的其他智力成果”。有观点认为，新《著作权法》对作品种类作了开放式认定，这符合民事领域著作权保护的需要，但如果刑事领域作品保护的范围过宽，不利于知识产权行业的发展，建议对刑法中的“作品”范围稍作限制。[①] 我们对此持赞同意见，刑法作为其他部门法的保护法，理应坚持谦抑性原则，在立法和司法中应当注重避免重刑主义倾向，严格遵循法益保护原则。

第五，为何在原本四项法定情形外再增设两项？不难发现，本罪原条文中列举的四种法定情形均源于《著作权法》第53条的规定，其中情形（一）对应第53条第1项，情形（二）对应第53条第2项，情形（三）对应第53条第4项，情形（四）（修改后为情形（五））对应第53条第8项。[②] 此次新增的两项情形的内容同样源于《著作权法》第53条的规定，其中，情形（四）（修改后）对应第53条第3项，情形（六）对应第53条第6项。并且，新修订的《著作权法》为保障权利人的合法权益，特地增加了“权利人对著作权和相关权可以采取技术措施进行保护”的规定，并强调未经权利人许可，任何组织或个人不得故意避开或者破坏技术措施，不得故意为他人避开或破坏技术措施提供技术服务。[③] 将前述两款行为同样纳入侵犯著作权罪规制范围，能够让《刑法》与《著作权法》之间形成有效衔接，加大对知识产权犯罪的打击力度。

另外，有意见认为，成立本罪要求“以营利为目的”，但是在网络流量、用户量越发具有经济价值的情况下，网络侵犯著作权犯罪“以营利为目的”表现形式逐渐淡化、隐蔽化和多样化，实践中不好认定；并且，网络侵权与传统侵权不一样，网络传播的速度和范围会对著作权产生严重危害，行为人是否具有“营利

① 全国人大常委会法工委刑法室．知识产权犯罪有关问题调研简报．第十三届全国人大常委会第二十四次会议（2020年12月22日—26日）参阅资料．

② 参见《中华人民共和国著作权法》第53条。

③ 参见《中华人民共和国著作权法》第49条。

目的”往往并不重要。多数国家没有将“以营利为目的”作为本罪的构成要件，建议立法删除“以营利为目的”的表述，将其作为从重处罚的情节，或者制定、修改有关司法解释，对网络侵犯著作权“以营利为目的”的认定作出更加细化的规定。[①] 但是，《刑法修正案（十一）》最终出台时并未删除这一表述。

至于本罪法定刑的修改，与《刑法修正案（十一）》对其他知识产权犯罪的修改保持一致，前文已对此详细阐述，故具体修法内容和修法原因不再赘述。

（二）内涵解读

侵犯著作权罪，是指以营利为目的，违反著作权管理法规，未经著作权人许可，复制发行或通过信息网络传播其作品，出版他人享有专有出版权的图书，复制发行或通过信息网络传播其制作的或有其表演的录音录像，制作、出售假冒他人署名的美术作品，故意避开或破坏权利人设置的保护著作权及相关权的技术措施，违法所得数额较大或有其他严重情节的行为。对本罪的解读，需要重点把握以下几个方面：

1. 关于本罪的主观方面

本罪主观方面表现为行为人具有犯罪的故意，并且具有营利的目的。如何认定这里的“以营利为目的”？司法解释规定，具有下列情形之一的，可以认定为“以营利为目的”：“（一）以在他人作品中刊登收费广告、捆绑第三方作品等方式直接或者间接收取费用的；（二）通过信息网络传播他人作品，或者利用他人上传的侵权作品，在网站或者网页上提供刊登收费广告服务，直接或者间接收取费用的；（三）以会员制方式通过信息网络传播他人作品，收取会员注册费或者其他费用的；（四）其他利用他人作品牟利的情形。”以刊登收费广告等方式直接或者间接收取费用的情形，也属于本罪中的“以营利为目的”。[②]

但是，实践中很多侵犯著作权的行为发生在信息网络领域，此时认定行为人是否具有营利目的就比较困难，我们认为，可以分两种情况来把握：一是设立网站或网页，并收取信息服务费的，可以认定为主观上具有营利目的。在这种情况

---

① 全国人大常委会法工委刑法室．知识产权犯罪有关问题调研简报．第十三届全国人大常委会第二十四次会议（2020 年 12 月 22 日—26 日）参阅资料．

② 参见最高人民法院、最高人民检察院《关于办理侵犯知识产权刑事案件具体应用法律若干问题的解释》第 11 条；最高人民法院、最高人民检察院、公安部《关于办理侵犯知识产权刑事案件适用法律若干问题的意见》第 10 条。

下，行为人往往先获得他人享有著作权或相关权的有关作品，然后将这些作品上传至特定网页或网站中，吸引用户付费购买。因为一般情况下，用户通过合法途径获取这些作品所需支付的费用往往比较昂贵，而从这些网页中下载，所支付的费用相对便宜许多，行为人因用户的下载行为而获利。这种行为自然可以认定行为人主观上具有营利目的。二是设立网站或网页，向用户提供免费下载服务，通过增加访问量来赚取广告费用。实践中这种行为不在少数，对于这种间接获取利益的情况，也可以认定为主观上具有营利目的。[①]

2. 关于本罪的客观方面

本罪的客观方面要求行为人实施了特定行为，且达到违法所得数额较大或其他严重情节的标准。

（1）实施特定行为

第一，违反著作权管理法律规范。违反有关著作权规定的法律法规，是构成本罪的客观条件之一。作为“行政犯”之侵犯著作权罪的罪与非罪的认定，必须以具备违反著作权管理法律法规为基础。应当注意的是，这里的“法律法规”，不仅包括中国自行制定和实施的国内法，也包括我国所缔结或参加的国际条约、公约以及双边协定、实际互惠和多边条约等。

第二，未经许可，复制发行、通过信息网络向公众传播其相关作品。未经许可，是指没有得到著作权人授权或者伪造、涂改著作权人授权许可文件或者超出授权许可范围的情形。[②] 在涉案作品、录音制品种类众多且权利人分散的案件中，有证据证明涉案复制品系非法出版、复制发行，且出版者、复制发行者不能提供获得著作权人、录音制作者许可的相关证据材料的，可以认定为刑法第 217 条规定的“未经著作权人许可”，但是，有证据证明权利人放弃权利、涉案作品的著作权或者录音制品的有关权利不受我国《著作权法》保护、权利保护期限已经届满的除外。[③] 结合司法实践，以下这几种情形也可以认定为“未经许可”：（1）行为人在任何时间都没有得到著作权人的许可；（2）许可使用合同期限届满的，届

---

① 高铭暄，王俊平．侵犯著作权罪认定若干问题研究．中国刑事法杂志，2007（3）：7.

② 参见最高人民法院、最高人民检察院、公安部《关于办理侵犯知识产权刑事案件适用法律若干问题的意见》第 11 条。

③ 参见最高人民法院、最高人民检察院《关于办理侵犯知识产权刑事案件具体应用法律若干问题的解释（三）》第 2 条。

满之后的行为属于“未经许可”；（3）行为方式和数量等超出授权许可范围。[①] 应当指出的是，《著作权法》第 24 条规定了著作权及与著作权有关的权利合理使用的十三种情况，在这些情况下，使用他人的作品，只要指明作者姓名或者名称、作品名称，并且不影响该作品的正常使用，也没有不合理地损害著作权人的合法权益，就可以不经著作权人许可。[②]

复制，通常是指以印刷、复印、拓印、录音、录像、翻录、翻拍、数字化等方式将作品制作成一份或者多份的行为。发行，是为满足公众的合理需求，以出售或者赠与方式向公众提供作品的原件或者复制件的行为，本质特征是扩散性。需要注意，本罪的“复制发行”包括复制、发行，或者既复制又发行的行为。[③]

第三，出版他人享有专有出版权的图书。出版，是指将作品编辑加工后，经过复制向公众发行。从本质上讲，出版行为实际上也是一种复制，但两者不同的是，出版往往是为了销售、发行而进行大规模的复制，一般意义上的复制，则不一定是为了销售发行，也可以是出于学习、研究、赠与、储存只用，规模相对较小。专有出版权，是指图书出版者对著作权人交付的作品，在合同有效期间以及合同约定的地区内，享有以同种文字的原版修订版和缩编本的方式出版图书的独占权利，本质上属于需要著作权人授权的邻接权。

第四，未经录音录像制作者许可，复制发行、通过信息网络向公众传播其制作的录音录像。录音录像制作者，是指制作录音制品、录像制品的人。如何理解这里的“录音录像制品”？我们认为，录音制品，是指利用磁带、唱片等形式记录任何声音的原始录制品；录像制品，是指电影、电视录像作品以外的任何有伴音或无伴音的连续相关形象的原始录制品。[④] 通过信息网络传播，是指行为人借助互联网信息技术，在网站、网页或其他网络平台上实施侵犯他人录音录像作品著作权或与著作权有关权利的行为。

第五，未经表演者许可，复制发行录有其表演的录音录像制品，或者通过信息网络向公众传播其表演。本款保护表演者的表演权。表演权，是指公开表演作品，以及用各种手段公开播送作品的表演的权利。表演者享有许可他人从现场直

---

① 高铭暄，王俊平．侵犯著作权罪认定若干问题研究．中国刑事法杂志，2007（3）：7.

② 参见《中华人民共和国著作权法》第 24 条。

③ 参见最高人民法院、最高人民检察院《关于办理侵犯知识产权刑事案件具体应用法律若干问题的解释（二）》第 2 条。

④ 赵秉志．侵犯知识产权犯罪研究．北京：中国方正出版社，1999：210.

播和公开传送其现场表演，许可他人录音录像，许可他人复制、发行、出租录有其表演的录音录像制品，许可他人通过信息网络向公众传播其表演的权利，被许可人以前述方式使用作品的，还应当向表演者支付报酬。因此，未经表演者许可，复制发行录有其表演的录音录像制品，或者通过信息网络传播其表演的，属于侵犯表演权的行为，一旦达到入罪标准，可能构成侵犯著作权罪。

第六，制作、出售假冒他人署名的美术作品。美术作品，既包括绘画、书法，也包括雕塑、建筑等以线条、色彩或者其他方式构成的有审美意义的平面和立体的造型艺术作品。署名，按照世界知识产权组织对《伯尔尼公约》的解释，署名权可从两方面理解：一方面，作者有权在自己作品上署名以表明身份，另一方面，作者有权禁止在并非自己作品上署上自己的名字。[①]

第七，未经许可，故意避开或者破坏权利人保护其作品等采取的技术措施。根据法律规定，技术措施是指用于防止、限制未经权利人许可浏览、欣赏作品、表演、录音录像制品或者通过信息网络向公众提供作品、表演、录音录像制品的有效技术、装置或者部件。[②] 为实施侵权行为，故意规避或采取各种手段破坏权利人所设置的技术措施，达到入罪标准的，应以侵犯著作权罪认定。

（2）达到违法所得数额较大或其他严重情节的标准

违法所得数额 3 万元以上的；非法经营数额 5 万元以上的；未经著作权人许可，复制发行其文字作品、音乐、电影、电视、录像作品、计算机软件及其他作品，复制品数量合计 500 张（份）以上的；未经录音录像制作者许可，复制发行其制作的录音录像制品，复制品数量合计 500 张（份）以上的；或者有其他情节严重的情形的，属于本罪的“违法所得数额较大或有其他严重情节”。[③] 违法所得数额在 15 万元以上的，属于本罪第二档法定刑中的“违法所得数额巨大”。非法经营数额在 25 万元以上的；未经著作权人许可，复制发行其文字作品等或其他作品，复制品数量合计在 5 000 张（份）以上的；有其他特别严重情节的情形的，属于本罪第二档法定刑中的“有其他特别严重情节”。[④] 需要注意的是，此次修法删除了“电影、电视、录像作品”，增加了“美术、视听作品”，并扩大了“作

① 郑成思．版权公约、版权保护与版权贸易．北京：中国人民大学出版社，1992：103.

② 参见《中华人民共和国著作权法》第 49 条第 2 款。

③ 参见最高人民检察院、公安部《关于公安机关管辖的刑事案件立案追诉标准的规定（一）》第 26 条。

④ 参见最高人民法院、最高人民检察院《关于办理侵犯知识产权刑事案件具体应用法律若干问题的解释》第 5 条。

品”的范围，对修改后作品的数量和违法所得数额的计算是否仍旧以前述司法解释的规定为准，值得进一步研究。

3. 关于本罪的保护客体

由于《刑法修正案（十一）》修改了本罪的行为对象，将原来的“著作权”扩展为“著作权或者与著作权有关的权利”，因此，本罪的犯罪客体是他人的著作权或者与著作权有关的权利。根据新修订的《著作权法》的规定，与著作权有关的权利指的是包括出版者权，表演者权，录音录像制作者权，广播电台、电视播放权在内的邻接权。[①]

（三）司法适用

1. 罪与非罪的界限

区分本罪与非罪行为的界限，应从以下几个方面判断：一是看行为人实施的侵犯著作权或者与著作权有关的权利的行为是否属于刑法第 217 条所规制的行为。《著作权法》规定的侵犯著作权的行为表现多样，而《刑法》只规定了六种行为形式，只有行为人实施了《刑法》所列举的侵犯著作权的行为，才有可能构成本罪，实施了《著作权法》规定为侵权但《刑法》未规定为侵犯著作权罪的行为的，不构成犯罪，只能按民事侵权行为处理；二是看行为人是否具有营利的目的，有则可能构成犯罪，反之，则不能按犯罪处理；三是看违法所得数额是否较大或者具有其他严重情节。违法所得数额较大，或者虽然违法所得没有达到较大标准，但具有其他严重情节的，构成犯罪，反之，则属于一般违法行为。

2. 本罪与他罪的界限

（1）本罪与假冒注册商标罪的区分

一是两罪主观方面不同，虽然两罪罪过均是故意，本罪还要求行为人主观上必须具备营利目的，假冒注册商标罪则无此要求。二是两罪的行为方式不同，本罪的客观方面表现为法定六种行为方式，而假冒注册商标罪的行为方式没有特定限制，只要实施了假冒注册商标的行为并达到情节严重的程度，即可构成犯罪。三是两罪犯罪客体不同，本罪侵犯的客体是他人的著作权和与著作权相关的权利，假冒注册商标罪侵犯的客体是他人的注册商标专用权。

① 参见《中华人民共和国著作权法》第 32～47 条。

（2）本罪与销售侵权复制品罪的区分

界定本罪与销售侵权复制品罪的关键，在于区别刑法第 217 条之“复制发行”与刑法第 218 条之“销售”的关系。如前所述，“发行”包括出售、出租、散发、赠与等行为，其中“出售”与“销售”同义，意即，作为侵犯著作权罪客观方面的“发行”行为，必须借助“销售”行为实现其传播侵权作品的目的。但反过来，“销售”包括批发、零售、代销、贩卖等行为，并不包括“发行”行为。因此，作为侵犯著作权罪客观方面的“发行”行为仅包括实施侵犯著作权行为后，再针对侵权作品实施的销售行为，而不包括单独对侵权复制品实施的“销售”行为。

（3）本罪与制作、复制、出版、贩卖、传播淫秽物品牟利罪的区分

一是两罪主观方面不同。尽管两罪罪过都是故意，并且都以营利为目的，但是故意的认识内容有所不同。具体而言，本罪行为虽然以营利为目的，但却是希望通过对他人著作权和与著作权有关权利的侵犯来获取不法利益，而制作、复制、出版、贩卖、传播淫秽物品牟利罪的主观方面，却是希望通过出版禁止出版的淫秽物品获取不法利益。二是两罪的行为方式不同。本罪的行为方式表现为法定六种行为方式，而后者的行为方式虽然也表现为五种选择性行为，但是此五种行为只是对诸多同质行为的总结和归纳，因而实际其行为方式的选择存在多样性的特点。换言之，后者的客观行为方式并不是绝对法定的。三是两罪的犯罪客体不同。本罪的犯罪客体是著作权和与著作权有关的权利，后罪侵犯的客体是国家对文化市场的管理活动和良好的社会道德风尚。此外，两罪的犯罪对象也不相同。本罪的犯罪对象是著作权人的文学作品、音乐、美术、视听作品、计算机软件及法律、行政法规规定的其他作品，他人享有专有出版权的图书，他人的录音录像或录音录像制品，假冒他人署名的美术作品；而后者的犯罪对象为依法禁止出版、传播，不受《著作权法》保护的淫秽物品。对复制发行他人制作的淫秽书刊的行为不能按本罪处理，应该按复制、出版、传播淫秽物品牟利罪认定。

3. 本罪的共犯问题

侵犯著作权罪往往具有规模大和专业性强的特点，因而实践中此类犯罪多为共同犯罪。根据共犯理论，只要数行为人间具有共同犯罪故意，客观上共同实施了犯罪行为，就可认定为共犯，但具体认定时需要注意以下两个问题：

（1）共同实行犯的认定

成立共同实行犯，要求行为人主观上具有共同的犯罪故意，客观上都实施了

犯罪实行行为。需要注意的是，本罪的共同实行行为既可以是数行为人共同实施同一种行为，例如甲乙两人都实施了本条第 1 款的行为；也可以是数行为人分别实施不同的实行行为，例如甲乙分别实施了本条第 1 款、第 2 款的行为，这两种情况下，两人都属于侵犯著作权罪的共同实行犯。

（2）事先未通谋的情况

如果侵权复制品的制作者与销售者之间不存在事先同谋的情况，仅仅是一方复制后，复制品被他方收购后发行、销售的，不构成共同犯罪，而应该分别追究刑事责任。对于制作侵权复制品的行为人，应以侵犯著作权罪论处，对于收购并销售者，应以销售侵权复制品罪论处。

4. 本罪的罪数问题

（1）本罪与销售侵权复制品罪的罪数关系

实施侵犯著作权犯罪，又销售该侵权复制品，构成犯罪的，应当以侵犯著作权罪定罪处罚；实施侵犯著作权犯罪，又销售明知是他人的侵权复制品，构成犯罪的，应当实行数罪并罚。[①] 前一种情况不能以数罪形态而论，因为这在某种程度上类似于行为人犯盗窃罪后自行销赃的行为，第二个行为属于不可罚的事后行为。虽然行为人实施了两个行为，但两行为侵犯的法益具有同一性，因此，应该以第一个行为的性质认定，以侵犯著作权罪定罪处罚；后一种情况则不同。虽然行为人也同样分别实施了侵犯著作权的行为和销售侵权复制品的行为，但是两行为的行为对象并不一致，第一个行为针对的是自己的侵权复制品，第二个行为针对的是他人的侵权复制品，这意味着两个行为分别侵犯了不同法益，因此，此种情况应该数罪并罚。

（2）本罪与诈骗罪的罪数关系

本罪第四款规定了“制作、出售假冒他人署名的美术作品”的行为方式，此种行为本质上也是一种诈骗行为——行为人以非法占有为目的，通过虚构事实、隐瞒真相的方法使购买人陷入错误认识，并基于错误认识交付财产，完全符合诈骗罪的构成。从理论上分析，“制作、出售假冒他人署名的美术作品”牟利的行为，同时触犯了本罪与诈骗罪两个罪名，属于想象竞合犯，对此应从一重罪处罚，即依照诈骗罪论处。实际上，从犯罪人角度来看，实施此类行为的主要目的

---

① 参见最高人民法院、最高人民检察院《关于办理侵犯知识产权刑事案件具体应用法律若干问题的解释》第 14 条。

在于通过制售假冒他人署名的美术作品牟取非法利益，而不是意在给他人的著作权造成损害，此类行为更加符合诈骗罪的主观特征，以诈骗罪论处确实更加妥当。

六、销售侵权复制品罪修法的理解与适用（修正案第21条）

（一）修法过程

《刑法修正案（十一）（草案）》一、二审稿均未提及销售侵权复制品罪的修改，直至《刑法修正案（十一）（草案三次审议稿）》才对此罪提出修改意见，最终出台的《刑法修正案（十一）》采纳了三审稿的修改意见。具体而言，《刑法修正案（十一）》第21条将本罪修改为："以营利为目的，销售明知是本法第二百一十七条规定的侵权复制品，违法所得数额巨大或者有其他严重情节的，处五年以下有期徒刑，并处或者单处罚金。"与修改前相比，立法机关主要修改了两方面内容：一是将本罪由"数额犯"修改为"数额＋情节犯"，即销售明知是侵权复制品，除违法所得数额较大构成本罪以外，有其他严重情节的，同样以本罪论处；二是加大对本罪的处罚力度，将本罪最低法定刑由拘役提升为有期徒刑，最高法定刑由三年有期徒刑提升至五年有期徒刑。

刑法第218条规定了销售侵权复制品罪，将明知是侵权复制品而销售的行为从侵犯著作权罪中独立出来，规定不同的刑罚，目的是惩处"二手"销售或者零售侵权复制品的行为，做到罪刑相适应。但据有关实务部门反映，近五年检法两院从未以该罪起诉或审判，该罪在实务中已处于"休眠"状态。他们认为，造成这种情况主要有以下两点原因：一是入罪门槛要求的"违法所得数额巨大"不具有操作性，突出表现为取证难，数额认定的随机性较大。本罪的立法原意应该是打击销售末端，特别是零售环节，与出版发行相衔接，但因销售末端的数量一般较小，行为人一般都是底端零售人员，没有固定经营场所及财务记账等凭证，销售成本与收入难以计算，想要达到"违法所得数额巨大"的证明标准，在实践中难以操作；二是有关司法解释对侵犯著作权中的"发行"作扩大解释①，导致实

① 参见最高人民法院、最高人民检察院、公安部《关于办理侵犯知识产权刑事案件适用法律若干问题的意见》第12条。

务中很多销售侵权复制品的行为都按照侵犯著作权罪认定，而且侵犯著作权罪规定了“情节严重”的入罪标准，实践中只需计算非法经营数额，达到一定标准即可定罪，在收集证据和罪名认定上较为直观、便利。因此，建议修改本罪表述，将入罪门槛修改为“情节严重”，加入数量和销售数额作为入罪评判标准，将零售盗版作品行为回归本罪名处理，激活该罪的司法适用。[①] 此外，有的建议可考虑将“零售”行为从司法解释的侵犯著作权的“复制发行”中分离出来，使刑法上的“复制发行”与民事法、行政法中的“出版发行”相统一，有的建议进一步梳理本罪与侵犯著作权罪的关系，对是否有必要保留该罪名作进一步研究。[②]

《刑法修正案（十一）》最终发布时，采纳了关于调整本罪入罪门槛的修改意见，不再将违法所得数额作为唯一入罪标准，将本罪由“数额犯”修改为“数额＋情节犯”，并提升本罪法定刑幅度。

（二）内涵解读

销售侵权复制品罪，是指以营利为目的，销售明知是侵权复制品，违法所得数额巨大或者有其他严重情节的行为。本罪的主体是一般主体，主观方面是故意，且必须具有“营利目的”。对本罪的解读需要重点把握本罪的客观方面。

本罪的客观方面是销售明知是侵权复制品，违法所得数额巨大或者有其他严重情节。这包括两个具体内容：

第一，销售明知是刑法规定的侵权复制品。销售，是指将侵权复制品以批发或者零售的方式卖给消费者。如果行为人不采用转移侵权复制品所有权的方式进行谋利，换言之，行为人以营利为目的，非法出租自己所购买的侵权复制品的，该如何处理？有观点认为，对此应该按照销售侵权复制品罪认定，因为销售行为和出租行为都属于财产处分行为，对著作权人而言都属于侵权行为，并且两种行为实际上都造成了侵权复制品的传播，行为的社会危害性并无本质区别。[③]

我们对此持保留态度。首先，尽管“出租”与“销售”有共同点，即均以获取非法利益为目的，但是，销售行为所处分的是财产所有权，而出租行为所处分

① 全国人大常委会法工委刑法室．知识产权犯罪有关问题调研简报．第十三届全国人大常委会第二十四次会议（2020 年 12 月 22 日—26 日）参阅资料．

② 参见全国人大常委会法工委刑法室．知识产权犯罪有关问题调研简报．第十三届全国人大常委会第二十四次会议（2020 年 12 月 22 日—26 日）参阅资料．

③ 肖杨．中国刑法学．北京：中国公安大学出版社，1997：440.

的是财产使用权，二者是性质完全不同的民事行为，那么所导致的社会危害性也必定不同。其次，刑事立法在用语上仅采用“销售”一语来表述行为人的客观行为，表明仅打击非法销售侵权复制品的犯罪行为，而对于“销售”一语的理解，无论是采用何种解释方法，均难以将“出租”行为纳入“销售”的应有含义中。因此，无论是从行为的实际危害性来分析，还是从刑法解释学角度分析，均不宜把“出租”行为视同“销售”行为的一种表现方式。对行为人以营利为目的，非法出租自己所购买的侵权复制品的行为，不能以本罪论处。

第二，达到违法所得数额较大或有其他严重情节的标准。实施刑法第 218 条规定的行为，个人违法所得数额在十万元以上或者违法所得数额虽未达到十万元，但尚未销售的侵权复制品货值金额达到三十万元以上的，单位违法所得数额在五十万元以上的，应予立案追诉。[①] 需要注意的是，此次修法将本罪由单纯“数额犯”更改为“数额＋情节犯”，意即，销售明知是侵权复制品，虽然违法所得数额不大，但具有其他严重情节的，同样构成本罪。此处的“其他严重情节”应该如何理解？

我们认为，可以参照假冒注册商标罪和非法制造、销售非法制造的注册商标标识罪的认定标准来界定。例如，假冒注册商标罪中的“情节严重”可以以“非法经营数额”来计算，非法制造、销售非法制造的注册商标标识罪中的“情节严重”还可以“非法制造的注册商标标识数量”来计算，因此，在认定销售侵权复制品罪的“情节严重”时，司法解释可考虑从非法经营数额、销售的侵权复制品数量等方面来制定标准，至于数额和数量的具体入罪门槛，应该在考察司法实践情况后另行确定。

（三）司法适用

1. 罪与非罪的界限

对此应当从以下几方面分析：第一，行为人是否明知，即是否明知其所销售的是侵权复制品，如果不是出于明知，而是出于过失，则不构成犯罪；第二，是否为法定的侵权复制品，如果行为人所销售的不是刑法第 218 条所列举的侵权复制品的，也不构成本罪；第三，是否具有营利目的，如果行为人仅仅出于朋友关

---

① 参见最高人民法院《关于审理非法出版物刑事案件具体应用法律若干问题的解释》第 4 条；最高人民检察院、公安部《关于公安机关管辖的刑事案件立案追诉标准的规定（一）》第 27 条。

系而帮助他人代为销售侵权复制品的，不构成本罪。当然，这里所说的以营利为目的，并不仅仅指获得积极的货币性收入，也包括等价交换、减少损失、避免风险等使行为人实际上获得利益的目的；第四，是否达到违法所得数额巨大或者有其他严重情节，如果行为人虽然以营利为目的实际销售侵权复制品，但是违法所得数额较小或情节较轻，则不构成犯罪。

2. 本罪与他罪的界限

（1）本罪与侵犯著作权罪的区分

本罪与侵犯著作权罪主要存在以下不同：第一，两罪的犯罪主体不同。虽然两罪的主体均可为自然人和单位，但本罪的主体通常只能是侵犯著作权罪的犯罪主体以外的其他人，而不能是同一侵权复制品的制作者。因为此类犯罪人在实施侵犯著作权的行为后，又将自己所制作的侵权复制品加以销售的，属于不可罚的事后行为，后行为不再单独以销售侵权复制品罪论处，而是与前行为一同被评价为侵犯著作权罪。第二，两罪的犯罪对象不同。侵犯著作权罪的犯罪对象只能是法律、行政法规规定的作品，而本罪的犯罪对象只能为上述作品的侵权复制品，二者有本质区别。第三，两罪的行为方式不同。侵犯著作权罪的犯罪行为是法定的六种情形，而本罪的客观行为只有“销售”行为一种。

（2）本罪与非法经营罪的区分

诸多观点认为，本罪与非法经营罪间存在法条竞合关系。① 但两罪在构成要件上存在明显区别。具体而言：第一，两罪的行为对象不同。本罪的对象是他人作品的侵权复制品，而非法经营罪的犯罪对象多种多样，其中与销售侵权复制品罪有联系的是非法出版物。但是，依据司法解释，这里的非法出版物只能是侵权复制品之外的非法出版物。② 两罪的犯罪对象很明显具有互斥关系。第二，两罪的行为方式不同。本罪的行为方式是“销售”，而非法经营罪的行为方式不尽一致，其中与销售侵权复制品罪有联系的是“发行”行为。前文已经探讨过，“销售”与“发行”并非同一个概念，不能认为“销售”等于“发行”，因此，两罪的行为方式也明显不同。由此可见，本罪与非法经营罪在犯罪对象、犯罪手段上都有本质区别。

---

① 朱平，王莉君．非法经营罪的法律适用．中国刑事法杂志，2002（5）：118；欧阳本祺．对非法经营兜底性规定的实证分析．法学，2012（7）：125～126.

② 参见最高人民法院《关于审理非法出版物刑事案件具体应用法律若干问题的解释》第11条。

3. 本罪的未完成形态

此处要探讨的问题是，以销售为目的购进侵权复制品，尚未销售就被查获的，能否以销售侵权复制品罪（未遂）定罪处罚？有论者对此持肯定意见，认为销售侵权复制品罪的既遂并不要求造成有形的犯罪结果，而是以行为完成为标志。如果行为达到了法律所要求的程度，就是完成了犯罪行为，就应视为犯罪既遂；如果因行为人意志以外的原因未能达到法律所要求的程度，未能完成犯罪行为，就应认定为犯罪未遂。[①] 并且，有关司法解释也已规定，销售假冒注册商标的商品犯罪案件、销售他人非法制造的注册商标标识犯罪案件中尚未销售的情形，只要货值金额达到一定数目，也各自以销售假冒注册商标的商品罪（未遂）、销售非法制造的注册商标标识罪（未遂）定罪处罚。因此，以销售为目的购进侵权复制品，尚未销售就被查获的，也应以销售侵权复制品罪（未遂）定罪。

我们不同意这种观点。不可否认，依据上述司法解释，对于这两个罪中尚未销售的部分确实应该按照未遂形态认定，但这是出于尊重实定法效力所作的评判，从解释内容的合理性角度来看，该司法解释的逻辑实际上并不能自洽。我们认为，以销售为目的购进侵权复制品，尚未销售就被查获的，不能以销售侵权复制品罪（未遂）定罪处罚。理由在于，这种行为没有让侵权复制品流入市场，既没有破坏市场竞争秩序，也没有侵犯消费者的合法权益。行为人只是单纯购入侵权复制品而尚未销售，实际上只给自己带来了损失，而不会损害“购买人”的利益。虽然行为人购入侵权复制品的目的是出售以谋取利益，但是毕竟客观上并未实施销售行为，仅凭主观罪过来认定其具有客观行为，实则陷入主观归罪的误区。因此，上述司法解释是存在逻辑漏洞的，就本罪而言，对以销售为目的购进侵权复制品，尚未销售就被查获的行为，应作无罪处理。

4. 本罪的罪数形态

这里主要探讨本罪与侵犯著作权罪的罪数关系。如前所述，实施侵犯著作权犯罪，又销售该侵权复制品，构成犯罪的，应当以侵犯著作权罪定罪处罚；实施侵犯著作权犯罪，又销售明知是他人的侵权复制品，构成犯罪的，应当实行数罪并罚。

---

① 谷翔，柏浪涛．销售侵权复制品罪问题之澄清．法律适用，2004（12）：31～32.

七、侵犯商业秘密罪修法的理解与适用（修正案第22条）

（一）修法过程

《刑法修正案（十一）（草案）》三次审议过程对侵犯商业秘密罪的修改不尽一致。《刑法修正案（十一）（草案）》（一次审议稿）第14条对刑法第219条作出如下修改："有下列侵犯商业秘密行为之一，情节严重的，处三年以下有期徒刑或者拘役，并处或者单处罚金；情节特别严重的，处三年以上十年以下有期徒刑，并处罚金：（一）以盗窃、利诱、欺诈、胁迫、电子侵入或者其他不正当手段获取权利人的商业秘密的；（二）披露、使用或者允许他人使用以前项手段获取的权利人的商业秘密的；（三）违反保密义务或者违反权利人有关保守商业秘密的要求，披露、使用或者允许他人使用其所掌握的商业秘密的。""明知或者应知前款所列行为，获取、使用或者披露他人的商业秘密的，以侵犯商业秘密论。""本条所称商业秘密，是指不为公众所知悉、具有商业价值并经权利人采取相应保密措施的技术信息、经营信息等商业信息。""本条所称权利人，是指商业秘密的所有人和经商业秘密所有人许可的商业秘密使用人。"

《刑法修正案（十一）（草案）》（一次审议稿）对刑法第219条的修改集中表现为：进一步提高刑罚，完善具体行为类型，修改定罪标准，修改"商业秘密"的定义，加强对商业侵犯商业秘密犯罪的惩处。有意见提出，侵犯商业秘密罪为法定犯，"商业秘密"的定义理应与《反不正当竞争法》的规定保持一致，但《反不正当竞争法》修改频繁，建议删去本条第3款关于"商业秘密"定义的规定，将其交由《反不正当竞争法》等相关经济法律的规定来认定。[①] 有的建议将第1款第1项中的"利诱"修改为"利诱、贿赂"，将"电子侵入"修改为"非法侵入计算机信息系统"；有的认为以"盗窃、利诱"方式侵犯商业秘密的危害性比以合法方式获知商业秘密后泄露的社会危害性更大，建议将第1款修改为行为犯，并单列一款作为第2款；有意见建议将"未经授权或者不当使用计算机系

① 全国人大常委会法工委刑法室．刑法修正案（十一）草案向社会公众征求意见的情况．第十三届全国人大常委会第二十二次会议（2020年10月13日—17日）参阅资料．

统的行为”纳入第 1 款规定的行为方式中。[①] 有学者认为，应当增加“允许他人使用”商业秘密的情形，将第 2 款中“获取、使用或者披露”修改为“获取、披露、使用或者允许他人使用”，有观点建议增加规定“采用其他技术手段获取计算机信息系统中存储、处理或者传输商业秘密的行为”，并对国家工作人员、公司、企业的董事、经理以及其他高级管理人员等公司、企业直接负责的主管人员利用职务上的便利，侵犯商业秘密的行为，从重处罚。还有观点认为，可以考虑将给权利人造成 20 万元以上的损失作为本罪入罪门槛。[②]

《刑法修正案（十一）（草案）》（二次审议稿）第 17 条结合前述意见进行了相应修改，主要表现为两方面：一是在本罪第 2 款“获取、使用或者披露”后增加“允许他人使用”的表述；二是删除“商业秘密”的定义。对此，有学者建议将第 1 款第 1 项中“利诱”改为“贿赂”，以与《反不正当竞争法》的规定保持一致。[③] 有的提出，本条第 2 款中规定的“明知或者应知前款所列行为”，其中“明知”存在认定难的问题，建议立法对可以认定为“明知”的情形进行列举，或者通过司法解释明晰“明知”的具体内涵。[④] 有学者建议删除第 2 款中的“应知”，或者修改为“推定明知”，避免造成司法适用混乱。[⑤]

《刑法修正案（十一）（草案）》（三次审议稿）第 22 条针对上述意见再次修改，将本条第 1 款第 1 项中的“利诱”修改为“贿赂”，并删除第 2 款中“或者应知”的表述。最终发布的《刑法修正案（十一）》与三审意见保持一致。《刑法修正案（十一）》第 22 条具体表述如下。

“将刑法第二百一十九条修改为：‘有下列侵犯商业秘密行为之一，情节严重的，处三年以下有期徒刑，并处或者单处罚金；情节特别严重的，处三年以上十年以下有期徒刑，并处罚金：（一）以盗窃、贿赂、欺诈、胁迫、电子侵入或者其他不正当手段获取权利人的商业秘密的；（二）披露、使用或者允许他人使用

---

① 全国人大常委会法工委刑法室．地方人大和中央有关部门、单位对刑法修正案（十一）草案的意见．第十三届全国人大常委会第二十二次会议（2020 年 10 月 13 日—17 日）参阅资料．

② 全国人大常委会法工委刑法室．刑法修正案（十一）草案向社会公众征求意见的情况．第十三届全国人大常委会第二十二次会议（2020 年 10 月 13 日—17 日）参阅资料．

③ 《最高人民法院关于〈刑法修正案（十一）（草案）〉的修改完善建议（报审稿）》（2020 年 8 月）。

④ 全国人大常委会法工委刑法室．知识产权犯罪有关问题调研简报．第十三届全国人大常委会第二十四次会议（2020 年 12 月 22 日—26 日）参阅资料．

⑤ 全国人大常委会法工委刑法室．宪法法律委、法工委座谈会对刑法修正案（十一）草案二次审议稿的意见．第十三届全国人大常委会第二十四次会议（2020 年 12 月 22 日—26 日）参阅资料．

以前项手段获取的权利人的商业秘密的；（三）违反保密义务或者违反权利人有关保守商业秘密的要求，披露、使用或者允许他人使用其所掌握的商业秘密的。明知前款所列行为，获取、披露、使用或者允许他人使用该商业秘密的，以侵犯商业秘密论。本条所称权利人，是指商业秘密的所有人和经商业秘密所有人许可的商业秘密使用人。'”

值得一提的是，有意见指出，我国应当加强对商业秘密的刑事保护力度，以支持我国国内经济创新发展，满足我国对外谈判斗争的需要。建议对侵犯商业秘密的行为进行区分细化，根据不同罪状对相关法益的不同危害程度，设定不同入罪门槛，可考虑增设“非法获取他人商业秘密罪”“非法使用他人商业秘密罪”“故意披露他人商业秘密罪”等内容。[①] 虽然《刑法修正案（十一）》中尚未采纳上述意见，但结合《反不正当竞争法》的修改内容和修改背景，日后我国刑法中是否有必要增加上述罪名，确实有待进一步研究。

（二）内涵解读

侵犯商业秘密罪，是指违反有关商业秘密的法律规定，采取不正当手段侵犯商业秘密权利人的商业秘密，情节严重的行为。本罪的主体是一般主体，主观方面是故意，客体是商业秘密权和国家对商业秘密的管理制度。对本罪的解读需重点把握其客观方面。

本罪的客观方面表现为违反有关商业秘密的法律规定，采取不正当手段侵犯商业秘密权利人的商业秘密，情节严重。这包括两个具体方面。

（1）实施特定行为。依照刑法第 219 条第 1 款、第 2 款的规定，侵犯商业秘密罪的行为主要有四种，可以将其概括为四种类型：一是非法获取商业秘密，二是非法披露商业秘密，三是非法使用商业秘密，四是非法允许他人使用商业秘密。

第一，非法获取商业秘密。非法获取商业秘密，是指以盗窃、贿赂、欺诈、胁迫、电子侵入或者其他不正当手段获取权利人的商业秘密。盗窃，是指采取秘密手段窃取商业秘密，一般包括复印、照相、监听等技术手段，所窃取的商业秘密既可以是原始材料，也可是复制品。贿赂，是指为获得商业秘密，给予他人物质利益或其他好处。他人既可以是个人，也可以是单位，通常是合法持有商业秘

① 参见《最高人民法院关于〈刑法修正案（十一）（草案二次审议稿）〉的修改完善建议》（2020 年 11 月 2 日）。

密的主体，或者是与商业秘密权利人有关系的第三人。欺诈，是指出于使他人上当受骗的目的，利用欺骗手段，使权利人发生错误认识并因此告知商业秘密。需要注意的是，行为人获取秘密必须是通过欺骗手段，该欺骗手段必须使权利人陷入错误认识，秘密的泄露必须是权利人处于错误认识而告知，缺少任一环节都不能构成此处的“欺诈”。胁迫，是指对知悉商业秘密的主体采取暴力手段相威胁，或是进行恐吓、揭露隐私等非暴力手段相威胁，达到物理上或精神上的强制，从而迫使其提供商业秘密。

电子侵入是本次修改新增的内容，目的在于与《反不正当竞争法》第 9 条相呼应，但是该法并未解释何为“电子侵入”，对此该作何理解？目前，我国刑法使用“侵入”的条文还有两处，分别为非法侵入住宅罪和非法侵入计算机信息系统罪。前者所指的“侵入”，指的是存在于现实生活中、通过身体移动直接接触型的侵入；而后者所指的侵入，指的是存在于网络空间、借助技术手段非直接接触型的侵入。很明显本罪的“电子侵入”在理解时应当向后者靠近。我们认为，电子侵入，是指在未经授权或超越授权范围的情况下，擅自利用软件、程序等技术手段获取商业秘密。

第二，非法披露商业秘密。披露，是指行为人以作为的方式，将非法获取的商业秘密告知权利人以外的他人。披露的受众既可以是固定的第三人，也可以是不特定的公众；披露的方式既可以是口头披露，也可以是书面披露；披露并不要求具有公开性，只要是未经权利人同意将商业秘密披露出去的，不影响行为的认定。

第三，非法使用商业秘密。非法使用，是指行为人违反保密义务，将非法获取的商业秘密在各种有用的场合加以运用。非法使用的商业秘密既可以是合法取得的商业秘密，也可以是非法获取的商业秘密。行为人非法使用商业秘密的目的为何，不影响行为的认定。

第四，非法允许他人使用商业秘密。允许他人使用，是指行为人未经商业秘密权利人同意，在非法获取商业秘密后，将其交给第三人，由其将商业秘密运用于生产经营之中，或者违反约定或者违反权利人有关保守商业秘密的要求，允许他人使用其所掌握的商业秘密。允许他人使用商业秘密时，是有偿还是无偿，是否有牟利动机，是否从中实际取得利益，都不影响本罪的认定。①

（2）达到情节严重的标准。此次修法删除了侵犯商业秘密罪原条文中“给商

① 周光权．侵犯商业秘密罪疑难问题研究．清华大学学报（哲学社会科学版），2003（5）：66.

业秘密的权利人造成重大损失”的规定，代之以“情节严重”表述，将本罪由“结果犯”修改为“情节犯”。我们对此持赞成意见。尽管“重大损失”是影响侵犯商业秘密行为危害社会程度的重要情节，但不是唯一情节，除此之外，还有其他许多情节也同样能够影响侵犯商业秘密行为之危害社会的程度，例如，行为人实施侵犯商业秘密行为的次数、手段、动机，以及被侵犯的商业秘密的重要程度等。[①] 这些行为的危害性也达到了需要刑法惩处的程度，均可作为构罪标准加以考量。因此，将本罪修改为情节犯具有一定的科学性和必要性，这意味着，今后在分析一行为是否构成侵犯商业秘密罪时，不能再依据行为人的“重大损失”作为认定标准。至于此处的“情节严重”具体该如何认定，需要相关司法解释进一步研究。

（三）司法适用

1. 罪与非罪的界限

区分本罪与非罪行为的界限，应从如下两方面把握：一是看行为人是否具有侵犯他人商业秘密的故意，有此故意的，构成本罪，反之不构成；二是看侵犯他人商业秘密的行为是否达到情节严重的标准。如果尚未达到入罪标准，只能将其认定为行政违法行为，而不能认定为犯罪。

2. 本罪与他罪的界限

这里主要探讨本罪与故意泄露国家秘密罪的区分。二者相同之处在于，本罪中的“披露”行为与故意泄露国家秘密罪中的“泄露”具有相同的含义，行为的对象都是秘密，而且商业秘密与国家秘密具有重合性，有的商业秘密同时也属于国家秘密，行为人主观罪过形式都是故意。但是两者之间也存在诸多差别：第一，两罪的犯罪主体不同。故意泄露国家秘密罪的犯罪主体只能是自然人，单位不能成为该罪的主体，而本罪则无此限制。第二，两罪的行为方式不同。本罪的行为手段包括盗窃、贿赂、欺诈、胁迫、非法披露或使用等，而故意泄露国家秘密罪的行为手段限于泄露。第三，两罪所侵犯的客体不同。本罪的客体是复杂客体，包括商业秘密所有权人对商业秘密的专用权和国家对商业秘密的管理制度，而故意泄露国家秘密罪侵犯的客体是简单客体，仅限于国家的保密制度。

需要注意的是，在司法实践中，如果行为人泄露的是单纯的商业秘密，应认

---

① 赵秉志，刘志伟，刘科．关于侵犯商业秘密罪立法完善的研讨．人民检察，2010（4）：33～34.

定为侵犯商业秘密罪；如果泄露的商业秘密同时也属于国家秘密，则应认定为故意泄露国家秘密罪。

3. “电子侵入”方式的认定

此次修法新增了“电子侵入”作为侵犯商业秘密罪的行为方式，在司法实践中该如何具体认定这里的“电子侵入”手段？前文提到，所谓“电子侵入”，是指行为人在未经授权或超越授权范围的情况下，擅自利用软件、程序等技术手段获取商业秘密。进一步讲，认定是否属于“电子侵入”手段，关键在于考察以下两个方面：第一，行为人是否已经取得对应的许可授权权限。如果本就未经授权，或者虽然已被授权但该授权已过有效期限的，则认为其不具有有关权限。对此，可以审查行为人的身份、职位，以及劳动合同中是否设有对其权限作出规定的具体条款。[①] 第二，行为人是否利用有关手段实施了侵入存储商业秘密信息或数据的特定载体的行为。我们知道，在大数据时代，任何用户浏览上网信息都会留下“痕迹”，即留下有关的浏览数据记录，通常涉及我们的个人信息、所浏览的信息、所获取的信息等内容。因此，在认定行为人是否实施“电子侵入”行为时，可以对其浏览信息所使用的计算机、邮箱等各类上网软件进行搜查，及时提取、勘验有关电子证据，以此判断行为人是否实施了侵入行为。只有同时满足“无权”＋“侵入”两个条件，才能认定“电子侵入”行为的成立。

4. 本罪的罪数问题

行为人以盗窃、贿赂、欺诈、胁迫、电子侵入或者其他不正当手段获取权利人的商业秘密后，将所获取的商业秘密提供给向境外的机构、组织或人员的，应该按一罪处理还是数罪并罚？

我们认为，这需要结合案件具体情况，考察行为人前行为与后行为之间是否具有牵连关系。如果实施前行为是为实施后行为做准备，即行为人为了向境外的机构、组织、人员非法提供商业秘密，而采取盗窃、贿赂等不正当手段获取商业秘密的，此时应该将前行为与后行为分别视为目的行为和手段行为，两者间具有牵连关系，应该依据牵连犯理论，从一重罪从重处断，即以为境外窃取、刺探、收买、非法提供商业秘密罪认定，并从重处罚；如果前行为与后行为之间不存在牵连关系，即行为人首先以盗窃、贿赂、欺诈等不正当手段获取商业秘密，而后

① 赵杨．论新《反不正当竞争法》对侵犯商业秘密行为的规制．江西财经大学2020年硕士学位论文，第26页．

另行将此商业秘密非法提供给境外的机构、组织、人员，以牟取非法利益的，此时前行为与后行为间并无关联，二者各自在不同时间侵犯了不同的法益，对此应该分别认定为侵犯商业秘密罪和为境外窃取、刺探、收买、非法提供商业秘密罪，对行为人实行数罪并罚。

八、为境外窃取、刺探、收买、非法提供商业秘密罪立法的理解与适用（修正案第23条）

（一）修法过程

此罪为本次知识产权犯罪修法中唯一一个新增罪名，体现了国家依法惩治商业间谍犯罪的决心。《刑法修正案（十一）（草案）》一次审议稿第15条规定："在刑法第二百一十九条后增加一条，作为第二百一十九条之一：'为境外的机构、组织、人员窃取、刺探、收买、非法提供商业秘密的，处五年以下有期徒刑或者拘役，并处或者单处罚金；情节严重的，处五年以上有期徒刑，并处罚金。'"有观点认为，既然同为侵犯商业秘密类犯罪，本罪的表述应与侵犯商业秘密罪保持统一[①]，有的认为本罪属于侵犯商业秘密罪中"情节特别严重"的情形，无须单独成罪[②]；有观点认为本罪放在《刑法》第一章危害国家安全罪中更加合适，建议立法可以考虑在刑法第110条间谍罪项下增设商业间谍罪[③]；有观点针对本罪的条文表述提出修改意见，认为将"窃取、刺探、收买、非法提供"修改为"为境外的机构、组织、人员获取、使用或者披露商业秘密"更合适，以区别于侵害国家秘密、军事秘密的行为。[④] 然而，《刑法修正案（十一）（草案）》（二次审议稿）并未采纳上述修改意见，与一审稿的规定依旧保持一致。

《刑法修正案（十一）（草案）》（三次审议稿）并未再修改本罪的条文表述，

---

① 参见全国人大常委会法工委办公室．十三届全国人大常委会第二十次会议审议刑法修正案（十一）草案的意见．第十三届全国人大常委会第二十二次会议（2020年10月13日—17日）参阅资料．

② 参见全国人大常委会法工委刑法室．地方人大和中央有关部门、单位对刑法修正案（十一）草案的意见．第十三届全国人大常委会第二十二次会议（2020年10月13日—17日）参阅资料．

③ 参见全国人大常委会法工委刑法室．刑法修正案（十一）草案向社会公众征求意见的情况．第十三届全国人大常委会第二十二次会议（2020年10月13日—17日）参阅资料．

④ 参见全国人大常委会法工委刑法室．地方人大和中央有关部门、单位对刑法修正案（十一）草案的意见．第十三届全国人大常委会第二十二次会议（2020年10月13日—17日）参阅资料．

仅对法定刑配置作出调整，将最低法定刑由原本的拘役提升至有期徒刑。《刑法修正案（十一）》延续了三审稿的修改意见，《刑法修正案（十一）》第23条规定："在刑法第二百一十九条后增加一条，作为第二百一十九条之一：'为境外的机构、组织、人员窃取、刺探、收买、非法提供商业秘密的，处五年以下有期徒刑，并处或者单处罚金；情节严重的，处五年以上有期徒刑，并处罚金。'"

（二）内涵解读

为境外窃取、刺探、收买、非法提供商业秘密罪，是指为境外的机构、组织、人员窃取、刺探、收买、非法提供商业秘密的行为。本罪的主体是一般主体，主观方面是故意，客体是商业秘密权和国家对商业秘密的管理制度。对本罪的解读需重点把握其客观方面的两个内容。

（1）"境外的机构、组织、人员"的理解。境外机构，是指中华人民共和国边境以外的国家和地区的官方机构，如政府、军队以及其他国家机关设置的机构，也包括这些机构在中华人民共和国境内的分支或代表机构；境外组织，主要是指中华人民共和国边境以外的国家和地区的政党、社会团体以及其他企业、事业单位，还包括这些单位、组织在中华人民共和国境内的分支或代表组织；境外人员，是指外国人、无国籍人以及外籍华人等，也包括居住在我国港、澳、台地区的人。本罪所说的境外机构、组织、人员，并不限于与我国为敌的机构、组织或人员，即使为不与我国为敌的机构、组织或人员窃取、刺探、收买、非法提供国家秘密或者情报，也可以构成本罪。

（2）"窃取、刺探、收买、非法提供"行为的理解。窃取，是指行为人采用非法手段秘密取得国家秘密或情报的行为。如文件窃密、计算机窃密、电磁波窃密、照相窃密等。刺探，是指行为人通过各种途径和手段非法探知国家秘密或情报的行为。如通过探听或使用侦察技术等。收买，是指行为人以给予财物或者其他物质利益的方法非法得到国家秘密或情报的行为。非法提供，是指国家秘密或情报的持有人，将自己知悉、管理、持有的国家秘密或情报非法出售、交付、告知其他不应知悉该项秘密或情报的人的行为。

（三）司法适用

1. 罪与非罪的界限

首先，需要判断行为是否具备本罪的全部构成要件，尤其是判断行为对象是否属于商业秘密。如果行为对象不属于商业秘密，则不构成本罪，如果行为对象实际上属于国家秘密或情报，则可能构成为境外窃取、刺探、收买、非法提供国家秘密、情报罪。其次，要判断行为的危害程度。虽然本罪未在危害结果和情节上做任何限制，但是不能一概忽略情节在本罪定罪中的意义。如果综合全案情况，认定行为属于“情节显著轻微、危害不大”的情形，应该依据《刑法》第13条的规定，不作为犯罪处理。

2. 本罪与他罪的界限

这里主要探讨本罪与侵犯商业秘密罪的区分。两罪有一些相似之处，例如，两罪的主观方面都是故意，主体都包括自然人和单位，犯罪对象都涉及秘密，但是两者也存在本质区别：第一，两罪的行为方式不完全相同。本罪客观方面表现为窃取、刺探、收买、非法提供商业秘密，而侵犯商业秘密罪所采取的手段主要是盗窃、贿赂、欺诈、非法披露或使用等不正当手段。第二，两罪指向的对象不同。本罪的服务对象限于境外的机构、组织和人员，而侵犯商业秘密罪则无此限制。第三，两罪罪质不同。本罪是行为犯，不以“情节严重”作为犯罪成立要件，而侵犯商业秘密罪是情节犯，必须达到情节严重才能成立犯罪。

3. 本罪的未完成形态

本罪属于行为犯，即只要实施了为境外机构、组织或者人员窃取、刺探、收买、非法提供商业秘密的行为就属于既遂，并不要求实害后果的发生。但是，具体认定时不能不考虑犯罪情节，无限扩张本罪的行为范围，将一切与窃取、刺探、收买、非法提供商业秘密行为有关的行为都认定为实行行为。例如，行为人为实施为境外窃取商业秘密的行为，专门学习窃取技术或者下载有关软件，此时，很难认为这些行为实质侵犯了权利人对商业秘密的专用权，纵使行为具有一定危险性，也最多属于本罪的预备行为。因此，行为人仅仅实施为窃取、刺探、收买、非法提供商业秘密行为做准备的行为的，应该结合具体情节来认定。如果情节轻微，没有对权利人造成实质侵害的，应当不认为是犯罪，或者按照犯罪预备处理，并从轻或免除处罚，而不能滥用“行为犯”的特征，将其认定为既遂。

4. 本罪的共犯问题

本罪既可以单独实施，也可以共犯形式实施。行为人为他人实施为境外窃取、刺探、收买、非法提供商业秘密罪提供帮助，或者与其共同实施，两人同时具有共同犯罪故意的，成立本罪的共犯。由于本罪是选择性罪名，因此，成立本罪的共同实行犯，并不要求实施同一实行行为，数行为人分别实施罪名中不同实行行为的，也成立共同犯罪。

九、侵犯知识产权罪单位犯罪修法的理解与适用（修正案第24条）

（一）修法过程

《刑法修正案（十一）（草案）》一、二审稿并未对刑法第220条作出修改，《刑法修正案（十一）（草案）》（三次审议稿）第24条才就此提出修改意见。刑法第220条是单位犯侵犯知识产权罪的处罚规定，原文为："单位犯本节第二百一十三条至第二百一十九条规定之罪的，对单位判处罚金，并对其直接负责的主管人员和其他直接责任人员，依照本节各该条的规定处罚。"《刑法修正案（十一）（草案）》（三次审议稿）第24条将其修改为："单位犯本节第二百一十三条至第二百一十九条之一规定之罪的，对单位判处罚金，并对其直接负责的主管人员和其他直接责任人员，依照本节各该条的规定处罚。"之所以作此修改，是因为《刑法修正案（十一）》新增"为境外窃取、刺探、收买、非法提供商业秘密罪"，将其作为刑法第219条之一列入侵犯知识产权犯罪项下，那么，刑法第220条作为单位犯侵犯知识产权犯罪的规定，必须对此予以回应，将刑法第219条之一纳入刑法第220条的规制范围中。这样一来，便能与前8项具体知识产权犯罪间形成良好衔接，有利于划清个人刑事责任和团体刑事责任的认定界限，同时也遵守了我国刑法第30条的规定，即只有法律规定为单位犯罪的，才应负刑事责任。此举严格遵循罪刑法定原则和责任主义原则，有利于保证刑法体系的完整性。最终出台的《刑法修正案（十一）》采纳了三次审议稿的修改意见。

（二）内涵解读

本条是针对侵犯知识产权犯罪一整节所做的规定。依据本条，侵犯知识产权罪的行为主体不仅仅是达到刑事责任年龄、具备刑事责任能力的自然人，也包括单位。单位犯本节第213条至第219条之一规定之罪的，对单位判处罚金，并对其直接负责的主管人员和其他直接责任人员，依照本节各该条的规定处罚。

1. "单位"的认定

依照刑法第30条，"单位"的内涵应理解为公司、企业、事业单位、机关、团体。在具体认定“单位”时，应该在上述范围之内认定，超过上述范围的其他组织实施侵犯知识产权罪的，不能以单位犯罪论处。

2. 单位所犯罪名的范围

如果单位实施了侵犯知识产权罪的行为，那么，其行为必须触犯刑法第 213 条至 219 条之一所规定的之罪。换言之，单位所犯罪名的范围限于刑法所规定的 8 种知识产权犯罪。单位实施了其他侵犯知识产权的行为，但不在本节规定的 8 种罪名之内的，根据罪刑法定原则，哪怕行为的社会危害性不小、所造成的危害后果较为严重，也不能认定为犯罪，更不能认定为单位犯罪。

3. 刑事处罚内容的确定

单位犯本节第 213 条至第 219 条之一规定之罪的，要对单位判处罚金，并对其直接负责的主管人员和其他直接责任人员，依照本节各该条的规定处罚。这里体现了我国刑法对单位犯罪的处罚原则，即双罚制。需要注意的是，此前，虽然对单位的处罚原则也是判处罚金刑，但是规定了确定罚金数额的标准，即“按照本解释规定的相应个人犯罪的定罪量刑标准的三倍定罪量刑”①。《刑法修正案（十一）》修改了这一标准，将罚金数额的确定由倍数制修改为抽象罚金制。应当承认，此举能够更满足实践中打击各类知识产权单位犯罪的弹性需求，但是，抽象罚金制的实施也可能存在法官自由裁量权过大的问题，此处的罚金刑数额到底该如何确定，有待司法解释作进一步研究。

（三）司法适用

前文已对何为“单位”以及单位所犯罪名的范围进行了阐释，这里主要探讨的是单位犯罪中“单位意思”的界定问题。依据司法解释的规定，“单位意思”的认定主要从两方面来看，其一是犯罪行为是否以单位名义实施，其二是犯罪所得是否归单位所有。② 因此，在认定有关单位实施本节罪名所规定的行为是否成立单位犯罪时，应该从以上两方面来把握。如果自然人是以单位名义，在单位意志的指使下实施了侵犯知识产权犯罪，犯罪所得也确实全部或部

---

① 参见最高人民法院、最高人民检察院《关于办理侵犯知识产权刑事案件具体应用法律若干问题的解释》第 15 条。

② 参见最高人民法院《关于审理单位犯罪案件具体应用法律有关问题的解释》第 3 条；最高人民法院《关于全国法院审理金融犯罪案件工作座谈会纪要》。

分归单位所有，那么就应该认定成立单位犯罪，具体构成何种罪名，则根据行为人具体实施的行为所构成之罪来确定。如果个人未经单位指使或者盗用单位名义实施犯罪，违法所得由实施犯罪的个人私分的，应依照刑法有关自然人犯罪的规定定罪处罚。

第八章

扰乱社会公共秩序罪修法的理解与适用

一、扰乱社会公共秩序罪的修法概述

扰乱公共秩序犯罪，是指故意或者过失扰乱国家对社会的正常管理活动，扰乱社会公共秩序，情节严重，依照刑法应予以刑罚处罚的行为。此类犯罪所侵犯的社会公共秩序，包含涉及社会生产、经营、管理、生活等方面在内的有条理的正常的社会运行状态。[①] 一个国家的社会公共秩序，关涉各项社会事业的正常开展、各类主体参与社会活动的有序进行以及良好社会风尚的有力维护。对于刑法而言，维护公共秩序是其重要职责。同时，刑法修正对扰乱社会公共秩序犯罪作出必要而适时的修改补充，也是立法机关推动刑法规范，积极顺应时代发展和社会形势的集中写照。例如《刑法修正案（八）》对寻衅滋事罪、黑社会性质组织犯罪和传授犯罪方法罪作出的修改补充，《刑法修正案（九）》对背信犯罪和网络犯罪等内容作出的完善，以及《刑法修正案（十）》增设的侮辱国歌罪，都是刑法根据维护公共秩序的实际需要及时作出的立法调整。进入中国特色社会主义新时代以来，我国社会主要矛盾发生了重大变化，政治、经济、社会、文化各项事业在蓬勃发展的同时，也出现了一些新问题、新情况，为刑法发挥维护公共秩序的作用提出了新的要求。对此，《刑法修正案（十一）》坚持问题导向，针对实践中反映的突出问题，及时对刑法作出调整；坚持“立得住、行得通、真管用”，

---

① 赵秉志，刘志伟：论扰乱公共秩序罪的基本问题．政法论坛，1999（2）．

避免偏离实践导向的修改，维护法律的权威和严肃有效执行；坚持从我国国情出发，立足我国社会治理实践，将“紧紧围绕保障党和国家重大战略目标实现、保障改革开放成果和建设法治中国、平安中国的要求，更加注重统筹发挥好刑法对经济社会生活的规范保障、引领推动作用”作为重要的修改总体思路[①]，针对暴力袭警、冒名顶替上学、高空抛物、侮辱英烈名誉荣誉、赌博等社会问题作出了较为明确的规制，旨在更好地维护公共秩序和良好风尚。

其一，对袭警行为作出更加全面而有力的规制。近年来，一线公安民警在执法执勤中遭受阻挠执法、暴力抗法的事件时有发生，多起性质恶劣的袭警案件引发广泛关注和强烈反响：2020年8月18日内蒙古鄂前旗公安局城川派出所民警在处警过程中，遭遇10余名犯罪嫌疑人暴力袭警，造成12名民警不同程度受伤；2020年7月6日江苏省淮安市发生的重大暴力袭警案件，致2名警务人员身亡；2015年11月4日河南省洛阳市发生的恶性暴力袭警案件，导致1名执勤人员当场殉职，3名执勤人员受伤，其中一位伤者经救治无效去世……人民警察代表国家行使执法权，肩负着打击违法犯罪、维护社会稳定、维持司法秩序、执行生效裁判等重要职责，在依法履职过程中遭受违法犯罪分子暴力侵害、打击报复的事件时有发生，一些犯罪分子气焰嚣张、手段残忍，甚至出现预谋性、聚众性袭警案件，不仅危害民警人身安全，更严重损害国家法律权威、破坏国家正常管理秩序。可以说，暴力袭警严重冲击法律底线，损害党和政府权威，严重影响民众安全感，也严重伤害广大民警的职业荣誉感。作为国家重要的行政执法和刑事司法力量，人民警察肩负着捍卫政治安全、维护社会安定、保障人民安宁的使命任务，在正当执法过程中，拥有法律赋予、不容他人侵犯的正当执法权益。《刑法修正案（十一）》此次将袭警行为专门成罪，并单独设置法定刑，有利于为严惩袭警行为提供强有力的法律武器，在全社会营造敬畏法律的良好氛围。

其二，将冒名顶替上大学等行为明确纳入刑法的规制范围。冒用、盗用他人身份，进而顶替别人本应取得和享有的生活、学习、工作的待遇或机会，是一种具有严重社会危害性且影响恶劣的行为。不论是早些年发生的“齐玉苓案”“罗彩霞案”，还是近来引发社会广泛关切的“陈春秀被冒名顶替上大学”“王丽丽被冒名顶替上中专”“退伍军人仵瑞华被冒名顶替退伍安置待遇”等事件，以及山

① 全国人大常委会法制工作委员会．关于《中华人民共和国刑法修正案（十一）（草案）》的说明（2020年7月3日）．

东省两年排查出超 200 人涉及冒名顶替等情况[①]，都表明冒名顶替现象亟待遏制。此类行为不仅严重侵犯他人的身份权、财产权、受教育权等权利，致使被顶替人的人生命运轨迹发生重大偏转，而且在社会上形成了投机取巧、诚信缺失的不良影响。但是，在《刑法修正案（十一）》通过之前，不同地域、不同部门对于冒名顶替行为的规制尺度并未形成统一标准，有的通过刑事诉讼使相关责任人员被追究刑事责任，有的则通过民事诉讼要求停止对受害者的侵害，而有的对冒名顶替人及其相关人员作出党纪政务处分，甚至不了了之。《刑法修正案（十一）》此次将冒名顶替行为专门成罪并单独设置法定刑，对于严密刑事法网，统一冒名顶替行为惩戒尺度具有十分积极的作用。

其三，对高空抛掷物品的行为作出专门规制。近年来，高空抛物坠物事件越来越多，导致多名无辜群众罹祸，被称为“悬在城市上空的痛”。个别高空抛坠物事件面临找人难、取证难的难题，若直接责任人难寻，不少群众往往陷于对劣行严厉谴责又对“共同补偿”不理解的尴尬当中。[②] 高空抛物现象不仅损害人民群众的人身财产安全，极易造成人身伤亡和财产损失，而且还会引发社会矛盾纠纷，扰乱正常的社会生活秩序。2019 年 10 月 21 日发布的最高人民法院《关于依法妥善审理高空抛物、坠物案件的意见》提出：“要高度重视高空抛物、坠物行为的现实危害，深刻认识运用刑罚手段惩治情节和后果严重的高空抛物、坠物行为的必要性和重要性，依法惩治此类犯罪行为，有效防范、坚决遏制此类行为发生。”2020 年 5 月 29 日通过的《中华人民共和国民法典》第 1254 条，在延续对高空抛物行为采用的“举证责任倒置”原则的同时，进一步规定“公安等机关应当依法及时调查，查清责任人”这一公权力介入的要求。高空抛物现象的有效遏制，需要多种法律、不同部门之间的联动，共同运用事前预防和事后惩治两方面手段开展多方面的综合治理。为了保护人民群众“头顶上的安全”，亦需要刑法对此类行为作出针对性规定，以有力的威慑效应在其中发挥应有作用。

其四，对侵害英雄烈士名誉、荣誉的行为作出专门规制。英雄，是一个国家光辉历史的记忆，也是一个民族坚强不屈的脊梁。烈士，是在革命斗争、保卫祖国、社会主义现代化建设事业中以及为争取大多数人的合法正当利益而壮烈牺牲

① 山东 2 年 242 人涉冒名顶替？官方：全面清查 . https：//www. sohu. com/a/403051532 _ 338398. 发布时间：2020 - 06 - 19；访问时间：2021 - 01 - 10.

② 刘华东 . 又来！高空抛物何时休 . 光明日报，2020 - 08 - 25.

的人员。习近平总书记曾指出："我们要在全社会树立崇尚英雄、缅怀先烈的良好风尚。对为国牺牲、为民牺牲的英雄烈士，我们要永远怀念他们，给予他们极大的荣誉和敬仰"。但近年来，社会上出现了一股歪曲历史，抹黑英烈的歪风，严重扰乱了人们对英雄烈士形象的认知，冲击社会主流价值观，伤害社会公众的善良感情。[①] 例如，孙杰 2013 年 5 月 22 日在新浪微博通过用户名为"作业本"的账号发布了对邱少云烈士的人格贬损和侮辱的言论，加多宝公司在之后以该公司新浪微博账号"加多宝活动"与其进行互动，并在网络平台上迅速传播，遭到广大网友的谴责。又如，2019 年 3 月，四川省凉山木里县雅砻江镇发生森林火灾，赵万昆等 27 名森林消防指战员和 3 名地方扑火队员在扑火行动中壮烈牺牲。应急管理部、四川省政府批准在扑救四川凉山木里森林火灾中英勇牺牲的 30 名同志为烈士。此后，各地出现了十余起发布侮辱凉山救火烈士言论的事件，曝光后引起全国人民的强烈愤慨。为了加强对英雄烈士的保护，维护社会公共利益，传承和弘扬英雄烈士精神、爱国主义精神，培育和践行社会主义核心价值观，激发实现中华民族伟大复兴中国梦的强大精神力量，第十三届全国人大常委会 2018 年 4 月 27 日第 2 次会议通过了《中华人民共和国英雄烈士保护法》。为了与《英雄烈士保护法》相衔接，提升对英雄烈士名誉、荣誉的保护力度，《刑法修正案（十一）》将侮辱、诽谤英雄烈士的行为明确规定为犯罪。

其五，对赌博犯罪再次作出修改和完善。作为一种社会丑恶现象，赌博在我国一向被予以严格禁止和严肃惩治。由于开设赌场吸引他人前去赌博，参赌人数多，赌资数额大，赌场收入更加丰厚，社会危害性也较一般的聚众赌博更大。另外，跨境赌博现象不仅具备赌博本身的严重社会危害性，而且更容易诱发其他严重刑事犯罪，滋生一系列黑灰产业，严重影响社会治安，导致大量赌资通过地下钱庄等非法金融机构汇至境外，造成资金恶性外流，危害国家金融安全，损害我国的国际形象。[②] 在 1997 年刑法修订时，立法机关就将开设赌场确立为赌博罪的行为方式。2006 年 6 月通过的《刑法修正案（六）》，又将开设赌场行为分立为独立罪名。为了进一步加强对开设赌场和跨境赌博现象的惩治，《刑法修正案（十一）》对开设赌场罪的法定刑配置作出了调整，并将组织我国公民参与国（境）

① 张淳艺．"侮辱英烈"单独入刑彰显法律正义．检察日报，2020-07-02.

② 远离跨境赌博黑漩涡，共享美好幸福新生活．http：//www.gz.xinhuanet.com/2020-08/18/c_1126382429.htm，发布时间：2020-08-18，访问时间：2020-01-11.

外赌博的行为纳入刑法的规制范围。

基于上述修法背景，着眼于加强对社会公共秩序的维护，《刑法修正案（十一）》对刑法分则第六章第一节作出了如下修改和补充：（1）修正案第 31 条修改了刑法第 277 条第 5 款，将原本作为妨害公务罪从重情形的“暴力袭击正在依法执行职务的人民警察的行为”，修改成为一种独立犯罪；（2）修正案第 32 条在刑法中增设第 280 条之二，将冒名顶替他人取得 3 种资格或待遇等行为纳入刑法的规制范围；（3）修正案第 33 条在刑法中增设第 291 条之二，将从建筑物或者其他高空抛掷物品，情节严重的行为纳入刑法的规制范围；（4）修正案第 35 条在刑法中增设第 299 条之一，将侵害英雄烈士的名誉、荣誉，损害社会公共利益，情节严重的行为纳入刑法的规制范围；（5）修正案第 36 条调整了刑法第 303 条第 2 款开设赌场罪的法定刑配置，将基本档的“三年以下有期徒刑、拘役或者管制，并处罚金”修改为“五年以下有期徒刑、拘役或者管制，并处罚金”，同时增设第 3 款，将组织我国公民参与国（境）外赌博，数额巨大或者有其他严重情节的行为纳入刑法的规制范围。对于以上五处修正，本章以下各部分将从修正过程、条文内涵和司法适用等方面分别进行介绍和阐释。

二、袭警罪立法的理解与适用（修正案第 31 条）

（一）立法过程

早在二十余年前，根据公安部的建议，国家立法工作机构就曾经在刑法立法工作调研中研讨过应否增设袭警罪的问题。多年来这个问题也在刑法学界引起过一定的关注。在《刑法修正案（九）》制定过程中，一些全国人大代表、全国人大常委会委员以及公安部等有关部门曾提出，针对暴力袭警犯罪多发的实际情况，应在刑法中单独规定袭警罪。是否单独规定袭警罪，成为一个在刑法修改过程中多次提出并反复讨论的问题。对此持慎重意见的立场认为：其一，刑法规定的妨害公务罪已经涵盖了袭警行为，基本可以适应保护人民警察依法执行职务的需要；其二，除人民警察外，还有一些执法人员在执法过程中遭到暴力抗拒甚至被袭击的情况时有发生，而警察的自我防护手段、执法装备保障以及对抗法、袭警的追究能力等相比其他执法主体更强；其三，袭警现象中的突出问题是多样的，包括有的警察果断处置能力不强、有的机关的追责意识不足，对警察严格执法的支持力度不够，致使个别案件出现警察“流血又流泪”的情况；其四，单独规定袭警罪的国家，往往对枪支、弹药、管制刀具等管控宽松；其五，当前我国社会矛盾多发、凸显，在有的地方警察执法能力和文明执法、严格执法水平尚有待提高。[①] 与此同时，对增设袭警罪持赞成立场的认为：其一，警察权是否滥用主要取决于公安机关的执法规范化程度，专门规定袭警罪未必就会造成警察权滥用；其二，规定袭警罪是维护国家法律权威的需要，是保护人民警察特殊职责的要求，人民警察工作的危险性要远大于其他国家工作人员，袭警行为具有比一般妨害公务行为更严重的社会危害性；其三，规定袭警罪具有重要的宣示和教育作用，有利于震慑潜在的暴力袭警现象，在全社会营造遵守法律、尊重执法者的良好法治氛围。[②]

经过充分调查研究，听取各方面意见，《刑法修正案（九）》第 21 条立足于刑法第 277 条的妨害公务罪，对袭警行为作出了专门规定，即在刑法第 277 条妨害公务罪中增加 1 款作为第 5 款：“暴力袭击正在依法执行职务的人民警察的，依照第一款的规定从重处罚。”由此可见，对于暴力袭警行为，《刑法修正案（九）》尚未专门设立专门的罪名，而是将其作为妨害公务罪的从重情节予以规定。对此立法措施，学界和实务界给予了基本肯定。

2020 年 6 月 28 日，第十三届全国人大常委会第二十次会议对《刑法修正案（十一）（草案）》进行了审议，该草案中并没有出现涉及刑法第 277 条第 5 款的修正内容，没有增设袭警罪的规划。但在审议过程中，有意见提出“增加袭警罪”[③]，建议“从法律上进一步加强对袭警行为的预防、惩治，修改刑法第二百七十七条第五款规定的‘暴力袭击正在依法执行职务的人民警察’依照妨害公务罪从重处罚的规定，增加单独的法定刑。同时，针对使用枪支、管制刀具或者驾驶机动车撞击等严重暴力袭警行为，增加规定更重的处罚”。[④] 公安部也明确提出，虽然刑法中有妨害公务罪的规定，但尚不足以对暴力袭警行为形成有效震慑，建议立法机关单独规定袭警罪，为严惩袭警行为提供强有力的法律武器，在全社会

① 郎胜．中华人民共和国刑法释义．北京：中国法制出版社，2015：465～466.

② 赵秉志．《中华人民共和国刑法修正案（九）》理解与适用．北京：中国法制出版社，2016：252～253.

③ 全国人大常委会法工委编印．十三届全国人大常委会第二十次会议审议刑法修正案（十一）草案的意见．第十三届全国人大常委会第二十二次会议（2020 年 10 月 13 日—17 日）参阅材料，第 14 页．

④ 《全国人民代表大会宪法和法律委员会关于〈中华人民共和国刑法修正案（十一）（草案）〉修改情况的汇报（2020.10.13）》。

营造敬畏法律的良好氛围。① 至此，增设暴力袭警罪又开始为刑法修正所关注。此后，全国人大常委会法工委于 2020 年 9 月上旬研拟形成了《拟新增相关犯罪的初步方案》，并召开座谈会进行研讨，征求各方面的意见。该方案拟在《刑法修正案（十一）（草案一审稿）》的基础上，从金融犯罪、涉未成年人犯罪和其他犯罪等三个方面增设十余种犯罪，在其他犯罪方面即有增设袭击警察、检察官、法官犯罪的规定："暴力妨害正在依法履行职责的人民警察、检察官、法官的，处三年以下有期徒刑、拘役、管制或者罚金；使用枪支、管制刀具、驾车撞击等方式暴力妨害人民警察、检察官、法官依法履行职责，严重危及其人身安全的，处三年以上七年以下有期徒刑。"在法工委召开的座谈会研讨中，对于应否增设该罪以及该罪的犯罪对象应限于警察还是应扩展至检察官、法官，以及该罪的罪状和法定刑应如何规定，都存在着一定的争议。

2020 年 10 月 14 日，第十三届全国人大常委会第二十二次会议对《刑法修正案（十一）（草案二次审议稿）》进行了审议。在此次审议中，全国人大宪法和法律委员会经过研究，并向全国人大常委会建议，在《刑法修正案（十一）（草案二次审议稿）》第 25 条增加了相应内容，具体内容为"将刑法第二百七十七条第五款修改为：'暴力袭击正在依法执行职务的人民警察的，处三年以下有期徒刑、拘役或者管制；使用枪支、管制刀具或者驾驶机动车撞击等手段，严重危及其人身安全的，处三年以上七年以下有期徒刑。致人重伤、死亡，同时构成其他犯罪的，依照处罚较重的规定定罪处罚。'"

针对二审稿的上述规定，有的意见建议扩大保护对象的范围，将法官、检察官和辅警纳入本条的保护范围②，或者在"人民警察"后增加"由公安机关直接聘用与管理的警务辅助人员"及"人民法院、人民检察院及有行政执法权的事业单位聘用的工作人员"的表述；有的意见提出，在"枪支、管制刀具"后增加"等其他凶器"；在刑罚设置方面，有意见建议提高处罚力度，将第二档法定刑由"三年以上七年以下有期徒刑"提高至"五年以上十年以下有期徒刑"③。还有意

① 赵克志：建议在刑法修正案中单独规定袭警罪．http：//www.ce.cn/xwzx/gnsz/gdxw/202008/10/t20200810_35494841.shtml，发布时间：2020-08-10；访问时间：2021-01-12.

② 参见全国人大常委会法工委办公室．十三届全国人大常委会第二十二次会议审议刑法修正案（十一）草案二次审议稿的意见．第十三届全国人大常委会第二十四次会议（2020 年 12 月 22—26 日）参阅材料，第 7 页．

③ 全国人大常委会法工委刑法室．刑法修正案（十一）草案二次审议稿向社会公众征求意见的情况．第十三届全国人大常委会第二十四次会议（2020 年 12 月 22—26 日）参阅材料，第 2 页．

见认为，在条文设计方面，应保留现行刑法第 277 条原第 5 款的规定，在原第 5 款从重处罚的规定后增加对“使用枪支、管制刀具或者驾驶机动车撞击”等情形处以更重刑罚的规定，或者将以上内容单独规定为一条，作为刑法第 277 条之一。[①]

2020 年 12 月 26 日，第十三届全国人大常委会第二十四次会议对《刑法修正案（十一）（草案三次审议稿）》进行了审议。在《刑法修正案（十一）（草案三次审议稿）》中，本条因其他修法内容的增加而被移至第 31 条，而且删去了二审稿中“致人重伤、死亡，同时构成其他犯罪的，依照处罚较重的规定定罪处罚”的表述，并经过此次会议表决后最终得到通过。

（二）内涵解读

依据《刑法修正案（十一）》第 31 条，刑法第 277 条第 5 款被修改为：“暴力袭击正在依法执行职务的人民警察的，处三年以下有期徒刑、拘役或者管制；使用枪支、管制刀具，或者以驾驶机动车撞击等手段，严重危及其人身安全的，处三年以上七年以下有期徒刑。”在《刑法修正案（十一）》通过后，该条款所规定的内容从妨害公务罪中分立，成为独立的暴力袭警犯罪，并为其配置两档法定刑。根据上述内容，袭警罪是指暴力袭击正在依法执行职务的人民警察的行为。对于本罪的理解，可以从以下几个方面进行把握。

本罪的主体为一般主体，即年满 16 周岁且具有刑事责任能力的自然人均可构成。

本罪的主观方面出自故意，即明知是正在依法执行职务的人民警察，仍然对其实施暴力袭击行为，希望或者放任妨害其依法执行职务及侵害其人身之危害结果的发生。至于行为人基于何种动机实施暴力袭警行为则不影响本罪的成立。但行为人主观上需要明知其袭击对象是正在依法执行职务的人民警察。

本罪在客观方面表现为暴力袭击正在依法执行职务的人民警察。关于本罪的客观特征，需要把握几个要点：

第一，对于“暴力袭击”的理解，可以从两个方面进行把握：一方面，从行为样态上看，“暴力”是指采取有形的强制性武力的方式，“袭击”不仅包括出其

① 全国人大常委会法工委刑法室．宪法法律委、法工委座谈会对刑法修正案（十一）草案二次审议稿的意见．第十三届全国人大常委会第二十四次会议（2020 年 12 月 22—26 日）参阅材料，第 7 页．

不意的打击、突然打击，还应涵盖行为人所有有意识的攻击行为，通常表现为殴打、捆绑、拘禁等有形的人身强制行为，而不应包括实行催眠术、用酒灌醉或用药麻醉等无形暴力方式；另一方面，从行为对象上看，“暴力袭击”的对象主要为警察的人身，同时考虑到警察执行职务的公务性，还应包含针对与警察执行职务相关的设施设备（如警车、警用装备等）进行袭击。[①]

第二，对于“正在依法执行职务”的理解，可以从以下两个方面把握：一方面，执行职务的行为必须“正在进行”，即警察正在履行在其职权范围内的职责，而且不以是否在工作时间内为限；另一方面，执行职务的行为必须是“依法”的，在制止人民警察滥用职权、徇私舞弊或以权谋私等违法犯罪过程中使用暴力行为的，不存在构成本罪的可能。

第三，对于“人民警察”的掌握。依照《人民警察法》第 2 条的规定，在范围上涵盖公安机关、国家安全机关、监狱等管理机关的人民警察和人民法院、人民检察院的司法警察。对于暴力袭击辅警、协警等警务辅助人员的情况，笔者认为，虽然此类主体并不具有法定的人民警察身份，但是在其辅助人民警察执行职务的过程中，对其实施暴力袭击行为，只要起到阻碍人民警察依法执行职务的效果，就可以成立本罪。

第四，从法条表述上看，本罪属于行为犯，即只要实施了暴力袭击行为就可以成立本罪，不要求实际造成严重的危害后果。

本罪侵犯的客体是公安机关的执法公务活动和人民警察的人身安全。

刑法第 277 条第 5 款关于本罪的法定刑规定了两个量刑档次，分别对应两种犯罪形态。其基本犯为“暴力袭击正在依法执行职务的人民警察的”，即构成本罪的，法定刑为“处三年以下有期徒刑、拘役或者管制”。这一法定刑与刑法第 277 条第 1 款妨害公务罪的法定刑“处三年以下有期徒刑、拘役、管制或者罚金”相比大体相当但稍重，即删去了可以选择单处罚金刑的规定。笔者认为本罪基本犯的法定刑略重于妨害公务罪是合理的，因为妨害公务罪的侵害对象是正在依法执行职务的人民警察以外的国家机关工作人员，犯罪手段包括了暴力和威胁方法；而本罪侵害对象是正在依法执行职务的人民警察，其犯罪手段限于暴力。其加重构成犯即“使用枪支、管制刀具，或者以驾驶机动车撞击等手段”，暴力袭击正在依法执行职务的人民警察，“严重危及其人身安全的”，此为该罪的情节加

① 王展．暴力袭警问题的刑法学思考．刑法论丛，2019（2）．

重犯，准确而言是手段加重犯，其法定刑为“处三年以上七年以下有期徒刑”。该法定刑幅度显然重于妨害公务罪许多，这是因为行为人使用了危害性很大的犯罪工具、采用了危险性很大的犯罪手段来实施暴力袭警行为，其危害程度很大，因而法律对其配置了较重的法定刑。在适用加重构成犯之法定刑方面，要求行为人的暴力袭警行为采取了使用枪支、管制刀具，或者以驾驶机动车撞击等手段，达到严重危及警察人身安全的程度。一方面，适用加重法定刑的条件并不局限于使用上述三种手段，而是也包括其他与这三种法律明示的手段之危害性和危险性大体相当的其他手段，如使用杀伤力很大的铁棒袭警的，或者驱使猛犬袭警的；另一方面，使用这些特别的暴力袭警手段需要达到“严重危及其人身安全”的程度。即不论行为人采用何种暴力袭击手段，只要达到足以造成正在依法执行职务的人民警察重伤、死亡的程度，即使没有对其人身造成实害结果，在处罚标准上也应适用加重法定刑，在 3 年以上 7 年以下有期徒刑的范围内进行量刑。

（三）司法适用

首先，司法实践中要正确区分本罪之罪与非罪的界限。在罪与非罪的界限上，对于袭警罪的成立，需要分别从主客观两方面进行把握。在主观方面，如果行为人在暴力袭击他人时并不知道对方是正在执行职务的警察，则不能构成本罪。在一般情况下，凭借警察穿着的警服或携带的警官证等情况就可以识别其身份，但是在行为人不可能知晓其身份的情况下，例如与正在执行职务的便衣警察发生冲突后殴打对方，而且此时便衣警察既没有出示证件也没有亮明自己的身份，则不能认定其构成本罪。在客观方面，如果警察并未处于正在依法执行职务的状态，例如身着警服的警察下班回家路上或者在菜市场买菜时与他人发生冲突而受到他人攻击，也不能认定其构成本罪。此外，本罪中的暴力袭击行为应当达到一定的严重程度，不宜将非常轻微的暴力行为纳入本罪的规制范围，在警察执行公务过程中对其实施的口头威胁、侮辱、谩骂甚至轻微推搡行为，妨碍其正常执行职务的，不能认定行为人构成本罪。

其次，关于本罪与相关罪的界限，也要认真区分。

（1）本罪与妨碍公务罪的界限。刑法第 277 条第 1 至 4 款规定的妨碍公务罪，是指以暴力、威胁方法阻碍国家机关工作人员、人大代表、红十字会工作人员依法执行职务等行为。其与本罪在行为手段和对象上都存在明显区别，即本罪手段更窄，仅限于暴力手段，对象单一，仅限于依法执行职务的警察。袭警罪是由妨碍公务罪分立而来的罪名，其犯罪构成为后罪所涵盖，但法定刑要重于后罪，所以二者之间属于特殊与一般的关系。在行为同时符合两罪犯罪构成的情况下，应当按照特殊法条优于一般法条的原则，以袭警罪定罪处刑。也就是说，对于正在依法执行职务的人民警察而言，以暴力袭击手段行为阻碍其执行公务的，应按照袭警罪进行处理；但以威胁方法阻碍人民警察依法执行公务的，应按照妨碍公务罪进行处理。

（2）本罪与故意杀人罪、故意伤害罪的界限。行为人实施暴力袭击行为，造成正在依法执行职务的人民警察人身伤害或者死亡的，会同时触犯故意杀人罪或故意伤害罪。笔者认为，这种情况属于想象竞合犯，应从一重罪处断。具体而言，在暴力袭击行为造成警察死亡的情况下，应按照故意杀人罪定罪处刑；在暴力袭击行为造成警察重伤。或致其死亡的情况下，应按照故意伤害罪作出处理，在“3 年以上 10 年以下有期徒刑”或“10 年以上有期徒刑、无期徒刑或者死刑”范围内进行量刑。

（3）关于犯罪嫌疑人在被抓捕过程中暴力抗警的犯罪认定。人民警察在抓捕犯罪嫌疑人过程中，犯罪嫌疑人为了抗拒抓捕对警察使用暴力的，可以认定其构成暴力袭警罪，与其所犯他罪数罪并罚；但是，在造成警察重伤或死亡的情况下不构成本罪，应按所犯之罪与故意伤害罪或故意杀人罪数罪并罚。此外，需要注意的是，根据刑法第 269 条之规定，行为人实施盗窃、诈骗、抢夺犯罪，为窝藏赃物、抗拒抓捕或者毁灭罪证，对警察当场使用暴力的，同样构成转化型抢劫罪，应按照刑法第 263 条的规定定罪处罚。

三、冒名顶替罪立法的理解与适用（修正案第 32 条）

（一）立法过程

2020 年 6 月 28 日第十三届全国人大常委会第二十次会议对《刑法修正案（十一）（草案）》进行审议时，该草案中尚未出现关于冒名顶替问题的内容，但在审议过程中，针对此类行为，有些常委会组成人员和列席人员提出，应增加冒名顶替录取、入学犯罪，以维护教育公平、社会公平，要认真研究这类新情况、新问题，修法积极回应社会关切，因而需要增加侵犯他人受教育权罪或者增设盗用、冒用他人身份罪；另有意见则认为，冒名顶替上学的情况比较复杂，不一定直接说冒名顶替就要入刑，而是应考虑违反国家考试制度的问题，入刑问题应再认真研究。[①] 对此，全国人大宪法和法律委员会经过研究认为，一些常委会组成人员、部门、地方和社会公众提出的社会上发生的冒名顶替上大学等事件，严重损害他人利益，破坏教育公平和社会公平正义底线，应当专门规定为犯罪，并向全国人大常委会建议采纳上述意见。[②]

随后，全国人大常委会法工委于 2020 年 9 月上旬研拟的旨在补充《刑法修正案（十一）（草案一审稿）》的《拟新增相关犯罪的初步方案》中，有了拟新增关于冒名顶替的犯罪的规划。及至 2020 年 10 月 14 日第十三届全国人大常委会第二十二次会议审议的《刑法修正案（十一）（草案二次审议稿）》，其第 26 条即增加了将冒名顶替专门入罪的规定，具体内容为："在刑法第二百八十条之一后增加一条，作为第二百八十条之二：'盗用、冒用他人身份，顶替他人取得的高等学历教育入学资格、公务员录用资格、就业安置待遇的，处三年以下有期徒刑、拘役或者管制，并处罚金。组织、指使他人实施前款行为的，依照前款的规定从重处罚。'"在此次审议中，有的意见建议增加冒名顶替"入伍资格"的规定，有的意见提出针对国家工作人员增加一款规定，即"国家工作人员组织、指使或者帮助实施第一款行为的，从重处罚"，同时提高该规定的刑罚。[③]

在此次立法审议之后，对于该修正案草案条文的体系安排、罪状设计和刑罚设置，又出现了一些新的意见。在体系安排方面，有意见认为该条主要侵犯的是他人受教育权，将其调整至"侵犯公民人身权利、民主权利罪"一章更为适宜。在罪状设计方面，有的意见认为，第 1 款列举的情形不能全部涵盖实践中冒名顶替的行为类型；有的意见建议增加"盗用转业军人安置档案材料的，处三年以上七年以下有期徒刑"的规定；有的意见建议将"高等学历教育入学资格"修改为"高等学校学历教育入学资格"，以与高等教育法相衔接，排除自考等非在校学习形式；另有意见提出，应增加冒用或者帮助冒用考试成绩罪，在刑法第 284 条之一增加一款作为第 5 款："冒用他人的法律规定的国家考试成绩，处拘役或者管

---

① 全国人大常委会法工委编印．十三届全国人大常委会第二十次会议审议刑法修正案（十一）草案的意见．第十三届全国人大常委会第二十二次会议（2020 年 10 月 13 日—17 日）参阅材料，第 13～14 页．

② 《全国人民代表大会宪法和法律委员会关于〈中华人民共和国刑法修正案（十一）（草案）〉修改情况的汇报（2020.10.13）》。

③ 参见全国人大常委会法工委办公室．十三届全国人大常委会第二十二次会议审议刑法修正案（十一）草案二次审议稿的意见．第十三届全国人大常委会第二十四次会议（2020 年 12 月 22—26 日）参阅材料，第 7 页．

制，并处或者单处罚金。帮助他人实施第一款犯罪的，依照前款的规定处罚。”在刑罚设置方面，有意见认为需要提高法定刑，并增加“产生恶劣社会影响”“对被害人造成严重伤害”等加重处罚的情形。[①]

2020 年 12 月 26 日，第十三届全国人大常委会第二十四次会议对《刑法修正案（十一）（草案三次审议稿）》进行了审议。与《刑法修正案（十一）（草案二次审议稿）》相比，该草案将该条安排为修正案第 32 条，并又增加了一款作为第 3 款，具体内容为“国家机关工作人员有前两款行为，又构成其他犯罪的，依照数罪并罚的规定处罚”，修正案三审稿经微调后表决通过。

（二）内涵解读

依照《刑法修正案（十一）》第 32 条的规定，在刑法典第 280 条之一后新增一条，作为第 280 条之二，具体内容分别为以下 3 款条文：“盗用、冒用他人身份，顶替他人取得的高等学历教育入学资格、公务员录用资格、就业安置待遇的，处三年以下有期徒刑、拘役或者管制，并处罚金。”（第 1 款）“组织、指使他人实施前款行为的，依照前款的规定从重处罚。”（第 2 款）“国家工作人员有前两款行为，又构成其他犯罪的，依照数罪并罚的规定处罚。”（第 3 款）依据上述规定，本条可确定为冒名顶替罪。本罪是指盗用、冒用他人身份，或者组织、指使盗用、冒用他人身份，顶替他人取得的高等学历教育入学资格、公务员录用资格、就业安置待遇的行为。

本罪的主体为一般主体；主观方面出自故意，并且具有特定的目的，即行为人盗用、冒用他人身份，是为了达到顶替他人取得的高等学历教育入学资格、公务员录用资格或者就业安置待遇的结果；客体为国家对高等学历教育制度、公务员录用制度、就业安置政策和制度的管理秩序，以及公民的身份权利。对于本罪而言，需要重点把握其客观方面。

本罪在客观方面表现为盗用、冒用他人身份，或者组织、指使盗用、冒用他人身份，顶替他人取得的高等学历教育入学资格、公务员录用资格、就业安置待遇的行为。一方面，本罪的行为方式不仅包括冒名顶替行为本身，也包括冒名顶

---

① 全国人大常委会法工委刑法室．宪法法律委、法工委座谈会对刑法修正案（十一）草案二次审议稿的意见．第十三届全国人大常委会第二十四次会议（2020 年 12 月 22—26 日）参阅材料，第 8 页；全国人大常委会法工委刑法室．刑法修正案（十一）草案二次审议稿向社会公众征求意见的情况．第十三届全国人大常委会第二十四次会议（2020 年 12 月 22—26 日）参阅材料，第 3 页．

替的组织行为和指使行为，即在冒名顶替共同犯罪中发挥组织、教唆作用的行为，经由本条第 2 款明文规定亦属于本罪的实行行为。具体而言，“盗用他人身份”是指违反他人意志，使用他人身份的行为；所谓冒用他人身份，是指替代他人使用其身份的行为。从词语含义上看，盗用身份意味着本人身份被他人使用而本人是不知情或不同意的，而冒用身份可以涵盖经过他人同意或与他人串通的情形，并且是完全以他人名义使用其身份。相比之下，冒用对他人身份侵犯的广度和深度，要大于盗用他人身份。盗用、冒用的“身份”，主要表现为以姓名为核心的个人基本信息以及取得一定资格、待遇所需信息而形成的资料、材料。不论是盗用还是冒用，都需要产生替代别人、以别人的身份获得相应资格或待遇的效果。另一方面，本罪的行为对象是他人取得的高等学历教育入学资格、公务员录用资格、就业安置待遇。“高等学历教育入学资格”包括专科教育、本科教育和研究生教育的入学资格，这里的高等学历教育不论是全日制或非全日制教育形式，也不论是在校教育方式还是远程教育方式。“公务员录用资格”，是指通过公开考试、严格考察、平等竞争、择优录取等办法，获得成为依法履行公职、纳入国家行政编制、由国家财政负担工资福利的工作人员的资格。“就业安置待遇”，是指根据国家政策或法律法规的规定，对退役军人、高校毕业生、被依法征收土地的农民等群体，在符合一定条件的情况下，由地方政府为其安排的工作岗位的权利和机会。“他人取得”的资格或待遇，不仅包括他人已经实际取得的资格或待遇，也应包括他人尚未取得、但应当取得的资格或待遇。

（三）司法适用

其一，在罪与非罪的界限上，对于冒名顶替罪的成立，需要从以下三个方面进行把握：（1）行为人取得的高等学历教育入学资格、公务员录用资格、就业安置待遇必须是他人获得或应得的，若行为人通过弄虚作假等方式自己取得上述资格、待遇的，不能成立本罪。（2）行为人取得上述资格、待遇，必须是通过盗用、冒用他人身份的方式。（3）行为人取得的资格、待遇，仅限于法律规定的三种；如果冒名顶替三种之外的资格、待遇，则不能成立本罪。

其二，关于刑法第 280 条之二第 2 款和第 3 款的适用。

（1）依据刑法第 280 条之二第 2 款的规定，冒名顶替的组织行为和指使行为也属于本罪的实行行为，虽然这两种行为存在于共同犯罪场合，但实施这两种行为可以直接成立本罪，适用第 1 款设置的法定刑，在“三年以下有期徒刑、拘役或者管制”的范围内从重处罚，不再适用刑法总则关于共同犯罪人刑事责任的规定。

（2）依据刑法第 280 条之二第 3 款的规定，国家工作人员实施冒名顶替或者组织、指使他人冒名顶替，构成本罪同时又构成其他犯罪的，依照数罪并罚的规定处罚。对于该款，可以认为是立法机关对国家工作人员专门作出的加重处罚规定。这是因为，以实施冒名顶替犯罪为目的，行为人为了盗用、冒用他人身份并顶替他人取得相应的资格或待遇，通常会采取伪造、变造国家机关公文、证件或使用虚假身份证件、盗用身份证件或滥用职权等方式，即冒名顶替行为本身成立犯罪，同时冒名顶替犯罪的方法行为又触犯到其他罪名。在刑法理论中，这种情况属于牵连犯，在一般情况下并不实行数罪并罚，应以“从一重罪从重处罚”为处理原则，即按照行为人触犯数罪中最重的一个罪所规定的刑罚从重处理[①]；但是，既然刑法第 280 条之二第 3 款对本罪的牵连犯作出了实行数罪并罚的明确规定，就应当按照该规定实行数罪并罚。最后，需要注意的是，该条款对冒名顶替罪的牵连犯的处理规定，要求行为主体具有“国家工作人员”的身份，这意味着在成立本罪牵连犯但不具有这种身份的情况下，仍应按照“从一重罪从重处罚”的原则作出处理。

其三，关于本罪既遂形态的认定。犯罪既遂是故意犯罪的完成形态。对于犯罪既遂的界定，刑法理论主要有“结果说”“目的说”和“构成要件说”等立场。其中，“构成要件说”是我国刑法理论的通说观点，即犯罪既遂是指行为人故意实施的行为已经具备了某种犯罪构成要件的全部构成要件和要素。由于本罪是指盗用、冒用他人身份，或者组织、指使盗用、冒用他人身份，顶替他人取得的高等学历教育入学资格、公务员录用资格、就业安置待遇的行为，根据“构成要件说”的内容应将本罪既遂的标志界定为受害者身份的被盗用、冒用，并且被他人顶替实际取得了高等学历教育入学资格、公务员录用资格或就业安置待遇。

关于本罪共同犯罪形态的认定。以各共同犯罪人在共同犯罪活动中的分工为标准，对共同犯罪人进行分类，可以分为实行犯、组织犯、教唆犯和帮助犯。由于刑法第 280 条之二第 2 款已经对冒名顶替共同犯罪中组织行为和教唆行为的刑事责任作出了规定，所以能够成立本罪共同犯罪的，实际上只有冒名顶替的帮助行为，即本罪的共同犯罪只存在帮助犯这种形态。对于帮助犯，应按其在共同犯

① 高铭暄，马克昌．刑法学．9 版．北京：北京大学出版社、高等教育出版社，2019：191～192.

罪中所起的作用处罚。如果在共同犯罪中起辅助作用，就以从犯论处；如果被胁迫实施帮助行为，并在共同犯罪中起较小作用，则应以胁从犯论处。

关于本罪与相近犯罪的界限，需要着重把握本罪与考试作弊犯罪的区别。依据《刑法修正案（九）》第25条的规定，刑法第284条之一规定了组织考试作弊罪，非法出售、提供试题、答案罪和代替考试罪等三种考试作弊犯罪[①]。这些犯罪与冒名顶替罪都是故意犯罪，而且都涉及通过不正当的方式取得一定的录取资格，但是它们在犯罪客观方面存在较大不同。具体而言，考试作弊主要是指通过替考、提前获得考试试题、答案或在考试中使用数字接收设备、无线耳塞等欺骗的方式，违规参加考试的行为。虽然这种行为可能存在盗用、冒用他人身份的情况，但是被冒名者通常是考试作弊的受益者（例如让成绩更好的人代替自己，以自己的名义参加考试）。而且，考试作弊直接针对的是考试本身，即希望通过作弊的手段不正当地提升考试成绩，但即使实施了作弊行为也未必就一定能够获得相应的录取资格。在实施冒名顶替犯罪之前，被冒名者往往已经通过考试等途径正当地获得了一定的入学、录取资格，但此后因别人盗用、冒用其身份，导致别人顶替自己获得的相应的资格，即被冒名者是冒名顶替犯罪的受害者。总而言之，考试作弊犯罪主要针对的是考试过程中的不诚信行为，考试本身只是获得录取、入学资格的途径；而冒名顶替犯罪则是行为人顶替他人直接获得录取、入学的资格。

四、高空抛物罪立法的理解与适用（修正案第33条）

（一）立法过程

近年来，高空抛物、高空坠物行为频发，严重危及了人民“头顶上的安全”，尤其是在人员车辆密集的街道，从高楼随意抛掷物品的行为会造成财产损失、人员伤亡等严重后果。有鉴于此，这种恶性行为有值得刑法予以规制的必要性，刑

---

① 《刑法》第284条之一规定：“在法律规定的国家考试中，组织作弊的，处三年以下有期徒刑或者拘役，并处或者单处罚金；情节严重的，处三年以上七年以下有期徒刑，并处罚金。为他人实施前款犯罪提供作弊器材或者其他帮助的，依照前款的规定处罚。为实施考试作弊行为，向他人非法出售或者提供第一款规定的考试的试题、答案的，依照第一款的规定处罚。代替他人或者让他人代替自己参加第一款规定的考试的，处拘役或者管制，并处或者单处罚金。”

法的介入不仅能够有效弥补被害人的损失，同时还能对此类行为产生威慑，从而减少该行为的发生。2019 年 10 月 21 日，最高人民法院发布了《关于依法妥善审理高空抛物、坠物案件的意见》（以下简称《高空抛物意见》）[①]，该意见对于统一高空抛物的司法适用问题具有实践意义，然而该意见中对于高空抛物行为的刑事处遇虽然也考虑到不同情形进行了区别对待，但是仍然面临很多问题，规定得过于笼统划一，虽然可以在一定程度上能够统一案件的处理结果，但是却无法满足不同案件的情况，最终不利于罪责刑相适应原则的实现。需要承认的是：司法解释不能取代立法作用，因此有必要在立法中对高空抛物的行为予以明确，使之符合罪刑法定原则的要求，本次的修法正是对上述问题的回应。此外，民法典在侵权责任一编中对“高空抛物”作了单独规定，明确将其作为法律禁止性行为并细化治理规则。[②] 为了同民法典的规定相衔接，刑法有必要对此类禁止性行为中情节严重的部分进行专门规定，从而严密法网，形成次序分明的处罚阶梯。

《刑法修正案（十一）》针对高空抛物行为入罪的立法过程主要经历了三个方面的具体变化：(1) 体系位置的变化。在《刑法修正案（十一）（草案）》第一次审议稿（以下简称“一审稿”）与第二次审议稿（以下简称“二审稿”）中，高空抛物罪在刑法中的位置发生了明显的变化，一审稿中高空抛物罪置于危害公共安全罪一章中，并放在刑法第 114 条内，规定了独立的构成要件及刑罚；而二审稿根据相关专家学者的意见把高空抛物移到妨害社会管理秩序罪一章中，作为独立的一个法律条文。[③] 一些专家学者认为，在条文设置上要明确区分高空抛物罪与其他严重的危害公共安全犯罪，规定在同一条文中是不合适的，应当重新审视高空抛物罪的性质，将该条作为妨害社会管理秩序罪，规定在刑法第 293 条寻衅滋事罪之后。高空抛物罪体系位置的变化使得高空抛物行为的性质整体上出现变化。首先，刑法分则中的不同章节代表了不同的客体，因此，将高空抛物罪从危害公共安全罪一章移到妨害社会管理秩序罪一章，意味着该罪所要保护的法益发生了变化。高空抛物罪属于轻罪，且高空抛物的行为往往无法达到危害公共安全的程度，因此二审稿中这样的调整是合适的。其次，高空抛物罪规制的是妨害社

---

① 《最高人民法院关于依法妥善审理高空抛物、坠物案件的意见》，法发〔2019〕25 号。

② 史令珊、何荣功．“高空抛物”入刑：问题与思考．现代刑事法治视野下的国家与社会安全（全国刑法学术年会文集 2020 年度）．北京：中国人民公安大学出版社，2020：228.

③ 全国人大常委会法工委刑法室．地方人大和中央有关部门、单位对刑法修正案（十一）草案的意见．第十三届全国人大常委会第二十次会议（2020 年 6 月）参阅材料．

会管理秩序的行为，这一客体也同社会一般公众对于高空抛物行为的理解接近。高空抛物行为体现了行为人的不文明程度，但是相较于其他犯罪而言，其主观恶性与人身危险性都显著降低，刑法的确可以通过创设新罪的方式调整人们的行为，引领社会的文明风尚，但是同时也需要注意此罪不宜过重，高空抛物行为对于公共安全的侵害具有偶然性与间接性，这一点同危害公共安全罪一章的犯罪有明显不同。此外，从高空抛物的条文表述可以看出，该罪属于行为犯（或称抽象危险犯），而非结果犯，法条规定的严格惩治也与该罪本身的危险性相悖。最后，一审稿将高空抛物罪置于危害公共安全罪中会造成体系与理解上的混乱，高空抛物的危害程度与处罚力度要明显轻于以危险方法危害公共安全罪，但是一审稿却忽视了二者的差别，这会导致在未来司法适用中仍然可能陷入两罪的抉择中，造成适用上的混乱。二审稿中将高空抛物罪的保护目的限制到社会管理秩序中，既与本罪的危害程度相适应，同时也能在某些特定的较为严重情形下适用危害公共安全罪一章的罪名予以规制，从而避免了适用中的混乱，使得高空抛物行为的刑法规制更具细致性、层次性与严密性。

（2）构成要件内容的变化。高空抛物罪构成要件的内容在一审稿与二审稿中也有诸多重要变化，包括行为场所的规定，以及罪量要素的要求。首先是行为场所的规定发生了变化。一审稿中行为发生的场所直接表述为“高空”，而二审稿中根据有关专家的意见进行了细化处理，修改为“建筑物或其他高空”，使得场所更为明确。[①] 实践中的高空抛物多出现在建筑物空间内，一审稿单纯使用“高空”这样的表述，内涵外延都十分模糊，二审稿中修改为“建筑物或其他高空”，那么其他高空也应当作类似于“建筑物”的同类解释，这样高空抛物的场所就并非任意的高空、任何的环境，而主要是针对从类似于建筑物或建筑物高度内的环境中抛掷物品的行为。其次，高空抛物的入罪门槛发生了变化。在一审稿中采用的是“危及公共安全”这样的表述，但是在二审稿中修改为“情节严重”，对比之下可以看出，二审稿适当提高了高空抛物的入罪门槛，因为即使行为危及公共安全，也不一定能够达到情节严重的要求。情节的严重程度往往需要通过一些结果予以反映。这一入罪门槛的修改，有助于刑法与民法之间的衔接协调，防止犯罪圈过分扩张，为民法的适用留出余地。

---

① 全国人大常委会法工委办公室．十三届全国人大常委会第二十次会议审议刑法修正案（十一）草案的意见．第十三届全国人大常委会第二十次会议（2020 年 6 月）．

（3）量刑的变化。在量刑问题上，一审稿与二审稿也存在差别，主要表现为二审稿中根据一些专家的建议增加了“一年以下有期徒刑”的规定，提高了高空抛物罪的法定最高刑，使得该罪能够应对更多的情况。[①] 同时，还有一点很重要的考量在于：若某一犯罪的法定最高刑为拘役，则行政处罚适用的空间就非常狭窄，换言之，此罪纳入刑法处罚的必要性会存在问题，该罪如果配备的刑罚较轻，说明该罪处罚的危害行为严重程度较低，此时纳入犯罪圈中虽然并不会造成处罚上的畸重，但是会导致定罪之后的附随后果严重。拘役这种刑罚本身并不会给行为人带来太多问题，但是定罪之后对行为人工作、家庭、子女未来发展的影响却是多方面的，刑法在设置新罪时理应考虑到犯罪所附随的副作用，吸取醉驾入刑的深刻教训，不要再制造最高刑为拘役的犯罪。应当认真考虑轻易将行为入罪给党和政府的执政基础，给社会、家庭和他的后代带来的深远影响，刑事立法还应当坚持刑法的谦抑性原则。因此，二审稿对法定刑进行了调整，增加了 1 年以下有期徒刑的规定，适当放宽了行政处罚的余地，也提醒刑事司法适用时要考虑高空抛物行为的严重程度，要同民事侵权、行政处罚相协调，不可过分入罪以致引起社会动荡。

（二）内涵解读

高空抛物罪是从建筑物或者其他高空抛掷物品，情节严重的行为。该罪的主体是一般主体，主观方面是故意。对该罪的构成要件，需要重点把握以下几个方面。

1. 关于本罪的客体与对象

如前文所述，在体系位置调整后，本罪的犯罪客体不再是侵犯了公共安全，而是造成社会管理秩序的混乱，引起了社会公众的不安感。虽然高空抛物行为一定程度上会对公共安全造成威胁，但是相对于危害公共安全罪一章的罪名而言，这种威胁是潜在的、间接的，无法达到公共安全所要求的不特定或多数人的生命、健康、财产安全的程度。本罪的犯罪对象既包括人也包括物，换言之，高空抛物行为既有可能造成社会公众的人身危险，同时也可能造成物的破坏，从而导致财产损失。

---

① 全国人大常委会法工委办公室．十三届全国人大常委会第二十次会议审议刑法修正案（十一）草案的意见．第十三届全国人大常委会第二十次会议（2020 年 6 月）．

2. 关于本罪的客观方面

本罪的客观方面规定得非常简洁："从建筑物或者其他高空抛掷物品"。首先是本罪的成立要符合犯罪地点的要求，对于"建筑物"与"其他高空"各自含义的理解要结合起来进行解释。"建筑物"并非普通的建筑物，而是要具有"高空"的特性，换言之，如果从一个建筑物的一层或者较低的楼层抛掷物品，不能构成"本罪"，因为不符合"高空"的要求，条文表述的是"建筑物或者其他高空"，说明建筑物也要满足高空的要求。"高空"的具体标准在现行法律中并没有明确的规定，类似的概念是 GB/T3608－93《高处作业分级》中将 2 米以上（含 2 米）认定为高空。[①] 但是这一标准是指高空作业时的标准，能否直接用于高空抛物案件中仍然需要探讨。此外，刑法中的"高空"是否应当完全按照民法上高空的认定也存在疑问，刑事责任要比民事责任具有更严重的社会危害性，就"情节严重"的要求来看，刑法上对"高空"的认定应当有别于民事领域，按照一般人的生活常识，抛掷物品的高度越高、物品越重则相应地产生的危险性也就越大。因此，一些学者所认为的刑事案件不应另设标准的说法是值得商榷的。[②] 此外，笔者认为，对于其他高空的解释也应当符合"建筑物"的一些特征，虽然不是建筑物，但是在这一高空的四周要存在人员，这样其危险性才能同建筑物相当，例如在游乐场的高空设施上抛掷物品，虽然游乐设施并非建筑物，但是具有同建筑物相似的性质，因为在该设施四周存在不特定的人员来往。从反面来看，若某一高空设施周围完全不存在人员，例如建在森林或海边的设施，若抛掷物品不会造成任何人员伤亡的可能性，则不能认定为此处的"其他高空"。综上所述，对于"建设物"与"其他高空"的范畴，要结合起来进行同类解释，从而明确词语内涵。有学者还提出，应当从致损物开始坠落前所在的水平面为参照，到其可能坠落范围半径内最低处的水平面，计算其垂直高度。[③] 这一计算方法，事实上正是用高度差来征表抛掷物品的危险程度，这一高度差并非物品实际坠落的高度差值，而是物品可能坠落造成损害的高度差，只有这样才能反映可能的危险性，防

① 《高处作业分级》规定：凡在坠落高度基准面 2 米以上（含 2 米）有可能坠落的高处进行作业，都称为高处作业。

② 林亚刚．高空抛物、坠物刑事责任的讨论．现代刑事法治视野下的国家与社会安全（全国刑法学术年会文集 2020 年度）．北京：中国人民公安大学出版社，2020：216.

③ 陈志军．高空抛物坠物犯罪认定中的三个疑难问题．现代刑事法治视野下的国家与社会安全（全国刑法学术年会文集 2020 年度）．北京：中国人民公安大学出版社，2020：269.

止落入结果归罪的“泥沼”，这一具体反映危险性的方法可以在司法实务中予以适当采纳。

其次，需要讨论的是“抛掷物品”，抛掷物品这样的表达，体现出行为大多情况下应当是主动的、自发的、积极的。那本罪只能由作为形式构成吗？这是接下来需要重点讨论的问题。第一种情况是高空坠物。在审议过程中，一些专家提出将“明知放置物品可能坠落，危及公共安全的行为增加规定为犯罪”①。但是最终这一行为表述并没有纳入犯罪，而“抛掷”的字面含义无论如何难以包含“坠物”的含义。换言之，放置物品具有危及公共安全的危险时能否构成本罪，当行为人先行行为引起了注意义务时，行为人应当排除该危险而没有排除的情况下，能否认定为本罪？虽然这种不作为与作为具备了等值性，但是由于欠缺抛掷动作，因此很难将单纯的坠物解释为是“抛掷”，否则就属于违背罪刑法定原则的类推解释。但是，若整个过程存在抛掷行为，但并非行为人自己实施的，此时是否能构成本罪需要专门讨论，并与上一种情形相区分。第二种情形通常表现为：未成年人的监护人怂恿或任由未成年人高空抛物造成人员伤亡的，应否承担刑事责任的问题。在第二种情形中，存在一个人为的积极行为，虽然这一行为并非必然是有刑事责任能力人实施的，但是由于存在这种抛掷的积极行为导致第二种情形与第一种情形存在差别，第二种情形在进行法条文本解释时虽然有所拓展，但是仍然是在文义可能的范围内进行解释，因为确实具有抛掷行为，只不过抛掷行为并非本人直接实施。此外，在行为所造成的危害性与因果性上，第二种情形都与作为犯罪具有等价性，因此，怂恿、教唆未成年人实施高空抛物行为，属于高空抛物罪的间接正犯，本质上是一种作为；而任由未成年人高空抛物，情节严重的，则属于不作为，只要与作为具有等价性，就需要承担刑事责任。

（三）司法适用

首先，通过上文分析可知本罪是故意犯罪，因此本罪存在共犯形态的问题。教唆他人实施高空抛物行为的，可以构成本罪的教唆犯；相约一起高空抛物构成共同实行犯；当然还有利用不具备刑事责任能力的人抛掷物品的，构成间接正犯。此外，具有监管义务的人，包括对人具有监管或对场域具有监管义务的人，

① 全国人大常委会法工委刑法室．刑法修正案（十一）草案向社会公众征求意见的情况．第十三届全国人大常委会第二十次会议（2020 年 6 月）．

在他人投掷物品时不予制止，放任结果的发生的，也与直接投掷物品的人构成共同犯罪，其中，若直接投掷物品的人不具有刑事责任能力，则具有监管义务的人属于间接正犯。

其次，上文已经论述本罪是行为犯，从建筑物或其他高空抛掷物品，且情节严重的才能成立本罪，因此，本罪基本上不存在未遂形态，正准备抛掷物品而自动放弃或者由于客观原因无法继续抛掷的，不满足情节严重的要求，甚至无法被发觉，因此，在司法实务中本罪几乎不会出现未遂形态、中止形态及预备形态。

最后，需要重点讨论的是本罪的罪数形态问题。本罪第 2 款规定："有前款行为，同时构成其他犯罪的，依照处罚较重的规定定罪处罚。"该款的规定是注意规范，有高空抛物行为，同时此行为又构成了其他更为严重的犯罪时，按照想象竞合择一重的原则处理。本罪为轻罪，并不要求造成严重后果，因此当司法实务中出现高空抛物造成严重后果的情况时，该行为同时可能构成具体的过失犯罪，高空抛物罪虽属于故意犯罪，但是故意的内容是抛掷，对于严重危害后果的主观心态仍然是过失的，因此可能会触犯法定刑更高的过失犯罪，例如：过失致人重伤罪、过失致人死亡罪。

通过上文分析可以看出，高空抛物罪的设立并不意味着原有的《高空抛物意见》的废止，第 2 款注意规定的表述，恰恰需要用高空抛物司法解释予以具体细化。《刑法修正案（十一）》规定的内容并没有同司法解释之间存在较大矛盾，司法解释中提及的一些罪名仍然有可能在具体的案件中涉及。例如，在司法解释中故意高空抛物，情节严重，但尚未造成严重后果的情形下，由于《高空抛物意见》出台时没有独立的高空抛物犯罪，那么定以危险方法危害公共安全罪；但是《刑法修正案（十一）（草案）》设置了独立的高空抛物罪，在没有造成人员伤亡或其他严重后果但情节严重的情况下，则应当定高空抛物罪。

除此之外，《刑法修正案（十一）（草案）》与《高空抛物意见》在其他情形的处理上就不存在矛盾了。故意高空抛物，造成了人员伤亡或其他严重后果，不管是司法解释还是《刑法修正案（十一）》都认同有构成其他犯罪的可能性，而由于高空抛物罪属于轻罪，因此大部分情况下都有可能认定为其他犯罪；过失高空坠物以及在生产作业中高空坠物的情形，《刑法修正案（十一）（草案）》并没有进行规定，因而仍然需要按照《高空抛物意见》进行处理，从而严密法网，最大限度做到不枉不纵。

综上所述，未来高空抛物及坠物的行为可以分成如下几种情形及不同处理方法：（1）故意高空抛物，情节严重，但并没有造成严重后果，定高空抛物罪；（2）故意高空抛物，有危及公共安全的可能性，且造成了人员伤亡或其他严重后果的，要对行为人主观心态进行判断，如果对结果是故意心态，则视具体情况定故意杀人罪、故意伤害罪、以危险方法危害公共安全罪（第 115 条）、故意毁坏财物罪，若对结果持过失心态，则定过失致人重伤罪、过失致人死亡罪；（3）特殊领域中过失高空坠物，发生重大伤亡事故或其他严重后果的，视具体情况定重大责任事故罪、强令违章冒险作业罪。（4）其余达不到上述要求的高空抛物、坠物的行为一律要按照无罪论处，交由民法、行政法加以处理。

五、侵害英雄烈士名誉、荣誉罪立法的理解与适用（修正案第 35 条）

（一）修法过程

侵害英雄烈士名誉、荣誉罪的设立不仅是由于近年来侮辱、诽谤英雄烈士、歪曲历史事实的案件频发，也是由于相关法律的创制，刑法有必要同相关法律保持内容上的协调性与连贯性，严密法网。英雄烈士以及他们赋予的精神价值是一个国家不断发展富强的原生动力，即使处在和平年代也不容忘却。然而近年来随着自媒体的发展，为了博取眼球，哗众取宠，骗取关注度，一些自媒体不惜以破坏，影响烈士形象、歪曲历史事实等方式进行宣传，这种行为不仅侵犯了英雄烈士家属的感情，更是对整个社会核心价值与精神的践踏，侵害英雄烈士名誉、荣誉已经远远超出侵犯普通死者名誉的危害性，关乎国家的整体形象与社会核心价值观，因此有必要设立专门的罪名予以规制。具体来看该罪的修法背景表现为以下两个方面：（1）实践中发生了侮辱、诽谤英雄烈士或采用戏谑的方式调侃英雄烈士伟大事迹的一些案件，这些案件的社会影响严重，受到国民的抵制，但是由于缺乏合适的具体的规定导致刑法无法介入，只能通过民事侵权之诉予以解决。其中一些影响恶劣的社会事件，不仅损害了英雄烈士的光辉形象，同时也侵犯了国家对于英雄烈士的庄严记忆，违背了社会主义核心价值观。有学者指出，英雄烈士的尊严已不仅仅是个体尊严，而是形成了不可磨灭的社会尊严、具有不可替代性的特有尊严，保护这一特别尊严不仅体现了普通人格权的延续，还表现了法律对崇高社会价值观的弘扬和维护。因此，对于英雄烈士的名誉、荣誉需要有相对于一般人更加严格的保护，从而使整个社会形成风清气正的局面。（2）立法上我国于2018年4月27日颁布了《中华人民共和国英雄烈士保护法》（以下简称《英雄烈士保护法》），该法自2018年5月1日起施行。该法第22条明确规定："禁止歪曲、丑化、亵渎、否定英雄烈士事迹和精神。英雄烈士的姓名、肖像、名誉、荣誉受法律保护。任何组织和个人不得在公共场所、互联网或者利用广播电视、电影、出版物等，以侮辱、诽谤或者其他方式侵害英雄烈士的姓名、肖像、名誉、荣誉。任何组织和个人不得将英雄烈士的姓名、肖像用于或者变相用于商标、商业广告，损害英雄烈士的名誉、荣誉。公安、文化、新闻出版、广播电视、电影、网信、市场监督管理、负责英雄烈士保护工作的部门发现前款规定行为的，应当依法及时处理。"此外该法第26条规定了相关法律后果："以侮辱、诽谤或者其他方式侵害英雄烈士的姓名、肖像、名誉、荣誉，损害社会公共利益的，依法承担民事责任；构成违反治安管理行为的，由公安机关依法给予治安管理处罚；构成犯罪的，依法追究刑事责任。"为了同《英雄烈士保护法》相呼应，对此类行为形成严密的规制体系，我国刑法有必要设置专门的犯罪，从而规制此类行为中情节严重的情况；否则《英雄烈士保护法》中的规定将缺少现实的依据。

侵害英雄烈士名誉、荣誉罪在整个修法过程中也经历了一系列变化，表现在增加行为方式以及改变体系位置两个方面。首先是行为方式的增加。在《刑法修正案（十一）（草案）》一审稿中，该罪的行为只有侮辱、诽谤两种，但是在二审稿中增加了"其他方式"的表述，这大大扩充了本罪的规制范围，同时也与《英雄烈士保护法》的表述相呼应，行为方式的具体内涵将在下文予以详细阐述。其次是体系位置的改变。在一审稿中该罪置于刑法第246条之后，作为第246条之一，即本罪定性为侵犯公民人身权利、民主权利罪，并与侮辱、诽谤罪类似。但是一审稿征求意见过程中，这种定性遭到了专家学者们的质疑。英雄烈士一般是已故之人，对这一群体名誉、荣誉的侵害显然不同于自然人，而且对于英雄烈士名誉、荣誉的侵犯也与普通人有所区别，因此一审稿对于侵害、影响烈士名誉、荣誉的定性存在偏差。有鉴于此，在二审稿中该罪被移到了刑法第299条之后，作为第299条之一："侮辱、诽谤或者以其他方式侵害英雄烈士的名誉、荣誉，损害社会公共利益，情节严重的，处三年以下有期徒刑、拘役、管制或者剥夺政治权利。"[①] 侵害英雄烈士名誉、荣誉罪最终定性

① 全国人大常委会法工委编印．十三届全国人大常委会第二十次会议审议刑法修正案（十一）草案的意见．第十三届全国人大常委会第二十二次会议（2020年10月）参阅材料．

为扰乱社会公共秩序的行为，与侮辱国旗、国徽、国歌罪相邻，这种定性是合适的，符合本罪侵害的法益。

（二）内涵解读

侵害英雄烈士名誉、荣誉罪，是侮辱、诽谤或者以其他方式侵害英雄烈士的名誉、荣誉，损害社会公共利益，情节严重的行为。该罪的主体是一般主体。对该罪构成要件的把握，需重点把握以下几个方面。

1. 关于本罪的客体与对象

犯罪客体体现了个罪的保护法益及解释核心，因此需要首先对本罪的犯罪客体进行分析。如前文所述，本罪在《刑法修正案（十一）草案》一审稿时置于侵犯公民人身权利、民主权利罪一章中，但是在审议之后，该罪最终置于妨害社会管理秩序罪一章中，这对该罪保护客体的理解是至关重要的。这主要是因为英雄烈士是已经逝去的人而非现实存在的自然人，因此，对于侮辱、诽谤或以其他方式侵害英雄烈士的名誉、荣誉的行为，不同于针对现实的自然人实施的行为，该行为并不会侵犯公民人身权利与民主权利，因此，本罪所保护的实际上是一种民族记忆或民族精神，不同于现实的人身权利与民主权利，本罪保护的法益是抽象法益，同时也是集体法益，因此本罪置于妨害社会管理秩序罪一章中更为合适。本罪保护的客体与侮辱国旗、国徽罪，侮辱国歌罪类似，犯罪行为侵犯了国家整体的形象与社会价值，造成严重影响，因而受到刑法的否定性评价。此外，通过本罪构成要件的表述也可以看出，本罪的成立需要“损害社会公共利益”，因此，本罪的客体就是社会公共利益，更加准确地说是英雄烈士所带给社会的精神与价值利益。

本罪的对象为“英雄烈士”，英雄烈士的范围决定了该罪的规制界限，因此，有必要对英雄烈士的内涵进行说明。我国《烈士褒扬条例》第 8 条[①]和《军人优

---

① 具体内容为：“公民牺牲符合下列情形之一的，评定为烈士：（一）在依法查处违法犯罪行为、执行国家安全工作任务、执行反恐怖任务和处置突发事件中牺牲的；（二）抢险救灾或者其他为了抢救、保护国家财产、集体财产、公民生命财产牺牲的；（三）在执行外交任务或者国家派遣的对外援助、维持国际和平任务中牺牲的；（四）在执行武器装备科研试验任务中牺牲的；（五）其他牺牲情节特别突出，堪为楷模的。”

待抚恤条例》第 8 条[1]中对“烈士”的范围进行了明确的界定。但是，对于“英雄”的内涵却存在模糊性，首先英雄是个非常主观的概念，每个人心中对于英雄的理解与评判标准都是不同的，因此这一概念是规范性概念，需要司法人员基于自身的价值观念进行判断，但是这在一定程度上会造成刑法规定的模糊性与司法上的擅断，从而损害国民预测可能性。根据罪刑法定原则的要求，这一概念需要尽快明确，否则可以预见的是该罪很可能沦为一个新的口袋罪名。其次是时间问题，即该英雄是否包括古代英雄，还是仅指近现代与当代英雄。由于对于“英雄”一词尚未存在一个明确的界定与规范，因此对于这一概念需要交给立法解释或司法解释予以完善。但是同时要注意的是，我国颁布的《英雄烈士保护法》中也使用了“英雄”这一表述，同时，从该法的条文表述可以看出：英雄与烈士基本上都是并用的，在条文中统一采用“英雄烈士”这样的说法。由此可见，“英雄烈士”实际上并非两个并列词语的结合，而是一个偏正短语，重点内容仍然是在“烈士”上，而英雄作为烈士的形容词存在，如果从这一层面进行理解，就可以明确刑法第 299 条之一中“英雄烈士”的含义。

2. 关于本罪的客观方面

本罪的客观方面可以从行为方式以及行为程度两个方面进行研究。对于行为方式内容的把握，可以参考刑法中的相关罪名进行理解。“侮辱行为”可以参考侮辱国旗、国徽、国歌罪的具体行为方式，也可以参考侮辱罪的某些行为方式。这是因为英雄烈士的名誉与荣誉具有双重性：其一是具有普通死者的权利，《中华人民共和国民法典》第 994 条也明文规定，死者的姓名、肖像、名誉、荣誉、隐私、遗体等受保护。烈士也是死者，因此，烈士也具有上述权利。其二是具有国家形象与社会价值的意义，在这一点上英雄烈士的名誉与荣誉有着接近于国旗、国徽、国歌的地位，损害其名誉与荣誉的行为也会产生对国家形象与社会价值观念、民族精神的破坏。“诽谤行为”是捏造事实的行为，是指捏造并散播不

---

① 具体内容为：“现役军人死亡，符合下列情形之一的，批准为烈士：（一）对敌作战死亡，或者对敌作战负伤在医疗终结前因伤死亡的；（二）因执行任务遭敌人或者犯罪分子杀害，或者被俘、被捕后不屈遭敌人杀害或者被折磨致死的；（三）为抢救和保护国家财产、人民生命财产或者执行反恐怖任务和处置突发事件死亡的；（四）因执行军事演习、战备航行飞行、空降和导弹发射训练、试航试飞任务以及参加武器装备科研试验死亡的；（五）在执行外交任务或者国家派遣的对外援助、维持国际和平任务中牺牲的；（六）其他死难情节特别突出，堪为楷模的。现役军人在执行对敌作战、边海防执勤或者抢险救灾任务中失踪，经法定程序宣告死亡的，按照烈士对待。批准烈士，属于因战死亡的，由军队团级以上单位政治机关批准；属于非因战死亡的，由军队军级以上单位政治机关批准；属于本条第一款第六项规定情形的，由中国人民解放军总政治部批准。”

实的历史故事，对英雄烈士的名誉、荣誉产生负面影响的行为。诽谤的核心在于所传播的内容是虚假的、不实的、易使社会公众轻信的，虽然该罪已经不再置于侮辱、诽谤罪之后，但是行为方式的具体内容还是可以参照侮辱、诽谤罪予以明确化。

“其他方式”，这是在二审稿中新增的内容，主要是为了回应一些专家学者所提出的该罪行为方式涵盖不够全面的问题，此外，引入“其他方式”的表述也能与《英雄烈士保护法》相协调、对应。“其他方式”的具体内容亦需要参考《英雄烈士保护法》的相关规定。例如该法第 22 条第 2 款中规定：“英雄烈士的姓名、肖像、名誉、荣誉受法律保护。任何组织和个人不得在公共场所、互联网或者利用广播电视、电影、出版物等，以侮辱、诽谤或者其他方式侵害英雄烈士的姓名、肖像、名誉、荣誉。任何组织和个人不得将英雄烈士的姓名、肖像用于或者变相用于商标、商业广告，损害英雄烈士的名誉、荣誉。”该条对行为方式的空间与形式进行的列举性规定，包括但不限于公共场所、互联网、广播电视、电影、出版物等，此外，除了直接的采取侮辱、诽谤或其他方式外，还可以采用将英雄烈士的姓名、肖像用于或变相用于商标、商业广告中的行为。在《英雄烈士保护法》第 22 条中叙述的行为方式中，需要讨论的是侵害英雄烈士姓名、肖像的行为是否能够包含在侵害英雄烈士名誉、荣誉中。首先，从文字表述来看，该罪并没规定侵害英雄烈士的姓名、肖像，因此，侵害英雄烈士姓名、肖像的行为并不一定触犯该罪，只有当该侵害行为同时侵害了英雄烈士的名誉、荣誉时，才可能受到此罪的规制。这意味着某些行为虽然侵害了英雄烈士的姓名、肖像，但并不会对英雄烈士的名誉、荣誉造成消极影响，这种情形应当予以出罪处理，就侵害行为可以通过民事诉讼或公益诉讼的途径予以解决。此外，《英雄烈士保护法》第 27 条第 2 款中还规定了“亵渎、否定英雄烈士事迹和精神，宣扬、美化侵略战争和侵略行为”，这一行为事实上也有侵害了英雄烈士的名誉、荣誉。第 28 条规定了“侵占、破坏、污损英雄烈士纪念设施”，该行为事实上也有侵害英雄烈士名誉、荣誉的危险。由此可见，该罪中所规定的“侮辱、诽谤或者以其他方式侵害英雄烈士的名誉、荣誉”的行为并不限于直接作用于英雄烈士名誉、荣誉的行为，还包括通过侵犯英雄烈士的姓名、肖像，亵渎、否定英雄烈士事迹和精神，宣扬、美化侵略战争和侵略行为，侵占、破坏、污损英雄烈士纪念设施等间接方式，实际能起到侵害英雄烈士的名誉、荣誉效果的行为。

此外，还需要讨论的是本罪是否能以不作为的形式实施。笔者认为本罪存在不作为形式。例如，网络服务提供者尤其是平台经营者，在明知该平台存在前文所述的不法消息且有能力进行控制和删除，仍然放任信息扩散结果的发生时，该网络服务提供者就可以构成不作为犯罪，是本罪的不作为的帮助犯。

从行为程度来看，该罪要求“损害社会公共利益，情节严重的”，这意味着对英雄烈士名誉、荣誉的侵害已经达到了损害公共利益且情节严重的程度，从反面来看，若没有达到这一行为程度，则不能按犯罪论处，但可以通过民法、治安管理处罚法予以规制。该罪“情节严重”的认定需要司法解释予以明确；但是“情节”是相对较为宽泛的概念，包括行为方式、手段、结果、社会影响等要素，司法解释在规定时仍然需要对“ 情节”进行客观与明确的细化。例如：对互联网方式侮辱、诽谤英雄烈士的行为，就可以通过该言论的阅读量、转载数、点赞数等较为具体明确的标准衡量社会影响的大小。在本罪中也可以通过这些相对明确具体的、可衡量的指标来界定情节严重的具体标准。

3. 关于本罪的罪过形式

本罪的主观方面是故意，既包括直接故意也包括间接故意。需要探讨的是本罪的行为人是否需要具有传播扩散的目的，笔者持否定态度，行为人只要采取侮辱、诽谤或其他方式对英雄烈士的名誉、荣誉进行侵害，就已经具备了法益侵害性，侮辱、诽谤等行为本身就具有公开性，这种危害结果是隐藏在行为方式之下的，不需要再强调本罪要具有传播扩散目的。正因为本罪不需特定的目的，所以本罪存在间接故意的主观罪过形式，即行为人采取放任心态放任侮辱、诽谤英雄烈士的不法信息扩散的，仍然可以构成本罪。

（三）司法适用

首先，需要分析的是本罪的停止形态问题。本罪属于行为犯，从法条文本的表述中可以看出，只要采用侮辱、诽谤或其他方式实施了侵犯英雄烈士名誉、荣誉的行为，本罪就已经既遂，并不需要实害后果的发生才是既遂。但是实害后果的具体内容可以成为本罪情节是否严重的判断指标，如果达不到情节严重的程度，则不能成立犯罪。

其次，需要分析的是本罪的共犯形态。本罪既可以单独犯构成，也可以共犯构成。在刑事司法实务中，通过互联网形式实施此罪行为经常会以共犯形态出现，因此类似的情况值得讨论。在诸如此类的案件中，可以分为侮辱、诽谤言论（或其他行为）制造者、传播者两大类，制造者与传播者之间能够成立共同犯罪，然而制造者与传播者何者为主犯、何者为从犯却不能一概而论。若制造者只是在小范围内散布自己的侮辱、诽谤言论或实施其他行为，并不意图传播，却被另外的传播者进行大范围传播时，制造者就不能被认定为主犯，此类案件的传播者才是发挥主要作用的人。

最后，需要探讨的是本罪的罪数形态。通过对本罪行为方式、共犯形态的研究可知，本罪还与寻衅滋事罪、拒不履行信息网络安全管理义务罪等罪名存在交叉竞合关系。通过本罪的法定刑可以知道，本罪整体上属于轻罪。当同一个行为既触犯本罪又触犯其他罪名时，需要按照想象竞合的处罚规则择一重罪论处。

六、赌博犯罪修法的理解与适用（修正案第36条）

（一）修法过程

赌博犯罪作为一种社会丑恶现象，在我国一向被严格禁止和严厉惩治。早在1979年刑法制定时，立法机关就把“以营利为目的，聚众赌博或者以赌博为业”的行为规定为犯罪。在1997年刑法修订后，刑法典第303条规定的赌博罪又将“以营利为目的，开设赌场的行为”纳入规制范围。2006年6月29日，第十届全国人民代表大会常务委员会第二十二次会议通过了《刑法修正案（六）》。“考虑到开设赌场吸引他人赌博较一般的聚众赌博危害更大一些，因此，有必要加大对开设赌场的惩处力度，提高刑罚。”[①]《刑法修正案（六）》第18条将开设赌场行为从赌博罪中的抽离，增加刑法第303条第2款将开设赌场行为单独成罪，并为其配置了“处三年以下有期徒刑、拘役或者管制，并处罚金”和“处三年以上十年以下有期徒刑，并处罚金”两档法定刑。

此次《刑法修正案（十一）》立法过程中，2020年6月28日第十三届全国人大常委会第二十次会议对《刑法修正案（十一）（草案）》进行了首次审议，该草案中并未出现涉及赌博犯罪的修正内容。但此后有的部门提出，“近年来跨境赌博违法犯罪严重，致使大量资金外流等，严重损害国家形象和经济安全，建议修改赌博犯罪规定，加大处罚力度”[②]。全国人大宪法和法律委员会经研究，向全国

① 黄太云．刑法修正案（六）的理解与适用（下）．人民检察，2016（15）．

② 全国人民代表大会宪法和法律委员会《关于〈中华人民共和国刑法修正案（十一）（草案）〉修改情况的汇报》（2020年10月13日）。

人大常委会建议对刑法典第 303 条作出修改，进一步调整开设赌场罪的刑罚配置，同时增加境外赌场人员组织、招揽我国公民出境赌博犯罪。

2020 年 10 月 14 日，第十三届全国人大常委会第二十二次会议对《刑法修正案（十一）（草案二次审议稿）》进行了审议。《刑法修正案（十一）（草案二次审议稿）》第 30 条增加了关于赌博犯罪的修正内容："将刑法第三百零三条修改为：'以营利为目的，聚众赌博或者以赌博为业的，处三年以下有期徒刑、拘役或者管制，并处罚金。开设赌场的，处五年以下有期徒刑、拘役或者管制，并处罚金；情节严重的，处五年以上十年以下有期徒刑，并处罚金。境外开设赌场人员、赌场管理人员或者受其指派的人员，组织、招揽中华人民共和国公民出境参与赌博，数额巨大或者有其他严重情节的，依照前款的规定处罚。'"在审议过程中，有的意见认为，加大打击赌博犯罪，防止资金外流问题的建议，确实需要重视，强化这方面的管理是必要和重要的，但是要妥善考虑处理的方式和时机；也有一些意见提出，对于该条第 3 款的规定，需要认真考虑对澳门地区经济社会和政治的影响，建议删去该款的规定或者将该款规定的"境外"修改为"国外"，而且，该款的内容还涉及香港地区、国外以及境外管辖问题，情况比较复杂；还有部分意见提出，也可考虑修改为组织、招揽"巨额赌博"，允许小的博彩，或者修改为组织公民出境参与赌博的规定；同时，还有意见建议将第 3 款修改为"国家公职人员在境外参加赌博的，依照前款的规定从重处罚"①。

2020 年 12 月 26 日，第十三届全国人大常委会第二十四次会议对《刑法修正案（十一）（草案三次审议稿）》进行了审议。与《刑法修正案（十一）（草案二次审议稿）》相比，修正案草案三审稿对新增的第 3 款又作出如下改动：（1）删去了"境外开设赌场人员、赌场管理人员或者受其指派的人员"的表述，即在行为主体上不要求具备特定身份；（2）将"组织、招揽中华人民共和国公民出境参与赌博"的表述修改为"组织中华人民共和国公民前往国（境）外参与赌博"，即取消了招揽的行为方式，并将"出境"进一步明确为"前往国（境）外"。在经过此次会议表决后，上述内容最终得到通过。

---

① 全国人大常委会法工委办公室．十三届全国人大常委会第二十二次会议审议刑法修正案（十一）草案二次审议稿的意见．第十三届全国人大常委会第二十四次会议（2020 年 12 月 22—26 日）参阅材料，第 8～9 页．

（二）内涵解读

依据《刑法修正案（十一）》第 36 条，刑法第 303 条被修改为："以营利为目的，聚众赌博或者以赌博为业的，处三年以下有期徒刑、拘役或者管制，并处罚金。"（第 1 款）"开设赌场的，处五年以下有期徒刑、拘役或者管制，并处罚金；情节严重的，处五年以上十年以下有期徒刑，并处罚金。"（第 2 款）"组织中华人民共和国公民参与国（境）外赌博，数额巨大或者有其他严重情节的，依照前款的规定处罚。"（第 3 款）据此，《刑法修正案（十一）》对刑法第 303 条所作修改包括两个方面内容：其一，对刑法第 303 条第 2 款作出了修改，调整和加重了开设赌场罪的法定刑配置；其二，在刑法 303 条中新增一款作为第 3 款，规定实施组织中华人民共和国公民参与国（境）外赌博行为的，将被追究刑事责任，此为新增了有关赌博的一种新的犯罪。

关于刑法第 303 条第 2 款开设赌场罪的修改。所谓开设赌场罪，是指开设专门用于进行赌博的场所的行为。① 在《刑法修正案（十一）》通过之前，构成本罪的处 3 年以下有期徒刑、拘役或者管制，并处罚金；情节严重的，处 3 年以上 10 年以下有期徒刑，并处罚金。按照《刑法修正案（十一）》关于本罪的修改，构成本罪的处 5 年以下有期徒刑、拘役或者管制，并处罚金；情节严重的，处 5 年以上 10 年以下有期徒刑，并处罚金。由此可见，《刑法修正案（十一）》调整了开设赌场罪两档法定刑的幅度，将基本档的最高刑由 3 年有期徒刑提升至 5 年有期徒刑，将加重档的法定刑起点由 3 年有期徒刑提高至 5 年有期徒刑，从而体现了对开设赌场罪的从严惩处。

刑法第 303 条第 3 款是新增的内容，该款规定："组织中华人民共和国公民参与国（境）外赌博，数额巨大或者有其他严重情节的，依照前款的规定处罚。"该款是新设了一种赌博犯罪，即组织参与国（境）外赌博罪。对于组织参与国（境）外赌博罪的犯罪构成要件，需要重点把握其客观方面。

本罪的客观方面表现为组织中华人民共和国公民参与国（境）外赌博，数额巨大或者有其他严重情节的行为。首先，必须实施了组织他人参与赌博的行为，即实施策划、指挥、招揽、邀请他人参加赌博；其次，组织的对象必须具有中华人民共和国公民的身份，即具有中华人民共和国国籍的自然人；再次，组织我国

① 郎胜：中华人民共和国刑法释义．北京：中国法制出版社，2015：535.

公民参与的必须是国外或境外的赌博，既包括现实中赴国外或境外参与赌博，也包括在网络空间通过线上方式参与国外或境外的赌博（即网络跨境、跨国赌博）；既包括组织我国公民参与国外赌博，也包括组织中国内地（大陆）公民参与中国港澳台地区的赌博（但对涉澳门特区的必须认真研究和慎重掌握，毕竟在澳门特区经政府批准发牌照的博彩业是合法的，而澳门特区依据《中华人民共和国澳门特别行政区基本法》与我国内地实行“一国两制”）；最后，必须达到数额巨大或者有其他严重情节的行为，即组织我国公民参与国外或境外赌博的数额达到巨大的程度，或者具有组织人数众多、多次组织国（境）外赌博、影响恶劣等情况。至于本罪“数额巨大”“情节严重”的认定，需要最高司法机关作出司法解释予以明确和统一。

（三）司法适用

其一，关于组织参与国（境）外赌博情形的具体认定。本罪所要规制的是组织我国公民参与跨国、跨境赌博的行为，但是在《刑法修正案（十一）》通过之前，依据相关司法解释的规定，此类行为系分别按照赌博罪和开设赌场罪进行处理。例如，依据最高人民法院、最高人民检察院 2005 年 5 月 11 日发布的《关于办理赌博刑事案件具体应用法律若干问题的解释》第 1 条之规定，以营利为目的，组织中华人民共和国公民 10 人以上赴境外赌博，从中收取回扣、介绍费的，可以构成赌博罪。又如，最高人民法院、最高人民检察院和公安部 2020 年 10 月 16 日联合发布的《办理跨境赌博犯罪案件若干问题的意见》，在第 1 条和第 2 条分别明确了跨境赌博行为中借助实体境外赌场“开设赌场”的情形和借助网络跨境“开设赌场”的情形（均要求以营利为目的），其中有如下情形属于组织我国公民参与跨国、跨境赌博的行为：（1）境外赌场经营人、实际控制人、投资人和境外赌场管理人员，组织、招揽中华人民共和国公民赴境外赌博的；（2）受境外赌场指派、雇佣，组织、招揽中华人民共和国公民赴境外赌博，或者组织、招揽中华人民共和国公民赴境外赌博，从赌场获取费用、其他利益的；（3）在境外赌场包租赌厅、赌台，组织、招揽中华人民共和国公民赴境外赌博的；（4）在境外以提供赌博场所、提供赌资、设定赌博方式等，组织、招揽中华人民共和国公民赴境外赌博的；（5）利用信息网络、通讯终端等传输赌博视频、数据，组织中华人民共和国公民跨境赌博活动，购买或者租用赌博网站、应用程序，组织他人赌博的。就以上情形而言，在《刑法修正案（十一）》通过之后，组织我国公民参与跨国、跨境赌博的，不论在主观上是否具有营利的目的，也不论在客观上采取何种行为方式，如果符合刑法第 303 条第 3 款的规定，则不应再按照相关司法解释的规定进行处理，而是应按照新增条款设立的组织跨境赌博罪作出处理。

其二，关于本罪法定刑的适用问题。对于组织我国公民参与国（境）外赌博的行为，刑法第 303 条第 3 款并未专门配置法定刑，而是载明依照前款（即第 303 条第 2 款）规定处罚，即按照开设赌场罪的法定刑作出处理。依照第 303 条第 2 款的规定，开设赌场罪的法定刑共分两档：构成犯罪的，处 5 年以下有期徒刑、拘役或者管制，并处罚金；达到情节严重程度的，处 5 年以上 10 年以下有期徒刑，并处罚金。基于此，本罪法定刑适用的问题在于，由于对本罪的处罚需要依照开设赌场罪的法定刑，而开设赌场罪存在两档法定刑，所以需要解决本罪适用其法定刑哪一档或哪几档的问题。笔者认为，从条文表述的含义、逻辑和行为实质危害的角度来看，实施刑法第 303 条第 3 款中的行为构成犯罪的，应仅适用开设赌场罪的第一档法定刑，即适用“处 5 年以下有期徒刑、拘役或者管制，并处罚金”的法定刑进行量刑。

一方面，从条文含义和逻辑来看，依据第 2 款的内容，实施开设赌场行为本身就可以构成开设赌场罪，并在“5 年以下有期徒刑、拘役或者管制，并处罚金”的幅度内进行量刑；但从第 3 款的条文表述来看，并非所有组织我国公民参与国（境）外赌博的行为都能构成犯罪，只有达到“数额巨大或者有其他严重情节”的程度，才能够依照第 2 款的法定刑处罚。这表明，第 3 款的行为构成犯罪不仅有“质”的要求，还有“量”要求。即“数额巨大或者有其他严重情节”本身，就是构成组织我国公民参与国（境）外赌博犯罪的必要条件。如果认为第 3 款的行为可以适用开设赌场罪的两档法定刑，就会造成在判断犯罪是否成立时对是否具有严重情节进行第一次评价，然后在判断是否适用第二档法定刑时对“情节严重”再次作出评价，这显然有悖于禁止重复评价原则。

另一方面，从行为的实质危害来看，虽然以往的司法解释存在将组织他人参与赌博行为评价为开设赌场罪并直接适用其两档法定刑的做法，但这是在《刑法修正案（十一）》尚未对此类行为作出专门规定的情况下，对“开设赌场”进行扩大解释的结果。然而，组织他人参与赌博在社会危害性上要总体低于开设赌场的行为，因为只有赌场的开设和运营，才存在参与赌博、聚众赌博、组织赌博等赌博现象，即组织他人参与赌博是依存于开设赌场的危害现象。所以，组织他人参与国（境）外赌博犯罪的法定刑在整体上低于开设赌场犯罪，也符合罪责刑相一致的刑法基本原则。

当然，对此问题的权威确定和司法统一，还有待于立法解释或司法解释予以明确。

其三，关于本罪的管辖问题。虽然一些国家和地区的法律规定开设赌场和进行赌博活动在一定条件下是合法的，但是依据我国刑法总则的管辖规定，对于国（境）外赌场向我国地域或者指向内地公民招赌、吸赌的，我国具有管辖权，应当按照我国刑法规定予以惩治，而且这种处理符合我国刑法有关管辖原则的规定，并不涉及管辖权冲突的问题。从地域管辖的角度看，我国刑法第 6 条规定："凡在中华人民共和国领域内犯罪的，除法律有特别规定的以外，都适用本法。凡在中华人民共和国船舶或者航空器内犯罪的，也适用本法。犯罪的行为或者结果有一项发生在中华人民共和国领域内的，就认为是在中华人民共和国领域内犯罪。"同时考虑到我国港澳台地区不适用《中华人民共和国刑法》的情况，笔者认为，只要国（境）外赌场在我国内地实施招赌、吸赌行为的，即招赌、吸赌的行为发生在我国内地，不论是线上还是线下的形式，也不论实施主体是中国内地公民或中国港澳台地区公民或外国公民，都可以构成本罪且与刑法第 6 条不抵触，而且在实践中，境外赌场多通过设立分公司、代理公司、雇佣人员等方式针对内地公民组织跨境赌博。从属人管辖的角度看，我国刑法第 7 条规定："中华人民共和国公民在中华人民共和国领域外犯本法规定之罪的，适用本法，但是按本法规定的最高刑为三年以下有期徒刑的，可以不予追究"。据此，我国公民在中国领域外，实施组织中国内地公民参与国（境）外赌博的，也可以适用本罪。

第九章

危害公共卫生罪修法的理解与适用

一、危害公共卫生罪的修法概述

十八大以来，以习近平同志为核心的党中央高度重视国家安全问题，其提出的总体国家安全观，代表了党中央对新时期国家安全问题的全新认识。习近平总书记指出，要“既重视传统安全，又重视非传统安全，构建集政治安全、国土安全、军事安全、经济安全、文化安全、社会安全、科技安全、信息安全、生态安全、资源安全、核安全等于一体的国家安全体系”。不难看出，生态安全是总体国家安全观的重要组成部分，而生物安全是生态安全的重要组成内容。因此，加强生物安全的刑法保障，是维护总体国家安全的重要体现。

刑法是国家的基本法律，在中国特色社会主义法律体系中居于基础性、保障性地位，对于打击犯罪，维护国家安全、社会稳定和保护人民群众生命财产安全具有重要意义。虽然现行刑法适应当前我国经济社会发展总体情况和预防、惩治犯罪的需要，但与此同时，也需要根据新任务、新要求、新情况对刑法作出局部调整。党的十八大以来，党中央对安全生产、产权保护、金融市场秩序、食品药品安全、生态环境、公共卫生安全等领域的刑法治理和保护提出了明确要求。而且，为了适应国内国际形势变化和当前面临的新情况、新斗争需要，与疫情防控相关的公共卫生安全、生物安全，以及知识产权领域等法律的制定修改进一步衔接，需要刑法作出相应调整，以增强法律规范的系统性、完整性、协同性。在此背景下，这次刑法修改的总体思路之一，即是坚持以人民为中心，适应新时代人民群众日益增长的美好生活需要，围绕坚决打好“三大攻坚战”，加强保护人民群众生命财产安全，特别是有关安全生产、食品药品、环境、公共卫生等涉及公共、民生领域的基本安全、重大安全。[①]

公共卫生安全与人民群众的社会生活息息相关。2020年1月30日世界卫生组织宣布，将新型冠状病毒疫情列为国际关注的突发公共卫生事件。从本次新冠肺炎疫情的防控过程中显著体现出，公共卫生环境治理是实现健康中国战略的重要途径。为此，全社会应该共同努力，预防控制传染病和其他疾病流行。但是在疫情防控过程中，诸如不服从隔离措施、殴打防疫人员、不主动报告行程等类型妨碍疫情防控的行为屡见不鲜。对于行为人拒绝执行相关部门依照传染病防治法提出的预防、控制措施且导致疫情扩散等严重后果的行为，因为妨害传染病防治罪的涵摄范围仅包括甲类传染病，由此导致在将这类行为认定为妨害传染病防治罪时存在障碍。如有观点指出，该罪的对象被限定为“甲类传染病”，本次新冠肺炎被列为“乙类传染病”，从而该罪存在适用上的瓶颈。[②] 也有观点认为，妨害传染病防治罪中所指的甲类传染病仅限于《传染病防治法》所规定的鼠疫和霍乱。司法解释无权将其扩大解释为包含按照甲类管理的传染病，故而在立法修改前，对相关行为不宜认定为妨害传染病防治罪。[③] 正是由于此前关于妨害传染病防治罪的立法存在疏漏，由此导致司法适用中产生疑难、争议问题，对此需要通过立法进行修改，以合理扩张本罪的适用范围，激活其适用活性。

本次关于危害公共卫生犯罪的修改，除了前述妨害传染病防治罪外，还包括危害生物安全的犯罪。生物安全这一概念，最早是在1992年《生物多样性公约》中从人类开发应用生物技术的角度提出的。2000年，130多个国家签署了《〈生物多样性公约〉卡塔赫纳生物安全议定书》，自此，生物安全问题开始引起全世界的广泛关注。2021年4月15日施行的《生物安全法》，明确将防控重大新发突发传染病、动植物疫情、生物技术研究、开发与应用以及人类遗传资源与生物资源安全管理纳入生物安全的范畴，并作出相应规定。依据《生物安全法》，对于违反该法规定实施的下列行为，均要处以相应的行政处罚：(1) 医疗机构、专业机构或者其工作人员瞒报、谎报、缓报、漏报，授意他人瞒报、谎报、缓报，或

① 全国人大常委会法制工作委员会《关于〈中华人民共和国刑法修正案（十一）（草案）〉的说明》（2020年6月28日）。

② 陈伟．新冠疫情背景下妨害传染病防治罪的解释扩张及其回归．政治与法律，2020 (5).

③ 欧阳本祺．妨害传染病防治罪客观要件的教义学分析．东方法学，2020 (3).

者阻碍他人报告传染病、动植物疫病或者不明原因的聚集性疾病的行为；（2）从事国家禁止的生物技术研究、开发与应用活动的行为；（3）从事生物技术研究、开发活动未遵守国家生物技术研究开发安全管理规范的行为；（4）未经批准，采集、保藏我国人类遗传资源或者利用我国人类遗传资源开展国际科学研究合作的行为；（5）境外组织、个人及其设立或者实际控制的机构在我国境内采集、保藏我国人类遗传资源，或者向境外提供我国人类遗传资源的行为。对于上述行政违法行为，在达到一定程度时，即应当施加刑事处罚。因此，需要相应地在刑法中增设相关罪名，以弥补规制空白。

此外，野生动物是自然赋予人类的宝贵资源，但同时也是天然“病源库”，是许多人兽共患病的携带者和自然宿主。科学研究表明，近年来世界各地出现的新发传染病很多都与动物相关。这些传染病病毒在野生动物体内不一定会致病，但如果人类盲目滥杀动物、食用动物，则有可能令人类感染上病毒，并引起大面积传播，危及人民群众生命健康安全。为了切断传染病病毒的传播风险，同时加强对野生动物的法律保护，在2020年2月14日召开的中央全面深化改革委员会第十二次会议中，习近平总书记强调，针对这次疫情暴露出来的短板和不足，要强化公共卫生法治保障。要从保护人民健康、保障国家安全、维护国家长治久安的高度，把生物安全纳入国家安全体系。为了全面禁止和惩治非法野生动物交易行为，革除滥食野生动物的陋习，维护生物安全和生态安全，有效防范重大公共卫生风险，切实保障人民群众生命健康安全，2020年2月24日，十三届全国人大常委会第十六次会议通过了《关于全面禁止非法野生动物交易、革除滥食野生动物陋习、切实保障人民群众生命健康安全的决定》，其中指出，全面禁止食用国家保护的“有重要生态、科学、社会价值的陆生野生动物”以及其他陆生野生动物，包括人工繁育、人工饲养的陆生野生动物。全面禁止以食用为目的猎捕、交易、运输在野外环境自然生长繁殖的陆生野生动物。因此，为了强化对陆生野生动物的保护力度，对于非法猎捕、交易、运输在野外环境自然生长繁殖的陆生野生动物且情节严重的行为，也应设置相应的刑事处罚规定。

综合上述因素，为保护公共卫生安全，总结新冠肺炎疫情防控经验和需要，与野生动物保护法、生物安全法、传染病防治法等法律的修改制定相衔接，在强化公共卫生刑事法治保障方面，本次刑法对以下内容进行修改：一是修改妨害传染病防治罪，进一步明确新冠肺炎等依法确定的采取甲类传染病管理措施的传染病，属于本罪调整范围，补充完善构成犯罪的情形，增加规定了拒绝执行人民政府依法提出的预防控制措施，非法出售、运输疫区被污染物品等犯罪行为。二是基于维护国家安全和生物安全，防范生物威胁，与生物安全法衔接的考虑，增加规定了三类犯罪行为：非法从事人体基因编辑、克隆胚胎的犯罪；严重危害国家人类遗传资源安全的犯罪；非法处置外来入侵物种的犯罪等。三是将以食用为目的非法猎捕、收购、运输、出售除珍贵、濒危野生动物和“三有”野生动物以外的陆生野生动物，情节严重的行为增加规定为犯罪，从源头上防范和控制重大公共卫生安全风险。

二、妨害传染病防治罪修法的理解与适用（修正案第37条）

（一）修法过程

在本次刑法修正中，为了强化公共卫生刑事法治保障，在总结新冠肺炎疫情防控经验和需要的基础上，对妨害传染病防治罪进行修改。

依照刑法原第330条的规定，违反传染病防治法的规定，有所列举的四种情形之一，引起甲类传染病传播或者有传播严重危险的，构成妨害传染病防治罪。因此，本罪的调整范围仅限于“甲类传染病”。对于甲类传染病的范围，应依照《中华人民共和国传染病防治法》和国务院有关规定确定，即仅包括鼠疫和霍乱，而不能涵盖传染性非典型性肺炎、新型冠状病毒性肺炎等传染病，这导致本罪名的适用范围较为狭窄，基本处于搁置不用的状态。为了化解这一问题，最高人民检察院、公安部2008年《关于公安机关管辖的刑事案件立案追诉标准的规定（一）》第49条规定，违反传染病防治法的规定，引起甲类或者按照甲类管理的传染病传播或者有传播严重危险，涉嫌“供水单位供应的饮用水不符合国家规定的卫生标准的”等四类情形之一的，应予立案追诉。其中，刑法第330条规定的“甲类传染病”，是指鼠疫、霍乱；“按甲类管理的传染病”，是指乙类传染病中传染性非典型肺炎、炭疽中的肺炭疽、人感染高致病性禽流以及国务院卫生行政部门根据需要报经国务院批准公布实施的其他需要按甲类管理的乙类传染病和突发原因不明的传染病。前述规定通过扩张解释的方式扩大了本罪的调整范围，即将“按照甲类管理的传染病”纳入调整范围，但是，按照《中华人民共和国传染病防治法》的规定，“甲类传染病”与“按照甲类管理的传染病”是截然不同的类型，因此这一解释规定存在违背罪刑法定原则的嫌疑，在理论上遭到一些诟病。为此，最佳的处理办法是通过立法方式扩张本罪的调整范围，将新型冠状病毒性肺炎等依法确定采取甲类传染病预防、控制措施的传染病纳入其中。另外，根据新冠肺炎疫情防控经验，除本条所规定的四类妨害传染病防治的行为外，还存在“出售、运输疫区中被传染病病原体污染或者可能被传染病病原体污染的物品，未进行消毒处理”等类型的妨害传染病防治的行为，因此，需要扩充本罪名规制的妨害传染病防治的行为类型。此外，伴随我国实行的疾病控制与卫生监督体制改革，原条文中使用的“卫生防疫机构”已经被“疾病预防控制机构”所取代，因此需要对应调整若干立法表述，以与社会发展相适应。

在 1979 年刑法中，没有关于妨害传染病防治罪的规定，本罪属于 1997 年刑法新增设的罪名。在《刑法修正案（十一）》制定之前，本罪未进行过修改。本次修改，仅涉及本罪名第 1 款的内容。根据相关立法资料，对于本条文的修改，草案一次审议稿与草案二次审议稿的规定完全相同，具体规定为：“将刑法第三百三十条第一款修改为：‘违反传染病防治法的规定，有下列情形之一，引起甲类传染病以及依法确定采取甲类传染病预防、控制措施的传染病传播或者有传播严重危险的，处三年以下有期徒刑或者拘役；后果特别严重的，处三年以上七年以下有期徒刑：（一）供水单位供应的饮用水不符合国家规定的卫生标准的；（二）拒绝按照疾病预防控制机构提出的卫生要求，对传染病病原体污染的污水、污物、粪便进行消毒处理的；（三）准许或者纵容传染病病人、病原携带者和疑似传染病病人从事国务院卫生行政部门规定禁止从事的易使该传染病扩散的工作的；（四）出售、运输疫区中被传染病病原体污染或者可能被传染病病原体污染的物品，未进行消毒处理的；（五）拒绝执行县级以上人民政府、疾病预防控制机构依照传染病防治法提出的预防、控制措施的。’”但是草案三次审议稿在第 1 款第 2 项的表述上略有改动，即将原条文中的“污水、污物、粪便”修改为“污水、污物、场所和物品”，并最终形成现在的条文。此外，草案在向地方人大和中央有关部门、单位征求意见的过程中，对于本条规定的修改，有的单位建议，删除妨害传染病防治的具体行为列项，修改为笼统性规定，适应传染病防治法将来的修改。[①] 但是立法机关并未采纳这一建议，而是继续采用更具有明确性的列举性规范。

① 全国人大常委会法工委刑法室．地方人大和中央有关部门、单位对刑法修正案（十一）草案的意见．第十三届全国人大常委会第二十二次会议（2020 年 10 月 13—17 日）参阅材料．

本条修改主要包括三点内容：一是在调整对象上，进一步明确新冠肺炎等依法确定的采取甲类传染病管理措施的传染病，属于本罪调整范围，进而扩大了本罪的调控范围。这是因为，《中华人民共和国传染病防治法》中规定的甲类传染病仅包括鼠疫和霍乱，而不能涵盖新冠肺炎等新型传染病，以至于妨害传染病防治罪的适用情形较为有限，达不到立法目的的需要。因此，本次修改过程中明确将“依法确定采取甲类传染病预防、控制措施的传染病”纳入本罪的调整范围。二是在行为类型上，增加出售、运输疫区中被传染病病原体污染或者可能被传染病病原体污染的物品，未进行消毒处理的犯罪情形。这是因为，在新冠肺炎的防控中，出售、运输未进行消毒处理的被传染病病原体污染的物品，不仅不利于疫情的防控，而且存在传播疫情的风险和隐患。为了防患于未然，本次修改中将这类行为明确为妨害传染病防治的犯罪行为之一。而且，将这类行为纳入妨害传染病防治罪的行为类型之一，也是与《中华人民共和国传染病防治法》的规定相衔接的。《中华人民共和国传染病防治法》第 47 条规定，疫区中被传染病病原体污染或者可能被传染病病原体污染的物品，经消毒可以使用的，应当在当地疾病预防控制机构的指导下，进行消毒处理后，方可使用、出售和运输。第 73 条规定，违反本法规定，有出售、运输疫区中被传染病病原体污染或者可能被传染病病原体污染的物品，未进行消毒处理的等五类情形之一，导致或者可能导致传染病传播、流行的，由县级以上人民政府卫生行政部门责令限期改正，没收违法所得，可以并处 5 万元以下的罚款；已取得许可证的，原发证部门可以依法暂扣或者吊销许可证；构成犯罪的，依法追究刑事责任。因此可以认为，将这类行为列入刑法，有利于补齐公共卫生刑事法治保障的短板，促进刑法与相关行政法律规范的衔接，贯彻罪刑法定原则，为有效惩治妨害疫情防控的犯罪行为提供明确的法律依据。三是在具体表述上，将原第 1 款第 4 项“拒绝执行卫生防疫机构依照传染病防治法提出的预防、控制措施的”修改为“拒绝执行县级以上人民政府、疾病预防控制机构依照传染病防治法提出的预防、控制措施的”，作为第 5 项，即将原规定中的“卫生防疫机构”修改为“县级以上人民政府、疾病预防控制机构”；将原第 1 款第 2 项“拒绝按照卫生防疫机构提出的卫生要求，对传染病病原体污染的污水、污物、粪便进行消毒处理的”修改为“拒绝按照疾病预防控制机构提出的卫生要求，对传染病病原体污染的污水、污物、场所和物品进行消毒处理的”，即将原规定中的“污水、污物、粪便”修改为“污水、污物、场所和物品”。

其中，将“卫生防疫机构”修改为“县级以上人民政府、疾病预防控制机构”，主要是考虑到，“卫生防疫机构”这个称谓已经很少使用，其主要职能已经由更名后的疾病预防控制机构实施。由原卫生部制定，于1991年实施的《中华人民共和国传染病防治法实施办法》第73条规定，卫生防疫机构是指卫生防疫站、结核病防治研究所（院）、寄生虫病防治研究所（站）、血吸虫病防治研究所（站）、皮肤病性病防治研究所（站）、地方病防治研究所（站）、鼠疫防治站（所）、乡镇预防保健站（所）及与上述机构专业相同的单位。在我国历史上，食品卫生及预防疾病的机构主要是卫生防疫站。后续伴随我国实行的疾病控制与卫生监督体制改革，各级卫生防疫站自2002年开始，陆续分离出卫生监督所（局）后，改称为疾病预防控制中心（CDC），至2004年基本更名完成。当前，卫生防疫站这个称呼基本已不再使用。与之相应，“卫生防疫机构”也已经不属于《中华人民共和国传染病防治法》中的法定表述。在《中华人民共和国传染病防治法》中，实施传染病预防、控制措施的主体主要包括疾病预防控制机构、医疗机构、各级人民政府、县级以上人民政府卫生行政部门等。这说明，我国疾病预防控制机构、医疗机构[①]以及相关政府部门在发现传染病疫情、实施防控措施方面承担主要责任。其中，依照《中华人民共和国传染病防治法》第78条的规定，疾病预防控制机构是指从事疾病预防控制活动的疾病预防控制中心以及与上述机构业务活动相同的单位。因此，依照传染病防治法，提出预防、控制措施的主体已经不再是卫生防疫机构。因为提出传染病预防、控制措施的主体已经变更，所以此处也对应性地进行修改。

将“污水、污物、粪便”修改为“污水、污物、场所和物品”，主要是因为，基于传染病防控的经验，传染病病原体污染的污水、污物、场所和物品均有可能造成传染病的传染，即传染传染病的媒介不限于污水、污物和粪便，对此均应按照卫生防疫机构提出的卫生要求进行消毒处理。对此，《中华人民共和国传染病防治法》第27条规定，对被传染病病原体污染的污水、污物、场所和物品，有关单位和个人必须在疾病预防控制机构的指导下或者按照其提出的卫生要求，进行严格消毒处理；拒绝消毒处理的，由当地卫生行政部门或者疾病预防控制机构

① 在本次刑法修正过程中，关于第5项，有的单位建议在“疾病预防控制机构”后增加“医疗机构”，但是立法机关未采纳这一建议。参见全国人大常委会法工委刑法室．地方人大和中央有关部门、单位对刑法修正案（十一）草案的意见．第十三届全国人大常委会第二十二次会议（2020年10月13—17日）参阅材料．

进行强制消毒处理。

（二）内涵解读

1. 新增内容的理解与适用

本次修改仅涉及妨害传染病防治罪的第 1 款内容，修改内容主要是将采取甲类传染病预防、控制措施的传染病纳入调整范围，以及增加了“出售、运输疫区中被传染病病原体污染或者可能被传染病病原体污染的物品，未进行消毒处理的”这一类犯罪情形。

最高人民检察院、公安部 2008 年《关于公安机关管辖的刑事案件立案追诉标准的规定（一）》第 49 条规定，违反传染病防治法的规定，引起甲类或者按照甲类管理的传染病传播或者有传播严重危险，涉嫌“供水单位供应的饮用水不符合国家规定的卫生标准的”等四类情形之一的，应予立案追诉。其中，刑法第 330 条规定的“甲类传染病”，是指鼠疫、霍乱；“按甲类管理的传染病”，是指乙类传染病中传染性非典型肺炎、炭疽中的肺炭疽、人感染高致病性禽流感以及国务院卫生行政部门根据需要报经国务院批准公布实施的其他需要按甲类管理的乙类传染病和突发原因不明的传染病。前述规定将“按照甲类管理的传染病”解释为“甲类传染病”，存在违背罪刑法定原则的嫌疑。因为按照本条第 3 款的规定，甲类传染病的范围，是依照《中华人民共和国传染病防治法》和国务院有关规定确定的。而在《中华人民共和国传染病防治法》中，甲类传染病与采取甲类传染病预防、控制措施的传染病是截然不同的两类传染病。详言之，《中华人民共和国传染病防治法》将发病率高、流行面大、危害严重的急性或慢性传染病列为法定管理的传染病，并根据其传播方式、速度及其对人类危害程度的不同，分为甲、乙、丙三类，实行分类管理。等级越高，表明此类传染病危害性越大，国家采取的应对措施也越严厉。依照《中华人民共和国传染病防治法》第 3 条的规定，甲类传染病是指：鼠疫、霍乱。乙类传染病是指：传染性非典型肺炎、艾滋病、病毒性肝炎、脊髓灰质炎、人感染高致病性禽流感、麻疹、流行性出血热、狂犬病、流行性乙型脑炎、登革热、炭疽、细菌性和阿米巴性痢疾、肺结核、伤寒和副伤寒、流行性脑脊髓膜炎、百日咳、白喉、新生儿破伤风、猩红热、布鲁氏菌病、淋病、梅毒、钩端螺旋体病、血吸虫病、疟疾。国务院卫生行政部门根据传染病暴发、流行情况和危害程度，可以决定增加、减少或者调整乙类、丙类传染病病种并予以公布。依照《中华人民共和国传染病防治法》第 4 条的规定，对乙类传染病中传染性非典型肺炎、炭疽中的肺炭疽和人感染高致病性禽流感[①]，采取本法所称甲类传染病的预防、控制措施。其他乙类传染病和突发原因不明的传染病需要采取本法所称甲类传染病的预防、控制措施的，由国务院卫生行政部门及时报经国务院批准后予以公布、实施。需要解除依照前款规定采取的甲类传染病预防、控制措施的，由国务院卫生行政部门报经国务院批准后予以公布。

2020 年 1 月 20 日，中华人民共和国国家卫生健康委员会发布 2020 年第 1 号公告，将新型冠状病毒感染的肺炎纳入《中华人民共和国传染病防治法》规定的乙类传染病，并采取甲类传染病的预防、控制措施。因此，在《刑法修正案（十一）》实施之前，对于妨害新冠肺炎防治的犯罪行为，司法机关已经依据前述《关于公安机关管辖的刑事案件立案追诉标准的规定（一）》中的规定，适用妨害传染病防治罪进行惩治。本次修改明确将采取甲类传染病预防、控制措施的传染病纳入妨害传染病防治罪的调整范围，进一步扫清了司法适用障碍，拓展了妨害传染病防治罪的适用空间，因而更加具有合理性。

而在理解“出售、运输疫区中被传染病病原体污染或者可能被传染病病原体污染的物品，未进行消毒处理的”这一类新增加的行为类型时，首先需要明确对“疫区”的认定，只有当行为人出售、运输的被传染病病原体污染或者可能被传染病病原体污染的物品来自疫区时，才会构成这一类型的犯罪。对于疫区的范围，可以依照根据《中华人民共和国传染病防治法》的规定进行判断。《中华人民共和国传染病防治法》第 78 条规定，疫区是指传染病在人群中暴发、流行，其病原体向周围播散时所能波及的地区。在划定疫区的主体上，《中华人民共和国传染病防治法》第 43 条规定，甲类、乙类传染病暴发、流行时，县级以上地方人民政府报经上一级人民政府决定，可以宣布本行政区域部分或者全部为疫区；国务院可以决定并宣布跨省、自治区、直辖市的疫区。而且，构成这一类型的妨害传染病防治犯罪行为，需要行为人出售、运输的对象是“被传染病病原体污染或者可能被传染病病原体污染的物品”。在主观上，需要行为人明知出售、运输的物品被传染病病原体污染或者可能被传染病病原体污染。若行为人客观上不知道出售、运输的来自疫区的物品存在被传染病病原体污染的风险，而只认为

---

① 2013 年 11 月，原国家卫生和计划生育委员会发布通知，解除对人感染高致病性禽流感采取的传染病防治法规定的甲类传染病预防、控制措施。将人感染 H7N9 禽流感纳入法定乙类传染病；将甲型 H1N1 流感从乙类调整为丙类，并纳入现有流行性感冒进行管理。

是一般物品的，则不构成这一类型的犯罪行为。此外，此处所指的“消毒处理”，是指用化学、物理、生物的方法杀灭或者消除环境中的病原微生物。

2. 与相关犯罪的区分

在司法实践中，妨害传染病防治罪与以危险方法危害公共安全罪常常发生混淆，主要原因是两罪在客观行为表现形式上较为类似，区分两个罪名时可以从两个方面进行考量：一是侵害的法益是否危及公共安全。如果并没有危及不特定多数人的健康安全，就不能按以危险方法危害公共安全罪定罪处罚。二是主观方面是故意还是过失。比如妨害传染病防治罪的主观方面是过失，即行为人对引起新冠肺炎传播或传播严重危险这一危害结果并非直接追求或者放任发生。此外，妨害传染病防治罪实际上也是一种危害公共安全的行为，其与过失以危险方法危害公共安全罪，实际上是法条竞合关系，对此，应当按照特别法优于一般法的适用原则，优先适用妨害传染病防治罪。

依照 2020 年 2 月 6 日最高人民法院、最高人民检察院、公安部、司法部《关于依法惩治妨害新型冠状病毒感染肺炎疫情防控违法犯罪的意见》第 2 条的规定，故意传播新型冠状病毒感染肺炎病原体，具有下列情形之一，危害公共安全的，依照刑法第 114 条、第 115 条第 1 款的规定，以以危险方法危害公共安全罪定罪处罚：（1）已经确诊的新型冠状病毒感染肺炎病人、病原携带者，拒绝隔离治疗或者隔离期未满擅自脱离隔离治疗，并进入公共场所或者公共交通工具的；（2）新型冠状病毒感染肺炎疑似病人拒绝隔离治疗或者隔离期未满擅自脱离隔离治疗，并进入公共场所或者公共交通工具，造成新型冠状病毒传播的。其他拒绝执行卫生防疫机构依照传染病防治法提出的防控措施，引起新型冠状病毒传播或者有传播严重危险的，依照刑法第 330 条的规定，以妨害传染病防治罪定罪处罚。

三、非法采集人类遗传资源、走私人类遗传资源材料罪立法的理解与适用（修正案第 38 条）

（一）修法过程

人类遗传资源作为一种特殊资源，具有重要的研究、开发价值。我国人口基数大、民族多、疾病类型多、家系多，具有丰富的人类遗传资源。无论是促进科学研究、守护公众健康，还是维护国家安全和社会公共利益，人类遗传资源都是一个巨大的宝藏。可以说，人类遗传资源就如同人类的“生命说明书”，是开展生命科学研究的重要物质和信息基础，是认知和掌握疾病的发生、发展和分布规律的基础资料，也是推动疾病预防、干预和控制策略开发的重要保障，现今已成为公众健康和生命安全的战略性、公益性、基础性资源。1998 年，为有效保护和合理利用我国人类遗传资源，我国制定了《人类遗传资源管理暂行办法》，人类遗传资源管理由此迈入制度化轨道。2019 年，国务院制定了《中华人民共和国人类遗传资源管理条例》，这对有效保护和合理利用我国人类遗传资源，维护公众健康、国家安全和社会公共利益具有积极意义。2020 年 10 月，十三届全国人大常委会第二十二次会议表决通过了《中华人民共和国生物安全法》（以下简称《生物安全法》），该法成为中国生物安全领域第一部基础性、综合性、系统性、统领性的法律，标志着中国生物安全法治体系的进一步完善。

人类遗传资源与生物资源安全管理是生物安全的主要类型，依照《生物安全法》第 53 条的规定，国家加强对我国人类遗传资源和生物资源采集、保藏、利用、对外提供等活动的管理和监督，保障人类遗传资源和生物资源安全。国家对我国人类遗传资源和生物资源享有主权。第 55 条规定，采集、保藏、利用、对外提供我国人类遗传资源，应当符合伦理原则，不得危害公众健康、国家安全和社会公共利益。第 56 条规定，采集我国重要遗传家系、特定地区人类遗传资源或者采集国务院科学技术主管部门规定的种类、数量的人类遗传资源或者将我国人类遗传资源材料运送、邮寄、携带出境的，应当经国务院科学技术主管部门批准。而且，境外组织、个人及其设立或者实际控制的机构不得在我国境内采集、保藏我国人类遗传资源，不得向境外提供我国人类遗传资源。此外，依照《生物安全法》第 79 条、第 80 条的规定，违反本法规定，未经批准，采集、保藏我国人类遗传资源或者利用我国人类遗传资源开展国际科学研究合作的，或者境外组织、个人及其设立或者实际控制的机构在我国境内采集、保藏我国人类遗传资源，或者向境外提供我国人类遗传资源的，由国务院科学技术主管部门责令停止违法行为，没收违法所得和违法采集、保藏的人类遗传资源，并处相应数额的罚款以及一定期限内禁止从事相应活动等处罚。第 82 条规定，违反本法规定，构成犯罪的，依法追究刑事责任；造成人身、财产或者其他损害的，依法承担民事责任。

近年来，由于生物科技的不断发展进步，涉及生物安全的人类遗传资源也成为监管的重点。人类遗传资源问题不仅仅是生物科技问题，还事关人体健康，涉及伦理道德，公共利益。刑法作为《中华人民共和国生物安全法》等法律的保障法，为了有效制裁严重危害生物安全的犯罪行为，并与《生物安全法》的相关规定衔接，应当对应性地将非法采集我国人类遗传资源或者非法运送、邮寄、携带我国人类遗传资源材料出境的行为规定为犯罪行为，施加刑事制裁。

本条属于《刑法修正案（十一）》新增设的罪名。在本次刑法修正过程中，对于本条文的规定，草案一次审议稿和草案二次审议稿存在较大区别，主要体现在，草案一次审议稿第22条通过列举式规定明确了构成本罪的三种行为方式，即（1）非法采集国家人类遗传资源；（2）非法运送、邮寄、携带国家人类遗传资源材料出境的；（3）未经安全审查，将国家人类遗传资源信息向境外组织、个人及其设立或实际控制的机构提供或者开放使用的。但是草案二次审议稿取消了列举式的表述，删除了前述第三种行为方式，并将前述第一、二种行为方式合并为“非法采集我国人类遗传资源或者非法运送、邮寄、携带我国人类遗传资源材料出境”。此外，在《刑法修正案（十一）草案》对外征求意见的过程中，有的部门建议将“国家人类遗传资源”中的“国家”修改为“我国”，使用“我国人类遗传资源”的表述。[①] 立法机关采纳了这一建议，在草案二次审议稿中，将“国家人类遗传资源”的立法表述修改为“我国人类遗传资源”，从而与《中华人民共和国生物安全法》中的相关表述保持一致。

2019年7月施行的《中华人民共和国人类遗传资源管理条例》第28条规定，将人类遗传资源信息向外国组织、个人及其设立或者实际控制的机构提供或者开放使用，不得危害我国公众健康、国家安全和社会公共利益；可能影响我国公众健康、国家安全和社会公共利益的，应当通过国务院科学技术行政部门组织的安全审查。将人类遗传资源信息向外国组织、个人及其设立或者实际控制的机构提供或者开放使用的，应当向国务院科学技术行政部门备案并提交信息备份。而2020年10月17日第十三届全国人民代表大会常务委员会第二十二次会议通过的《生物安全法》中，对于将我国人类遗传资源信息向境外组织、个人及其设立或者实际控制的机构提供或者开放使用的行为，并未规定安全审查制度。仅在第57条规定，将我国人类遗传资源信息向境外组织、个人及其设立或者实际控制

① 参见全国人大常委会法工委刑法室．地方人大和中央有关部门、单位对刑法修正案（十一）草案的意见．第十三届全国人大常委会第二十二次会议（2020年10月13—17日）参阅材料．

的机构提供或者开放使用的，应当向国务院科学技术主管部门事先报告并提交信息备份。因为《生物安全法》中取消了对于将我国人类遗传资源信息向境外组织、个人及其设立或者实际控制的机构提供或者开放使用的行为实施的安全审查制度，这意味着对这类行为进行安全审查已经不存在前置性规定，所以草案二次审议稿也对应性地将“未经安全审查，将国家人类遗传资源信息向境外组织、个人及其设立或实际控制的机构提供或者开放使用的”这一项规定删除。草案二次审议稿对本条规定进行修改后，在后续的草案三次审议稿以及正式稿中均未再进行进一步的修改。

（二）内涵解读

依照本条文的规定，违反国家有关规定，非法采集我国人类遗传资源或者非法运送、邮寄、携带我国人类遗传资源材料出境，危害公众健康或者社会公共利益，情节严重的，构成非法采集人类遗传资源、走私人类遗传资源材料罪。本罪的犯罪主体是一般主体，在《刑法修正案（十一）草案》对外征求意见的过程中，有人建议对非法采集国家人类遗传资源增加单位犯罪[①]，但是立法机关并未规定单位可以构成本罪。本罪的主观方面为故意。对本罪的把握需要重点注意的是：

1. 关于本罪的客观方面

本罪的客观方面表现为，行为人违反国家有关规定，实施非法采集我国人类遗传资源或者非法运送、邮寄、携带我国人类遗传资源材料出境，危害公众健康或者社会公共利益，情节严重的行为。对于“违反国家有关规定”，按照惯例，我国刑法规范中大多使用“违反国家规定”的表述，只是在刑法第253条之一即侵犯公民个人信息罪的规定中，使用了“违反国家有关规定”这一表述。在《刑法修正案（十一）草案》对外征求意见的过程中，有的部门和单位建议将本罪入罪条件中的“违反国家有关规定”修改为“违反国家规定”[②]。也有人建议，明确

① 全国人大常委会法工委刑法室．刑法修正案（十一）草案向社会公众征求意见的情况．第十三届全国人大常委会第二十二次会议（2020年10月13—17日）参阅材料．

② 全国人大常委会法工委刑法室．地方人大和中央有关部门、单位对刑法修正案（十一）草案的意见．第十三届全国人大常委会第二十二次会议（2020年10月13—17日）参阅材料．

“国家人类遗传资源”“违反国家有关规定”的范围。[①] 实际上，“违反国家有关规定”与“违反国家规定”具有同样的含义。因为行为人实施相应的犯罪行为时，违反的相关前置性规定自然是国家针对相应违法犯罪行为设置的有关规定，而不可能是与之无关的规定，所以，违反国家规定即意味着违反国家有关规定。此处所指的“国家规定”，主要包括《生物安全法》《中华人民共和国人类遗传资源管理条例》的相关规定。例如，对于我国人类遗传资源的采集，《生物安全法》第56条规定，采集我国重要遗传家系、特定地区人类遗传资源或者采集国务院科学技术主管部门规定的种类、数量的人类遗传资源时，应当经国务院科学技术主管部门批准。行为人若未经国务院科学技术主管部门的批准而采集我国重要遗传家系、特定地区人类遗传资源的，自然符合本罪规定的“违反国家有关规定”的要件。此处所指的“我国人类遗传资源”，可以根据《生物安全法》第85条的规定来确定，依照本条规定，人类遗传资源包括人类遗传资源材料和人类遗传资源信息。人类遗传资源材料是指含有人体基因组、基因等遗传物质的器官、组织、细胞等遗传材料。人类遗传资源信息是指利用人类遗传资源材料产生的数据等信息资料。此外，依照《生物多样性公约》中的界定，“遗传材料”是指来自植物、动物、微生物或其他来源的任何含有遗传功能单位的材料。“遗传资源”是指具有实际或潜在价值的遗传材料。

本罪在具体行为方式上包括两种类型：其一是行为人非法采集我国人类遗传资源；其二是行为人非法运送、邮寄、携带我国人类遗传资源材料出境。其中，第一类行为方式的对象为我国人类遗传资源，第二类行为方式的对象为我国人类遗传资源材料。在前述两种行为方式上，并未涉及对人类遗传资源信息的非法利用。而且，第二种行为方式仅包括行为人通过运送、邮寄、携带等方式将我国人类遗传资源材料输送出境，而不包括将境外的相关人类遗传资源材料通过运送、邮寄、携带等方式输送入境。而且，本罪在客观方面需要行为人实施的行为满足“危害公众健康或者社会公共利益”这一要求，若行为人虽然实施了前述两种类型的行为，但客观上并不会危害公众健康或者社会公共利益的，也不构成本罪。此外，对于本罪客观方面中“情节严重”的具体认定，还需要后续通过司法解释的方式予以明确。

---

① 全国人大常委会法工委刑法室．刑法修正案（十一）草案向社会公众征求意见的情况．第十三届全国人大常委会第二十二次会议（2020年10月13—17日）参阅材料．

2. 关于本罪的保护客体

本罪的客体是国家对人类遗传资源的管理制度以及公众健康与社会公共利益。根据《中华人民共和国生物安全法》第 53 条的规定，国家加强对我国人类遗传资源和生物资源采集、保藏、利用、对外提供等活动的管理和监督，保障人类遗传资源和生物资源安全。根据《中华人民共和国人类遗传资源管理条例》第四条的规定，国务院科学技术行政部门负责全国人类遗传资源管理工作；国务院其他有关部门在各自的职责范围内，负责有关人类遗传资源管理工作。省、自治区、直辖市人民政府科学技术行政部门负责本行政区域人类遗传资源管理工作；省、自治区、直辖市人民政府其他有关部门在各自的职责范围内，负责本行政区域有关人类遗传资源管理工作。行为人违反国家有关规定，实施严重危害国家人类遗传资源安全的犯罪时，自然侵害了国家对我国对人类遗传资源的管理制度，同时也会对公众健康和社会公共利益造成威胁。

3. 刑事处罚

依照第 334 条之一的规定，行为人构成本罪的，处 3 年以下有期徒刑、拘役或者管制，并处或者单处罚金；情节特别严重的，处 3 年以上 7 年以下有期徒刑，并处罚金。对于条文中规定的“情节严重”以及“情节特别严重”的认定，还需要后续通过司法解释的方式予以明确。

四、非法植入基因编辑、克隆胚胎罪立法的理解与适用（修正案第 39 条）

（一）修法过程

为了维护国家安全和生物安全，防范生物威胁，与生物安全法衔接，《刑法修正案（十一）》将非法从事人体基因编辑、克隆胚胎的行为规定为犯罪。

2018 年我国发生的“基因编辑婴儿案”引发社会广泛探讨，对于被告人行为的性质认定，主要存在故意伤害罪、以危险方法危害公共安全罪、非法行医罪以及无罪等观点，最终法院以非法行医罪对被告人定罪处刑。“基因编辑婴儿事件”所涉事实的核心是将使用基因编辑技术改变后的人类生殖系细胞（胚胎）植入子宫启动妊娠。对于是否应将这类行为规定为犯罪，此前存在否定论和肯定论两种认识。否定的观点认为，对于编辑人类生殖系基因并植入子宫的行为，只能限定在医学伦理规制的范围内，不宜作出刑事立法规制。肯定的观点则认为，应当认识到当今生命科技时代基因技术的重要性及其滥用的严重危害性，完善刑事立法。肯定论的观点获得较多支持，其主要理由是非法从事人体基因编辑、克隆胚胎行为会带来严重的科技风险隐患以及伦理破坏，基于风险社会预防原则的要求以及刑法与生命科技发展良性互动的要求，应将这类行为设置为犯罪。[①] 目前，多个国家明令禁止对人类胚胎进行基因编辑。2014 年，日本北海道大学发表了一份研究报告，审查了全球有关转基因的立法和实践。报告显示，在接受审查的 39 个国家中，有 29 个国家禁止对人类生殖基因进行编辑。在 25 个国家，这项禁令具有法律约束力。

克隆是指生物体通过体细胞进行的无性繁殖以及由无性繁殖形成的基因型完全相同的后代个体组成的种群。“克隆”一词于 1903 年被引入园艺学，以后逐渐应用于植物学、动物学和医学等方面。克隆技术包括人类克隆和动物克隆两类，涉及人类的克隆技术又包括治疗性克隆和生殖性克隆。治疗性克隆是指运用克隆技术获得人体早期胚胎，但目的不是将胚胎培育成人，而是提取全能型的胚胎干细胞，然后在合适的条件下，使其发育成为人体的任何一个器官，包括大脑、肌肉、血液和神经，这些器官组织将用于医疗。生殖性克隆则是指出于生殖目的使用克隆技术在实验室制造人类胚胎，然后将胚胎置入人类子宫发育成胎儿或婴儿的过程。2005 年 3 月，第 59 届联合国大会批准通过《联合国关于人类克隆宣言》，敦促各国政府禁止一切形式的人类克隆，包括用于干细胞研究的人类胚胎克隆。对于克隆技术，我国的基本立场是反对生殖性克隆、支持治疗性克隆。这是因为，人的生殖性克隆违反人类繁衍的自然法则，损害人类作为自然人的尊严，引起严重的道德、伦理、社会和法律问题。但是治疗性克隆与生殖性克隆有着本质的不同。治疗性克隆不会像生殖性克隆那样产生严重的道德、伦理、社会或法律问题。在严格监管下进行的治疗性克隆研究，不仅不会损害人类尊严，相反，对挽救人类生命和增进人类健康有着广阔前景和巨大潜力。《刑法修正案（十一）》第 39 条关于克隆的禁止性规定即专门针对生殖性克隆。

基因编辑和克隆技术之所以未被大力推广，主要原因在于医学界还无法准确预知其潜在的危害性，在技术层面也未完全成熟。而且，科技伦理是科技活动必须遵守的价值准则。非法从事人体基因编辑、克隆胚胎的行为，可能诱发非常严重的伦理问题。基于这些隐患的存在，世界上不少国家将非法实施的基因编辑和

① 杨丹．生命科技时代的刑法规制——以基因编辑婴儿事件为中心．法学杂志，2020（12）．

克隆行为规定为犯罪。例如，虽然目前英国允许人体胚胎研究，但其法律不允许对人类胚胎进行基因编辑后移植入子宫。法国议会于 2004 年通过生物伦理法案，旨在禁止以繁殖人为目的的生殖性克隆，并且明确注明这种行为是“反人类物种的罪行”。依据加拿大 2004 年的《人类辅助生殖法》，违法编辑人类基因组将面临最高 10 年的监禁。依据澳大利亚禁止克隆人法案（2002），改变胚胎细胞的基因组是违法行为，违者有可能面临 15 年的监禁。

本次刑法修正过程中，对于非法植入基因编辑、克隆胚胎罪的立法规定内容，草案一次审议稿、二次审议稿和三次审议稿均有改动。

草案一次审议稿第 23 条规定：“在刑法第三百三十六条后增加一条，作为第三百三十六条之一：‘违反国家有关规定，将基因编辑的胚胎、克隆的胚胎植入人类或者动物体内，情节严重的，处三年以下有期徒刑或者拘役，并处罚金；情节特别严重的，处三年以上七年以下有期徒刑，并处罚金。’”按照本条规定，非法将基因编辑、克隆的人类或者动物胚胎植入人类或者动物体内的行为均可能构成本罪。在对草案一次审议稿进行审议时，有人建议，应当允许出于科研目的将基因编辑的动物胚胎植入动物体内的实验，建议修改为“违反国家有关规定，将基因编辑或克隆的人类胚胎植入人体或动物体内，以及将基因编辑或克隆的动物胚胎植入人体内，情节严重的”，追究刑事责任。[①] 立法机关采纳了这一建议，修改后形成草案二次审议稿第 33 条的规定。

草案二次审议稿第 33 条规定：“在刑法第三百三十六条后增加一条，作为第三百三十六条之一：‘违反国家有关规定，将基因编辑、克隆的人类胚胎植入人体或者动物体内，或者将基因编辑、克隆的动物胚胎植入人体内，情节严重的，处三年以下有期徒刑或者拘役，并处罚金；情节特别严重的，处三年以上七年以下有期徒刑，并处罚金。’”与草案一次审议稿的规定相比，草案二次审议稿缩小了本罪的构罪范围，对于将基因编辑、克隆的动物胚胎植入动物体内的行为不再规定为犯罪行为。在对草案二次审议稿进行审议时，有人提出该条规定的“违反国家有关规定”有歧义，容易理解为国家允许实施此类行为，建议删去。[②] 立法机关考虑后采纳这一建议，修改后形成草案三次审议稿第 39 条的规定。

---

① 全国人大常委会法工委办公室．十三届全国人大常委会第二十次会议审议刑法修正案（十一）草案的意见．第十三届全国人大常委会第二十二次会议（2020 年 10 月 13—17 日）参阅材料．

② 全国人大常委会法工委办公室．十三届全国人大常委会第二十二次会议审议刑法修正案（十一）草案的意见．第十三届全国人大常委会第二十四次会议（2020 年 12 月 22—26 日）参阅材料．

草案三次审议稿第 39 条规定："在刑法第三百三十六条后增加一条，作为第三百三十六条之一：'将基因编辑、克隆的人类胚胎植入人体或者动物体内，或者将基因编辑、克隆的动物胚胎植入人体内，情节严重的，处三年以下有期徒刑或者拘役，并处罚金；情节特别严重的，处三年以上七年以下有期徒刑，并处罚金。'"与草案二次审议稿的规定相比，删除了"违反国家有关规定"这一表述。理由即在于，对于基因编辑、克隆的人类胚胎植入人体或者动物体内，或者将基因编辑、克隆的动物胚胎植入人体内的行为，我国一概不允许实施，对此不存在例外情形，也尚不存在允许这类行为实施的有关规定。

目前，我国对于基因编辑、克隆技术并无专门的法律规范，相关规定散见于《人胚胎干细胞研究伦理指导原则》《干细胞临床研究管理办法》《涉及人的生物医学研究伦理审查办法》等相关文件中。例如，2003 年实施的科学技术部、卫生部《人胚胎干细胞研究伦理指导原则》中规定，不得将利用体外受精、体细胞核移植、单性复制技术或遗传修饰获得的人囊胚植入人或任何其他动物的生殖系统。但是，现行规定对于基因编辑既无明令禁止，也无特别许可，关于生物医学研究的一般性规范只具有一定的解释适用意义。当前，涉及基因编辑、克隆的相关立法正在稳步推进中。例如，2021 年施行的《中华人民共和国民法典》第 1009 条规定，从事与人体基因、人体胚胎等有关的医学和科研活动，应当遵守法律、行政法规和国家有关规定，不得危害人体健康，不得违背伦理道德，不得损害公共利益。

（二）内涵解读

依照本条文的规定，行为人将基因编辑、克隆的人类胚胎植入人体或者动物体内，或者将基因编辑、克隆的动物胚胎植入人体内，情节严重的，构成非法植入基因编辑、克隆胚胎罪。

1. 关于本罪的构成要件

本罪的主体为一般主体，主观方面表现为故意。对本罪构成要件需重点强调的是：

第一，本罪的客观行为。本罪在客观方面表现为三种方式：一是行为人将基因编辑、克隆的人类胚胎植入人体内；二是行为人将基因编辑、克隆的人类胚胎植入动物体内；三是行为人将基因编辑、克隆的动物胚胎植入人体内。将基因编辑、克隆的动物胚胎植入动物体内并不构成本罪。

在我国，并不禁止动物克隆技术的研究，部分研究在世界上也处于领先地位。例如，早在1963年，中国科学家童第周就成功克隆了亚洲鲤鱼。2000年6月16日，世界首例成年体细胞克隆山羊在我国西北农林科技大学种羊场顺利降生。2000年5月16日，我国科技人员成功克隆出两只小白兔，这项实验表明中国已经成功地掌握了胚胎克隆技术。2017年11月27日，中国科学院公布世界上首只体细胞克隆猴诞生，这是人类第一次实现非人灵长类哺乳动物体细胞克隆。但是，基于技术风险以及生物伦理等方面的考量，我国明确禁止涉及人类的生殖性克隆。

第二，本罪的保护客体。本罪的客体是公共卫生安全以及他人的生命、健康权利。当前，基因编辑技术本身所具有的很多风险尚未得到根本避免，其中最主要的就是实施该技术存在“脱靶”效应[①]，易造成要编辑的目标基因以外的其他非目标基因被编辑，造成其他正常基因的破坏。此外，被编辑的基因还可能对人体有其他作用，将其编辑掉后是否影响其他人体功能并不明确。而且，这种编辑过的基因还会遗传给后代，对后代产生影响。而涉及人类的生殖性克隆同样面临安全性、基因多样性等方面的隐患。因此，从目前技术发展水平来看，非法从事人体基因编辑、克隆胚胎的犯罪行为既违背伦理，也面临着巨大的安全风险，不仅会危及被编辑个体的生命、健康安全，而且会影响公共卫生安全。

2. 与相关犯罪的区分

在具体适用中，因为故意伤害罪、非法行医罪等犯罪的实施均可能对他人的生命、健康权利造成损害，所以本罪可能会与故意伤害罪、非法行医罪等罪名产生交叉，应注意相关罪名之间的界限。

对于本罪与故意伤害罪，可以从行为人的主观目的以及客观行为方式上进行区分。在主观目的上，实施本罪的行为人主要是基于科学实验以及医疗行为的目的，而非法实施人体基因编辑、克隆胚胎的犯罪行为，即使相关行为客观上损害了他人的生命、健康安全，但这一结果往往不是行为人所积极追求的，大多属于附随性的结果。而对于故意伤害罪而言，行为人实施犯罪行为的目的就是追求对他人身体的伤害。在客观行为方式上，本罪的行为方式仅限于将基因编辑、克隆的人类胚胎植入人体或者动物体内，或者将基因编辑、克隆的动物胚胎植入人体内，在行为类型上并不丰富。而故意伤害行为的行为方式则多种多样，行为

① 脱靶效应是指在识别需要编辑的基因过程中，发生识别错误，导致编辑了本不该被编辑的基因。

人可以通过徒手打击、使用凶器、投毒等多种手段实施伤害行为。在特殊情况下，若行为人非法实施人体基因编辑、克隆胚胎的犯罪行为时，在明知其行为会威胁到他人的生命、健康安全但仍然实施，客观上也对他人的生命、健康权利造成严重损害的，则同时构成本罪以及故意伤害罪或故意杀人罪，对此应择一重罪论处。

对于本罪与非法行医罪，可以从所侵犯的客体以及客观方面进行区分。在侵犯的客体上，本罪侵犯的客体主要是公共卫生安全以及他人的生命、健康权利，而非法行医罪侵犯的客体主要是国家对医务工作的管理秩序以及就诊人的生命、健康权利。在犯罪客观方面，本罪的行为方式较为固定，即行为人实施将基因编辑、克隆的人类胚胎植入人体或者动物体内，或者将基因编辑、克隆的动物胚胎植入人体内的行为，既包括医疗行为也包括科学实验行为。而非法行医罪的客观方面表现为未取得医生执业资格的行为人实施非法行医行为，即仅包括医疗行为。依照2016年修改的最高人民法院《关于审理非法行医刑事案件具体应用法律若干问题的解释》的规定，非法行医罪的具体方式表现为：未取得或者以非法手段取得医师资格从事医疗活动的，被依法吊销医师执业证书期间从事医疗活动的，未取得乡村医生执业证书从事乡村医疗活动的，家庭接生员实施家庭接生以外的医疗行为的。行为人若取得医生执业资格，就不会构成非法行医罪，但可能构成本罪。若行为人未取得医生执业资格，但是通过将基因编辑、克隆的人类胚胎植入人体的方式实施医疗行为的，达到情节严重程度时，则会同时构成本罪以及非法行医罪，对此应择一重罪论处。

3. 刑事处罚

依照刑法第336条之一的规定，行为人构成本罪的，处3年以下有期徒刑或者拘役，并处罚金；情节特别严重的，处3年以上7年以下有期徒刑，并处罚金。对于条文中规定的“情节严重”以及“情节特别严重”的认定，还需要后续通过司法解释的方式予以明确。

五、非法猎捕、收购、运输、出售陆生野生动物罪立法的理解与适用（修正案第41条）

（一）修法过程

我国是世界上野生动物种类最丰富的国家之一。经过数十年的努力，我国已构建起以野生动物保护法、森林法、自然保护区管理条例、濒危野生动植物进出口管理条例等为核心的野生动物保护法律法规体系。我国还先后加入濒危野生动植物种国际贸易公约、湿地公约、生物多样性公约，与多国合作打击濒危野生动植物走私犯罪。据统计，我国自然分布的野生脊椎动物有 7 300 多种，还有数量庞大的野生无脊椎动物。但是，对于“三有”野生动物（根据“三有”野生动物名录，共有 1 591 种及昆虫 120 属的所有种）和其他非保护类陆生野生动物，此前由于没有明确规定禁食，成为威胁人民群众生命健康的潜在风险源。此外，还有大量人工繁育、人工饲养的陆生野生动物，此前在法律上也没有明确规定禁食。尽管我国政府不断加大打击非法食用野生动物的力度，但一些食客不断给出的高价，让不法分子选择铤而走险。

从公共卫生安全的角度审视，食用野味存在巨大的公共健康隐患。野生动物携带许多种类的传染病，由于平时人类与野生动物没有接触，一般不对人造成危害，一旦人类频繁地接触、食用野生动物，野生动物身上的细菌、病毒和寄生虫就有可能传给人类，而且这种细菌、病毒、寄生虫往往都是新的属种，人群普遍易染，这样造成的传染性就会很强，病死率也会很高。由于人类的生活方式的变化，人畜共同患病的可能性变得越来越大，疾病由动物传染人类，从而使疫情大规模暴发的风险正在增加。近几十年来，全球出现的重大传染病总与动物有着千丝万缕的关系。根据世界卫生组织的数据，全球范围内约有 60%的新传染病已从动物身上转移到人类。现有研究证明，严重急性呼吸综合征（SARS）冠状病毒可以利用人、果子狸和中华菊头蝠作为其功能的受体，能够感染人、猪、猴以及蝙蝠的多种细胞。世卫组织对中东呼吸综合征（MERS）冠状病毒的调查显示，这种病毒可能源自蝙蝠，先传给骆驼，再由骆驼传给人类。在我国青海等地，鼠疫的流行就与捕食旱獭有关。而目前世界流行的疯牛病、口蹄疫、禽流感、布氏杆菌病等，无不与动物有关。

随着人类社会发展和科技日新月异，人类活动范围的广度、宽度和深度空前扩大，同时未知的风险也随之而来。尽管 2020 年初暴发的新冠肺炎疫情的源头尚未确定，但源于野生动物的致病风险始终威胁着人类生命安全和身体健康，是确凿无疑的。在实践中，对一些重点保护野生动物进行人工繁育、人工饲养，原本目的是挽救珍贵、濒危物种，其中一些却进饭馆、上餐桌成为“野味”。有些动物制品难以辨别是来自野外生长还是人工驯养的动物，这就为市场上鱼目混珠、欺骗牟利的现象提供了条件，甚至出现将偷猎的野生动物拿到饲养场“洗白”后高价出售的情况。这些乱象不仅危害重点保护野生动物的安全，而且存在重大公共卫生安全风险。2020 年 2 月 3 日，习近平总书记主持中央政治局常委会会议，研究应对新冠肺炎疫情工作，明确指出食用野生动物风险很大，但“野味产业”依然规模庞大，对公共卫生安全构成了重大隐患，再也不能无动于衷了！为了全面禁止和惩治非法野生动物交易行为，革除滥食野生动物的陋习，维护生物安全和生态安全，有效防范重大公共卫生风险，2020 年 2 月 24 日全国人民代表大会常务委员会颁布《关于全面禁止非法野生动物交易、革除滥食野生动物陋习、切实保障人民群众生命健康安全的决定》（以下简称《决定》）。《决定》在野生动物保护法的基础上，以全面禁止食用野生动物为导向，扩大法律调整范围，确立了全面禁止食用野生动物制度，从源头上防范和控制重大公共卫生安全风险。《决定》中明确，一是全面禁止食用国家保护的“有重要生态、科学、社会价值的陆生野生动物”以及其他陆生野生动物，包括人工繁育、人工饲养的陆生野生动物；二是全面禁止以食用为目的猎捕、交易、运输在野外环境自然生长繁殖的陆生野生动物。

在野生动物保护中，要坚持全链条管控的思路。与猎捕、交易、运输等环节相比，食用野生动物是终端环节。没有食用这个环节，就不会有猎捕、运输，也不会有市场交易。长期以来，就是因为没有堵住滥食这个源头，才导致执法、司法机关付出很多努力，却没有杜绝非法猎捕、交易、运输野生动物行为。因此，禁止食用是一个主要目标，但在以食用为目的的链条上还有猎捕、交易、运输等多种行为，如果不全面加以管控，全面禁食就将落空。在现实生活中，有形市场买卖、网络交易、黑市交易、走私贩卖、偷捕盗猎等涉及野生动物的非法行为和活动相当猖獗，滋生大量犯罪行为，在国际上也产生负面影响。没有食用，就没有交易；没有交易，就没有杀戮。全面禁止食用野生动物，就需要坚决斩断非法野生动物交易的利益链条，对违法猎捕、交易、运输野生动物的行为进行严厉打击，规定更加严格的法律责任予以有力惩治。全面禁止食用野生动物，利于保护人民群众免受来自野生动物病毒感染新发传染病的侵袭。从长远看，全面禁止食用野生动物有利于促进生物多样性，改善我们居住的自然环境，实现人与动物保持合理距离，人类与自然和谐互动、良性循环。

在此背景下，《刑法修正案（十一）》将以食用为目的非法猎捕、收购、运输、出售珍贵、濒危物种以外的在野外环境自然生长繁殖的普通陆生野生动物的行为补充规定为犯罪，在充分体现前述全国人大常委会《决定》要求的基础上，无疑将进一步强化对一般种类的陆生野生动物的保护力度，为公共健康安全提供有力保障。

本款规定属于《刑法修正案（十一）》新增加的内容。在草案一次审议稿、二次审议稿及三次审议稿中，对于本款规定的内容均有所改动。《刑法修正案（十一）（草案一次审议稿）》第25条规定："在刑法第三百四十一条中增加一款作为第三款：'违反野生动物保护管理法规，以食用为目的非法猎捕、收购、运输、出售前两款规定以外的陆生野生动物，情节严重的，依照前款的规定处罚。'"此处所指的"前款的规定"，即是指刑法第341条第1款、第2款关于危害珍贵、濒危野生动物罪以及非法狩猎罪的规定。危害珍贵、濒危野生动物罪保护的对象是国家重点保护的珍贵、濒危野生动物，非法狩猎罪保护的对象是一般的野生动物。在草案一次审议稿向地方人大和中央有关部门、单位征求意见的过程中，有的单位认为，刑法第341条第1款是针对国家重点保护的珍贵、濒危野生动物，第2款是对非国家重点保护野生动物，包括"三有"野生动物。草案规定将前两款的保护对象排除在外，即未涵盖全部"三有"陆生野生动物。[①] 立法机关采纳了这一建议，将"前两款规定以外的陆生野生动物"修改为"第一款规定以外的陆生野生动物"，形成草案二次审议稿第35条的规定。

《刑法修正案（十一）（草案二次审议稿）》第35的规定为："在刑法第三百四十一条中增加一款作为第三款：'违反野生动物保护管理法规，以食用为目的非法猎捕、收购、运输、出售第一款规定以外的陆生野生动物，情节严重的，依照前款的规定处罚。'"在草案二次审议稿向社会公众征求意见的过程中，有的人提出，目前我国存在大量非我国原产的引入物种的繁育，人工繁育的物种在一定程度上有利于对物种的保护，建议对人工繁育的种群和野外自然环境生长的动物种群在立法上要作出区分，特别是对于驯养技术成熟、规模化繁育的物种不应作为刑法的规制对象。建议对人工饲养动物、驯养动物、圈养动物与野生动物的概念和范围作出界定，同时对用于科研、观赏、药用、食用及宠物等不同类别区分情形作出规定。[②] 另外，在对草案一次审议稿进行审议时，对于草案一次审议稿第25条的规定，也有人建议，在野生动物前加限制词，修改为"在野外环境自然

---

① 全国人大常委会法工委刑法室．地方人大和中央有关部门、单位对刑法修正案（十一）草案的意见．第十三届全国人大常委会第二十二次会议（2020年10月13—17日）参阅材料．

② 全国人大常委会法工委刑法室．刑法修正案（十一）草案二次审议稿向社会公众征求意见的情况．第十三届全国人大常委会第二十四次会议（2020年12月22—26日）参阅材料．

生长繁殖的野生动物”[①]。立法机关采纳了这类建议，并在草案三次审议稿中作出修改，将“陆生野生动物”修改为“在野外环境自然生长繁殖的陆生野生动物”，进而将人工饲养、繁殖的野生动物排除在外。经修改后，形成草案三次审议稿第41条的规定。

《刑法修正案（十一）（草案三次审议稿）》第41条规定：“在刑法第三百四十一条中增加一款作为第三款：‘违反野生动物保护管理法规，以食用为目的非法猎捕、收购、运输、出售第一款规定以外的在野外环境自然生长繁殖的陆生野生动物，情节严重的，依照前款的规定处罚。’”本条规定在后续没有再进行修改，与《刑法修正案（十一）》第41条的规定保持一致。

（二）内涵解读

依照《刑法修正案（十一）》第41条的规定，违反野生动物保护管理法规，以食用为目的非法猎捕、收购、运输、出售国家重点保护的珍贵、濒危野生动物以外的在野外环境自然生长繁殖的陆生野生动物，情节严重的，构成非法猎捕、收购、运输、出售陆生野生动物罪，依照刑法第341条第2款关于非法狩猎罪的规定处罚。

1. 关于本罪的构成要件

对本罪的构成要件，需要重点注意其主观方面和客观方面。

第一，关于主观方面。本罪在犯罪主观方面表现为故意，且要求行为人在主观上具有食用的目的，即行为人在食用野生动物的目的支配下，故意实施非法猎捕、收购、运输、出售在野外环境自然生长繁殖的陆生野生动物的行为。若行为人不是基于食用的目的，而是基于科学研究、药用、饲养等其他目的实施前述行为的，不构成本罪。

实际上，是否要求行为人主观上必须具备食用的目的，在立法过程中曾有争议。在草案一次审议稿向地方人大和中央有关部门、单位征求意见的过程中，有些地方和单位就提出，删除“以食用为目的”的建议。因为除了以食用为目的外，还存在药用、皮毛利用、展出，宠物饲养等目的，且“以食用为目的”难以

---

① 全国人大常委会法工委办公室．十三届全国人大常委会第二十次会议审议刑法修正案（十一）草案的意见．第十三届全国人大常委会第二十二次会议（2020年10月13—17日）参阅材料．

认定。[1] 在草案一次审议稿向社会公众征求意见的过程中，也有人建议，取消以食用为目的的规定。有的提出，应当将刑法打击的范围扩大至野生动物的加工行为上，不应局限"以食用为目的"[2]。在立法过程中有建议认为应该删除，主要理由在于，对于日常生活中非法猎捕、收购、运输、出售陆生野生动物的行为，行为人在主观上并不局限于食用目的，还可能基于药用、皮毛利用、展出，宠物饲养等目的。而且，"以食用为目的"也难以认定。但是，立法机关未采纳这类建议，保留了"以食用为目的"的立法表述。允许依法对野生动物进行非食用性利用，是因为按照《野生动物保护法》《中医药法》《实验动物管理条例》《城市动物园管理规定》等法律法规的规定，基于科研、药用、展示等特殊需要的，可以对野生动物进行非食用性利用。这既体现了贯彻全面从严禁食野生动物的要求，又从实际出发，保证了科学研究和社会价值需求。

第二，关于客观方面。本罪在客观方面表现为，行为人基于食用的目的，而非法猎捕、收购、运输、出售国家重点保护的珍贵、濒危野生动物以外的在野外环境自然生长繁殖的陆生野生动物，情节严重的行为。本罪客观方面的规定参照了前述全国人大常委会《关于全面禁止非法野生动物交易、革除滥食野生动物陋习、切实保障人民群众生命健康安全的决定》中的内容。关于禁止食用陆生野生动物，前述《决定》涉及两种情形：一是全面禁止食用国家保护的"有重要生态、科学、社会价值的陆生野生动物"以及其他陆生野生动物，包括人工繁育、人工饲养的陆生野生动物；二是全面禁止以食用为目的猎捕、交易、运输在野外环境自然生长繁殖的陆生野生动物。据此，对于陆生野生动物，不论是在野外环境自然生长繁殖的还是人工繁育、饲养的，均禁止食用。本罪在客观方面上，主要体现前述第二类情形的要求。

在理解本罪的客观方面时，应注意本罪保护的对象具有特定性。在保护范围上，本罪名并没有涵盖所有类型的野生动物，而是综合考量后设定了一定的保护类型和范围。其一是仅包括陆生野生动物，而不包括水生野生动物。在生物学中，按照动物生活环境的不同，可以将其分为陆生动物、水生动物、两栖动物三类。按照《野生动物保护法》的分类，野生动物包括陆生野生动物和水生野生动

① 参见全国人大常委会法工委刑法室．地方人大和中央有关部门、单位对刑法修正案（十一）草案的意见．第十三届全国人大常委会第二十二次会议（2020年10月13—17日）参阅材料．

② 全国人大常委会法工委刑法室．刑法修正案（十一）草案向社会公众征求意见的情况．第十三届全国人大常委会第二十二次会议（2020年10月13—17日）参阅材料．

物两类。其中，陆生野生动物又包括哺乳类、鸟类、爬行类、两栖类等类型，典型的陆生野生动物有大象、老虎、穿山甲、老鼠、麻雀、兔子、蛇、河马、狐狸、蜥蜴、鸭子、刺猬等等。之所以不包括鱼类、贝类、螃蟹等水生野生动物，主要是考虑到捕捞天然渔业资源是我国的一种重要农业生产方式，也是国际上的通行做法，渔业法等对此已有规范，因此，除野生动物保护法等法律法规禁止食用的珍贵、濒危水生野生动物外，不禁止食用其他水生野生动物。其二是仅包括野外环境自然生长繁殖的陆生野生动物，而不包括人工饲养、繁殖的陆生野生动物。野生动物的经营利用有两个主要途径，一是人工繁育后经营利用，另一个是野外猎捕。对于人工饲养、繁殖的陆生野生动物，虽然也处于前述《决定》禁止食用的范围内，但是其毕竟不是来源于野外环境，而是经过了人工饲养和繁殖，因此，食用人工饲养、繁殖的陆生野生动物与食用、猎捕在野外环境自然生长繁殖的陆生野生动物存在性质上的区别，本次刑法修正时没有将这类行为规定为犯罪。在我国，人工繁育野生动物具有悠久的历史。当前，我国野生动物人工繁育技术日益成熟稳定，并达到一定规模，对缓解野外资源保护压力，带动部分区域农民增收致富发挥了积极作用。据统计，我国各地人工饲养繁殖的野生动物种类多达几百种，龟鳖类、毛皮动物、蛇类、鹿类、鳄鱼类、蛙类等养殖业已形成集约化生产。例如，依照国家林业局（现国家林业和草原局）2017 年 6 月 28 日发布的《人工繁育国家重点保护陆生野生动物名录（第一批）》的规定，梅花鹿、马鹿、鸵鸟、美洲鸵、大东方龟、尼罗鳄、湾鳄、暹罗鳄、虎纹蛙等 9 种野生动物属于可由人工繁育的国家重点保护陆生野生动物。对于这 9 种野生动物，相关单位将凭专用标识开展出售、购买和利用活动，避免非法来源野生动物产品流入合法渠道。

2. 与相关犯罪的区分

我国刑法中，涉及野生动物保护的罪名主要有第 341 条第 1 款、第 2 款规定的危害珍贵、濒危野生动物罪，非法狩猎罪，以及本款新增设的非法猎捕、收购、运输、出售陆生野生动物罪。上述罪名在行为的客观方面可能存在交叉部分，因此需要明确各个罪名之间的界限。

其一，危害珍贵、濒危野生动物罪与本罪的区分。在行为方式上，危害珍贵、濒危野生动物罪罪名涵盖的行为方式包括猎捕、杀害、收购、运输、出售五种行为，而本罪包括猎捕、收购、运输、出售四种行为，因此在手段上基本一致。对于两类犯罪，应主要从行为对象和主观目的上加以区分。危害珍贵、濒危野生动物罪罪名的行为对象仅限于珍贵、濒危野生动物，而本罪的行为对象是珍贵、濒危野生动物以外的在野外环境自然生长繁殖的陆生野生动物。依照《野生动物保护法》的规定，我国对野生动物实行分类分级保护。具体来说，野生动物分为国家重点保护野生动物及各省、市、自治区确定的地方重点保护的野生动物。其中，国家对珍贵、濒危的野生动物实行重点保护。国家重点保护的野生动物又分为一级保护野生动物和二级保护野生动物。地方重点保护野生动物也多分为一、二两个级别。此外，还有一个有重要生态、科学、社会价值的陆生野生动物名录，即此前所称的“三有”动物。依照 2000 年 11 月 17 日最高人民法院《关于审理破坏野生动物资源刑事案件具体应用法律若干问题的解释》第 1 条的规定，刑法第 341 条第 1 款规定的“珍贵、濒危野生动物”，包括列入国家重点保护野生动物名录的国家一、二级保护野生动物，列入《濒危野生动植物种国际贸易公约》附录一、附录二的野生动物以及驯养繁殖的上述物种。正是由于我国对珍贵、濒危的野生动物实行重点保护，说明猎捕、杀害、收购、运输、出售珍贵、濒危野生动物的行为具有更大的社会危害性，因此在刑罚设置上也要明显重于猎捕、收购、运输、出售一般野生动物的犯罪行为。此外，构成非法猎捕、收购、运输、出售陆生野生动物罪，还要求行为人主观上具有食用的特定目的，而前两个罪名则不要求行为人主观上具有食用的特定目的。

其二，非法狩猎罪与本罪的区分。非法狩猎行为也可解释为“猎捕”行为，因此，行为人违反狩猎法规，在禁猎区、禁猎期或者使用禁用的工具、方法捕猎在野外环境自然生长繁殖的陆生野生动物时，可能同时构成本罪以及非法狩猎罪。对于两种犯罪，可以从行为方式、行为对象以及主观目的上进行区分。在行为方式上，构成非法狩猎罪要求行为人违反狩猎法规，在禁猎区、禁猎期或者使用禁用的工具、方法进行狩猎，而构成本罪时则没有相应限制，只要行为人实施了猎捕、收购、运输、出售行为即可。在行为对象上，非法狩猎罪中行为人狩猎的对象包括一切野生动物，即包括陆生野生动物以及水生野生动物，而本罪的行为对象仅针对部分陆生野生动物。此外，在主观目的上，非法狩猎罪中的行为人并不要求具有特定目的，不论是基于出售、食用还是观赏等目的，均不影响非法狩猎罪的认定，而构成本罪时，则要求行为人主观上具有食用的特定目的。若行为人非法猎捕陆生野生动物的行为同时构成非法猎捕陆生野生动物罪和非法狩猎罪时，就会产生法条竞合的情形。此时，由于两罪的法定刑完全一致，基于特别法优于一般法的处理原则，应依照非法猎捕陆生野生动物罪定罪处罚。

3. 刑事处罚

依照刑法第 341 条第 3 款的规定，行为人构成非法猎捕、收购、运输、出售陆生野生动物罪时，应依照第 341 条第 2 款即关于非法狩猎罪的规定处罚，对行为人处 3 年以下有期徒刑、拘役、管制或者罚金。此外，依照刑法第 346 条的规定，单位犯本罪的，对单位判处罚金，并对其直接负责的主管人员和其他直接责任人员，依照前述规定处罚。

第十章

破坏环境资源保护罪修法的理解与适用

一、破坏环境资源保护罪的修法概述

良好生态环境是实现中华民族永续发展的内在要求，是增进民生福祉的优先领域。全面加强生态环境保护，打好污染防治攻坚战，提升生态文明，建设美丽中国，是我们始终追求的目标。中国共产党的十九大报告中指出，要“坚定走生产发展、生活富裕、生态良好的文明发展道路，建设美丽中国，为人民创造良好生产生活环境，为全球生态安全作出贡献”。为有效应对环境污染、资源短缺和生态退化等问题，以习近平同志为核心的党中央带领全国人民，相继确立了“绿水青山就是金山银山”、生态文明、绿色发展、高质量发展、“共抓大保护，不搞大开发”“山水林田湖草是生命共同体”、黄河流域生态保护和高质量发展等理念和战略。这些理论成果和国家战略，为我国的环境法治建设指明了奋斗的目标和方向。

近年来，我国加快完善环境保护领域的立法，先后制定《核安全法》《土壤污染防治法》等多部法律。2021 年施行的《民法典》也将“绿色原则”确立为民事主体从事民事活动的基本原则。2018 年 6 月发布的中共中央、国务院《关于全面加强生态环境保护 坚决打好污染防治攻坚战的意见》中明确指出，完善生态环境保护法律法规体系，健全生态环境保护行政执法和刑事司法衔接机制，依法严惩重罚生态环境违法犯罪行为。

党的十八大以来，习近平总书记反复强调要用“最严格的制度最严密的法治”保护生态环境。而随着对生态环保工作日益重视和社会公众环境意识日益提高，刑法对污染环境犯罪的处罚力度已经与生态环保工作的实际需要相脱节。为落实中央要求，相关部门广泛征求地方生态环境部门和有关方面意见，在此基础上提出了增加刑事处罚情形和提高刑罚惩治档次的建议，并多次向全国人大有关立法工作机关汇报沟通，提供参考材料，得到了人大立法机关的理解和大力支持。在《刑法修正案（十一）》的形成和讨论过程中，立法机关根据中央大力推进生态文明建设和加强环境保护的决策部署精神，进一步修改完善了现行刑法关于污染环境犯罪的规定。本次刑法修正，即在“坚持以人民为中心，适应新时代人民群众日益增长的美好生活需要，围绕坚决打好‘三大攻坚战’，加强保护人民群众生命财产安全，特别是有关安全生产、食品药品、环境、公共卫生等涉及公共、民生领域的基本安全、重大安全”[①] 的思路指引下，提升了污染环境罪的刑罚，加大了对污染环境罪的惩处力度。

经过60余年的努力，我国已经建立了数量众多、类型丰富、功能多样的自然保护地体系，总数超过1.18万处，总面积约覆盖我国陆域面积的18%、领海的4.6%，使我国重要的生态系统和独特的自然遗产得以保存，在保护生物多样性、改善生态环境质量和维护国家生态安全等方面发挥了巨大作用。但是近年来，在自然保护区内违法违规开发矿产资源、违法建设、违规运行水电设施、污染企业偷排偷放等类型的案件层出不穷，媒体报道的诸如秦岭自然保护区被破坏事件、祁连山保护区被破坏事件等均引发社会广泛关注。因此，对于国家公园、自然保护区等自然保护地的重要组成部分，现有的保护力度仍有待加强。有必要将严重破坏国家公园、国家级自然保护区的行为规定为犯罪，以强化法律制裁效果。

根据我国于1992年6月11日签署的《生物多样性公约》的界定，“生物多样性”是指所有来源的形形色色生物体，这些来源除其他外包括陆地、海洋和其他水生生态系统及其所构成的生态综合体；这包括物种内部、物种之间和生态系统的多样性。生物多样性是人类生存必需的生态环境，坚持发展是第一要务，必须保护森林、草原、河流、湖泊、湿地、海洋等自然生态。但是近年来，我国外来生物入侵的数量不断增加、范围不断增大，对于本土生物的生存发展造成重大

① 全国人大常委会法制工作委员会《关于〈中华人民共和国刑法修正案（十一）（草案）〉的说明》（2020年6月28日）。

威胁，严重损害到生物多样性安全。通俗而言，外来入侵物种是指在当地的自然或者半自然生态系统中形成了自我再生能力，可能或者已经对生态环境、生产或者生活造成明显损害或者不利影响的外来物种。除了导致大面积农作物或经济作物减产等严重的经济损失外，外来入侵物种带来的更大隐患是，许多本土的动植物无法和外来入侵物种竞争，外来入侵物种一旦形成优势种群，将不断排挤本地物种，挤占本地物种的生存空间，并最终导致本地物种的急剧减少甚至灭绝，由此使物种呈现单一化，破坏生物多样性，更甚者将导致生态系统的物种组成和结构发生改变，最终彻底破坏整个生态系统。一般来说，外来物种入侵的方式有自然入侵和人为引进两种。导致外来物种蔓延的重要原因之一，即是人们非法引进、释放或者丢弃外来物种。为了保护生物多样性，保障生态安全，有必要从严防范通过人为手段导致的外来生物入侵，从而尽量切断外来生物入侵的传播渠道。

综合而言，为了与野生动物保护法、生物安全法等法律的修改制定相衔接，基于维护国家生态安全和生物安全、防范生物威胁、加大对污染环境罪的惩处力度的考虑，在本次修改刑法时，对污染环境罪进行了修改，并增加规定在国家公园、国家级自然保护区非法开垦、开发或者修建建筑物等严重破坏自然保护区生态环境资源的犯罪以及非法引进、释放或者丢弃外来入侵物种的犯罪。

二、污染环境罪修法的理解与适用（修正案第 40 条）

（一）修法过程

在我国 1979 年刑法中，并未规定关于污染环境方面的犯罪。1997 年刑法第 338 条增加了污染环境的犯罪，即重大环境污染事故罪。该条规定原文为：违反国家规定，向土地、水体、大气排放、倾倒或者处置有放射性的废物、含传染病病原体的废物、有毒物质或者其他危险废物，造成重大环境污染事故，致使公私财产遭受重大损失或者人身伤亡的严重后果的，处 3 年以下有期徒刑或者拘役，并处或者单处罚金；后果特别严重的，处 3 年以上 7 年以下有期徒刑，并处罚金。但是，重大环境污染事故罪在实际执行中遇到一些问题，不能适应日益严峻的环境保护形势的需要。例如，依照重大环境污染事故罪的规定，只有行为人污染环境的行为造成重大环境污染事故，致使公私财产遭受重大损失或者人身伤亡的严重后果时，才构成犯罪，即将本罪定位为结果犯。在司法实践中，一般只有发生了突发的重大环境污染事件，才追究刑事责任。对于不是突发的环境污染事故，而是长期累积形成的污染损害，即使给人们的生命健康、财产安全造成了重大损失，但是由于对重大污染事故的损失难以评估以及难以确定污染行为与损害结果之间的因果关系等原因，导致难以追究行为人的刑事责任，这在很大程度上影响了对污染环境犯罪行为的追究。[①]

为了增强本条规定的可操作性，针对司法实践中的问题，2011 年 5 月 1 日施行的《刑法修正案（八）》对本罪进行了重大修改。《刑法修正案（八）》第 46 条规定，将刑法第 338 条修改为："违反国家规定，排放、倾倒或者处置有放射性的废物、含传染病病原体的废物、有毒物质或者其他有害物质，严重污染环境的，处三年以下有期徒刑或者拘役，并处或者单处罚金；后果特别严重的，处三年以上七年以下有期徒刑，并处罚金。"《刑法修正案（八）》对本条文的修改主要体现在三个方面：一是将构成要件中的犯罪结果由"造成重大环境污染事故，致使公私财产遭受重大损失或者人身伤亡的严重后果"修改为"严重污染环境"，降低了本罪的构罪门槛；二是将排放、倾倒或者处置的物质，由"危险废物"修改为"有害物质"，扩大了适用范围；三是删除了"向土地、水体、大气"排放、倾倒或者处置的规定。综合而言，本次修改通过降低入罪门槛、扩展适用范围的方式，强化了对环境污染犯罪行为的打击力度。但是在实践中，由于污染环境犯罪成本低收益大，污染环境犯罪行为仍高发、频发，并且多数污染环境犯罪造成的公私财产损失，特别是由此带来的环境修复费用特别巨大。可见，危害后果与法定刑配置不相匹配，刑法没有起到足够的威慑和遏制作用。[②] 因此，还需要进一步调整本罪的法定刑配置，提升对污染环境犯罪的惩治力度，强化刑法的威慑和遏制作用。

在本次刑法修正过程中，对于污染环境罪，在草案一次审议稿、二次审议稿与三次审议稿中均有所修改。与刑法原第 338 条的规定相比，草案一次审议稿第

① 全国人大常委会法制工作委员会刑法室．中华人民共和国刑法解读．4 版．北京：中国法制出版社，2015：811.

② 最高人民法院《关于刑法修改完善的研究意见》（2020 年 7 月）。

24 条[1]主要增加了“七年以上有期徒刑”这一量刑幅度，并且规定了四种具体适用情形，提升本罪名的刑期幅度。在对草案一审稿进行审议时，有的人员建议，将污染环境罪中第 1 款第 4 项“致人重伤、死亡的”修改为“致人重伤、严重疾病、死亡的”或者修改为“致人重伤、严重残疾、死亡的”[2]，后续修改时吸收了其中的部分内容，将第 1 款第 4 项“致人重伤、死亡的”表述修改为“致使多人重伤、严重疾病，或者致人严重残疾、死亡的”。在草案一次审议稿向地方人大和中央有关部门、单位征求意见的过程中，有的部门或单位建议，将第 3 项中的“基本农田”修改为“永久基本农田”，与土地管理法的相关表述相一致；对新增的第三档刑罚增加规定“并处罚金”的规定等建议。[3] 立法机关采纳了上述意见，并作出了相应修改。

与草案一次审议稿的规定相比，草案二次审议稿第 34 条[4]对于本条规定的修

---

① 草案一次审议稿第 24 条规定：“将刑法第三百三十八条修改为：‘违反国家规定，排放、倾倒或者处置有放射性的废物、含传染病病原体的废物、有毒物质或者其他有害物质，严重污染环境的，处三年以下有期徒刑或者拘役，并处或者单处罚金；后果严重的，处三年以上七年以下有期徒刑，并处罚金；有下列情形之一的，处七年以上有期徒刑：

‘（一）在饮用水水源保护区、自然保护区核心区排放、倾倒、处置有放射性的废物、含传染病病原体的废物、有毒物质，造成特别严重后果的；

‘（二）向国家确定的重要江河、湖泊水域排放、倾倒、处置有放射性的废物、含传染病病原体的废物、有毒物质，造成特别严重后果的；

‘（三）致使大量基本农田基本功能丧失或者遭受永久性破坏的；

‘（四）致人重伤、死亡的。

‘有前款行为，同时构成其他犯罪的，依照处罚较重的规定定罪处罚。’”

② 全国人大常委会法工委办公室：《十三届全国人大常委会第二十次会议审议刑法修正案（十一）草案的意见》，第十三届全国人大常委会第二十二次会议（2020 年 10 月 13—17 日）参阅材料。

③ 全国人大常委会法工委刑法室：《地方人大和中央有关部门、单位对刑法修正案（十一）草案的意见》，第十三届全国人大常委会第二十二次会议（2020 年 10 月 13—17 日）参阅材料。

④ 草案二次审议稿第 34 条规定：“将刑法第三百三十八条修改为：‘违反国家规定，排放、倾倒或者处置有放射性的废物、含传染病病原体的废物、有毒物质或者其他有害物质，严重污染环境的，处三年以下有期徒刑或者拘役，并处或者单处罚金；情节严重的，处三年以上七年以下有期徒刑，并处罚金；有下列情形之一的，处七年以上有期徒刑，并处罚金：

‘（一）在饮用水水源保护区、自然保护区核心区等依法确定的国家重点生态保护区域排放、倾倒、处置有放射性的废物、含传染病病原体的废物、有毒物质，造成特别严重后果的；

‘（二）向国家确定的重要江河、湖泊水域排放、倾倒、处置有放射性的废物、含传染病病原体的废物、有毒物质，造成特别严重后果的；

‘（三）致使大量永久基本农田基本功能丧失或者遭受永久性破坏的；

‘（四）致使多人重伤、严重疾病，或者致人严重残疾、死亡的。

‘有前款行为，同时构成其他犯罪的，依照处罚较重的规定定罪处罚。’”

改主要有以下五点：一是将草案一审稿第 1 款规定中的“后果严重的”修改为“情节严重的”；二是在第三档量刑幅度内增加了“并处罚金”的规定；三是在第 1 款第 1 项原有“饮用水水源保护区、自然保护区核心区”的基础上增加了“等依法确定的国家重点生态保护区域”的规定，扩大了本项规定的适用范围；四是将第 1 款第 3 项中的“基本农田”修改为“永久基本农田”；五是将第 1 款第 4 项中的“致人重伤、死亡的”情形修改为“致使多人重伤、严重疾病，或者致人严重残疾、死亡的”。

在对草案二次审议稿征求意见过程中，有人提出，对罪状表述作进一步完善。现行法律法规和文件中暂无“国家重点生态保护区”的表述，实践中有些情况难以认定，不好操作，“国家重点生态功能区”的概念源自国务院印发的全国主体功能区规划，有明确的概念界定。也有人提出，中办和国办下发了建立以国家公园为主体的自然保护地的指导意见，其中提出对国家公园和自然保护区要进行分区管理，自然保护区包括一般控制区和核心保护区。草案二审稿第 34 条的表述是“核心区”，指导意见表述为“核心保护区”，建议做好名称上的衔接。[①] 此外，也有的地方提出，适用第 1 款第 1 项、第 2 项要求“造成特别严重后果”，该两项列举的都是很严重的污染环境行为，实践中造成特别严重后果的有时不好认定，建议修改为“情节特别严重”，进一步加大保护生态环境力度。[②] 立法机关采纳了上述建议，并作出相应修改，修成草案三次审议稿第 40 条[③]的规定。

与草案二次审议稿的规定相比，草案三次审议稿对于本条规定的修改主要有

① 全国人大常委会法工委刑法室．宪法法律委、法工委座谈会对刑法修正案（十一）草案二次审议稿的意见．第十三届全国人大常委会第二十四次会议（2020 年 12 月 22—26 日）参阅材料．

② 全国人民代表大会宪法和法律委员会关于《中华人民共和国刑法修正案（十一）（草案）》审议结果的报告（2020 年 12 月 22 日）。

③ 草案三次审议稿第 40 条规定：“将刑法第三百三十八条修改为：‘违反国家规定，排放、倾倒或者处置有放射性的废物、含传染病病原体的废物、有毒物质或者其他有害物质，严重污染环境的，处三年以下有期徒刑或者拘役，并处或者单处罚金；情节严重的，处三年以上七年以下有期徒刑，并处罚金；有下列情形之一的，处七年以上有期徒刑，并处罚金：

‘（一）在饮用水水源保护区、自然保护地核心保护区等依法确定的重点保护区域排放、倾倒、处置有放射性的废物、含传染病病原体的废物、有毒物质，情节特别严重的；

‘（二）向国家确定的重要江河、湖泊水域排放、倾倒、处置有放射性的废物、含传染病病原体的废物、有毒物质，情节特别严重的；

‘（三）致使大量永久基本农田基本功能丧失或者遭受永久性破坏的；

‘（四）致使多人重伤、严重疾病，或者致人严重残疾、死亡的。

‘有前款行为，同时构成其他犯罪的，依照处罚较重的规定定罪处罚。’”

以下几点：一是将第1款第1项、第2项情形中的“造成特别严重后果的”表述修改为“情节特别严重的”表述；二是将第1款第1项中的“自然保护区核心区”修改为“自然保护地核心保护区”，将“国家重点生态保护区域”修改为“重点保护区域”，以与相关规定或文件中的表述保持一致。草案三审稿中关于本条文的规定后续没有再进行修改，与《刑法修正案（十一）》正式版本保持一致。

与刑法原338条的规定相比，本次修改的内容主要是，在原有两档量刑幅度的基础上，新增加了“七年以上有期徒刑”这一档量刑幅度，并且具体规定了四种适用情形，从而进一步强化了对污染环境犯罪的惩治力度。此外，还增加了第2款的规定，即“有前款行为，同时构成其他犯罪的，依照处罚较重的规定定罪处罚”。

（二）内涵解读

《刑法修正案（十一）》修改后，污染环境罪在犯罪构成要件上并没有发生变化。本罪的犯罪主体是一般主体，年满16周岁且具有刑事责任能力的自然人和单位均可以构成本罪。本罪在主观方面体现为过失。[①] 本罪所侵犯的客体是国家环境保护制度以及公民的生命、健康安全。本罪在客观方面表现为，行为人违反国家规定，排放、倾倒或者处置有放射性的废物、含传染病病原体的废物、有毒物质或者其他有害物质，严重污染环境的行为。但是经过修改后，污染环境罪所涵摄的内容更加丰富，具体来说，包含以下三种情况。

一是一般情形的污染环境罪。即行为人实施污染环境行为，达到严重污染环境的标准的，应处3年以下有期徒刑或者拘役，并处或者单处罚金。

二是情节严重的污染环境罪。即行为人实施污染环境行为，达到情节严重的标准的，处3年以上7年以下有期徒刑，并处罚金。

三是情节特别严重的污染环境罪。即行为人实施污染环境行为，达到情节特别严重的标准的，处7年以上有期徒刑，并处罚金。此处所指的“情形特别严重”，包括四种具体情形：（1）在饮用水水源保护区、自然保护地核心保护区等依法确定的重点保护区域排放、倾倒、处置有放射性的废物、含传染病病原体的废物、有毒物质，情节特别严重的；（2）向国家确定的重要江河、湖泊水域排

---

① 也有观点认为污染环境罪的基本犯的责任形式是故意而不是过失。参见张明楷．污染环境罪的争议问题．法学评论，2018（2）.

放、倾倒、处置有放射性的废物、含传染病病原体的废物、有毒物质，情节特别严重的；（3）致使大量永久基本农田基本功能丧失或者遭受永久性破坏的；（4）致使多人重伤、严重疾病，或者致人严重残疾、死亡的。在这四种情形中，前两种是从行为区域的角度来规定的，即行为人在饮用水水源保护区、自然保护地核心保护区等依法确定的重点保护区域以及国家确定的重要江河、湖泊水域等特定区域，排放、倾倒、处置有放射性的废物、含传染病病原体的废物、有毒物质。后两种是从行为后果的角度来规定的，即行为人的污染环境行为致使大量永久基本农田基本功能丧失或者遭受永久性破坏，或者致使多人重伤、严重疾病，或者致人严重残疾、死亡。对于前述四种情形中涉及的部分特定概念，需要加以解释。

其一，饮用水水源保护区是指国家对某些特别重要的饮用水加以特殊保护而划定的区域。《水污染防治法》第 63 条规定："国家建立饮用水水源保护区制度。饮用水水源保护区分为一级保护区和二级保护区；必要时，可以在饮用水水源保护区外围划定一定的区域作为准保护区。"

其二，自然保护地核心保护区是指自然保护地的核心区域，在该区域，原则上禁人为活动。2019 年 6 月 26 日，中共中央办公厅、国务院办公厅印发《关于建立以国家公园为主体的自然保护地体系的指导意见》，该《意见》中指出，要科学划定自然保护地类型。按照自然生态系统原真性、整体性、系统性及其内在规律，依据管理目标与效能并借鉴国际经验，将自然保护地按生态价值和保护强度高低依次分为 3 类。一是国家公园：是指以保护具有国家代表性的自然生态系统为主要目的，实现自然资源科学保护和合理利用的特定陆域或海域，是我国自然生态系统中最重要、自然景观最独特、自然遗产最精华、生物多样性最富集的部分，保护范围大，生态过程完整，具有全球价值、国家象征，国民认同度高。二是自然保护区：是指保护典型的自然生态系统、珍稀濒危野生动植物种的天然集中分布区、有特殊意义的自然遗迹的区域。具有较大面积，确保主要保护对象安全，维持和恢复珍稀濒危野生动植物种群数量及赖以生存的栖息环境。三是自然公园：是指保护重要的自然生态系统、自然遗迹和自然景观，具有生态、观赏、文化和科学价值，可持续利用的区域。确保森林、海洋、湿地、水域、冰川、草原、生物等珍贵自然资源，以及所承载的景观、地质地貌和文化多样性得到有效保护。包括森林公园、地质公园、海洋公园、湿地公园等各类自然公园。此外，2019年修订的《森林法》第31条规定："国家在不同自然地带的典型森林生态地区、珍贵动物和植物生长繁殖的林区、天然热带雨林区和具有特殊保护价值的其他天然林区，建立以国家公园为主体的自然保护地体系，加强保护管理。"由上述规定可以看出，自然保护地不等同于自然保护区，其包括国家公园、自然保护区以及自然公园三类。其中，国家公园是我国自然保护地最重要的类型。

其三，国家确定的重要江河、湖泊水域，包括长江、黄河、淮河、黑龙江、青海湖、鄱阳湖、洞庭湖、太湖、巢湖等。

其四，永久基本农田是指为保障国家粮食安全和重要农产品供给，实施永久特殊保护的耕地。永久基本农田经依法划定后，任何单位和个人不得擅自占用或者改变其用途。国家能源、交通、水利、军事设施等重点建设项目选址确实难以避让永久基本农田，涉及农用地转用或者土地征收的，必须经国务院批准。永久基本农田这一概念基本等同于此前所指的"基本农田"。依照国务院《基本农田保护条例》的规定，基本农田是指按照一定时期人口和社会经济发展对农产品的需求，依据土地利用总体规划确定的不得占用的耕地。依照《中华人民共和国土地管理法》第33条的规定，国家实行永久基本农田保护制度。下列耕地应当根据土地利用总体规划划为永久基本农田，实行严格保护：(1) 经国务院农业农村主管部门或者县级以上地方人民政府批准确定的粮、棉、油、糖等重要农产品生产基地内的耕地；(2) 有良好的水利与水土保持设施的耕地，正在实施改造计划以及可以改造的中、低产田和已建成的高标准农田；(3) 蔬菜生产基地；(4) 农业科研、教学试验田；(5) 国务院规定应当划为永久基本农田的其他耕地。

关于法条竞合时的处理规定。依照修改后的条文第2款的规定，行为人实施污染环境犯罪行为，同时构成其他犯罪的，依照处罚较重的规定定罪处罚。行为人实施污染环境犯罪时，同时构成其他犯罪的，在理论上属于法条竞合，对此应择一重论处。例如，行为人在饮用水水源保护区排放危险物质时，其行为会构成污染环境罪，同时也可能构成投放危险物质罪这一危害公共安全的犯罪类型，此时，就应选择对被告人处刑较重的罪名定罪量刑。

三、破坏自然保护地罪立法的理解与适用（修正案第42条）

（一）修法过程

自然保护地是由政府依法划定或确认，对重要的自然生态系统、自然遗迹、自然景观及其所承载的自然资源、生态功能和文化价值实施长期保护的陆域或海域。“十三五”期间，我国自然保护地数量增加700多个，面积增加2 500多万公顷。目前，我国正在建立以国家公园为主体、自然保护区为基础、各类自然公园为补充的自然保护地分类系统，涵盖了现有的自然保护区、风景名胜区、地质公园、森林公园、海洋公园等。建立自然保护地的目的，是守护自然生态，保育自然资源，保护生物多样性与地质地貌景观多样性，维护自然生态系统健康稳定，提高生态系统服务功能；服务社会，为人民提供优质生态产品，为全社会提供科研、教育、体验等公共服务；维持人与自然和谐共生并永续发展。

国家公园和自然保护区是属于自然保护地的重要组成部分。2017年9月，中共中央办公厅、国务院办公厅印发的《建立国家公园体制总体方案》中指出，“国家公园是我国自然保护地最重要类型之一，属于全国主体功能区规划中的禁止开发区域，纳入全国生态保护红线区域管控范围，实行最严格的保护。国家公园的首要功能是重要自然生态系统的原真性、完整性保护，同时兼具科研、教育、游憩等综合功能。”截至2019年底，中国已有三江源、大熊猫、祁连山、东北虎豹、神农架、武夷山、钱江源、海南热带雨林、南山、普达措这十个国家体制试点国家公园列入名单，面积将近22万平方千米。

我国自1956年建立第一处自然保护区以来，保护区类型从单一到全面，数量从少到多，面积从小到大，已基本形成类型齐全、布局合理、功能完善的自然保护区体系。如今，生物多样性保护已上升为国家战略，法规制度逐步完善，能力建设持续增强，自然保护区为维护我国的生物多样性、筑牢国家生态安全屏障打下了坚实基础。但是近些年来，我国自然保护区内的违法开发活动较为频繁，这对自然保护区造成较大破坏。违法开发现象突出表现为在自然保护区内建设建筑物、非法采矿、种植作物、过度开发旅游、开发高尔夫球场等非法建设或生产经营活动。例如，2017年中共中央办公厅、国务院办公厅通报了甘肃祁连山国家级自然保护区生态环境的问题；2018 年，安徽扬子鳄国家级自然保护区被侵占等。2017 年 5 月 26 日，习近平总书记在十八届中央政治局第四十一次集体学习时指出：我对生态环境保护方面的问题看得很重，党的十八大以来多次就一些严重损害生态环境的事情作出批示，要求严肃查处。我之所以要盯住生态环境问题不放，是因为如果不抓紧、不紧抓，任凭破坏生态环境的问题不断产生，我们就难以从根本上扭转我国生态环境恶化的趋势，就是对中华民族和子孙后代不负责任。在此背景下，为了进一步加强对国家公园、自然保护区等自然保护地的法律保护，就非常有必要通过刑事手段制裁严重破坏国家公园、自然保护地的行为，即将违反自然保护地管理法规，在国家公园、国家级自然保护区进行开垦、开发活动或者修建建筑物，造成国家公园、国家级自然保护区严重破坏的行为规定为犯罪。

在《刑法修正案（十一）（草案一次审议稿）》中，本条规定在第 27 条，原文为："在刑法第三百四十五条后增加一条，作为第三百四十五条之一：'违反自然保护区管理法规，在国家级自然保护区进行开垦、开发活动或者修建建筑物，造成严重后果或者有其他恶劣情节的，处五年以下有期徒刑或者拘役，并处或者单处罚金。有前款行为，同时构成其他犯罪的，依照处罚较重的规定定罪处罚。'"

对于草案一审稿第 27 条增加规定在国家级自然保护区非法开垦等破坏自然保护区生态环境资源的犯罪，在全国人大常委会审议过程中，有委员建议将"自然保护区"修改为"国家公园、自然保护区"[①]。在对外征求意见时，也有单位建议将"自然保护区"修改为"国家公园和自然保护区"。[②] 立法机关采纳了前述意见，将"国家公园"纳入保护范围，形成《刑法修正案（十一）（草案二次审议稿）》第 37 条的规定，本条规定为："在刑法第三百四十五条后增加一条，作为第三百四十五条之一：'违反自然保护地管理法规，在国家公园、国家级自然保护区进行开垦、开发活动或者修建建筑物，造成严重后果或者有其他恶劣情节的，处五年以下有期徒刑或者拘役，并处或者单处罚金。有前款行为，同时构成其他犯罪的，依照处罚较重的规定定罪处罚。'"在《刑法修正案（十一）（草案三次审议稿）》中，本条文的顺序被调整为第 42 条，内容上的修改主要是本条文

① 全国人大常委会法工委办公室．十三届全国人大常委会第二十次会议审议刑法修正案（十一）草案的意见．第十三届全国人大常委会第二十二次会议（2020 年 10 月 13—17 日）参阅材料．

② 全国人大常委会法工委刑法室．地方人大和中央有关部门、单位对刑法修正案（十一）草案的意见．第十三届全国人大常委会第二十二次会议（2020 年 10 月 13—17 日）参阅材料．

在刑法中的位置有所调整，即草案一审稿、二审稿中将本条文置于刑法第 345 条之后，作为第 345 条之一，草案三审稿将本条文修改置于第 342 条之后，作为第 342 条之一。本次修改后的条文与《刑法修正案（十一）》正式版本的规定保持一致。

（二）内涵解读

依照刑法第 342 条之一的规定，行为人违反自然保护地管理法规，在国家公园、国家级自然保护区进行开垦、开发活动或者修建建筑物，造成严重后果或者有其他恶劣情节的，构成破坏自然保护地罪。

1. 关于本罪的构成要件

本罪的主体为一般主体，主观方面表现为故意，过失不构成本罪。对本罪构成要件的把握，需重点把握其客观方面和客体。

第一，关于本罪的客观方面。本罪在客观方面表现为，行为人实施违反自然保护地管理法规，在国家公园、国家级自然保护区进行开垦、开发活动或者修建建筑物，造成严重后果或者有其他恶劣情节的行为。

在理解本罪的客观方面时，有以下几个问题需要特别关注。首先，构成本罪时需要行为人的行为违反自然保护地管理法规这一前置性规定。此处所指的"自然保护地管理法规"，主要包括《自然保护区条例》等。依照《自然保护区条例》的规定，禁止在自然保护区内进行砍伐、放牧、狩猎、捕捞、采药、开垦、烧荒、开矿、采石、挖沙等活动；但是，法律、行政法规另有规定的除外。禁止任何人进入自然保护区的核心区。禁止在自然保护区的缓冲区开展旅游和生产经营活动。在自然保护区的核心区和缓冲区内，不得建设任何生产设施。

其次，本罪的行为手段上表现为开垦、开发活动或者修建建筑物三类行为。其中，开垦是指对国家公园、国家级自然保护区内的未利用土地采取工程措施、生物措施或综合措施，使其改造成为以种植、养殖为主的可持续性利用的农用土地；开发是指将国家公园、国家级自然保护区内的未利用土地通过工程、生物或综合措施，将其开发为可利用状态的活动，例如开矿、采石、挖沙等；修建建筑物是指在国家公园、国家级自然保护区内建设住宅、厂房等建筑设施。

再次，此处保护的对象限于国家公园和国家级自然保护区，不包括地方级自然保护区以及自然保护地中的自然公园。依照《自然保护区条例》第 2 条的规定，自然保护区，是指对有代表性的自然生态系统、珍稀濒危野生动植物物种的天然集中分布区，有特殊意义的自然遗迹等保护对象所在的陆地、陆地水体或者海域，依法划出一定面积予以特殊保护和管理的区域。《自然保护区条例》第11条规定，自然保护区分为国家级自然保护区和地方级自然保护区。在国内外有典型意义、在科学上有重大国际影响或者有特殊科学研究价值的自然保护区，列为国家级自然保护区。除列为国家级自然保护区的外，其他具有典型意义或者重要科学研究价值的自然保护区列为地方级自然保护区。此外，按照自然生态系统原真性、整体性、系统性及其内在规律，依据管理目标与效能并借鉴国际经验，我国将自然保护地按生态价值和保护强度高低依次分为三类，即国家公园、自然保护区、自然公园。其中，国家公园是指由国家批准设立并主导管理，以保护具有国家代表性的自然生态系统为主要目的，实现自然资源科学保护和合理利用的特定陆地或海洋区域。国家公园边界清晰，保护范围大，生态过程完整，具有全球价值、国家象征，国民认同度高。自然保护区是指保护典型的自然生态系统、珍稀濒危野生动植物种的天然集中分布区、有特殊意义的自然遗迹的区域，具有较大面积，确保主要保护对象安全，维持和恢复珍稀濒危野生动植物种群数量及赖以生存的栖息环境。自然公园是指保护重要的自然生态系统、自然遗迹和自然景观，具有生态、观赏、文化和科学价值，可持续利用的区域，确保森林、海洋、湿地、水域、冰川、草原、生物等珍贵自然资源，以及所承载的景观、地质地貌和文化多样性得到有效保护。各类风景名胜区、森林公园、地质公园、海洋公园、湿地公园、草原公园、沙漠公园等都是自然公园。在本罪名的保护范围中，并没有将自然公园涵盖其中。

第二，关于本罪的保护客体。本罪的客体是国家对自然保护地的管理制度以及国家公园、国家级自然保护区的生态安全。

依照条文第2款的规定，对于行为人实施违反自然保护地管理法规，在国家公园、国家级自然保护区进行开垦、开发活动或者修建建筑物的行为，若在构成破坏国家公园、国家级自然保护区罪的同时，还构成其他犯罪的，依照处罚较重的规定定罪处罚。本款是关于法条竞合的规定，对此应择一重论处。因为行为人在国家公园、国家级自然保护区进行开垦、开发活动或者修建建筑物等行为时，还可能同时构成其他犯罪。例如，行为人在国家公园、国家级自然保护区内盗伐林木或者滥伐林木时，可能同时构成盗伐林木罪、滥伐林木罪；行为人在国家公园、国家级自然保护区内非法采矿时，可能同时构成非法采矿罪。此时，就应按照规定，择一重罪定罪处罚。

2. 刑事处罚

依照刑法第 342 条之一的规定，行为人构成破坏自然保护地罪时，应处 5 年以下有期徒刑或者拘役，并处或者单处罚金。

此外，根据刑法第 346 条的规定，单位犯本罪的，对单位判处罚金，并对其直接负责的主管人员和其他直接责任人员，依照刑法第 342 条之一的规定处罚。

四、非法引进、释放、丢弃外来入侵物种罪立法的理解与适用（修正案第 43 条）

（一）修法过程

随着国家、地区间交往日益频繁，外来物种正在全世界范围蔓延。近年来，我国外来入侵物种在数量上也呈现上升趋势，成为世界上遭受外来物种入侵危害最严重的国家之一。而伴随着跨境电商和国际快递等新业态的快速发展，入侵渠道更趋多样化，造成的生态安全风险明显增加。生态环境部发布的《2019 中国生态环境状况公报》显示，全国已发现 660 多种外来入侵物种。其中，71 种对自然生态系统已造成或具有潜在威胁，并被列入《中国外来入侵物种名单》。67 个国家级自然保护区外来入侵物种调查结果表明，215 种外来入侵物种已入侵国家级自然保护区，其中 48 种外来入侵物种被列入《中国外来入侵物种名单》。

一些外来入侵物种之所以危害大，是因为它们繁殖迅速，数量呈几何级增长，且由于缺少天敌制约，往往肆意生长为当地新的优势物种，严重破坏当地的生物多样性和生态安全。在种类上，外来入侵物种包括动物和植物两大类，且均对农业生产和生物多样性保护造成重大威胁。例如，植物中的外来入侵物互花米草原产于美国东南部海岸；在美国西部和欧洲海岸归化。我国 1979 年引入，曾取得了一定的经济效益。但近年来在一些地方变成了害草，表现在：破坏近海生物栖息环境，影响滩涂养殖；堵塞航道，影响船只出港；影响海水交换能力，导致水质下降，并诱发赤潮；威胁本土海岸生态系统，致使大片红树林消失等。又如，动物中的外来入侵物种美国白蛾的原产地是北美洲，1940 年传入欧洲，现已传入欧洲 10 多个国家，以及日本、朝鲜半岛、土耳其。1979 年传入我国辽宁丹东一带，1981 年由渔民自辽宁捎带木材传入山东荣成县，并在山东相继蔓延，1995 年在天津发现，1985 年在陕西武功县发现并形成危害。主要通过木材、木包装等进行传播，还可通过飞翔进一步扩散。其繁殖力强，扩散快，每年可向外扩散35～50千米。可为害果树、林木、农作物及野生植物等二百多种植物，在果园密集的地方以及游览区、林荫道，发生严重时可将全株树叶食光，造成部分枝条甚至整株死亡，严重威胁养蚕业、林果业和城市绿化，造成惊人的损失。此外，被害树长势衰弱，易遭其他病虫害的侵袭，并降低抗寒抗逆能力。幼虫喜食桑叶，对养蚕业构成威胁。

外来入侵物种对我国的农业、经济以及生物多样性安全造成了重大潜在威胁和现实性危害，而自然人非法处置外来物种则是导致外来物种入侵的重要途径之一。为了强化对非法处置外来入侵物种行为的处罚力度，2021年4月15日施行的《生物安全法》第60条规定："任何单位和个人未经批准，不得擅自引进、释放或者丢弃外来物种。"第81条规定，违反本法规定，未经批准，擅自引进外来物种的，由县级以上人民政府有关部门根据职责分工，没收引进的外来物种，并处5万元以上25万元以下的罚款。违反本法规定，未经批准，擅自释放或者丢弃外来物种的，由县级以上人民政府有关部门根据职责分工，责令限期捕回、找回释放或者丢弃的外来物种，处1万元以上5万元以下的罚款。第82条规定，违反本法规定，构成犯罪的，依法追究刑事责任；造成人身、财产或者其他损害的，依法承担民事责任。此外，2018年修改的《野生动物保护法》中也规定，从境外引进野生动物物种的，应当经国务院野生动物保护主管部门批准。从境外引进野生动物物种的，应当采取安全可靠的防范措施，防止其进入野外环境，避免对生态系统造成危害。确需将其放归野外的，按照国家有关规定执行。任何组织和个人将野生动物放生至野外环境，应当选择适合放生地野外生存的当地物种，不得干扰当地居民的正常生活、生产，避免对生态系统造成危害。随意放生野生动物，造成他人人身、财产损害或者危害生态系统的，依法承担法律责任。

由于外来入侵物种对于国家生物安全的显著危害性，在实施行政监管的同时，还有必要明确刑事处罚。而且，为了与前述《生物安全法》《野生动物保护法》的内容相衔接，在此次刑法修正过程中，立法机关将擅自引进、释放或者丢弃外来物种情节严重的行为规定为犯罪。

在本次刑法修正过程中，关于本罪名的规定内容，草案二审稿、草案三审稿以及《刑法修正案（十一）》正式稿的内容均与草案一审稿保持一致，只是在条文序号上有所调整。具体来说，在草案一审稿中，本条文规定在第26条；在草案二审稿中，本条文规定在第36条；在草案三审稿中，本条文规定在第43条。

（二）内涵解读

依照刑法第 344 条之一的规定，行为人违反国家规定，非法引进、释放或者丢弃外来入侵物种，情节严重的，构成非法引进、释放、丢弃外来入侵物种罪。

1. 关于本罪的构成要件

本罪的客体是国家对外来物种的管理制度以及我国的生物安全，主体为一般主体，主观方面表现为故意，构成本罪需要行为人认识到引进、释放或者丢弃的是外来入侵物种，若行为人主观上对此没有认识的，则不成立本罪的犯罪故意。例如，巴西龟属于原农业部《国家重点管理外来入侵物种名录（第一批）》中列明的外来入侵物种之一。若行为人将巴西龟误认为是我国本土乌龟而释放或者丢弃的，则不会构成本罪。对本罪构成要件需重点把握其客观方面。

本罪在客观方面表现为，行为人违反国家规定，实施非法引进、释放或者丢弃外来入侵物种的行为，达到情节严重的程度。外来入侵物种，是指自然分布在境外的物种活体及繁殖材料。行为人实施非法处置外来入侵物种的行为，只有达到情节严重的程度，才构成本罪。对于“情节严重”的具体认定，还有待于后续通过司法解释来予以明确。我们认为，对此可以从引进、释放或者丢弃外来入侵物种的种类、数量、次数、地点以及导致的客观危害等方面进行判断。

在理解本罪的客观方面时，有以下几个问题需要注意。首先，行为人违反国家规定属于构成本罪的前置性要件。由于我国对外来物种的引入主要采取行政许可的方式，即未经有关部门的批准或者许可，不得违反规定引入外来物种。因此，构成本罪需要以违反行政许可为前提，即违反对外来物种进行管理的相关国家规定。此处所指的“国家规定”，具体包括《生物安全法》《引进陆生野生动物外来物种种类及数量审批管理办法》等。其次，在行为方式上，表现为引进、释放或者丢弃。其中，引进即是指从境外引入外来入侵物种；释放即是指将处于非自由状态的外来入侵物种放归自然；丢弃即是指将外来入侵物种随意抛弃在自然界，而没有按照相关规定进行处理。再次，行为人引进、释放或者丢弃的对象必须是外来入侵物种。生态环境部发布的《2019 中国生态环境状况公报》显示，全国已发现 660 多种外来入侵物种。国务院农业农村主管部门会同国务院其他有关部门制定外来入侵物种名录和管理办法。截至 2020 年，环境保护部门分别于 2003 年、2010 年、2014 年、2016 年发布了四批《中国外来入侵物种名单》，共包括紫茎泽兰、互花米草、非洲大蜗牛、福寿螺、加拿大一枝黄花等 71 个物种。

此外，2013 年农业部颁布了《国家重点管理外来入侵物种名录（第一批）》，共包括节节麦、巴西龟等 52 个物种。

2. 刑事处罚

依照刑法第 344 条之一的规定，行为人构成非法引进、释放、丢弃外来入侵物种罪的，应处 3 年以下有期徒刑或者拘役，并处或者单处罚金。此外，依照刑法第 346 条的规定，单位犯本罪的，对单位判处罚金，并对其直接负责的主管人员和其他直接责任人员，依照刑法第 344 条之一的规定处罚。

第十一章

《刑法修正案（十一）》的其他问题

一、妨害兴奋剂管理罪立法的理解与适用（修正案第 44 条）

（一）修法过程

此次修法新增的妨害兴奋剂管理罪主要是基于对滥用兴奋剂现象的社会危害性以及入刑必要性、紧迫性的考量，对兴奋剂犯罪进行了专门、细致的规定，使得刑法对于整个兴奋剂产业链条的规制更加周延，具体受到了以下几方面的影响。

（1）体育赛事中使用兴奋剂的影响恶劣。现代体育赛事中，为了确保竞争的公正性而明令禁止运动员使用兴奋剂，然而“滥用兴奋剂之风”却屡禁不止，背后利益的暗流涌动导致兴奋剂黑色产业链的形成。首先，从运动员使用兴奋剂带来的直接影响来看，该行为打破了体育赛事的公平公正性，使得比赛的意义荡然无存，对于其他进行艰苦训练的运动员而言显失公平，兴奋剂的摄入非正常地、人为地提升了运动员的成绩，抹杀了体育赛事的竞技性与不确定性。其次，就运动员使用兴奋剂造成的直接后果而言，由于运动员在参与大型赛事时往往代表着国家或集体的形象，因此一旦发现运动员使用兴奋剂会对国家利益和国家形象造成严重损害，其危害后果绝不仅仅限于“小众”的运动员群体，而是“大众”化的国家利益、社会利益。[①] 最后，从运动员自身的身心健康来看，长期摄入兴奋

① 于冲，陈培．从孙杨案看“兴奋剂”为何“入刑”．人民法治，2020（6）：48.

剂不仅会对运动员的激素水平、免疫系统产生影响，还会导致使用者心力衰竭、激动狂躁，成年女性男性化，罹患糖尿病、心脏病等疾病。从上述对使用兴奋剂的危害性可以看出，该行为不仅侵犯公共法益，同时也令侵犯个人法益，但是并不是只要具有一定的社会危害性就有入刑必要性，还需要对当前我国滥用兴奋剂的规制现状进行整体把握。

（2）当前法律法规对滥用兴奋剂的惩罚力度不足。自 2003 年我国签署并加入了《世界反兴奋剂条例》起，兴奋剂问题已经成为运动员培养与竞技中的重要问题而受到国家的重视，我国法律法规中也逐渐对使用兴奋剂问题进行了细致规定。我国《体育法》第 33 条和第 48 条进行了总括性规定，其中第 48 条规定了相关法律后果："在体育运动中使用禁用的药物和方法的，由体育社会团体按照章程规定给予处罚；对国家工作人员中的直接责任人员，依法给予行政处分。"国务院 2018 年新修订的《反兴奋剂条例》则对兴奋剂使用问题进行了细致规定，其中在第五章"法律责任"中根据具体的行为类型规定了民事、行政、刑事三种不同的责任，在法律条文规范上形成了反兴奋剂违法行为的次序不同、轻重有别的打击格局。国家体育总局 2014 年发布的《反兴奋剂管理办法》进一步对兴奋剂违规行为及其管理工作进行了细化规定，使得对兴奋剂违规行为的行政处分更加具体。而对于兴奋剂入刑问题的讨论则起步较晚，2019 年 11 月 18 日，最高人民法院发布了《关于审理走私、非法经营、非法使用兴奋剂刑事案件适用法律若干问题的解释》（以下简称《兴奋剂解释》），至此，兴奋剂犯罪的刑法规制有了较为统一、明确的规定，同时，也与《反兴奋剂条例》中的相关规定相互照应。

（3）现有罪名无法对滥用兴奋剂行为形成周延打击。从兴奋剂解释中可以看出，当前兴奋剂犯罪主要涉及的罪名有：走私国家禁止进出口的货物、物品罪；走私普通货物、物品罪；非法经营罪；虐待被监护、看护人罪；组织考试作弊罪；生产、销售不符合安全标准的食品罪；生产、销售有毒、有害食品罪；滥用职权罪；玩忽职守罪。从所涉罪名中可以看出司法解释只能从现有立法规定的罪名中寻求规制路径，这种通过解释来扩张犯罪圈的方法虽然可以在一定程度上解决现实中兴奋剂犯罪的某些严重情形，同时维护了刑法的稳定性，然而受到罪刑法定原则的限制以及各罪中构成要件的特别规定，导致涉兴奋剂犯罪必须符合这些犯罪的要求才能进入犯罪圈，而那些难以达到这些条件的其他危害行为就只能被剥离出犯罪圈。然而，这些被剥离出犯罪圈的行为同样具有严重的社会危害性，甚至危害程度更高，属于兴奋剂犯罪的源头行为。如此一来，刑法在规制兴奋剂犯罪问题上就会出现断层与不协调的局面。现行规章制度之所以对“滥用兴奋剂”行为屡禁不止，很大程度上有处罚力度不够的原因。[①] 有鉴于此，当通过司法解释的方式无法进一步规制涉兴奋剂犯罪时，就需要及时通过立法加以补充，该罪是在《刑法修正案（十一）（草案）》第二次审议时被纳入进来的，一些部门关注到妨害兴奋剂管理行为的社会危害性非常严重，建议将组织、强迫运动员使用兴奋剂，以及引诱、教唆、欺骗运动员使用兴奋剂参加国内、国际重大体育竞赛，或者向其提供兴奋剂等严重情形规定为犯罪。我国确实缺乏专门针对兴奋剂犯罪的罪名，而妨害兴奋剂管理的行为已经形成一条黑色产业链，社会危害性严重，因此，此次补充不仅严密了法网，还同法律法规的相关规定呼应，对妨害兴奋剂管理的行为起到严厉的威慑作用。

在修法过程中，如上所述，在《刑法修正案（十一）（草案）》第一次审议稿（以下简称“一审稿”）中并未创设妨害兴奋剂管理罪，本罪是在第二次审议过程中新增的罪名。有的部门提出，有关兴奋剂违规行为严重损害国家形象，破坏体育竞赛公平竞争，严重损害运动员身心健康，建议将组织、强迫运动员使用兴奋剂，以及引诱、教唆、欺骗运动员使用兴奋剂参加国内、国际重大体育竞赛，或者向其提供兴奋剂等严重情形规定为犯罪。宪法和法律委员会经研究，建议采纳上述意见，在刑法第 355 条后增加一条，作相应规定。[②] 于是，在《刑法修正案（十一）（草案二次审议稿）》（以下简称“二审稿”）中增设了妨害兴奋剂管理罪，采用刑法规制的手段治理相关犯罪。

此外，本罪在之后的审议过程中也存在一些改动。首先是对法定刑的改动，三审稿删除了二审稿中关于“管制”的规定，由于除刑法之外，我国还有其他法律法规规制此类行为，因此要注意刑法的处罚边界以及与其他法律法规处罚手段的衔接协调问题。管制这一刑罚手段甚至要比某些行政处罚的手段还要轻缓，不宜用于此类严重妨害反兴奋剂的行为，因此最终予以删除，保留了 3 年以下有期徒刑和拘役，并处罚金刑的规定。其次是对第 2 款构成要件要素的补充，二审稿中组织、强迫运动员使用兴奋剂不要求参加国内、国际重大赛事，而在最终的稿

---

① 徐京生.“滥用兴奋剂”入刑的理论探索. 中国法学，2018（5）：107.

② 全国人民代表大会宪法和法律委员会. 全国人民代表大会宪法和法律委员会关于《中华人民共和国刑法修正案（十一）（草案）》修改情况的汇报. 2020 年 10 月 13 日.

本中填补了这样的漏洞，组织、强迫运动员使用兴奋剂也要求参加国内、国际重大赛事，否则行为的社会危害性将会大大降低，但是该款规定又要求从重处罚，因此为了贯彻罪责刑相适应原则，在构成要件的其他要素上应当与前款规定相匹配。前款规定的行为方式都要求参加国内、国际重大赛事，因此该款也需要进行规定，从而突出组织、强迫运动员使用兴奋剂行为本身的危害性程度。

（二）内涵解读

首先，需要明确本罪在刑法条文中所处的体系位置。本罪被置于刑法第 355 条之后，作为第 355 条之一，位于刑法第六章“妨害社会管理秩序罪”中的第七节“走私、贩卖、运输、制造、毒品罪”中，此时先需要厘清的是兴奋剂与毒品关系问题。通过对比反兴奋剂中被禁用的物质目录与毒品目录可以发现，并不是所有的兴奋剂都是毒品，也并不是所有的毒品都是兴奋剂。换言之，兴奋剂与毒品属于一种交叉关系，而非重合关系。兴奋剂与毒品有着很大的不同，主要如下：一是动机不同。服用兴奋剂主要目的是加强人体精神刺激，提高竞技时的兴奋性；吸食毒品的主要目的是一种新鲜感、刺激感，并且具有很强烈的主观意愿。二是程度不同。服用兴奋剂的运动员一般不会产生强烈的依赖性；但是服用毒品的人群会对毒品产生强烈的依赖感。三是群体不同。使用兴奋剂的主要人群是竞技运动员，再包括少数病人；而吸食毒品的人群没有特异性，吸食的主要场所来自 KTV 等娱乐场所。① 由此可见，兴奋剂并非都是毒品，二者只存在部分的交叉，但是由于在我国现有的刑法体系中缺乏一个合适位置，因此暂且把该罪置于毒品犯罪中，并放在非法提供麻醉药品、精神药品罪之后也是合适的。毒品、麻醉药品、精神药品、兴奋剂这些物质都存在一定的交叉关系，因此，在立法时置于一处也是正确之举。这几种物质都会对人的身心健康产生一定程度的影响，具有相似性。在明确了本罪所处的位置之后，就可以对本罪的构成要件内涵进行准确分析与理解。

其次，需要分析本罪的客体与对象。犯罪的客体不仅要看该罪在刑法体系中所处的位置，所处位置只能体现该罪的主要客体，在分析时还应当考虑该罪是否存在次要客体。妨害反兴奋罪的客体是复杂客体，本罪位于妨害社会管理秩序罪一章中，因此本罪侵犯的主要客体是国家对使用兴奋剂的管理秩序以及禁止运动

---

① 兴奋剂是毒品吗？兴奋剂和毒品的区别．http：//www.5h.com/yl/19787.html. 访问时间：2020－12－05.

员服用兴奋剂的规定。任何促使运动员服用兴奋剂的做法都要受到本罪的规制，都侵犯了国家对兴奋剂使用的管理秩序。此外，本罪还包括其他次要客体，运动员的身心健康与国家的名誉形象以及竞赛的公平公正性，都属于本罪的次要客体，这是由于违背了上述兴奋剂管理规定后而产生的潜在影响。确认本罪的客体主要是为了在罪名认定上严格按照法益侵害的要求，对那些实际对该罪客体产生侵犯的行为进行刑事处罚，倘若行为并未侵犯与威胁到该罪客体（既包括主要客体也包括次要客体）且没有任何侵犯的可能性时，那么即使表面上符合了该罪行为方式的要求，也不能认定为本罪。因此，客体或是法益的明确可以在一定程度上探寻立法目的，划定本罪的处罚范围，从而防止该罪名无限制地膨胀。本罪的对象是运动员，对象身份具有一定的特殊性，因此如果对象的身份不属于运动员，则行为人不构成此罪。何为"运动员"，在《体育法》第四章竞技体育中出现了"运动员"的表述，因此，对于"运动员"这一概念的理解必须要依托于"竞技体育"范围的划定。[①] 运动员是直接参加竞技的人员，而非其他辅助人员，不能将运动员的概念过于泛化。

再次，需要厘清本罪的客观方面。本罪有三种行为方式：第一种行为方式是引诱、教唆、欺骗运动员使用兴奋剂参加国内、国际重大体育竞赛，关于引诱、教唆、欺骗的具体行为方式可以参考位置接近的刑法第 353 条"引诱、教唆、欺骗他人吸毒罪"中的行为方式。"引诱""教唆"都是引起运动员使用兴奋剂参赛的诱因，强调的是对运动员自由选择的干预与服用兴奋剂动机的引起。因此，"引诱"与"教唆"要求运动员本身不具有使用兴奋剂参加比赛的意愿，行为人采取向运动员宣扬兴奋剂的"好处"或其使用方法以及利用金钱、物质进行诱惑等方法，引起运动员使用兴奋剂参赛的意愿的行为。[②] 倘若运动员自行决定使用兴奋剂参赛，那么行为人不能构成"引诱""教唆"，因为不具有运动员犯意的惹起性。"欺骗"是指采取虚构事实或隐瞒真相的方式使得运动员陷入认识错误，不知道或事后才知道自己服用了兴奋剂这一事实。欺骗手段要求运动员在服用兴奋剂时对此毫不知情，如果运动员已经知道了真相而主动选择服用兴奋剂，则行为人不能构成此处的"欺骗"。换言之，运动员陷入认识错误与运动员服用兴奋

① 《体育法》第 30 条还规定："国家实行运动员技术等级、裁判员技术等级和教练员专业技术职务等级制度。"在我国运动员有着统一的管理，且参加竞技体育的人员就是运动员，由此可见，运动员的范围是明确的。

② 张明楷．刑法学（下）．北京：法律出版社，2016：1157.

剂之间要具有刑法上的因果关系，此时行为人的行为才能认定为是“欺骗”。

第二种行为方式是明知运动员参加上述竞赛而向其提供兴奋剂。“明知”意味着行为人知道该运动员要参加国内、国际重大体育竞赛，然而作为一个主观的构成要件要素，对于明知的把握应当慎重，尤其是需要探讨此处是否包含“应当知道”的情况，“应当知道”的具体内容有哪些，这些问题都需要不断细化。“应当知道”是推定的明知，是从各种事实中推定行为人对此知情。例如，如果行为人是该运动员的教练员，那么其应当对运动员的赛事安排了如指掌，此时即使其辩称毫不知情，也仍然能够认定为是此处的“明知”。因此，将“明知”这一主观构成要件要素予以客观化的处理，会使这一行为方式更加明确具体，同时，这种细化也在一定程度上明确了本罪的证明标准。认定“明知”的条件应当达到排除合理怀疑的程度。[①] 换言之，此处的明知应当至少达到间接证明的标准，间接证据（基础事实）与待证事实之间要存在经验法则和逻辑关联。

上述两种行为方式都要求情节严重才可以构成本罪，换言之，需要达到某一实际的影响或结果时才能进行入罪化处理，否则仍然只能受到行政处罚。此外，这两种行为方式都需要满足该运动员参加国内、国际重大体育竞赛这一条件，易言之，本罪的行为在背景或场合上存在特殊性。对于国内、国际重大赛事的理解可以参考国家体育总局 2019 年发布的《体育赛事活动管理办法》中的规定，该规定主要是根据主办单位层级的不同来区分赛事的等级，因此，可以通过该办法中的相关规定对本罪中“重大”的范围进行具体细化。

第三种行为方式是组织、强迫运动员使用兴奋剂的，这种行为方式同时也是法定从严处罚情节。组织、强迫运动员使用兴奋剂，其本身的手段或规模就已经凸显出行为严重的社会危害性，因此第三种行为方式并没有额外的情节严重的限制。此外，上文已经提到该款规定也要求运动员参加国内、国际重大体育竞赛。实施该种行为的要从重处罚。“组织”行为可以参考刑法中关于组织的规定，行为人的行为要体现一定的组织性、管理性，作为犯罪对象的运动员人数也应当在 3 人以上。而“强迫”的手段包括暴力、威胁、虐待等其他强制方法迫使运动员服用兴奋剂的行为。

最后，需要明确本罪的主体。本罪的主体是一般主体，只能是自然人，不能是单位。在实际案例中，本罪的主体多为运动员的辅助人员、教练员或其他利益

---

① 广东省人民检察院课题组．毒品犯罪“明知”的认定．中国检察官，2020（7）：27.

相关者，本罪中运动员本人只是行为对象，而不能是行为主体，当运动员本人对其他运动员实施了本罪所列行为时，该运动员可以成为本罪的主体。可见，本罪并没有将主体限定为特殊主体，这也是为了应对实务中出现的各种情况。

（三）司法适用

第一，本罪的停止形态问题，尤其是既遂、未遂形态的区分问题。通过该罪的条文表述可知本罪属于行为犯，即行为完成犯罪宣告既遂。我国目前对于既遂标准的通说是构成要件齐备说，因此，个罪中构成要件齐备意味着犯罪既遂。在前两种行为方式中，只要行为人具有引诱、教唆、欺骗运动员使用兴奋剂参加国内、国际重大体育竞赛，或者明知运动员参加上述竞赛而向其提供兴奋剂的行为，本罪就已经既遂，至于运动员最终是否使用兴奋剂、运动员是否实际参赛或者是否在参赛前被发现使用兴奋剂而被取消参赛资格则在所不问，这些情况可以放在情节严重中探讨，作为本罪的罪量要素而不影响既遂、未遂的问题。在第三种行为方式中，行为人只要有组织、强迫运动员使用兴奋剂的情况即可，且该行为并没有“情节严重”与发生场合的要求，同样该行为也不需要运动员实际使用兴奋剂，但是这一情节会对量刑产生一定的影响。综上所述，由于本罪是行为犯，因此本罪既遂与未遂的区分在于是否完成了构成要件规定的全部行为，而行为对象之后的各种情况以及行为对象自身的行为则不会影响本罪既遂的成立，只能作为情节要素进行考察。此外，还需要讨论的是本罪是否存在中止形态的问题，虽然本罪是行为犯，但是仍然需要承认的是行为本身的实施也具有一定的过程性，绝非一蹴而就，因此，在完成构成要件行为的过程中自动停止犯罪或者自动有效阻止犯罪结果发生的，就可以成立中止。例如，在前两种行为方式中，行为人及时停止对运动员的引诱、教唆与欺骗，并消除对运动员造成的干扰时，就可以成立中止，或者行为人将兴奋剂提供给运动员后又取回，并彻底消除运动员使用兴奋剂参赛的意志时，也有成立中止的余地。从上述分析中可知，本罪成立中止的要求非常严格，行为人对运动员使用兴奋剂不仅要停止进行引诱、教唆、欺骗、提供、组织、强迫的行为，还需要消除对于运动员心理上的影响，这正是因为上文所分析的，本罪的行为对于运动员服用兴奋剂的意志选择而言具有惹起性，因此行为人如果想成立中止，就需要同时消除物理上与心理上的作用。

第二，本罪的共犯形态问题。上文已经分析过运动员本人只是本罪的犯罪对象，而并非本罪的犯罪主体，因此行为人与运动员之间并不具有共犯关系，但是除运动员本人以外，其他第三人之间可以成立共同犯罪。例如：对引诱、教唆、欺骗、提供、组织、强迫运动员使用兴奋剂的行为进行帮助、唆使、提供便利、居中联系等行为的行为人，也可以构成本罪的帮助犯、教唆犯。但是需要注意的是要区分该共同犯罪人在整个犯罪中所起的作用大小，因为该作用大小会直接影响情节是否严重的认定，进而对该共犯能否成立本罪产生影响。

第三，本罪的罪数形态问题，即本罪与其他犯罪的关联问题。上文已经介绍过兴奋剂虽然不同于毒品，但是与毒品犯罪存在交叉重合关系，因此，某些情况下，行为人所使用的兴奋剂属于毒品，此时行为人以及运动员本人还有可能构成相关毒品犯罪，行为人可能构成引诱、教唆、欺骗他人吸毒罪，强迫他人吸毒罪，容留他人吸毒罪，而运动员本人则可能构成非法持有毒品罪。但是由于只有一个行为，不能重复评价，需要按照想象竞合犯的要求，择一重罪论处。此外，还应当结合 2020 年 1 月 1 日起施行的最高人民法院《关于审理走私、非法经营、非法使用兴奋剂刑事案件适用法律若干问题的解释》（以下简称《兴奋剂解释》）进行研究，重点讨论的是本罪与该解释之间的衔接协调问题。《兴奋剂解释》是对整个兴奋剂犯罪产业链的各种行为方式的具体规定，根据行为的不同可能构成走私国家禁止进出口的货物、物品罪，走私普通货物、物品罪，非法经营罪，虐待被监护、看护人罪，组织考试作弊罪，生产、销售不符合安全标准的食品罪，生产、销售有毒、有害食品罪，滥用职权罪，玩忽职守罪。这些罪名与妨害兴奋剂管理罪的行为方式并不相同，因此如果触犯上述罪名又同时触犯本罪时，需要按照数罪并罚的规定论处。但是，需要单独讨论的是虐待被监护、看护人罪与本罪中强迫运动员使用兴奋剂的关联问题，《兴奋剂解释》中对该罪的行为方式表述为："对未成年人、残疾人负有监护、看护职责的人组织未成年人、残疾人在体育运动中非法使用兴奋剂，具有下列情形之一的，应当认定为刑法第二百六十条之一规定的'情节恶劣'，以虐待被监护、看护人罪定罪处罚：（一）强迫未成年人、残疾人使用的；（二）引诱、欺骗未成年人、残疾人长期使用的；（三）其他严重损害未成年人、残疾人身心健康的情形。"可以看出虐待被监护、看护人罪的行为方式同本罪存在一定的重合，当运动员属于未成年人、残疾人时，强迫、引诱、欺骗运动员使用兴奋剂的行为会同时触犯两个罪名，需要按照想象竞合择一重罪的原则论处。此外，虐待被监护、看护人罪中有单位犯罪的规定，若单位实施上述行为，则对单位按照虐待被监护、看护人罪论处，而对其直接负责的主管人员和其他直接责任人员仍然需要按照想象竞合择一重罪的原则定罪处刑。

第四，本罪与刑法第 356 条的关系问题。刑法第 356 条规定的是毒品犯罪的再犯问题："因走私、贩卖、运输、制造、非法持有毒品罪被判过刑，又犯本节规定之罪的，从重处罚。"妨害反兴奋剂罪位于第 355 条之一，处在第七节中，因此仍然要受到毒品再犯的制约。换言之，因走私、贩卖、运输、制造、非法持有毒品罪被判过刑，又犯妨害反兴奋剂罪的，应当从重处罚。

二、为境外窃取、刺探、收买、非法提供军事秘密罪修法的理解与适用（修正案第 46 条）

（一）修法过程

此次为境外窃取、刺探、收买、非法提供军事秘密罪修法主要是为了回应军事犯罪审判实践的现实需要，是贯彻落实罪责刑相适应原则的体现。本罪原本的法定刑只有一档，是 10 年以上有期徒刑、无期徒刑或者死刑，从法定刑设置来看，本罪属于重罪，且只要窃取、刺探、收买、非法提供军事秘密，不问该军事秘密的保密级别与具体内容，直接按照 10 年以上有期徒刑、无期徒刑或者死刑论处。从刑罚设置来看，本罪虽然也能体现出刑罚的位阶性，但是起刑点过高，没有区分不同案件的不同情形，一定程度上违背了罪责刑相适应原则。依据最高人民检察院、解放军总政治部 2013 年印发的《军人违反职责罪案件立案标准的规定》，只要实施了构成要件规定的行为，一律应当予以立案，没有犯罪程度的要求。那么只要认定此行为成立，则起刑点直接在 10 年以上，这种困境反映出我国刑事法网规定的粗疏，违背了宽严相济的刑事政策要求。通过分析刑法第 10 章"军人违反职责罪"一章的其他罪名可以看出，除了刑法第 429 条拒不救援友邻部队罪、第 441 条遗失武器装备罪、第 444 条遗弃伤病军人罪、第 448 条虐待俘虏罪没有法定刑档位的区分外，其余罪名均根据不同的情形进行了不同的法定刑设置。此外，这些没有法定刑档位区分的罪名都是只规定了 3 年或 5 年有期徒刑以下的刑罚，由于法定最高刑较低，因而没有必要再进行档位的划分。但为境外窃取、刺探、收买、非法提供军事秘密罪的情况却不同，该罪直接规定了法定最低刑为 10 年有期徒刑，并且法定最高刑直接达到了死刑，整个法定刑的设置欠缺 10 年以下有期徒刑的规定，这导致刑罚太过严厉，不加区分地处以严苛的刑罚并非现代刑法理念所提倡，因此有必要对本罪的法定刑结构进行调整。

为了有效解决这一问题，此次修法专门针对本罪的法定刑进行设置，在《刑法修正案（十一）（草案）》的第一次审议稿（以下简称“一审稿”）中本罪设置了三档法定刑：“为境外的机构、组织、人员窃取、刺探、收买、非法提供军事秘密的，处五年以上十年以下有期徒刑；情节严重的，处十年以上有期徒刑、无期徒刑或者死刑；情节较轻的，处五年以下有期徒刑。”可以看出在一审稿中本罪的三档法定刑分别是：5年以下有期徒刑；5年以上10年以下有期徒刑；10年以上有期徒刑、无期徒刑或者死刑。这样的法定刑设置虽然在一定程度上具有了层次性的量刑位阶，但是在细化法定刑的同时却忽略了军人出卖军事秘密本身的严重性。军事秘密不同于其他秘密，事关国防安全，而国家又赋予了军人崇高的职责，因此军人出卖军事秘密的行为应当区别于刑法第111条为境外窃取、刺探、收买、非法提供国家秘密、情报罪。然而，一审稿的设置却没有体现出两罪之间严重性的差异。[①] 此外，一审稿的这种法定刑设置同第1款的非法获取军事秘密罪类似，只是在最高档中设置了死刑，这使得两罪的严重程度趋于模糊，为境外窃取、刺探、收买、非法提供军事秘密罪明显要比普通的非法获取军事秘密罪更严重，一审稿的法定刑设置同样也无法体现这两个罪名的差别。有鉴于此，二审稿中删去了情节较轻的规定，将本罪确定为两档法定刑，即基本刑为5年以上10年以下有期徒刑，情节严重时处10年以上有期徒刑、无期徒刑或者死刑。两档的法定刑幅度既可以避免出现军事审判实务中罪责刑不相适应的情况，严密刑罚法网，同时也可以体现出本罪的严重性，严惩军人向境外出卖军事秘密的行为。

（二）内涵解读

本罪的行为方式有四种：窃取、刺探、收买、非法提供军事秘密的行为，囊括了非法获取军事秘密的全部途径，此外，本罪与非法获取军事秘密罪最主要的区别在于本罪一定要有“为境外的机构、组织、人员”的要素，这一要素可以通过客观证据进行区分。从法定刑设置来看，修改后的为境外窃取、刺探、收买、非法提供军事秘密罪的法定刑仍然要高于非法获取军事秘密罪。这种设置是合适的，一审稿中本罪的法定刑与非法获取军事秘密罪类似，虽然在排列位阶与情节

---

① 全国人大常委会法工委办公室．十三届全国人大常委会第二十次会议审议刑法修正案（十一）草案的意见．第十三届全国人大常委会第二十次会议（2020年6月）参阅材料．

程度上存在差异，但是没有体现出两罪之间严重性的差别。修改之后本罪有两档法定刑，既可以贯彻落实宽严相济的刑事政策，避免量刑设置过于粗疏无法应对实践中的各种情况，同时又可以与非法获取军事秘密罪的危害性程度作出区分。

本罪是指军人违反国家和军队的保密规定，为境外的机构、组织、人员窃取、刺探、收买、非法提供军事秘密的行为。本罪与刑法第 111 条属于特别法条与一般法条的关系，因此当触犯特殊规定时，要优先按照特殊规定论处。但是，如果不符合本罪的规定则可以考虑是否符合刑法第 111 条的规定，换言之，军职人员为境外机构、组织、人员窃取、刺探、收买、非法提供军事秘密以外的其他国家秘密、情报的，或者一般公民为境外机构、组织、人员窃取、刺探、收买、非法提供军事秘密的行为，都只能依照刑法第 111 条的规定论处。易言之，本罪在主体上以及行为对象上都具有特殊性，主体只能是军职人员，军职人员的范围即为刑法第 450 条规定的适用范围。本罪的对象只能是军事秘密。在《军人违反职责罪案件立案标准的规定》中对“军事秘密”进行了规定。军事秘密是关系国防安全和军事利益，依照规定的权限和程序确定，在一定时间内只限一定范围的人员知悉的事项。①

本罪在设置了两档法定刑后需要通过司法解释对“情节严重”的具体情况进行细化。可以参考《军人违反职责罪案件立案标准的规定》中对故意泄露军事秘密案中情节严重的具体规定，按照军事秘密的等级以及泄露秘密的件数来确定情节严重的内涵，并设置兜底条款，将其他情节严重的情况包含在内。

（三）司法适用

通过上文分析可知，本罪是行为犯，行为完成即告既遂，但是这并不意味着本罪完全不存在其他停止形态。通过上文分析可知，本罪的行为方式有窃取、刺探、收买、非法提供军事秘密，这些行为都具有一定的过程性，因此在行为未完

---

① 具体内容包括：(1) 国防和武装力量建设规划及其实施情况；(2) 军事部署，作战、训练以及处置突发事件等军事行动中需要控制知悉范围的事项；(3) 军事情报及其来源，军事通信、信息对抗以及其他特种业务的手段、能力，密码以及有关资料；(4) 武装力量的组织编制，部队的任务、实力、状态等情况中需要控制知悉范围的事项，特殊单位以及师级以下部队的番号；(5) 国防动员计划及其实施情况；(6) 武器装备的研制、生产、配备情况和补充、维修能力，特种军事装备的战术技术性能；(7) 军事学术和国防科学技术研究的重要项目、成果及其应用情况中需要控制知悉范围的事项；(8) 军队政治工作中不宜公开的事项；(9) 国防费分配和使用的具体事项，军事物资的筹措、生产、供应和储备等情况中需要控制知悉范围的事项；(10) 军事设施及其保护情况中不宜公开的事项；(11) 对外军事交流与合作中不宜公开的事项；(12) 其他需要保密的事项。

成时仍然可以根据实际情况成立犯罪预备、犯罪中止与犯罪未遂。

此外，本罪在设置了两档法定刑后，司法适用中需要准确对这两档法定刑所对应的具体情形进行区分。在最高检、解放军总政治部 2013 年 2 月 26 日印发的《军人违反职责罪案件立案标准的规定》中并未对具体情形进行细化规定，但是参考其他类似规定的表述，可以从军事秘密、行为手段、行为次数、境外组织的性质等多方面共同确定“情节严重”的标准。

三、军人违反职责罪主体修法的理解与适用（修正案第 47 条）

（一）修法过程

随着军队改革的不断推进，2017 年国务院、中央军委公布实施了新修订的《中国人民解放军文职人员条例》（以下简称《文职人员条例》），该条例是贯彻习近平强军思想，健全完善军事人力资源政策制度的重大创新成果，是建立统一的文职人员制度的重要基础法规。至此，对于文职人员的职能定位、身份属性、岗位设置、使用管理、待遇保障逐渐明朗起来。《文职人员条例》第 2 条对文职人员的身份进行了明确：“本条例所称文职人员，是指在军民通用、非直接参与作战且社会化保障不宜承担的军队编制岗位从事管理工作和专业技术工作的非现役人员，是军队人员的组成部分。”从这一规定中可以看出文职人员不具有军队编制岗位，但是属于军队人员的组成部分。此外，从中央军委办公厅 2019 年发布的《军队文职人员聘用合同管理暂行规定》中也可以看出，文职人员与军队之间属于聘用制合同关系，没有军籍。在原有刑法第 450 条关于本章适用范围的规定中，包括了文职干部却没有将文职人员纳入进来①，这会造成很大的规制漏洞，文职人员虽然没有军籍，但是也属于军队人员的组成部分，同样应当按照其他军人的标准来要求，为了适应军队改革中对于文职人员属性的规定，本条需要将文职人员也纳入军人的范围内，从而起到严密法网的效果。

在审议过程中，一些专家学者对于该条的内容表述提出了建议。有的常委会委

① 原有刑法条文的具体规定为：“本章适用于中国人民解放军的现役军官、文职干部、士兵及具有军籍的学员和中国人民武装警察部队的现役警官、文职干部、士兵及具有军籍的学员以及执行军事任务的预备役人员和其他人员”。

员提出，预备役部队全面纳入军队领导指挥体系，由现行军地双重领导调整为党中央、中央军委集中统一领导，中国人民武装警察部队领导指挥体制进行调整，武警部队由党中央、中央军委集中统一领导，归中央军委建制，武装警察部队就叫军官了，不能再叫警官了，建议对条文中武警“现役警官”和预备役的表述再斟酌；有的委员建议作简化处理，修改为“本章适用于中国人民解放军和中国人民武装警察部队的现役军（警）官，文职干部、士兵、具有学籍的学员以及文职人员、执行军事任务的预备役人员和其他人员”[①]。但是，为了表达清晰，法条在其他人员的表述上还是沿用了以前的规定。虽然当前中国人民武装警察已经纳入中央军委的建制中，但是一直以来，在一般公众的认识中，武装警察与解放军存在区别，因此无须修改原有表达。此外，专家学者建议简化表达，有代表提出建议将该条修改为“本章适用于中国人民解放军和中国人民武装警察部队的现役军（警）官、军（警）士、义务兵和军队院校供给制学员以及文职人员、执行军事任务的预备役人员和其他人员，以与其他法律草案的规定相衔接”[②]。虽然这样的表述也能传达出相同的内涵，甚至在语言上更为精炼，但是在内容上仍存在模糊不清、含义不明的弊端。秉持着减小修改幅度、维持刑法稳定性的原则，最终本条仍然维持了原有规定的结构与内容不变，只是添加了“文职人员”这一主体。

在审议过程中，与会人员对文职干部与文职人员的关系存在疑问，不确定文职干部是否包括文职人员。[③] 此次修法也通过刑法条文的形式明确回答了这一问题，文职人员与文职干部是有很大区别的，二者不是包含与被包含关系。中央军委1988年发布的《中国人民解放军文职干部暂行条例》第2条规定：“中国人民解放军文职干部，是军队编制定额内不授予军衔的干部，是军队建设的重要力量，是国家干部队伍的组成部分。由现役军官改任的文职干部保留军籍。”由此可见，文职人员与文职干部最大的区分就在于文职人员没有军籍，而文职干部拥有正式军籍，因此文职人员与文职干部是一个内涵与外延都存在差别的概念，文职干部的概念无法涵盖文职人员，有必要在原有法律条文中另外再添加“文职人员”这一主体。

---

① 参见全国人大常委会法工委办公室．十三届全国人大常委会第二十次会议审议刑法修正案（十一）草案的意见．第十三届全国人大常委会第二十次会议（2020年6月）参阅材料．

② 全国人大常委会法工委编印．十三届全国人大常委会第二十二次会议审议刑法修正案（十一）草案二次审议稿的意见．第十三届全国人大常委会第二十二次会议（2020年10月）参阅材料．

③ 参见全国人大常委会法工委刑法室．地方人大和中央有关部门、单位对刑法修正案（十一）草案的意见．第十三届全国人大常委会第二十次会议（2020年6月）参阅材料．

（二）内涵解读

将文职人员纳入军人违反职责罪一章中，意味着文职人员虽然不具有军籍，但是同其他军人一样要承担自己的职责与使命，文职人员虽然在编制上不同于普通军人，但是却同样从事着重要的军事工作，关乎国防安全，也有可能接触到国家秘密与军事秘密，因此，对于文职人员的要求应当与其他军人等同。在2017年修订的《文职人员条例》第10条中，对文职人员的义务进行了明确规定："文职人员应当履行下列义务：（一）忠于祖国，忠于中国共产党，努力为军队建设服务；（二）遵守宪法、法律、法规和军队有关规章制度；（三）服从命令，听从指挥，遵守纪律，保守秘密；（四）认真履行职责，努力提高工作质量和效率；（五）团结协作，勤奋敬业，恪守职业道德，模范遵守社会公德；（六）学习和掌握履行职责所需要的科学文化和专业知识，提高职业能力；（七）根据需要，参加军事训练和非战争军事行动，承担相应的作战支援保障任务，依法服现役；（八）法律、法规规定的其他义务。"义务规定的第2项与第8项都提到了法律规定的其他义务，然而，原有的刑法条文在军人违反职责罪一章中欠缺对"文职人员"这一主体的规定。此外，通过刑法解释也无法将"文职干部"解释成包括"文职人员"在内，上文已经分析过二者依据的是不同的制度，在性质与职能上也存在差别。规范上的缺失与解释上的无力，导致文职人员实施的危害行为无法受到刑法的制裁，为了填补随着军事改革而形成的规范漏洞，此次修法将文职人员纳入军人违反职责罪一章中，可谓及时回应了司法实务的问题，同时也与《文职人员条例》相呼应，严密了打击法网。

此外，还需要注意的是此处的文职人员既包括军队中的文职人员，也包括武警部队中的文职人员。《文职人员条例》第59条规定："中国人民武装警察部队文职人员，适用本条例。"这说明武警部队中的文职人员与军队中的文职人员在性质、权利义务以及管理机制等各方面都是等同的。而在刑法第450条对主体范围的规定中，不仅包括军队还包括武装警察部队，因此，此处的文职人员也不仅是指军队中的文职人员，而是还包括武装警察部队的文职人员。从新修订的条文表述可以看出，"文职人员"与"中国人民解放军的现役军官、文职干部、士兵及具有军籍的学员""中国人民武装警察部队的现役警官、文职干部、士兵及具有军籍的学员"相并列，置于这两类主体之后。因此，此处的"文职人员"应当包含的是所有类型的文职人员，既包括军队中的文职人员也包括武警部队中的文职人员，既包括管理岗位的文职人员也包括专业技术岗位的文职人员。

四、修正案的生效时间（修正案第 48 条）

（一）修法过程

在《刑法修正案（八）》之前，我国对 1997 年的刑法进行了八次修正（含一部单行刑法的修正），但是生效时间采取的都是自颁布之日起生效与实施的做法。《刑法修正案（八）》首次采取了将修正案颁布的时间与生效时间分离的做法：《刑法修正案（八）》2011 年 2 月 25 日通过并颁布，但规定自 2011 年 5 月 1 日起实施，目的是给司法实践适用《刑法修正案（八）》留有一定的准备时间。在 2011 年 5 月 1 日《刑法修正案（八）》实施以前，最高人民法院针对《刑法修正案（八）》的诸多重大问题出台了多个司法解释，从而有效地保证了法律适用的统一性和公正性。《刑法修正案（八）》留出了 2 个多月的准备时间，同样的，《刑法修正案（九）》2015 年 8 月 29 日通过并颁布，规定自 2015 年 11 月 1 日起实施，中间也留出了 2 个多月的时间。而《刑法修正案（十）》由于只对刑法第 299 条这一个条文进行了修改，因此采取的是自公布之日起施行的做法。

在《刑法修正案（十一）》的研拟过程中，关于《刑法修正案（十一）》的生效时间并没有太大的争议，经过《刑法修正案（八）》与《刑法修正案（九）》的铺垫，各方意见都比较统一地认为，此次修法的内容较多，应当给司法实践的适用留出充足的准备时间。最终，全国人民代表大会宪法和法律委员会经过研究，建议将本修正案的施行时间确定为 2021 年 3 月 1 日。[①]国家立法机关综合考虑后，最终决定自 2021 年 3 月 1 日起施行。

（二）内涵解读

对于《刑法修正案（十一）》第 48 条的规定，可以从以下两个方面进行分析。

一是《刑法修正案（十一）》生效时间的合理性问题。如上文所述，在修法过程中，虽然各方对于颁布与施行时间分离的做法意见一致，但是对于具体施行

① 全国人民代表大会宪法和法律委员会．关于《中华人民共和国刑法修正案（十一）（草案三次审议稿）》修改意见的报告（2020 年 12 月 25 日）．

时间却也存在不同的认识。《刑法修正案（八）》与《刑法修正案（九）》的间隔时间都是两个多月，那么此次《刑法修正案（十一）》是否也应当维持在两个多月左右。从此次修法的内容上来看，首先，此次增加的新罪较多，许多罪名在具体适用时还有待具体细化，对于这些新罪的理解需要一定的时间；其次，此次修法对很多原有犯罪的具体构成要件内容、法定刑都有较大幅度的修改；最后，此次修法对于刑法总则中刑事责任问题也进行了补充。这些变化都要求给司法机关留有充足的准备时间。从整体的修改幅度来看，《刑法修正案（十一）》再一次体现出犯罪圈扩张的趋势，犯罪圈的扩张意味着新的危害行为被纳入刑法的规制范围内，因此对其进行精准的理解势必需要消耗更多的时间。《刑法修正案（十一）》最终确定为两个多月的时间间隔具有合理性，目的是确保司法机关在施行前能对新增内容进行充分讨论并形成共识。

二是《刑法修正案（十一）》生效前的行为适用问题。对于《刑法修正案（十一）》生效前实施但未作出生效判决的各种行为的法律适用，均应严格坚持从旧兼从轻原则，在新法与旧法的选择上，原则上适用旧的法律，只有当新法不认为是犯罪或者处刑较轻时，才适用新法（即《刑法修正案（十一）》）。此时就涉及轻重比较这一关键问题。如上所述，此次修法有两个比较明显的特点：其一是大量增加了新的罪名或新的构成要件要素；其二是提高了某些犯罪的法定刑。从这两个特点可以看出，《刑法修正案（十一）》有严厉化倾向，但是并不能因此就得出《刑法修正案（十一）》属于重法这一结论，新法的轻重问题应当结合具体的行为与案件情况进行判断，并不能得出一个统一的结论。例如：高空抛物尚未造成严重后果的行为，如果依照之前的高空抛物意见可能会被拔高认定为第 114 条的以危险方法危害公共安全罪，但是《刑法修正案（十一）》专门针对此类行为增设了高空抛物罪，因此在这种情况下，该行为完全符合高空抛物罪的构成要件，而高空抛物罪明显要轻于以危险方法危害公共安全罪。在这一情形中，新法属于轻法。同样的，妨害安全驾驶罪、催收非法债务罪等均涉及原有司法解释认定的罪名与新设罪名的轻重判断，应当结合具体的案件情况衡量新法与旧法的轻重。此外，《刑法修正案（十一）》提高了某些犯罪的法定刑或者增加了罚金刑，此时新法当然更重；但是如果新法调整了某罪的法定刑结构，例如为境外窃取、刺探、收买、非法提供军事秘密罪，那么此时如果行为方式属于低位阶的法定刑，则新法更轻。总之，在进行新旧法轻重衡量时需要结合具体情况进行判断，不能事前依据法条文本就得出一个确定的结论。

附录一

中华人民共和国刑法修正案（十一）

（2020 年 12 月 26 日第十三届全国人民代表大会常务委员会第二十四次会议通过）

一、将刑法第十七条修改为："已满十六周岁的人犯罪，应当负刑事责任。

"已满十四周岁不满十六周岁的人，犯故意杀人、故意伤害致人重伤或者死亡、强奸、抢劫、贩卖毒品、放火、爆炸、投放危险物质罪的，应当负刑事责任。

"已满十二周岁不满十四周岁的人，犯故意杀人、故意伤害罪，致人死亡或者以特别残忍手段致人重伤造成严重残疾，情节恶劣，经最高人民检察院核准追诉的，应当负刑事责任。

"对依照前三款规定追究刑事责任的不满十八周岁的人，应当从轻或者减轻处罚。

"因不满十六周岁不予刑事处罚的，责令其父母或者其他监护人加以管教；在必要的时候，依法进行专门矫治教育。"

二、在刑法第一百三十三条之一后增加一条，作为第一百三十三条之二："对行驶中的公共交通工具的驾驶人员使用暴力或者抢控驾驶操纵装置，干扰公共交通工具正常行驶，危及公共安全的，处一年以下有期徒刑、拘役或者管制，并处或者单处罚金。

"前款规定的驾驶人员在行驶的公共交通工具上擅离职守，与他人互殴或者殴打他人，危及公共安全的，依照前款的规定处罚。

"有前两款行为，同时构成其他犯罪的，依照处罚较重的规定定罪处罚。"

三、将刑法第一百三十四条第二款修改为："强令他人违章冒险作业，或者明知存在重大事故隐患而不排除，仍冒险组织作业，因而发生重大伤亡事故或者造成其他严重后果的，处五年以下有期徒刑或者拘役；情节特别恶劣的，处五年以上有期徒刑。”

四、在刑法第一百三十四条后增加一条，作为第一百三十四条之一：“在生产、作业中违反有关安全管理的规定，有下列情形之一，具有发生重大伤亡事故或者其他严重后果的现实危险的，处一年以下有期徒刑、拘役或者管制：

“（一）关闭、破坏直接关系生产安全的监控、报警、防护、救生设备、设施，或者篡改、隐瞒、销毁其相关数据、信息的；

“（二）因存在重大事故隐患被依法责令停产停业、停止施工、停止使用有关设备、设施、场所或者立即采取排除危险的整改措施，而拒不执行的；

“（三）涉及安全生产的事项未经依法批准或者许可，擅自从事矿山开采、金属冶炼、建筑施工，以及危险物品生产、经营、储存等高度危险的生产作业活动的。”

五、将刑法第一百四十一条修改为：“生产、销售假药的，处三年以下有期徒刑或者拘役，并处罚金；对人体健康造成严重危害或者有其他严重情节的，处三年以上十年以下有期徒刑，并处罚金；致人死亡或者有其他特别严重情节的，处十年以上有期徒刑、无期徒刑或者死刑，并处罚金或者没收财产。

“药品使用单位的人员明知是假药而提供给他人使用的，依照前款的规定处罚。”

六、将刑法第一百四十二条修改为：“生产、销售劣药，对人体健康造成严重危害的，处三年以上十年以下有期徒刑，并处罚金；后果特别严重的，处十年以上有期徒刑或者无期徒刑，并处罚金或者没收财产。

“药品使用单位的人员明知是劣药而提供给他人使用的，依照前款的规定处罚。”

七、在刑法第一百四十二条后增加一条，作为第一百四十二条之一：“违反药品管理法规，有下列情形之一，足以严重危害人体健康的，处三年以下有期徒刑或者拘役，并处或者单处罚金；对人体健康造成严重危害或者有其他严重情节的，处三年以上七年以下有期徒刑，并处罚金：

“（一）生产、销售国务院药品监督管理部门禁止使用的药品的；

“（二）未取得药品相关批准证明文件生产、进口药品或者明知是上述药品而销售的；

“（三）药品申请注册中提供虚假的证明、数据、资料、样品或者采取其他欺骗手段的；

“（四）编造生产、检验记录的。

“有前款行为，同时又构成本法第一百四十一条、第一百四十二条规定之罪或者其他犯罪的，依照处罚较重的规定定罪处罚。”

八、将刑法第一百六十条修改为：“在招股说明书、认股书、公司、企业债券募集办法等发行文件中隐瞒重要事实或者编造重大虚假内容，发行股票或者公司、企业债券、存托凭证或者国务院依法认定的其他证券，数额巨大、后果严重或者有其他严重情节的，处五年以下有期徒刑或者拘役，并处或者单处罚金；数额特别巨大、后果特别严重或者有其他特别严重情节的，处五年以上有期徒刑，并处罚金。

“控股股东、实际控制人组织、指使实施前款行为的，处五年以下有期徒刑或者拘役，并处或者单处非法募集资金金额百分之二十以上一倍以下罚金；数额特别巨大、后果特别严重或者有其他特别严重情节的，处五年以上有期徒刑，并处非法募集资金金额百分之二十以上一倍以下罚金。

“单位犯前两款罪的，对单位判处非法募集资金金额百分之二十以上一倍以下罚金，并对其直接负责的主管人员和其他直接责任人员，依照第一款的规定处罚。”

九、将刑法第一百六十一条修改为：“依法负有信息披露义务的公司、企业向股东和社会公众提供虚假的或者隐瞒重要事实的财务会计报告，或者对依法应当披露的其他重要信息不按照规定披露，严重损害股东或者其他人利益，或者有其他严重情节的，对其直接负责的主管人员和其他直接责任人员，处五年以下有期徒刑或者拘役，并处或者单处罚金；情节特别严重的，处五年以上十年以下有期徒刑，并处罚金。

“前款规定的公司、企业的控股股东、实际控制人实施或者组织、指使实施前款行为的，或者隐瞒相关事项导致前款规定的情形发生的，依照前款的规定处罚。

“犯前款罪的控股股东、实际控制人是单位的，对单位判处罚金，并对其直接负责的主管人员和其他直接责任人员，依照第一款的规定处罚。”

十、将刑法第一百六十三条第一款修改为：“公司、企业或者其他单位的工作人员，利用职务上的便利，索取他人财物或者非法收受他人财物，为他人谋取利益，数额较大的，处三年以下有期徒刑或者拘役，并处罚金；数额巨大或者有其他严重情节的，处三年以上十年以下有期徒刑，并处罚金；数额特别巨大或者有其他特别严重情节的，处十年以上有期徒刑或者无期徒刑，并处罚金。”

十一、将刑法第一百七十五条之一第一款修改为：“以欺骗手段取得银行或者其他金融机构贷款、票据承兑、信用证、保函等，给银行或者其他金融机构造成重大损失的，处三年以下有期徒刑或者拘役，并处或者单处罚金；给银行或者其他金融机构造成特别重大损失或者有其他特别严重情节的，处三年以上七年以下有期徒刑，并处罚金。”

十二、将刑法第一百七十六条修改为：“非法吸收公众存款或者变相吸收公众存款，扰乱金融秩序的，处三年以下有期徒刑或者拘役，并处或者单处罚金；数额巨大或者有其他严重情节的，处三年以上十年以下有期徒刑，并处罚金；数额特别巨大或者有其他特别严重情节的，处十年以上有期徒刑，并处罚金。

“单位犯前款罪的，对单位判处罚金，并对其直接负责的主管人员和其他直接责任人员，依照前款的规定处罚。

“有前两款行为，在提起公诉前积极退赃退赔，减少损害结果发生的，可以从轻或者减轻处罚。”

十三、将刑法第一百八十二条第一款修改为：“有下列情形之一，操纵证券、期货市场，影响证券、期货交易价格或者证券、期货交易量，情节严重的，处五年以下有期徒刑或者拘役，并处或者单处罚金；情节特别严重的，处五年以上十年以下有期徒刑，并处罚金：

“（一）单独或者合谋，集中资金优势、持股或者持仓优势或者利用信息优势联合或者连续买卖的；

“（二）与他人串通，以事先约定的时间、价格和方式相互进行证券、期货交易的；

“（三）在自己实际控制的帐户之间进行证券交易，或者以自己为交易对象，自买自卖期货合约的；

“（四）不以成交为目的，频繁或者大量申报买入、卖出证券、期货合约并撤销申报的；

“（五）利用虚假或者不确定的重大信息，诱导投资者进行证券、期货交易的；

“（六）对证券、证券发行人、期货交易标的公开作出评价、预测或者投资建议，同时进行反向证券交易或者相关期货交易的；

“（七）以其他方法操纵证券、期货市场的。”

十四、将刑法第一百九十一条修改为：“为掩饰、隐瞒毒品犯罪、黑社会性质的组织犯罪、恐怖活动犯罪、走私犯罪、贪污贿赂犯罪、破坏金融管理秩序犯罪、金融诈骗犯罪的所得及其产生的收益的来源和性质，有下列行为之一的，没收实施以上犯罪的所得及其产生的收益，处五年以下有期徒刑或者拘役，并处或者单处罚金；情节严重的，处五年以上十年以下有期徒刑，并处罚金：

“（一）提供资金帐户的；

“（二）将财产转换为现金、金融票据、有价证券的；

“（三）通过转帐或者其他支付结算方式转移资金的；

“（四）跨境转移资产的；

“（五）以其他方法掩饰、隐瞒犯罪所得及其收益的来源和性质的。

“单位犯前款罪的，对单位判处罚金，并对其直接负责的主管人员和其他直接责任人员，依照前款的规定处罚。”

十五、将刑法第一百九十二条修改为：“以非法占有为目的，使用诈骗方法非法集资，数额较大的，处三年以上七年以下有期徒刑，并处罚金；数额巨大或者有其他严重情节的，处七年以上有期徒刑或者无期徒刑，并处罚金或者没收财产。

“单位犯前款罪的，对单位判处罚金，并对其直接负责的主管人员和其他直接责任人员，依照前款的规定处罚。”

十六、将刑法第二百条修改为：“单位犯本节第一百九十四条、第一百九十五条规定之罪的，对单位判处罚金，并对其直接负责的主管人员和其他直接责任人员，处五年以下有期徒刑或者拘役，可以并处罚金；数额巨大或者有其他严重情节的，处五年以上十年以下有期徒刑，并处罚金；数额特别巨大或者有其他特别严重情节的，处十年以上有期徒刑或者无期徒刑，并处罚金。”

十七、将刑法第二百一十三条修改为：“未经注册商标所有人许可，在同一种商品、服务上使用与其注册商标相同的商标，情节严重的，处三年以下有期徒刑，并处或者单处罚金；情节特别严重的，处三年以上十年以下有期徒刑，并处罚金。”

十八、将刑法第二百一十四条修改为：“销售明知是假冒注册商标的商品，违法所得数额较大或者有其他严重情节的，处三年以下有期徒刑，并处或者单处罚金；违法所得数额巨大或者有其他特别严重情节的，处三年以上十年以下有期徒刑，并处罚金。”

十九、将刑法第二百一十五条修改为：“伪造、擅自制造他人注册商标标识或者销售伪造、擅自制造的注册商标标识，情节严重的，处三年以下有期徒刑，并处或者单处罚金；情节特别严重的，处三年以上十年以下有期徒刑，并处罚金。”

二十、将刑法第二百一十七条修改为：“以营利为目的，有下列侵犯著作权或者与著作权有关的权利的情形之一，违法所得数额较大或者有其他严重情节的，处三年以下有期徒刑，并处或者单处罚金；违法所得数额巨大或者有其他特别严重情节的，处三年以上十年以下有期徒刑，并处罚金：

“（一）未经著作权人许可，复制发行、通过信息网络向公众传播其文字作品、音乐、美术、视听作品、计算机软件及法律、行政法规规定的其他作品的；

“（二）出版他人享有专有出版权的图书的；

“（三）未经录音录像制作者许可，复制发行、通过信息网络向公众传播其制作的录音录像的；

“（四）未经表演者许可，复制发行录有其表演的录音录像制品，或者通过信息网络向公众传播其表演的；

“（五）制作、出售假冒他人署名的美术作品的；

“（六）未经著作权人或者与著作权有关的权利人许可，故意避开或者破坏权利人为其作品、录音录像制品等采取的保护著作权或者与著作权有关的权利的技术措施的。”

二十一、将刑法第二百一十八条修改为：“以营利为目的，销售明知是本法第二百一十七条规定的侵权复制品，违法所得数额巨大或者有其他严重情节的，处五年以下有期徒刑，并处或者单处罚金。”

二十二、将刑法第二百一十九条修改为：“有下列侵犯商业秘密行为之一，情节严重的，处三年以下有期徒刑，并处或者单处罚金；情节特别严重的，处三年以上十年以下有期徒刑，并处罚金：

“（一）以盗窃、贿赂、欺诈、胁迫、电子侵入或者其他不正当手段获取权利人的商业秘密的；

“（二）披露、使用或者允许他人使用以前项手段获取的权利人的商业秘密的；

“（三）违反保密义务或者违反权利人有关保守商业秘密的要求，披露、使用或者允许他人使用其所掌握的商业秘密的。

“明知前款所列行为，获取、披露、使用或者允许他人使用该商业秘密的，以侵犯商业秘密论。

“本条所称权利人，是指商业秘密的所有人和经商业秘密所有人许可的商业秘密使用人。”

二十三、在刑法第二百一十九条后增加一条，作为第二百一十九条之一：“为境外的机构、组织、人员窃取、刺探、收买、非法提供商业秘密的，处五年以下有期徒刑，并处或者单处罚金；情节严重的，处五年以上有期徒刑，并处罚金。”

二十四、将刑法第二百二十条修改为：“单位犯本节第二百一十三条至第二百一十九条之一规定之罪的，对单位判处罚金，并对其直接负责的主管人员和其他直接责任人员，依照本节各该条的规定处罚。”

二十五、将刑法第二百二十九条修改为：“承担资产评估、验资、验证、会计、审计、法律服务、保荐、安全评价、环境影响评价、环境监测等职责的中介组织的人员故意提供虚假证明文件，情节严重的，处五年以下有期徒刑或者拘役，并处罚金；有下列情形之一的，处五年以上十年以下有期徒刑，并处罚金：

“（一）提供与证券发行相关的虚假的资产评估、会计、审计、法律服务、保荐等证明文件，情节特别严重的；

“（二）提供与重大资产交易相关的虚假的资产评估、会计、审计等证明文件，情节特别严重的；

“（三）在涉及公共安全的重大工程、项目中提供虚假的安全评价、环境影响评价等证明文件，致使公共财产、国家和人民利益遭受特别重大损失的。

“有前款行为，同时索取他人财物或者非法收受他人财物构成犯罪的，依照处罚较重的规定定罪处罚。

“第一款规定的人员，严重不负责任，出具的证明文件有重大失实，造成严重后果的，处三年以下有期徒刑或者拘役，并处或者单处罚金。”

二十六、将刑法第二百三十六条修改为：“以暴力、胁迫或者其他手段强奸妇女的，处三年以上十年以下有期徒刑。

“奸淫不满十四周岁的幼女的，以强奸论，从重处罚。

“强奸妇女、奸淫幼女，有下列情形之一的，处十年以上有期徒刑、无期徒刑或者死刑：

“（一）强奸妇女、奸淫幼女情节恶劣的；

“（二）强奸妇女、奸淫幼女多人的；

“（三）在公共场所当众强奸妇女、奸淫幼女的；

“（四）二人以上轮奸的；

“（五）奸淫不满十周岁的幼女或者造成幼女伤害的；

“（六）致使被害人重伤、死亡或者造成其他严重后果的。”

二十七、在刑法第二百三十六条后增加一条，作为第二百三十六条之一：“对已满十四周岁不满十六周岁的未成年女性负有监护、收养、看护、教育、医疗等特殊职责的人员，与该未成年女性发生性关系的，处三年以下有期徒刑；情节恶劣的，处三年以上十年以下有期徒刑。

“有前款行为，同时又构成本法第二百三十六条规定之罪的，依照处罚较重的规定定罪处罚。”

二十八、将刑法第二百三十七条第三款修改为：“猥亵儿童的，处五年以下有期徒刑；有下列情形之一的，处五年以上有期徒刑：

“（一）猥亵儿童多人或者多次的；

“（二）聚众猥亵儿童的，或者在公共场所当众猥亵儿童，情节恶劣的；

“（三）造成儿童伤害或者其他严重后果的；

“（四）猥亵手段恶劣或者有其他恶劣情节的。”

二十九、将刑法第二百七十一条第一款修改为：“公司、企业或者其他单位的工作人员，利用职务上的便利，将本单位财物非法占为己有，数额较大的，处三年以下有期徒刑或者拘役，并处罚金；数额巨大的，处三年以上十年以下有期徒刑，并处罚金；数额特别巨大的，处十年以上有期徒刑或者无期徒刑，并处罚金。”

三十、将刑法第二百七十二条修改为：“公司、企业或者其他单位的工作人员，利用职务上的便利，挪用本单位资金归个人使用或者借贷给他人，数额较大、超过三个月未还的，或者虽未超过三个月，但数额较大、进行营利活动的，或者进行非法活动的，处三年以下有期徒刑或者拘役；挪用本单位资金数额巨大的，处三年以上七年以下有期徒刑；数额特别巨大的，处七年以上有期徒刑。

“国有公司、企业或者其他国有单位中从事公务的人员和国有公司、企业或者其他国有单位委派到非国有公司、企业以及其他单位从事公务的人员有前款行为的，依照本法第三百八十四条的规定定罪处罚。

“有第一款行为，在提起公诉前将挪用的资金退还的，可以从轻或者减轻处罚。其中，犯罪较轻的，可以减轻或者免除处罚。”

三十一、将刑法第二百七十七条第五款修改为：“暴力袭击正在依法执行职务的人民警察的，处三年以下有期徒刑、拘役或者管制；使用枪支、管制刀具，或者以驾驶机动车撞击等手段，严重危及其人身安全的，处三年以上七年以下有期徒刑。”

三十二、在刑法第二百八十条之一后增加一条，作为第二百八十条之二：“盗用、冒用他人身份，顶替他人取得的高等学历教育入学资格、公务员录用资格、就业安置待遇的，处三年以下有期徒刑、拘役或者管制，并处罚金。

“组织、指使他人实施前款行为的，依照前款的规定从重处罚。

“国家工作人员有前两款行为，又构成其他犯罪的，依照数罪并罚的规定处罚。”

三十三、在刑法第二百九十一条之一后增加一条，作为第二百九十一条之二：“从建筑物或者其他高空抛掷物品，情节严重的，处一年以下有期徒刑、拘役或者管制，并处或者单处罚金。

“有前款行为，同时构成其他犯罪的，依照处罚较重的规定定罪处罚。”

三十四、在刑法第二百九十三条后增加一条，作为第二百九十三条之一：“有下列情形之一，催收高利放贷等产生的非法债务，情节严重的，处三年以下有期徒刑、拘役或者管制，并处或者单处罚金：

“（一）使用暴力、胁迫方法的；

“（二）限制他人人身自由或者侵入他人住宅的；

“（三）恐吓、跟踪、骚扰他人的。”

三十五、在刑法第二百九十九条后增加一条，作为第二百九十九条之一：“侮辱、诽谤或者以其他方式侵害英雄烈士的名誉、荣誉，损害社会公共利益，情节严重的，处三年以下有期徒刑、拘役、管制或者剥夺政治权利。”

三十六、将刑法第三百零三条修改为：“以营利为目的，聚众赌博或者以赌博为业的，处三年以下有期徒刑、拘役或者管制，并处罚金。

“开设赌场的，处五年以下有期徒刑、拘役或者管制，并处罚金；情节严重的，处五年以上十年以下有期徒刑，并处罚金。

“组织中华人民共和国公民参与国（境）外赌博，数额巨大或者有其他严重情节的，依照前款的规定处罚。”

三十七、将刑法第三百三十条第一款修改为：“违反传染病防治法的规定，有下列情形之一，引起甲类传染病以及依法确定采取甲类传染病预防、控制措施的传染病传播或者有传播严重危险的，处三年以下有期徒刑或者拘役；后果特别严重的，处三年以上七年以下有期徒刑：

“（一）供水单位供应的饮用水不符合国家规定的卫生标准的；

“（二）拒绝按照疾病预防控制机构提出的卫生要求，对传染病病原体污染的污水、污物、场所和物品进行消毒处理的；

“（三）准许或者纵容传染病病人、病原携带者和疑似传染病病人从事国务院卫生行政部门规定禁止从事的易使该传染病扩散的工作的；

“（四）出售、运输疫区中被传染病病原体污染或者可能被传染病病原体污染的物品，未进行消毒处理的；

“（五）拒绝执行县级以上人民政府、疾病预防控制机构依照传染病防治法提出的预防、控制措施的。”

三十八、在刑法第三百三十四条后增加一条，作为第三百三十四条之一：“违反国家有关规定，非法采集我国人类遗传资源或者非法运送、邮寄、携带我国人类遗传资源材料出境，危害公众健康或者社会公共利益，情节严重的，处三年以下有期徒刑、拘役或者管制，并处或者单处罚金；情节特别严重的，处三年以上七年以下有期徒刑，并处罚金。”

三十九、在刑法第三百三十六条后增加一条，作为第三百三十六条之一：“将基因编辑、克隆的人类胚胎植入人体或者动物体内，或者将基因编辑、克隆的动物胚胎植入人体内，情节严重的，处三年以下有期徒刑或者拘役，并处罚金；情节特别严重的，处三年以上七年以下有期徒刑，并处罚金。”

四十、将刑法第三百三十八条修改为：“违反国家规定，排放、倾倒或者处置有放射性的废物、含传染病病原体的废物、有毒物质或者其他有害物质，严重污染环境的，处三年以下有期徒刑或者拘役，并处或者单处罚金；情节严重的，处三年以上七年以下有期徒刑，并处罚金；有下列情形之一的，处七年以上有期徒刑，并处罚金：

“（一）在饮用水水源保护区、自然保护地核心保护区等依法确定的重点保护区域排放、倾倒、处置有放射性的废物、含传染病病原体的废物、有毒物质，情节特别严重的；

“（二）向国家确定的重要江河、湖泊水域排放、倾倒、处置有放射性的废物、含传染病病原体的废物、有毒物质，情节特别严重的；

“（三）致使大量永久基本农田基本功能丧失或者遭受永久性破坏的；

“（四）致使多人重伤、严重疾病，或者致人严重残疾、死亡的。

“有前款行为，同时构成其他犯罪的，依照处罚较重的规定定罪处罚。”

四十一、在刑法第三百四十一条中增加一款作为第三款：“违反野生动物保护管理法规，以食用为目的非法猎捕、收购、运输、出售第一款规定以外的在野外环境自然生长繁殖的陆生野生动物，情节严重的，依照前款的规定处罚。”

四十二、在刑法第三百四十二条后增加一条，作为第三百四十二条之一：“违反自然保护地管理法规，在国家公园、国家级自然保护区进行开垦、开发活动或者修建建筑物，造成严重后果或者有其他恶劣情节的，处五年以下有期徒刑或者拘役，并处或者单处罚金。

“有前款行为，同时构成其他犯罪的，依照处罚较重的规定定罪处罚。”

四十三、在刑法第三百四十四条后增加一条，作为第三百四十四条之一：“违反国家规定，非法引进、释放或者丢弃外来入侵物种，情节严重的，处三年以下有期徒刑或者拘役，并处或者单处罚金。”

四十四、在刑法第三百五十五条后增加一条，作为第三百五十五条之一：“引诱、教唆、欺骗运动员使用兴奋剂参加国内、国际重大体育竞赛，或者明知运动员参加上述竞赛而向其提供兴奋剂，情节严重的，处三年以下有期徒刑或者拘役，并处罚金。

“组织、强迫运动员使用兴奋剂参加国内、国际重大体育竞赛的，依照前款的规定从重处罚。”

四十五、将刑法第四百零八条之一第一款修改为：“负有食品药品安全监督管理职责的国家机关工作人员，滥用职权或者玩忽职守，有下列情形之一，造成严重后果或者有其他严重情节的，处五年以下有期徒刑或者拘役；造成特别严重后果或者有其他特别严重情节的，处五年以上十年以下有期徒刑：

“（一）瞒报、谎报食品安全事故、药品安全事件的；

“（二）对发现的严重食品药品安全违法行为未按规定查处的；

“（三）在药品和特殊食品审批审评过程中，对不符合条件的申请准予许可的；

“（四）依法应当移交司法机关追究刑事责任不移交的；

“（五）有其他滥用职权或者玩忽职守行为的。”

四十六、将刑法第四百三十一条第二款修改为：“为境外的机构、组织、人员窃取、刺探、收买、非法提供军事秘密的，处五年以上十年以下有期徒刑；情节严重的，处十年以上有期徒刑、无期徒刑或者死刑。”

四十七、将刑法第四百五十条修改为：“本章适用于中国人民解放军的现役军官、文职干部、士兵及具有军籍的学员和中国人民武装警察部队的现役警官、文职干部、士兵及具有军籍的学员以及文职人员、执行军事任务的预备役人员和其他人员。”

四十八、本修正案自 2021 年 3 月 1 日起施行。

附录二

最高人民法院 最高人民检察院 关于执行《中华人民共和国刑法》确定罪名的补充规定（七）

（2021年2月22日最高人民法院审判委员会第1832次会议、2021年2月26日最高人民检察院第十三届检察委员会第六十三次会议通过）

根据《中华人民共和国刑法修正案（十）》（以下简称《刑法修正案（十）》）、《中华人民共和国刑法修正案（十一）》（以下简称《刑法修正案（十一）》），结合司法实践反映的情况，现对《最高人民法院关于执行〈中华人民共和国刑法〉确定罪名的规定》《最高人民检察院关于适用刑法分则规定的犯罪的罪名的意见》作如下补充、修改：

刑法条文	罪　名
第一百三十三条之二 （《刑法修正案（十一）》第二条）	妨害安全驾驶罪
第一百三十四条第二款 （《刑法修正案（十一）》第三条）	强令、组织他人违章冒险作业罪 （取消强令违章冒险作业罪罪名）
第一百三十四条之一 （《刑法修正案（十一）》第四条）	危险作业罪
第一百四十一条 （《刑法修正案（十一）》第五条）	生产、销售、提供假药罪 （取消生产、销售假药罪罪名）
第一百四十二条 （《刑法修正案（十一）》第六条）	生产、销售、提供劣药罪 （取消生产、销售劣药罪罪名）

续表

刑法条文	罪　名
第一百四十二条之一 （《刑法修正案（十一）》第七条）	妨害药品管理罪
第一百六十条 （《刑法修正案（十一）》第八条）	欺诈发行证券罪 （取消欺诈发行股票、债券罪罪名）
第二百一十九条之一 （《刑法修正案（十一）》第二十三条）	为境外窃取、刺探、收买、非法提供商业秘密罪
第二百三十六条之一 （《刑法修正案（十一）》第二十七条）	负有照护职责人员性侵罪
第二百七十七条第五款 （《刑法修正案（十一）》第三十一条）	袭警罪
第二百八十条之二 （《刑法修正案（十一）》第三十二条）	冒名顶替罪
第二百九十一条之二 （《刑法修正案（十一）》第三十三条）	高空抛物罪
第二百九十三条之一 （《刑法修正案（十一）》第三十四条）	催收非法债务罪
第二百九十九条 （《刑法修正案（十）》）	侮辱国旗、国徽、国歌罪 （取消侮辱国旗、国徽罪罪名）
第二百九十九条之一 （《刑法修正案（十一）》第三十五条）	侵害英雄烈士名誉、荣誉罪
第三百零三条第三款 （《刑法修正案（十一）》第三十六条）	组织参与国（境）外赌博罪
第三百三十四条之一 （《刑法修正案（十一）》第三十八条）	非法采集人类遗传资源、走私人类遗传资源材料罪
第三百三十六条之一 （《刑法修正案（十一）》第三十九条）	非法植入基因编辑、克隆胚胎罪
第三百四十一条第一款	危害珍贵、濒危野生动物罪 （取消非法猎捕、杀害珍贵、濒危野生动物罪和非法收购、运输、出售珍贵、濒危野生动物、珍贵、濒危野生动物制品罪罪名）
第三百四十一条第三款 （《刑法修正案（十一）》第四十一条）	非法猎捕、收购、运输、出售陆生野生动物罪
第三百四十二条之一 （《刑法修正案（十一）》第四十二条）	破坏自然保护地罪

续表

刑法条文	罪　名
第三百四十四条	危害国家重点保护植物罪 （取消非法采伐、毁坏国家重点保护植物罪和非法收购、运输、加工、出售国家重点保护植物、国家重点保护植物制品罪罪名）
第三百四十四条之一 （《刑法修正案（十一）》第四十三条）	非法引进、释放、丢弃外来入侵物种罪
第三百五十五条之一 （《刑法修正案（十一）》第四十四条）	妨害兴奋剂管理罪
第四百零八条之一 （《刑法修正案（十一）》第四十五条）	食品、药品监管渎职罪 （取消食品监管渎职罪）

本规定自2021年3月1日起施行。

图书在版编目（CIP）数据

《刑法修正案（十一）》理解与适用/赵秉志主编
. -- 北京：中国人民大学出版社，2021.3
ISBN 978-7-300-29160-4

Ⅰ.①刑… Ⅱ.①赵… Ⅲ.①刑法-法律解释-中国
②刑法-法律适用-中国 Ⅳ.①D924.05

中国版本图书馆 CIP 数据核字（2021）第 050523 号

《刑法修正案（十一）》理解与适用
主　编　赵秉志
副主编　袁　彬
《Xingfa Xiuzhengan（Shiyi）》Lijie yu Shiyong

出版发行	中国人民大学出版社		
社　　址	北京中关村大街 31 号	**邮政编码**	100080
电　　话	010－62511242（总编室）		010－62511770（质管部）
	010－82501766（邮购部）		010－62514148（门市部）
	010－62515195（发行公司）		010－62515275（盗版举报）
网　　址	http://www.crup.com.cn		
经　　销	新华书店		
印　　刷	北京昌联印刷有限公司		
规　　格	170 mm×240 mm　16 开本	**版　　次**	2021 年 3 月第 1 版
印　　张	22.5 插页 2	**印　　次**	2021 年 3 月第 1 次印刷
字　　数	392 000	**定　　价**	78.00 元